Hither Shore
Interdisciplinary Journal
on Modern Fantasy Literature

Jahrbuch der
Deutschen Tolkien Gesellschaft e. V.

Entstehung und Hintergründe einer Mythologie – Die History of Middle-earth

Interdisziplinäres Seminar der DTG
21.-23. April 2006, Mainz

Herausgegeben von:
Thomas Fornet-Ponse (Gesamtleitung),
Marcel Bülles, Thomas Honegger,
Rainer Nagel, Alexandra Velten,
Frank Weinreich

SCRIPTORIUM OXONIAE

Bibliografische Information
der Deutschen Bibliothek

Die Deutsche Bibliothek verzeichnet diese
Publikation in der Deutschen Nationalbibliografie;
detaillierte bibliografische Daten sind im
Internet über http://dnb.ddb.de abrufbar.

ISBN 978-3-9810612-1-5

Hither Shore, DTG-Jahrbuch 2006
veröffentlicht im Verlag »Scriptorium Oxoniae«

Deutsche Tolkien Gesellschaft e. V. (DTG)
Marcel Bülles · Ehrenfeldgürtel 131 · D-50823 Köln
E-Mail: info@tolkiengesellschaft.de

Scriptorium Oxoniae im Atelier für Textaufgaben e. K.
Brehmstraße 50 · D-40239 Düsseldorf
E-Mail: rayermann@scriptorium-oxoniae.de

Hither Shore, Gesamtleitung: Thomas Fornet-Ponse
Kanonenwiese 5a · D-52070 Aachen
E-Mail: hither-shore@tolkiengesellschaft.de

Für das Tolkien Seminar 2007 werden Vorschläge für Beiträge in deutscher
oder englischer Sprache (inkl. Exposé von ca. 100 Wörtern) erbeten an:
Prof. Dr. Thomas Honegger · Institut für Anglistik · Friedrich-Schiller-
Universität Jena · 07743 Jena · Deutschland

Alle Rechte verbleiben beim Autor des jeweiligen Einzelbeitrags. Es gilt als
vereinbart, dass ein Beitrag innerhalb der nächsten 18 Monate nach Erscheinen dieser Hither-Shore-Ausgabe nicht anderweitig veröffentlicht werden
darf.

Lektorat: Susanne Antoinette Rayermann, Düsseldorf
Vorlagenherstellung: Kathrin Bondzio, Solingen
Druck und Vertrieb: Books on Demand, Norderstedt
Umschlagillustration: Anke Eißmann, Herborn

Alle Rechte vorbehalten.

Inhalt

Vorwort 8
Preface 9

Tolkien Seminar 2006

A Mythology for England – the Question of National
Identity in Tolkien's *Legendarium* 13
Thomas Honegger (Jena)

The Lays of Beleriand: Epic and Romance 27
Allan Turner (Greifswald)

Die steigende Präsenz von Philosophie und Theologie 37
Thomas Fornet-Ponse (Jerusalem)

Von Wilderland nach Middle-earth 51
Christian Schröder (Stuttgart)

Das Erbe der Entwürfe – Ungeplante Qualität(en)
im *Herrn der Ringe* 81
Michaela Zehetner (Salzburg)

»Who is Trotter?« – Anmerkungen zum Schaffensprozess
bei J.R.R. Tolkien 94
Petra Zimmermann (Braunschweig)

Working with HoMe:
Its Use in Researching Shire Place-Names 108
Rainer Nagel (Mainz)

Langlebigkeit, Unsterblichkeit und Wiedergeburt in
Tolkiens Werk und Welt 122
Friedhelm Schneidewind (Hemsbach)

Die *Athrabeth Finrod ah Andreth* oder Das Menschenbild
in Tolkiens Mythologie 137
Alexandra Wolf (Braunschweig)

Ainulindalen 151
Thomas Gießl (Giengen)

Die Romanfragmente *The Lost Road* und
The Notion Club Papers 165
Zu ihrer literarisch-konzeptionellen Stellung innerhalb des
literarisch-fiktionalen Gesamtwerkes
Heidi Krüger (Hamburg)

'More poetical, less prosaic': The Convergence of Myth
and History in Tolkien's Works 180
Judith Klinger (Potsdam)

Raumschiffe und Zeiträume: Wie und warum Tolkien
ohne Maschinen reisen wollte 196
Christian Weichmann (Berlin)

Summaries of the Seminar Papers 208

Works in Progress

Projekt »Altenglisch für Tolkien-Fans« 220
Rainer Nagel und Alexandra Velten (Mainz)

Summary 228

Notes

Eine Anmerkung zur Übersetzung von *hill* 230
Rainer Nagel (Mainz)

Erbgedächtnis und angeborene Sprache 235
Friedhelm Schneidewind (Hemsbach)

Éowyns ›Leiden‹ – Ein Nachtrag 239
Patrick Brückner (Potsdam)

Varia

Lieder und Poesie als Teil der
kulturellen Kommunikation Mittelerdes 246
Julian Eilmann (Aachen)

Summary 259

Rezensionen

Peter Gilliver, Jeremy Marshall, Edmund Weiner: The Ring of Words.
    Tolkien and the *Oxford English Dictionary* 260
Mark T. Hooker: A Tolkienian Mathomium 262
Tolkien Studies: An Annual Scholarly Review. Volume III, 2006 263
Karen Armstrong: Eine kurze Geschichte des Mythos 265
Robert Eaglestone (Hg.): Reading *The Lord of the Rings*.
    New Writings on Tolkien's Classic 268
Wayne G. Hammond and Christina Scull: *The Lord of the Rings*:
    A Reader's Companion 269
Peter J. Kreeft: The Philosophy of Tolkien. The Worldview behind
    The Lord of the Rings 272

Stuart D. Lee and Elizabeth Solopova: The Keys of
    Middle-earth. Discovering Medieval Literature through
    the Fiction of J.R.R. Tolkien 274
Thomas Le Blanc und Bettina Twrsnick (Hg.): Das Dritte Zeitalter.
    J.R.R. Tolkien's *Herr der Ringe* 275
Henry Gee: The Science of Middle-earth: Explaining the Science
    Behind the Greatest Fantasy Epic Ever Told 277
Eduardo Segura: El Viaje del Anillo 279

Siglen-Liste 282

Über die Autorinnen und Autoren 284
About our Authors 287

Index 290

Vorwort

In den letzten beiden Jahren haben wir uns mit der Fülle der unterschiedlichen Zugänge zur Deutung des Tolkien'schen Werkes sowie mit der Vielfalt (nicht nur) seines *Legendariums* und den unterschiedlichen ein Weltbild konstituierenden Aspekten beschäftigt. Auf dieser Basis konnte das Thema »Entstehung und Hintergründe einer Mythologie – Die *History of Middle-earth*« Gegenstand intensiver Auseinandersetzung auf dem dritten Tolkien Seminar werden, das gemeinsam von DTG und Universität Mainz im April 2006 in Mainz ausgerichtet worden war.

Wie sehr das reichhaltige HoMe-Material zur Erforschung der verschiedenen Entstehungsphasen des *Herrn der Ringe* und des *Silmarillion* sowie der mythologischen, linguistischen, philosophischen oder theologischen Hintergründe des *Legendariums* bisher der Bearbeitung harrte und noch weiterhin harrt, zeigen allein schon die große Zahl der Beiträge bzw. die in ihnen eröffneten weiteren Forschungsfelder. Dem Umfang und der Tiefe der in HoMe enthaltenen Texte durchaus angemessen, konnte die Interdisziplinarität noch einmal gesteigert werden, und die Seminarvorträge zeigen eine große Bandbreite: Textgeschichtliche Forschungen stehen neben theologischen Erwägungen, sprachwissenschaftliche Analysen neben biologischen Ausführungen, literaturwissenschaftliche Untersuchungen neben philosophischen Betrachtungen.

Auch und gerade weil die HoMe-Forschung noch nicht allzu weit gediehen ist, versuchen einige Beiträge, große Schneisen in das vorliegende Material zu schlagen und so der dringend erforderlichen weiteren Auseinandersetzung mit diesem vielversprechende und weiterführende Wege zu eröffnen und zu bereiten. Andere beleuchten aus unterschiedlicher Perspektive einzelne Texte und zeigen die Bedeutung einer tiefgehenden Untersuchung dieser Texte für die Interpretation z.B. des *Herrn der Ringe* oder auch des Gesamtwerkes. Wiederum andere zeigen diesen Zusammenhang verschiedenartiger Narrationen Tolkiens u.a. aus text- bzw. entstehungsgeschichtlicher Perspektive auf und unterstreichen damit den Charakter seines Gesamtwerkes als allmählich gewachsen und eng ineinander verwoben.

Neben den Seminarvorträgen enthält der Band die Vorstellung des Buchprojekts »Altenglisch für Tolkienfans« von Rainer Nagel und Alexandra Velten, drei Notes von R. Nagel, F. Schneidewind und P. Brückner, die Nachwirkungen des letzten Bandes bzw. der Diskussionen während des Mainzer Seminars erwachsen sind.

Abschließend bleibt die erfreuliche Gabe und Aufgabe des Dankes: zunächst an Rainer Nagel und Alexandra Velten von der Universität Mainz, die einen erfolgreichen, reibungslosen und diskussionsfördernden Tagungsablauf ermöglichten. Sodann an sämtliche Beitragenden sowie die Mitwirkenden im Board of Editors und schließlich an die Verlegerin Susanne A. Rayermann sowie für die Vorlagenerstellung an Kathrin Bondzio. TFP

Preface

In our first two issues, we have treated the multitude of different approaches to interpreting Tolkien's works as well as the multitude of his *Legendarium* (among other works) and the different aspects that constitute a world view, respectively. Based on this, the third Tolkien Seminar, held in April in Mainz in cooperation of the DTG and Mainz University, provided the frame for an extensive study of the *History of Middle-earth* (HoMe) under the general title of "The Development and Backgrounds of a Mythology".

Just a cursory glance at the sheer number of papers, and the new areas of research opened up in them, shows how much the wealth of HoMe's material on the different developmental phases of *The Lord of the Rings* and *The Silmarillion*, as well as the linguistic, philosophical, or theological background of the *legendarium*, have been in need of scientific treatment. As befits the volume and depth of the texts collected in HoMe, we have once more set a new benchmark as regards interdisciplinary research. And while this volume, like its predecessors, puts side by side research in textual history with theological considerations, linguistic analyses with biological treatises, and philological studies with philosophical treatments, we have in no way even come close to an exhaustive survey of the possible approaches to HoMe.

Even although, and because, the study of HoMe has not yet progressed very far, some of the papers collected here try to make broad forays into the accessible material, and thus open up new and promising vistas of empowering much needed continuing research. Others focus on individual texts and, from various perspectives, show the importance a deeper analysis of such texts may well have for the interpretation of, for instance, *The Lord of Rings*, or Tolkien's entire oeuvre. Then there are papers that illustrate the interrelations between Tolkien's narrations (from the perspective of textual and developmental history, mainly), thus emphasizing the character of Tolkien's body of works as having grown slowly and being intricately linked.

In addition to the seminar papers, this volume also contains the presentation of the proposed book "Altenglisch für Tolkienfans" by Rainer Nagel and Alexandra Velten as well as three Notes by R. Nagel, F. Schneidewind, and P. Brückner, which either reply to papers presented in our second volume or reflect discussions during the Mainz Seminar.

Finally, there is the pleasant task of expressing gratitude. First and foremost, thanks are due to Rainer Nagel and Alexandra Velten from Mainz University, who organized a successful, problem-free, and stimulating conference. Thanks also go to all the speakers and authors, to the members of the board of editors, and finally to our publisher Susanne A. Rayermann as well as to Kathrin Bondzio for creating the printer's copy of this book. TFP

Bibliography: *The History of Middle-earth*

Da sich die Zitate aus der *History of Middle-earth* in den einzelnen Beiträgen sämtlich auf die HarperCollins-Ausgaben der einzelnen Bände beziehen, seien deren bibliographische Angaben an dieser Stelle gesammelt genannt.

All the quotations from *The History of Middle-earth* in the essays of that *Hither Shore* volume are taken from the HarperCollins editions. Here we collect their bibliographical details:

The Book of Lost Tales I. The History of Middle-earth I. Ed. Christopher Tolkien. London: Allen&Unwin, 1983 u.ö. [now HarperCollins]

The Book of Lost Tales II. The History of Middle-earth I. Ed. Christopher Tolkien. London: Allen&Unwin, 1984 u.ö. [now HarperCollins]

The Lays of Beleriand. The History of Middle-earth III. Ed. Christopher Tolkien. London: Allen&Unwin, 1985 u.ö. [now HarperCollins]

The Shaping of Middle-earth. The History of Middle-earth IV. Ed. Christopher Tolkien. London: Allen&Unwin, 1986 u.ö. [now HarperCollins]

The Lost Road and other Writings. The History of Middle-earth V. Ed. Christopher Tolkien. London: Allen&Unwin, 1987 u.ö. [now HarperCollins]

The Return of the Shadow. The History of Middle-earth VI. Ed. Christopher Tolkien. London: Unwin Hyman, 1988 u.ö. [now HarperCollins]

The Treason of Isengard. The History of Middle-earth VII. Ed. Christopher Tolkien. London: Unwin Hyman, 1989 u.ö. [now HarperCollins]

The War of the Ring. The History of Middle-earth VIII. Ed. Christopher Tolkien. London: Unwin Hyman, 1990 u.ö. [now HarperCollins]

Sauron Defeated. The History of Middle-earth IX. Ed. Christopher Tolkien. London: HarperCollins, 1992 u.ö.

Morgoth's Ring. The History of Middle-earth X. Ed. Christopher Tolkien. London: HarperCollins, 1993 u.ö.

The War of the Jewels. The History of Middle-earth XI. Ed. Christopher Tolkien. London: HarperCollins, 1994 u.ö.

The Peoples of Middle-earth. The History of Middle-earth XII. Ed. Christopher Tolkien. London: HarperCollins, 1996 u.ö.

[*The End of the Third Age: The History of the Lord of the Rings IV.* Ed. Christopher Tolkien. London: HarperCollings, 1998]

A Mythology for England – the Question of National Identity in Tolkien's *Legendarium*
Thomas Honegger (Jena)

Introduction

Tolkien, in late 1951, had finished *The Lord of the Rings* for some time and tried to get it published together with *The Silmarillion*. He composed his long letter to Milton Waldman (L 143-161) in order to convince the publisher Collins that the two works were intimately linked – and part of a greater mythology. This mythology had its origin in Tolkien's realisation – back in the first decades of the twentieth century – that "my own beloved country ... had no stories of its own (bound up with its tongue and soil)" (L 144).

Tolkien echoes, with his statement, a truth that has already been voiced by E.M. Forster in his novel *Howards End* (1910)[1] and some 800 years before by Jean Bodel in his *Chanson des Saisnes* (late 12th cent.). Bodel, in his famous overview of 'narrative matters', writes:

> N'en sont que trois materes n'i à nul home entendant:
> De France et de Bretaigne et de Romme la grant;
> (*Chanson des Saisnes*, Menzel and Stengel 29, l. 6-8)

> There are but three narrative matters for any understanding man;
> Of France and of Brittany and of great Rome;

The crucial point about this early categorization of narrative matters is the non-mention of a 'Matter of England'. It must be added, however, that this is not really astonishing if one takes into account the cultural predominance of France during much of the Middle Ages. England in particular may well be considered part of the French cultural domain for the first two centuries after the Norman conquest in 1066. French (or, depending on the context, Anglo-Norman) dominated literature, the royal court, administration, law, and even the church for centuries.

English survived largely as a spoken language and was obviously not considered suitable for literary and poetic composition. The works produced in

---

1 Forster 262: "Why has not England a great mythology? ... England still waits for the supreme moment of her literature – for the great poet who shall voice her, or, better still, for the thousand little poets whose voices shall pass into our common talk."

England during that time bear witness to this bias. Neighbouring cultures, like the Celtic (Wales) or the Scandinavian (Iceland), preserved at least some of their mythologies and traditional tales in manuscripts written in the 13th and 14th centuries – e.g. *The White Book of Rhydderch* and *The Red Book of Hergest*, which were edited and translated by Lady Charlotte Guest as *The Mabinogion*, and the manuscripts of the *Poetic Edda* and *Snorri Sturluson's Edda* respectively. There are no comparable texts for England and a specifically 'Anglo-Saxon mythology' has not survived – most likely because no one bothered to collect and write down the tales and myths of a conquered and seemingly inferior people.

The Norman and French writers and historiographers would try and link the history of the British Isles rather with the 'international' foundation myth that traces the origins of European civilisations (Rome, France, but also the Normans – see Southern 189-195, Eley 1991, and Albu 13-15) back to the Trojans. Geoffrey of Monmouth, in his *Historia Regum Britanniae* (c. 1136), gives the 'classic' account of how Britain (< Bruttenes land), formerly called Albion and inhabited by giants, was settled and civilised by Trojans under the leadership of Felix Brutus, Aeneas' great-grandson.

The Matters of Brittany, France, and Rome

Geoffrey of Monmouth is also the 'father' of the Arthurian legend and, as a consequence, of the 'Matter of Brittany' that attached itself to the figure of the legendary king. Arthur makes his first prominent (clearly datable) appearance in written literature in Geoffrey's *Historia* and later historians and authors, such as Wace, Layamon, or Chrétien de Troyes, would further elaborate and add to the story on the basis of his account.

The Arthur encountered in the *Historia* is, however, not a very suitable starting point for an 'English' mythology. Apart from his Romano-Celtic roots and the fact that his enemies are Saxons (i.e. the ancestors of the 'English'), he is also too much of an internationally oriented emperor figure as to serve specific nationalistic needs and is better suited towards providing 'historical' justification for the Normans' (and later the Plantagenet kings') international aspirations than to become the focus of a new national identity.

Some later writers would try and remove at least some of the major obstacles and thus co-opt Arthur for the English. The author of *Of Arthour and Merlin* (Auchinleck manuscript, c. 1340, ed. by Macrae-Gibson 1973/1979), for example, makes Arthur English by simply equating the Britons with the English (Macrae-Gibson 11, line 119: "the Bretouns that beth Inglisse nov" ['the Britons that are English now']) and thus prevents any further problems. Also, the Saxons are omitted completely and the Saracens take over their place as Arthur's enemies. The historian Robert Manning (c. 1338) applies a slightly different strategy and claims Arthur for the English by pointing out that he is 'of this land', i.e. England. However, most attempts to 'English' Arthur did not have a lasting impact and the development was in the direction of international chivalric ideal rather than national hero.

Tolkien was most likely aware of the problematic and multi-faceted nature of Arthur in medieval literature, historiography, and politics. Furthermore, he rejected the 'Arthurian matter' because it was, in his opinion, "imperfectly naturalized, associated with the soil of Britain but not with English; ... For another and more important thing; it is involved in, and explicitly contains the Christian religion" (L 144). Yet this did not stop him from starting to write an alliterative epic poem on the Arthurian theme (*The Fall of Arthur*) that he, in 1955, still hoped to complete (L 219).

The poem did not appear in print during his lifetime and the Tolkien Estate's policy at present is not to permit the viewing of hitherto unpublished texts. I therefore cannot make any comments on how Tolkien's Arthur would have been linked to the 'Matter of England' – if he were to be seen in such a context at all.

The 'Matter of France' is even less suited to provide the material for an 'English' mythology. The stories of Charlemagne and his douzepeers are closely associated with the territories of France, the idea of the 'renovatio imperii' and with the wars against the Saracens – and thus with the Christian religion. Tolkien may have incorporated some elements from this narrative tradition into his work (e.g. Boromir's horn and last stand; Aragorn as the renewer of the Gondorian empire), yet these are either minor or 'universal' motifs rather than culture-specific ones.

The relationship between England and the 'Matter of Rome' requires closer scrutiny. As mentioned above, the European foundation myth makes, strictly speaking, all other matters into derivatives of this 'original matter'. England, via Britain and Felix Brutus, is likewise linked with the Trojan 'hypermyth' that provides Britain/England with a venerable 'history' of its own. Yet the focus is, in this context, on the common descent of the cultural elite and it is only from this shared foundation that the European nations are going to develop their specific identities. The 'prologue' to the late 14th-century poem *Sir Gawain and the Green Knight*, which Tolkien edited together with E.V. Gordon in 1925, illustrates this beautifully.

Lines 1 to 24 summarise the events from the fall of Troy and Aeneas' flight to the foundation of Rome and the conquest and colonialisation of most of Europe by Aeneas' descendants. Lines 25 to 26 introduce Arthur as the most famous of the British kings and thus present him as direct heir to the Trojan founding fathers.

It would be, of course, a mistake to categorize *Sir Gawain and the Green Knight* as belonging to the 'Matter of Rome', but the poet clearly aims at highlighting the interdependency of the matters of Brittany and Rome.

The Matter of England

Modern scholars have supplemented Jean Bodel's three categories by the 'Matter of England'. This new category comprises Middle English romances like *Boeves of Hamtoun* or *Guy of Warwick* – works that are often translations/adaptations of Anglo-Norman originals and aim at providing the Anglo-Norman noble families with native English ancestral figures. These tales of adventure remained popular into the modern period and it is most likely that they constitute, together with the tales of Robin Hood, the "impoverished chap-book stuff" (L 144) Tolkien mentioned in his letter to M. Waldman.

The greater part of the action of these romances may take place in England and the protagonists are presented as English knights, yet theirs is a constructed, artificial 'Englishness' (see Rouse). Tolkien seemed to consider the descendants of the Angles, Saxons, Jutes and other Germanic tribes that conquered Britain and made it into 'Angle-lond' to be the true representatives of 'Englishness'. The Norman conquest was, in his view, a deplorable historical mishap that cut short and, after the re-establishment of English as the national language, influenced negatively the natural development of a genuinely 'English' culture and language. Tolkien would therefore seek for 'Englishness' in those parts that were not or only marginally touched by the effects of the Norman invasion and hoped to retrieve some of the original culture by 'bypassing' the Norman additions. The Middle English romances, by contrast, would try and link the Anglo-Norman present with a mythical Anglo-Saxon past in order to construct a new 'national' identity by combining the different elements.

As a consequence of this peculiar historical situation, 'Englishness' has always been a somewhat vague category and the question of what constitutes 'Englishness' (in contrast to 'Scottishness', 'Welshness' or even 'Britishness') is treated in one way or another in much of post-Conquest medieval literature (see Speed, and Turville-Petre, *England*).

This brief and necessarily incomplete outline gives us a clearer idea under which constraints Tolkien had to work and what his options were when he envisaged writing an 'English' mythology.

With much of British and English history already 'occupied' by the Trojan 'hypermyth', he seemed to think it better to place his tales even further in prehistoric times. This does not exclude the possibility that he used – unconsciously or not – the medieval accounts of the Trojan War as the blueprint for *The Fall* of *Gondolin* (see Lewis and Currie), and thus linked his *Legendarium*, at least indirectly, via structural parallels to the European foundation myth. This and the original Eriol/Ælfwine framestory was, in the late 1930s and early 1940s, superseded by linking the *Legendarium* – via *The Fall of Númenor* – to another, more ancient 'foundation and civilisation myth', namely that of Atlantis – which, in turn, was abandoned in favour of the 'narratological' solution found in the preface to *The Lord of the Rings*.

I would like, in the following paragraphs, to briefly present and comment on these different and sometimes mutually exclusive stages of the narrative frames.

The great importance of the framestories has become clear with the publication of *The History of Middle-earth* and Christopher Tolkien, in the first volume of *The Book of Lost Tales* (LT 1 5), concedes that it was an error to publish *The Silmarillion* without any framework. This literary device is of special import for our task because the linking of Tolkien's *Legendarium* with England is achieved predominantly, though not exclusively, by means of the frame narratives.

Tol Eressëa as England: Eriol aka Ottor Waefre aka Angol (see LT 1&2)

The first of these frame narratives centres around the figure of Eriol (1916-), who is also known as Ottor Waefre or, according to his homeland, by his byname Angol (< Angul, Angeln in southern Denmark, that is the Continental homeland of the Germanic tribe of the Angles who, together with the Saxons and the Jutes, invaded Britain in the 5th cent. AD). He is of the line of Woden and, through his marriage with Cwén in Heligoland in the North Sea (LT 1 23), the father of Hengest and Horsa – who are known as the semi-historical leaders of the Jutish invaders of Britain.

The genealogies of the Anglo-Saxon royal houses do not list an 'Eriol', nor do they feature any of his other names (the Kentish genealogy, for example, names one Wihtgils as the father – or at least predecessor – of Hengest; cf. FH 176). Yet this non-mention does not rule out the existence of such a figure – the manuscripts of the *Anglo-Saxon Chronicle* as well as those of other important historical records (e.g. Bede's *Historia ecclesiastica gentis Anglorum*) are often at odds with each other. Eriol is thus a late 4th, early 5th century character who fits in with what little is known about this time and though we cannot call him an 'Englishman' – simply because the 'English' were not yet in existence at that time – he may be seen as a precursor.

It is this proto-Englishman who, upon the death of his wife, sails west and lands on the Lonely Isle where he not only learns much of the elvish lore but also marries an elfwoman and witnesses the ruin of elvish Tol Eressëa. Eriol

– and his (half-elvish) son Heorrenda, a name taken from the Old English poem *Deor* – thus become the preservers and transmitters of elvish legends and lore. This body of tales is 'English' in several ways.

First, Tol Eressëa is to become the British Isles when Ulmo uproots it and drags it near the Western Shores of the Great Lands – with the effect that its subsequent history is identical with the history of England. The identification of elvish with English towns, such as Kortirion with Warwick, or Tavrobel with Great Haywood, stresses this point, as does the fact that poems like 'Why the Man in the Moon Came Down Too Soon' (March 1915) are, in their earliest stages, clearly rooted in the geography of our modern world (cf. line 48 'In the Ocean of Almain' = the North Sea; line 51 'Yarmouth' and line 58 'Norwich' in the version printed in LT 1 204-206), whereas later versions would replace these names with references to Middle-earth places. The important fact is that the stories have thus been told, collected and written down in what is going to be England, i.e. they are linked to, though not necessarily about, the soil of England.

Secondly, the preservers of the tales are, on the one hand, intimately connected with the Elves who live in Tol Eressëa. On the other hand, they are also related to one of the races of men that will invade and settle England in the not too distant future.

The elvish legends may thus be considered part of their cultural and – via the half-elf Heorrenda – even racial heritage indeed. Tolkien thus bypasses the 'Celtic' tradition of faery, which he considered "too lavish, and fantastical, incoherent and repetitive" (L 144).

The choice of an 'Anglian' transmission of the same matter leaves its marks on the form of the tales and poems, too. Many carry Old English titles[2] or are rendered in alliterative metre (e.g. *The Children of Hurin* 1920-25) – a poetic form associated typically with Germanic and thus also Old English literature (in opposition to Middle English literature that is heavily indebted to Romance models). The formal contrast between the 'Germanic' stress-based alliterative line and the isosyllabic end-rhyming couplets of Romance origin was probably the reason why numerous poets and authors 'revived' the alliterative line during the growth of a national (English) consciousness in the 14th century (see Turville-Petre, *Revival*). Alliteration was obviously recognised as an 'English' form whereas end-rhyme was considered a French import.

---

[2] E.g. 'Goblin Feet' (1915) is alternatively called 'Cumaþ þá Nihtielfas' [There come the night-elves], and 'Kortirion' (Nov. 1915) is 'Cor Tirion þǽra beáma on middes' [Kortirion in the middle of the trees]; cf. LT 1 32. See also the titles of the first finished text of 'Why the Man in the Moon Came Down Too Soon', which were 'A Faërie: Why the Man in the Moon came down too soon', together with one in Old English: 'Se Móncyning'; cf. LT 1 204.

Yet Tolkien, though experimenting with and exploiting the identificatory potential of alliteration, did not allow his poetic creativity to be limited to a single form only. He could and would, for example, write in rhyming couplets when he thought it appropriate. The content and spirit of *The Lay of Leithian* (1925-31) for one, harmonises better with rhyming octosyllabic couplets than with alliterative long lines.

One effect of this selection of form according to aesthetic or genre-specific principles is a 'chronological' layering of the poems. Alliterative poems – often of heroic or epic nature – are felt to be more ancient than those written in rhyming couplets or other 'more recent' forms. The treatment of similar or identical narrative matter in different forms and according to different aesthetic principles mirrors, to some extent, the structure of the surviving English medieval literature and imitates the slow historical evolutionary process 'in vitro', so that the *Legendarium* looks and feels as if it had grown organically over the centuries.

Yet Tolkien did not only use typical poetic forms to link his tales to a pre-Conquest era. Many of the narrative elements of his early poems and tales are derived from the Northern tradition. The tale of Turin Turambar (1919; LT 2), for example, contains echoes of Germanic legends as well as strong Finnish elements derived from Tolkien's reading of *The Kalevala*. This aspect has been studied in detail by several scholars (most prominently Shippey, and Burns; see also Flieger, *Mythology*, and West) to whom I would like to refer the interested reader.

To sum up the most important findings of our discussion of the matter of identity in the earliest stages in the development of the *Legendarium*, we can state that Tolkien relied mainly on the concept of a common territory (Tol Eressëa = Britain/England) and, to a lesser extent, on racial connections between the original representatives of the narrative matter (Elves) and its preservers (Eriol and his half-elven son Heorrenda). He thus comes close to the medieval concept of nation as being defined in terms of its territory, its people, and its language (Turville-Petre, *England* vi).

The question of language is going to occupy us in the next chapter and also later on in connection with Tolkien's concept of 'native tongue'.

Luthany = England: Ælfwine

he original concept that saw Tol Eressëa as the precursor of the British Isles was superseded by – or received competition from – an alternative idea sometime in the 1920s when Tolkien introduced the 11th-century Englishman Ælfwine as the link between the tales of the *Legendarium* and the Elves. England, called Luthany, is no longer identical with Tol Eressëa, although it does have a strong 'elvish' connection in so far as it has been the only land where Elves and men had dwelt together in peace.

The Anglo-Saxons are identified with the Ingwaiar, i.e. the people of Ing(wë), who came to Britain from their homelands in northern Europe. Ing(wë) recalls, of course, one of the mythic founding figures of the Germanic peoples – still to be recognised in the name of the Inguaeones. Tolkien links Ing(wë) further with (Northwest-)Germanic legends by presenting him as a Sheaf-like figure who comes to the people in time of need. Ælfwine, then, is a descendant of the Ingwaiar ('of the kin of Ing, King of Luthany'; LT 2 305) who have been the only of the invading peoples that established, under the influence of Ing(wë)'s teachings, a friendly relationship with those Elves who still remained in Luthany/England.

Due to this, Old English is the only mannish language the Elves speak willingly. Ælfwine himself, in a voyage that is merely sketched by Tolkien, reaches Elvenhome where he learns the tales from the mouths of Elves themselves – who, to his astonishment, speak his own language (Old English) fluently. Ælfwine writes down what he learns in *The Book of Lost Tales / The Golden Book of Tavrobel* (LT 2 310) and preserves thus the elvish legends in late Old English (wheras Eriol and Heorrenda's language would have been a much more archaic and hardly understandable form of proto-Anglian Old English).

This change of focus has several consequences. Tol Eressëa is no longer identical with Britain. Places like Kortirion or Tavrobel on the Lonely Isle are no longer to be identified directly with Warwick or Great Haywood, but named after the older settlements bearing the same names in Luthany/England which the Elves had to leave behind. The elvish legends are thus still 'of England', though once removed. The same is true for the people that are the recorders of the elvish tales. The Ingwaiar possess a rather elusive 'elvish connection' that, ultimately, goes back to Ing(wë), but they are not directly related to the Elves, as were Heorrenda and his descendants.

In the end, the transmission of the *Legendarium* has been moved forward into better documented historical times and the mythic elements have been relegated to the background. Yet the advantage of having the transmission anchored more clearly in a factual historical context and in a well-known linguistic environment (late Old English) is bought with the loss of the narrator's direct involvement. Ælfwine is merely a 'recorder' of tales whereas Eriol and Heorrenda had still actively participated in the events that brought about the departure of the Elves from Tol Eressëa/Britain.

Luthany = England: Ælfwine = Eriol

When, in c. 1930, Tolkien was working on his 'Sketch of the Mythology', the entire narrative framework had disappeared (cf. SM 42). However, this must not be seen as proof that he had rejected it. The title page of the *Qenta* states that its contents are drawn from *The Book of Lost Tales* which Eriol of Leithian had written after reading *The Golden Book* (SM 78). Furthermore, the fragments of the *Qenta* in (late) Old English (Shaping 205-208) as well as the Old English versions of *The Annals of Valinor* (SM 281-293) and *The Annals of Beleriand* (SM 337-341) respectively are said to be the work of Ælfwine, called Eriol by the Elves. The *Annals* contain much mythological and (pre-)historical information vital for establishing the place of Valinor and Beleriand within the larger framework of the history of Middle-earth.

The annals also link events and persons from the *Legendarium* to Anglo-Saxon England. This happens, on the one hand, by means of the annalistic form, which echoes that of the *Anglo-Saxon Chronicle*. On the other hand, their contents supplement and complement the *Anglo-Saxon Chronicle*, and the *Annals* Old English versions could be easily incorporated into the *Anglo-Saxon Chronicle* just as biblical information has been used to fill the gaps in the historical knowledge of the Anglo-Saxons.

'English history', i.e. the history of the Germanic tribes of the Angles, Saxons, and Jutes, is, in this context, part of a greater (Christian) picture of the history of our world. The 'elvish' pre-history of Middle-earth in general and of what is to become England in particular occupies thus a place that is structurally similar to that of the biblical narrative(s).

Ælfwine and Eriol are now two names for one and the same person, i.e. the 11th-century Englishman who sailed from England to Tol Eressëa. However, Tolkien did not revise his earlier writings and Eriol would continue to appear, from time to time, as a separate person.

Alwin – Ælfwine – Alboin – Elendil, and the Drowning of Númenor

Tolkien's concept of the *Legendarium*'s transmission has been, up to this date, rather traditional. People (Eriol, Ælfwine) travel by boat or on foot to places where they meet other people (Elves) who tell them tales, which are then written down, copied and read by their descendants and thus reach Tolkien's own time. The factors that render these tales important for the construction of a national 'English' mythology are their links with the soil and, to a lesser extent, with the people (i.e. the Anglo-Saxons).

The Lost Road (c. 1937) marks a radical departure from this pattern. Ælfwine makes an appearance in this story, too, but this time as an Englishman of the time of King Edward the Elder (c. AD 918). He is no longer the central transmitter figure but merely part of a series of father-son pairs (although, in one of Tolkien's sketches, he reaches Tol Eressëa and listens to the tales of the Elves). The transmission of the central event – the drowning of Númenor – is no longer by writing or oral transmission, but by 'racial memory'. The memories of this cataclystic event reappear in the dreams and visions of those who are descended from Elendil in direct line.

This idea of 'racial memory' reappears in *The Notion Club Papers* (c. 1945), which comprise the minutes of the club's meetings between 1980 and 1990. Alwin Arundel (< Ælfwine Eärendel) Lowdham, a member of the Notion Club, remembers Old English verses and he and his companion Wilfried Trewin (< Tréowine) Jeremy both regress back in time during their search for the origin of these visions. Ælfwine, here introduced as the linear ancestor of Alwin, appears and, together with Tréowine (a linear ancestor of Wilfried Trewin Jeremy), sails westwards where he "gets view of the Book of Stories; and writes down what he can remember" (SD 279).

This sketched link, which connects *The Notion Club Papers* to the earlier frame narratives, has not been developed any further. Lowdham and Jeremy regress even farther back in time until they witness, as Elendil (> Alwin) and Voronwë, the drowning of Númenor (SD 279).

The notion of the genetic transmission of formative experiences links the *Legendarium* to the people to a much greater extent than the concepts before. With them it has been the soil that functioned, to some extent, as the carrier of identity and the *Legendarium* was considered 'English' mostly because of its connections to the land that, one day, would become England. The transmission of the matter via inherited memory may be supplemented by written accounts (cf. Ælfwine's rendering of what he remembers of the Book of Stories), but the anchoring of the matter itself with the English is by means of the bloodline.

The *Legendarium* is a mythology for England because the English, whether they are aware of this or not, retain the key elements in their 'racial memory'. Verlyn Flieger puts it like this: "It would make English history and myth, as well as his own pre-English mythology, the property of inborn, genetically transmitted rememberance, possessed by the English whether they know it or not." (*Atlantis* 53)

Tolkien, by connecting the elvish tales with the fall of Númenor, also provided an alternative 'foundation mythology' for European civilisation. It is not the Trojan 'civilisation heroes' that are the founding fathers of Europe, but the descendants of those people who survived the drowning of Númenor/Atlantis. Tolkien's heroes sail out of the west, not out of the east.

The idea of transmission via racial memory is a much more idiosyncratic and personal approach (although similar ideas are to be found e.g. in John Buchan's short story *The Far Islands* of 1899: reprinted in Anderson 195-212), while the book-based concepts of transmission could be seen as inspired by Tolkien's work as medievalist. We know that Tolkien suffered from "the terrible recurrent dream (beginning with memory) of the Great Wave, towering up, and coming ineluctably over the trees and green fields" (L 213) and that his son Michael had inherited this very same dream.

Furthermore, Tolkien believed in the existence of a 'native language' – which is not identical with one's cradle or mother tongue.[3] This native tongue is an inherited linguistic disposition and is transmitted genetically, whereas the mother/cradle tongue is an acquired language and need not stand in any connection with the racial/genetic origins of the speaker.

In Tolkien's case, it was the medieval dialect of the West-Midlands, as preserved in the Middle English work *Ancrene Wisse*, that struck him as familiar on first sight: "I am a West-midlander by blood (and took so early west-midland Middle English as a known tongue as soon as I set eyes on it) ..." (L 213). He credited his maternal bloodline, the Suffields of Evesham in Worcestershire (L 54 and 218), for this and considered himself to be of true English stock with deep pre-Conquest West-Midland roots: "For barring the Tolkien (which must long ago have become a pretty thin strand) you [i.e. Christopher Tolkien] are a Mercian or Hwiccian (of Wychwood) on both sides." (L 108)

The West-Midland dialect evidenced in the *Ancrene Wisse* is, according to Tolkien, one of the few surviving 'native' English tongues that had escaped – for some time at least – the deteriorating effects of the Norman Conquest. As such it goes back in direct line to Mercian Old English and the two must have been, for centuries, the mother tongues and, most likely, 'native' languages of the Suffields' direct ancestors.

Tolkien never explicitly states how the 'linguistic Fall' that caused the (modern) separation of mother tongue and native language came about. I strongly suspect that, for the English, this 'Fall' was the Norman Conquest and the subsequent domination of Romance languages that radically changed the development of English (see Carpenter 48). Without the Normans, the English would speak a language that would still be much closer to their Old English dialects and thus closer to their 'native language'.

What, then, is the relevance of Tolkien's (linguistically heretical) concept of 'native language' for the question of the *Legendarium's* Englishness? One possible answer lies in the connection between the language of the Dark-elves and Old English (see Hostetter and Smith 287-88, who base their argument on the information found in LR 179).

---

3   See MC 190; L 213; and Bachmann and Honegger for an in-depth discussion of Tolkien's ideas on blood, language, and race.

The language of the Anglo-Saxons, as well as some other 'mannish' languages, are said to derive from the tongue of the Dark-elves. In this context, the elvish matter is additionally linked to the English by means of their shared linguistic heritage. Old English is not only the 'native' language of the Anglo-Saxons, but it also connects them with the true tradition of faery – connections that have been all but severed by the linguistic and cultural impact of the Norman Conquest.

England = the Shire: Bilbo Baggins, Elf-friend

Tolkien continued to work on the frame narrative (with Ælfwine as the transmitter) at least into the 1950s, i.e. a time when *The Lord of the Rings* had been completed and published independently of the *Legendarium* and, in the first edition, even without the *Appendices*. The minimal frame narrative provided for the epic tale of the *War of the Rings* is again one of 'bookish' transmission. The prologue presents the text as a translation of a copy of *The Red Book of Westermarch*, which, ultimately, goes back to Bilbo's diary as the oldest layer, Frodo's account of the subsequent events and Sam's additions.

The Silmarillion, and much of the *Legendarium*, could be accommodated in this new context as material collected and translated by Bilbo during his stay at Rivendell. The 'mannish' (proto-)Old English transmitter figures have thus been replaced by hobbits. Although this change severs the *Legendarium's* ties to semi-mythical Germanic history and to English history in particular, it makes it more English than ever.

This is achieved mainly by presenting the hobbits and the Shire as the epitome of (modern) Englishness on several levels.[4] First, they speak the clearly recognisable English dialect of the Oxford/Warwickshire area (see Johannesson). Secondly, their cultural and technological know-how is similar to that of an idealised rural Victorian England – stressing the elements of civilisatory comfort such as pipeleaf, tea, potatoes, waistcoats, and clocks, while at the same time avoiding the less savoury aspects of technological progress.

The hobbits thus function as mediators between the (modern) reader and the heroic-epic world of Middle-earth[5] and the elf-friends Bilbo and Frodo Baggins in particular provide the connection to the larger world of the *Legendarium*.

---

4   See Speed 139: "Tolkien, whose imaginary peoples encode a certain Englishness."
5   See Shippey 55-93 and also Hopkins.

Conclusion

Tolkien's *Legendarium* has remained a work in progress throughout Tolkien's long life. We have thus no single unified textual corpus, and the English, in spite of Tolkien's astonishing creativity, are still without a 'mythology for England' proper. What they have, however, is, with *The Lord of the Rings*, an epic which captures some of the best elements of 'Englishness' in its (especially hobbit) protagonists, and, with *The Silmarillion*, *Unfinished Tales* and *The History of Middle-earth* series, a vast and somewhat ramshackle collection of tales and legends that have sprung from the depths of a genuinely 'English' creativity. Its 'Northern spirit' links it to England and to the north-west of Europe, but it appeals at the same time to all of mankind.

Tolkien's work is thus, on the one hand, a grandiose failure if one were looking for a nationalistically English mythology. On the other hand, his predominantly narrative works (*The Lord of the Rings*, *The Hobbit*) provide a literary appropriation of the mythic matter by means of the 'English' transmitter figures of the hobbits. It is ironic that Tolkien achieved his aim of a 'mythology for England' not so much by linking it with (semi-)mythic and historical English history, but by placing his main work (*The Lord of the Rings*) outside history and by making the anachronistic hobbits the transmitters of the matter.

Bibliography

Albu, Emily. *The Normans in Their Histories: Propaganda, Myth and Subversion*. Woodbridge: The Boydell Press, 2001

Anderson, Douglas A., ed. *Tales Before Tolkien. The Roots of Modern Fantasy*. New York: DelRey, 2003

Bachmann, Dieter and Thomas Honegger. „Ein Mythos für das 20. Jahrhundert: Blut, Rasse und Erbgedächtnis bei Tolkien". *Hither Shore* 2 (2005): 13-39

Burns, Marjorie. *Perilons Realms: Celtic and Norse in Tolkien's Middle-earth*. Toronto: University of Toronto Press, 2005.

Carpenter, Humphrey, ed. *J.R.R. Tolkien. A Biography*. London: HarperCollins, 1995

---, ed. with the assistance of Christopher Tolkien. *The Letters of J.R.R. Tolkien*. Boston: Houghton Mifflin, 2000

Eley, Penny. "The Myth of the Trojan Descent". *Nottingham Medieval Studies* 35 (1991): 27-40

Flieger, Verlyn. "The Footsteps of Ælfwine". *Tolkien's Legendarium. Essays on The History of Middle-earth*. Eds. Verlyn Flieger and Carl F. Hostetter. Westport (CT)/London: Greenwood Press, 2000, 183-198

---, "A Mythology for Finland: Tolkien and Lönnrot as Mythmakers". *Tolkien and the Invention of Myth. A Reader*. Ed. Jane Chance. Lexington, KY: The University Press of Kentucky, 2004, 277-283

---, "'Do the Atlantis story and abandon Eriol-Saga'". *Tolkien Studies* 1 (2004): 43-68

Forster, E.M. *Howards End*. Penguin: Harmondsworth, 1978

Hopkins, Chris. "Tolkien and Englishness". *Proceedings of the J.R.R. Centenary Conference. Keble College, Oxford, 1992. Mythlore* 80 / *Mallorn* 30. Eds. Patricia Reynolds and Glen H. GoodKnight. Milton Keynes and Altadena: The Tolkien Society and The Mythopoetic Press, 1996, 278-280

Hostetter, Carl F. and Arden R. Smith. "A Mythology for England". *Proceedings of the J.R.R. Centenary Conference. Keble College, Oxford, 1992. Mythlore* 80 / *Mallorn* 30. Eds. Patricia Reynolds and Glen H. GoodKnight. Milton Keynes and Altadena: The Tolkien Society and The Mythopoetic Press, 1996, 281-290

Johannesson, Nils-Lennart. "The Speech of the Individual and of the Community in *The Lord of the Rings*". *News from the Shire and Beyond – Studies on Tolkien*. Eds. Peter Buchs and Thomas Honegger. Zurich and Berne: Walking Tree Publishers, 2004, 13-57

Lewis, Alex and Elizabeth Currie. *The Forsaken Realm of Tolkien. J.R.R. Tolkien and the Medieval Tradition*. Oswestry: Medea Publishing, 2005.

Macrae-Gibson, Osgar D., ed. *Of Arthour and Merlin*. Two volumes. Volume 1 Text, volume 2 Introduction, Notes and Glossary. (Early English Text Society Original Series 268 & 279). London: Oxford University Press, 1973/1979

Menzel, F. and E. Stengel, eds. *Jean Bodels Saxenlied*. Teil I. Marburg: Elwert'sche Verlagsbuchhandlung, 1906

Rouse, Robert Allen. *The Idea of Anglo-Saxon England in Middle English Romance*. (Studies in Medieval Romance 3). Cambridge: D.S. Brewer, 2005

Shippey, Tom A. *The Road to Middle-earth*. Boston: Houghton Mifflin, 2003

Southern, R.W. "Aspects of the European Tradition of Historical Writing. 1. The Classical Tradition from Einhard to Geoffrey of Monmouth". *Transactions of the Royal Historical Society* 20 (1970): 173-196

Speed, Diane. "The Construction of the Nation in Medieval English Romance". *Readings in Medieval English Romance*. Ed. Carol Meale. Cambridge: D.S. Brewer, 1994, 135-157

Tolkien, John Ronald Reuel. "English and Welsh". *The Monster and the Critics and Other Essays*. Ed. C. Tolkien. London: HarperCollins, 1997, 162-197

---, *Finn and Hengest: The Fragment and the Episode*. Ed. Alan J. Bliss. London: HarperCollins, 1998

Turville-Petre, Thorlac. *The Alliterative Revival*. Cambridge: D.S. Brewer, 1977

---, *England the Nation: Language, Literature, and National Identity, 1290-1340*. Oxford: Clarendon Press, 1996

West, Richard C. "Setting the Rocket Off in Story: The *Kalevala* as the Germ of Tolkien's Legendarium". *Tolkien and the Invention of Myth. A Reader*. Ed. Jane Chance. Lexington, KY: The University Press of Kentucky, 2004, 285-294

The Lays of Beleriand: Epic and Romance
Allan Turner (Greifswald)

In this article *The Lays of Beleriand* will be considered not from the point of view of the development of the legendarium but as a significant stage in Tolkien's literary and stylistic development. At the same time they may be seen as a major development in the author's technique of drawing upon his specialised knowledge of philology to give linguistic and imaginative depth to his creative work. Indeed, these poems and fragments of poems need to be viewed against the background of philological study at the time when they were composed.

The title of this article is a deliberate echo of *Epic and Romance* by W. P. Ker, which was certainly known to Tolkien, since it was one of the standard textbooks on medieval literature from the previous generation of philologists in Britain and can be regarded as representative of the critical thinking of the period. It is a sign of Ker's standing in English-speaking philological circles that his book was still being reprinted in the 1950s (his other major work, *The Dark Ages*, was even re-issued in 1979).

He sees epic and romance respectively as the two faces of medieval literature, the two major genres under which almost every major ancient poem could be subsumed. Epic is the earlier, inevitably dominated by Homer at a time when education was based almost exclusively on the Classics; it is notable that Ker's tone is almost apologetic when he compares the Germanic epic in the form of *Beowulf* with its great Greek counterpart. The epic deals above all with heroic deeds and feats of arms. Romance, a later development associated with the Age of Chivalry, typically features love relationships between knights and ladies, often including fantastic elements.

As will be seen, Tolkien's narrative poems were modelled quite clearly into these two patterns. However, first it is necessary to consider the background against which Tolkien made the choice to cast parts of his mythology into verse narrative even before *The Book of Lost Tales* was completed, and why he adopted the forms that he did.

Influence of philological Models in the History of Literature

It is important to remember that Tolkien was not the first or the only author to base his own creations on models from the past, but rather was following in a clear tradition; his innovation lay in the particular direction that he took.

Since we normally think first of all of his professional interest in the Germanic languages, it is easy to forget that in the context of literary influences which is briefly outlined here, philology includes not only Germanic but also Classical texts. Greek and Latin literature, particularly in the 18th and 19th centuries, had a considerable influence on original literature in English, in the form not only of translation but also of direct imitation, the extent of which is made clear by Volume III of the recent *Oxford History of Translation in English Literature*. Besides, every boy educated at a public or grammar school would have a thoroughly drilled knowledge of the epics of Virgil and Homer (only very few girls' schools offered the narrow, intensive education in Latin and Greek that was thought appropriate for boys).

The literary creations based on historical models were of three main kinds. One was the straightforward imitation of older genres in original composition such as Milton's *Paradise Lost*, a biblical epic written in conscious imitation of Homer and Virgil to adapt their form to a Christian theme. A similar example from Germany is Klopstock's *Messias*, which in its turn was directly influenced by the poet's reading of Milton. Writers assimilated models which were familiar to them and which carried high status in their society to create an interlingual intertextuality. In the Victorian period, known for its historicising approach, a particularly striking example of an attempt to re-create the spirit and form of an ancient Greek tragedy in English is Swinburne's verse drama *Atalanta in Calydon*.

The classical texts were already well known as a constituent of pan-European culture. However, particularly in 19th century the number and kind of available models was expanded by the collection, editing and publication of previously unknown or lost medieval texts, such as *Beowulf* in England and the *Nibelungenlied* in Germany. Particularly in northern European countries, these were seized upon by some readers as a truly national tradition which could be opposed to the previously dominant classically-based French culture. With the growth of the concept of the nation-state, other cultural and linguistic groups looked into their past to find a literary tradition which would underline their identity. One of these is the Finnish epic cycle *Kalevala*, which Tolkien claimed as an important early influence (L 87, 214, 345). Its editor, Elias Lönnrot, not only collected a large body of oral materials but also compiled a long epic out of numerous fragments, so that the poem can also be regarded as a case of creation from philology.

Thirdly, there were a number of hybrid forms, a kind of "asterisk reality", to use Shippey's term, which were intended to reproduce items from a cultural tradition as it might have existed if only the poets had got round to composing the poems. Macaulay's *Lays of Ancient Rome* were presented as an attempt to reconstruct imaginatively an impression of what the more primitive traditions of the beginnings of Rome might have been like before they were transformed by Virgil and Livy. In the USA, Henry Wadsworth Longfellow wrote the long narrative poem *Hiawatha*, re-casting Native American tales in the metre of the *Kalevala*. Those of William Morris's romances which attempt to capture something of the unrecorded Germanic past, and which were again an acknowledged influence on Tolkien, may be considered in this category.

Why did Tolkien write the *Lays*?

According to one of Tolkien's notes, he started working on *The Lay of the Children of Húrin*, the earlier of the two main *Lays*, in 1918, but most of composition appears to have been done during his time at the University of Leeds (cf. LB 3). It is significant that this phase of literary creation came at the time when he was first working professionally as a philologist, not only as a lecturer but before that as a lexicographer at the *Oxford English Dictionary* (OED) and as the compiler of the glossary to Sisam's *Middle English Reader*.

Keen as Tolkien had been on reading medieval texts first as a schoolboy and then as an undergraduate, he was now forced to apply himself to their study even more intensively. This perhaps shows in the change in his poetic approach. Previously his poems had been essentially lyrical in nature, often originally conceived with no particular reference to his nascent mythology and composed in standard metres of the late 19th century. Now for the first time he is attempting a pseudo-historical verse narrative after the manner of Macaulay or Longfellow, while the material of the poems is drawn from the mythology instead of contributing to it.

In fact it appears that in *The Lays of Beleriand* Tolkien is doing exactly the same for his fictitious peoples as Lönnrot and Longfellow were doing in the real world. If his invented languages needed their histories, then the invented cultures also needed their traditional poems. Since the cultures that Tolkien depicts are pre-modern ones, then for someone of his particular educational background it is obvious that they will express themselves in the traditional modes of epic, represented by *The Lay of the Children of Húrin*, and romance represented by *The Lay of Leithian*. In fact this difference of genre was already implicit in *The Book of Lost Tales*, and remained right through to the published *Silmarillion*, even though the stylistic distinction was somewhat lost in the later versions of the tales because of their extreme compression.

The historical reconstruction is carried through into the versification. *The Lay of Leithian* is written in the traditional romance verse form of octosyllabic lines, as found in *Sir Orfeo*, which Tolkien had got to know in detail through his work on the glossary for Sisam's *Middle English Reader*, or in German in the romances of Hartmann von Aue. In both of these Germanic languages with their strong stresses, the Romance octosyllabic line is usually realised as an approximate iambic tetrameter, as is the case here. The *Lay* has the typical romance motifs of quest and love, with more magical, fairy story happenings than in practically any other tale of Tolkien's mythology.

The Lay of the Children of Húrin is perhaps harder to classify, but the part that was written deals largely with feats of arms, which would place it in the genre of the epic. Classical epics were written in hexameters, while for his Christian epic *Paradise Lost* Milton used the iambic pentameter as an appropriate form for his day. However, Tolkien has chosen a much older native English pattern; *The Lay of the Children of Húrin* is written in alliterative long lines, in a strict reconstruction of the metre of the Old English epic *Beowulf*.

Alliteration and historical Reconstruction

To my knowledge, Tolkien's is the first use of the alliterative long line as a regular structural pattern since the end of the Middle Ages. Although alliterative verse is regarded as having its golden age before the Norman Conquest, it continued to occur throughout the later Middle Ages. Ker demonstrates that in the more conservative surroundings of Scotland the tradition survived to lament the Scots defeat at the Battle of Flodden in 1513 in a poem known as *The Scottish Field*, where the archaic metre employed contrasts with the advances in warfare that had brought artillery to the fore.

> There was girding forth of guns, with many great stones;
> Archers uttered out their arrows and eagerly they shotten;
> They proched us with spears and put many over;
> That the blood outbrast at their broken harness.
> There was swinging out of swords, and swapping of heads,
> We blanked them with bills through all their bright armour,
> That all the dale dinned of the derf strokes.
> (Ker 180)

To give an idea of the period of time over which alliterative verse was current, there is a greater time interval between *Beowulf* and *The Scottish Field* than between the latter and the 1920s, when Tolkien wrote the *Lays*. Nevertheless it is impossible to talk of an unbroken tradition which simply needed to be built upon. What Tolkien did was to attempt to reanimate an extinct aesthetic. The particular form and content that he chose may have been unusual, but still his work can be seen within a context of late Victorian historicism, informed in his case by his professional activity as a Germanic philologist.

From this point of view, in a literate society with a clear memory of its own cultural heritage or an interest in the literary production of its neighbours, no form can be considered definitively extinct. Old forms and themes are still available for use, while non-native or non-standard forms can be introduced through translation:

Swinburne used the medieval French *ballade* (in his translations of Villon) and classical metres such as hendacasyllables, Byron and Shelley referred back to the Italian Renaissance by employing *terza rima*, while in German Goethe adopted classical hexameters and pentameters in his *Römische Elegien*. Even though some of these poems are perhaps most commonly regarded nowadays as nonce achievements and have attracted few imitators, nevertheless they show a desire to extend the range of poetic expression and connect with an area of experience outside the mere present. More lasting in its influence was Wordsworth's choice to use the sonnet again after a long period of disuse in the 18th century, although here perhaps he could rely on a widespread knowledge of older models to re-establish it an almost universally acceptable form.

Tolkien's use of the medieval romance form for *The Lay of Leithian* may be seen as a late exemplar of this desire to make a connection with the past through literary creation. The iambic tetrameter was an immediately recognisable and familiar metre, although it is one which can soon become monotonous to modern ears, so is perhaps more often associated with shorter or humorous poems. Even though the *Lay* was never completed, it must be seen as a sign of success that Tolkien managed to sustain the composition for well over 4000 lines, and to meet by and large with the approval of Lewis. However, his use of the alliterative long line in *The Lay of the Children of Húrin* – and it must be remembered that this is the earlier of the two poems – is much more radical; certainly there is no precedent for it among the late Victorians who clearly exerted an influence on the young Tolkien.

Alliteration was frequently used by later 19th century poets such as Tennyson and Swinburne, either for special expressive effects or as a form of linguistic patterning to build up a rich poetic texture, much as Tolkien does in the structured prose of his Rohan episodes (cf. Turner 149f). However, they did not conceive it as an essential component of the poetic structure, unlike in *Beowulf* and *The Scottish Field*. As an example, Swinburne's verse-drama *Atalanta in Calydon* makes considerable use of alliteration, but the metre which gives the verse its form is a slightly free version of the conventional iambic pentameter. The main alliterations are underlined here for clarity.

<u>M</u>aiden, and <u>m</u>istress of the <u>m</u>onths and stars
Now <u>f</u>olded in the <u>f</u>lowerless <u>f</u>ields of heaven,
<u>G</u>oddess whom all <u>g</u>ods love with threefold heart,

> Being treble in thy divided deity,
> A light for dead men and dark hours, a foot
> Swift on the hills as morning, and a hand
> To all things fierce and fleet that roar and range
> Mortal, with gentler shafts than snow or sleep...

A close analogy to their versification would be the elegy sung by Aragorn and Legolas at "The Departure of Boromir", although it must be stressed that this poem does not bear any other resemblance to the poetry of Tennyson or Swinburne in either mood or content:

> Through Rohan over fen and field where the long grass grows
> The West Wind comes walking, and about the walls it goes.
> 'What news from the West, O wandering wind, do you bring to me tonight?
> Have you seen Boromir the Tall by moon or by starlight?'
> 'I saw him ride over seven streams, over waters wide and grey;
> I saw him walk in empty lands, until he passed away
> Into the shadows of the North. I saw him then no more.
> The North Wind may have heard the horn of the son of Denethor.'
> 'O Boromir! From the high walls westward I looked afar,
> But you came not from the empty lands where no men are.'

Swinburne's ability to re-create at least something of both the spirit and metre of ancient Greece in English poetry was the result of a rigorous education in Classics. Tolkien undoubtedly had a similar experience, since the school curriculum of the time was based almost exclusively on Latin and Greek, and indeed there are clear classical traces in much of his early writing. However, what is most relevant in the present context is the technique of 'verse composition', in which an English poem would be reproduced in the target language using an appropriate classical metre. Although to most schoolboys this was no doubt a sterile exercise, it seems to have inculcated in some the desire to engage with the otherness of a literary language removed from them in both time and place. At the very least it must have made them sensitive to metre, so that there would be a certain readership who, in reading Swinburne's English hendecasyllables, could recognise the formal features of Greek poetry presented to them in a new guise and appreciate something of what the poet was trying to achieve.

There could have been few who, like Tolkien, applied the same technique to the Germanic languages. Old and Middle English (with the exception of Chaucer) were normally taught only at universities, where comparative philologists used old texts principally to illustrate sound changes and placed relatively little emphasis on their literary qualities. If Tolkien had ever considered publication of *The Lay of the Children of Húrin* – and significantly it is not among the manuscripts submitted to Stanley Unwin in 1937 (LB 364) – he would have been able to call upon only a very small readership who were likely to fully appreciate the structure of his poem.

The earlier poems reproduced by Christopher Tolkien in *The Book of Lost Tales* are composed in more familiar 19th century forms, often resembling ballads with their varying numbers of unstressed syllables. Usually they were conceived as independent lyric poems, with references to the gradually developing mythology added in the course of later revisions, such as for example *The Horns of Ylmir*, which began as en evocation of the Cornish coast (SM 213-18) and became drawn into the story of Tuor. The *Lays*, however, represent Tolkien's first attempt at narrative poetry, a narrative based exclusively on his mythology. The fragmentary *Lay of the Fall of Gondolin*, regarded by Christopher Tolkien as the earliest example of this new creative phase, appears to have been planned on a relatively modest scale (LB 145). It should be noted that this poem is composed in the same metre as William Morris's *Story of Sigurd the Volsung*, which Tolkien is known to have admired in his youth. However, he clearly soon decided that this was not the way forward and took the radical step of adopting a historical, Old English model.

This innovation is highly significant for the growing connection between Tolkien's creative writing and his professional activity; it is his first example of what could be regarded as his philological poetry (or poetic philology). On the one hand it produced a great enrichment of the previously fairly rudimentary story of Túrin. On the other, it displays a rigorous application of the classification of alliterative metrical patterns made by Eduard Sievers some 30 years previously, which can have been known only to a small number of experts and appreciated as an aesthetic guide by even fewer.[1] What Tolkien was attempting here can be compared with his translations of Old and Middle English texts in that it shows the belief that the only way to understand a form is to attempt to recreate it yourself. It is similar to the movement in history that tries to understand prehistoric technology through practising flint-knapping, or pre-modern warfare through the re-enactment of battles. To this extent Tolkien's choice of ancient metres in the *Lays* can be seen as a kind of experiment in poetic archaeology.

---

1 Tolkien's meticulousness in this respect is shown by his analysis according to Sievers' system of 27 lines from The Flight of the Noldoli (LB 140f).

Tolkien's achievement

So far there has been no detailed critical evaluation of either of the two major *Lays* as poetry. Indeed, their unfinished state makes a balanced assessment difficult. Probably the more problematic of the two is *The Lay of the Children of Húrin*. The difficulty of making the alliterative long line acceptable to the modern reader is that it is unsuitable for fast action in the modern sense for two reasons. The ponderousness of the alliteration, which requires emphasis for the form to be clear, slows down the forward movement, while the use of parallelism, which is such a characteristic feature of Tolkien's models, that is saying the same thing twice over using different words, can appear to those unused to the technique as unnecessary padding.

Nevertheless, the *Lay* contains passages which capture the atmosphere of the tale more powerfully than any other version. There is no space here to give a detailed stylistic analysis, but the following lines are in my opinion some of the most effective in the whole poem:

> That its light released
> With its flickering flame
> Th[a]n the boles of the trees
> Stone-faced he stood
> On that dreadful death,
> Wildeyed he gazed
> As in endless anguish
> So fearful his face
> And watched him, wondering
> Dark, remorseless,
> By the might of Morgoth;
> And for Beleg, who bow
> his black yew-wood
> his life had winged
> in the halls of the Moon
>
> Then falling suddenly
> illumined pale
> the face of Beleg.
> more breathless rooted
> staring frozen
> and his deed knowing
> with waking horror,
> an image carven.
> that Flinding crouched
> what webs of doom
> dreadfully meshed him
> and he mourned for him,
> should bend no more,
> in battle twanging –
> to its long waiting
> o'er the hills of the sea.
>
> (LB 47)

The death of Beleg and Túrin's anguish are an appropriate subject because the effect depends not on the narration of actions but on the building up of the psychic indicators of the inescapable doom around which the story revolves through the slow measured tread of the verse.

Tolkien wrote 2276 lines, taking the story up to his arrival in Nargothrond and the love of Finduilas. At this point he abandoned the Húrin poem to work on *The Lay of Leithian* and never returned to it. Indeed, according to Christopher Tolkien, after submitting it to his old teacher R. W. Reynolds he never mentioned it (LB 1), so presumably not even to Lewis, who had encouraged him to continue working on the later lay. It is at least possible that, faced by the incomprehension of Reynolds, he was daunted by the task that he had set himself of making a historical form acceptable to the modern reader, particularly when coupled with the unfamiliar content.

The iambic tetrameter of the new poem was at least much more directly accessible to a non-specialist public. However, this does not mean that he had abandoned the idea of writing alliterative verse. It recurs in his translations of Old and Middle English poetry in the original metres (including the few lines of *Beowulf* given as examples in his essay *On Translating Beowulf*), as well as in his original verse drama *The Homecoming of Beorhtnoth*. He also used alliterative verse for his unfinished (and still unpublished) Arthurian poem *The Fall of Arthur*, praised by his fellow philologist R. W. Chambers as "great stuff – really heroic, quite apart from its value in showing how the *Beowulf* metre can be used in modern English" (Carpenter 168).

However, its best known use is in the pieces of Rohirric poetry in *The Lord of the Rings*. It gains maximum effect here, above all because it is written in the character of an archaic people based on an idealised form of the early English, but also paradoxically because it appears to exist only as fortuitously preserved fragments, rather like genuine Old English poetry, affording the fiction the impression of depth.

It was suggested above that *The Lays of Beleriand* might be seen as the folk epic and romance of the emerging Middle-earth. However, it is not clear at this stage of its development how Tolkien intended to present the *Silmarillion* materials. *The Lost Tales* were conceived as a frame narrative in which the creation of the world and the history of the Silmarils are told as a series of oral accounts. Tolkien was to spend years planning and discarding ways of building these tales into a text tradition which would bring them down to the present day. It is difficult to see how the two verse narratives, composed in medieval European forms, could have been fitted into this frame; the pseudotranslation device of *The Lord of the Rings* with its *Red Book of Westmarch* was a much later invention.

Instead, we see the first beginnings of a new idea occurring which would become more important as the *Silmarillion* was further developed, namely a feigned historical accretion of texts. This is the incorporation in the revised version of *The Lay of the Children of Húrin* of the story of Beren and Lúthien, told by Halog to the young Húrin on his journey to Doriath. Both the motif and its presentation, combining narration with an embedded song, are a direct foreshadowing of Strider's tale told to the Hobbits under Weathertop, and indeed the song is an earlier version of Strider's song. But what is significant here is its undoubted origin in Tolkien's philological activity; the reference to the Beren story within an alliterative epic recalls the digressions in *Beowulf*, while the song is reminiscent of the older poems preserved through their inclusion in Old Norse sagas. In addition, both *The Lay of Leithian* and the song "that is 'Light as Leaf on Linden' called" are referred to as something having independent existence in the text-world.

On the Primary World level, the next logical step for Tolkien was to compose the *Lay* whose reality he had already captured in his role as narrator. On the Secondary World level, the epic is linked in time to the romance, and just as with the fragments of Rohirric poetry mentioned above, a further step is taken in the creation of cultural depth for Middle-earth.

Bibliography

Carpenter, Humphrey, ed. *The Letters of J. R. R. Tolkien*. London: Allen&Unwin, 1981

Ker, W. P. *Epic and Romance: Essays on Medieval Literature*. New York: Dover, 1957 (first published 1896)

Turner, Allan. *Translating Tolkien: Philological Elements in 'The Lord of the Rings'*. Frankfurt am Main: Peter Lang, 2005

Die steigende Präsenz von Philosophie und Theologie

Thomas Fornet-Ponse (Jerusalem)

Schon bei einem groben Überblick über die HoMe wird man geneigt sein, der Feststellung Christopher Tolkiens aus dem Vorwort des *Silmarillions* zuzustimmen: »Moreover the old legends ... became the vehicle and depository of his profoundest reflections. In his later writing mythology and poetry sank down behind his theological and philosophical preoccupations: from which arose incompatibilities of tone.« (S vii)

Dies zeigt sich schon in der Häufung von Texten mit philosophischem und theologischem Inhalt in Tolkiens späteren Jahren. Texte wie die *Ainulindalë* C* oder die *Myths Transformed* zeigen deutlich, wie die Fundamente seiner Mythologie durch seine philosophischen und theologischen Ansichten ins Wanken geraten.

Auf zwei verschiedenen Wegen möchte ich dieser steigenden Präsenz von Philosophie und Theologie nachgehen: Mit der veränderten Gestaltung der Ainur erläutere ich ein Beispiel für eine sukzessive Änderung eines Konzepts. Anschließend betrachte ich Texte aus der Spätphase Tolkiens im Blick auf die dort verhandelten philosophischen und theologischen Fragestellungen. Dabei wird auch deutlich, welche Themen für Tolkien zunehmend wichtiger wurden.

I. Diachrone Perspektive: Von Göttern zu Engeln[1]

Für die Entwicklung der Valar und Maiar von Göttern polytheistischer Religionen zu Engeln im Sinne der jüdisch-christlichen Tradition spricht schon ein sprachlicher Befund: Zum einen nennt Tolkien sie in seinen Briefen häufig »angelic beings« (L 146 u.ö.). Zum anderen werden sie auch in späteren Versionen der *Quenta Silmarillion* in zunehmendem Maße nicht »gods«, sondern »powers«, »Valar« o.ä. genannt.

Die terminologische Wende beginnt ab *Shaping of Middle-earth* und scheint ab der zweiten Phase der *Later Quenta Silmarillion* vollständig vollzogen zu sein (vgl. z.B. MR 54 mit MR 67 und 69). Sie könnte ein Reflex seiner Aussage aus seinem bekannten Brief (131) an Milton Waldman (1951) sein:

> God and the Valar (or powers: Englished as gods) are revealed. These latter are as we should say angelic powers, whose function

---

[1] Vgl. ausführlich Devaux zu verschiedenen Aspekten der ›Angelologie‹ Tolkiens, vor allem zur Körperlichkeit.

is to exercise delegated authority in their spheres (of rule and government, not creation, making or re-making). They are 'divine', that is, were originally 'outside' and existed 'before' the making of the world... On the side of mere narrative device, this is, of course, meant to provide beings of the same order of beauty, power and majesty as the 'gods' of higher mythology, which can yet be accepted – well, shall we say baldly, by a mind that believes in the Blessed Trinity. (L 146, vgl. 235)

Ein direkter Bezug der Valar auf christliche Vorstellungen einer Engelshierarchie findet sich im Briefentwurf 153 (September 1954): »But they are only created spirits – of high angelic order we should say, with their attendant lesser angels – reverend, therefore, but not worshipful« (L 193). 1966 schreibt er eindeutig, es gebe keine ›Götter‹ im Hintergrund seiner Geschichten; ihre Funktion werde von den Valar übernommen (vgl. L 368).

Da ein Vergleich der Valar mit Engeln manchen ein wenig überraschen könnte, seien einige Charakteristika eines biblisch fundierten systematisch-theologischen Engelverständnisses genannt. Zunächst sind sie erschaffene Wesen, wobei sie in der Regel vor den Menschen geschaffen werden. Eine Mitwirkung bei der weiteren Schöpfung wird ihnen zuweilen auch zugestanden. Sofern die Einheit Gottes gegenüber der menschlichen Vielfalt betont wird, stellt sich die Frage der Vermittlung. »Es müssen Wesen gedacht werden, die zum einen, unbeschadet ihrer Geschöpflichkeit, doch zu Gott eine Unmittelbarkeit haben, wie sie sonst im Bereich des Weltlichen nicht vorkommt; die aber, zum andern, zugleich unmittelbar in die Vielfalt der Welt hineinreichen und -wirken.« (Mann 611)

Nach Mann haben die Engel vor allem drei Aufgaben:
1) die Botenschaft, vor allem ihr Mitwirken an der Verkündigung.
2) ihr Helfertum im Sinne der Vorsehung als Schutz und Hilfe in Gefahren.
3) »Wirkensvermittlung im weitesten Sinn, bezogen auf Gottes Welterhaltungswirken« (Mann 612).

Im Blick auf die Geistigkeit der Engel kritisiert Rahner die traditionelle (katholische) Angelologie, da Engel »von vornherein nicht als leibnizische Monaden gedacht werden dürfen, sondern als kosmische Mächte und Gewalten, für die bei aller Subjektivität und Personalität eine kosmische, d.h. auf die materielle Welt bezogene Funktion wesenskonstitutiv ist« (Rahner 411).

Das Geschaffensein der Ainur in Abhängigkeit von Eru und der Monotheismus werden schon in den ersten Versionen der *Ainulindalë* betont. Die Valar sollen die Funktion der ›alten‹ Götter einnehmen, bleiben ihrerseits aber von ihrem Schöpfer abhängig – auch und gerade in ihrer Statthalterschaft für Arda. Diese zeigt sich als Dienstfunktion für die Eruhíni schon in den *Lost Tales* in der Bitte der Ainur, in die Welt gehen zu dürfen, um Eldar und Menschen zu unterrichten (LT 1 57, vgl. LR 160). Später wird sie durch das Angebot Ilúvatars an die Ainur, in die Welt zu gehen, ersetzt und mit der Einschränkung verbunden, »that their power should henceforth be contained and bounded in the World, and be within it for ever, so that they are its life and it is theirs« (MR 14).

Im Gegensatz zu Melkor wirken die Valar »to rule the Earth and to prepare it for the coming of the Children« (MR 16). In der *Ainulindalë* führen sie als Instrumente die Schöpfung aus. »This idea, while not part of the mainline Christian tradition, is not heretical. It is a *theologoumenon* (a possible theological opinion) that is found in some of the Church Fathers« (Kreeft 72).

Mithin ist auch die Herrschaft der Valar über die Welt mit einer Fürsorge für die Kinder Ilúvatars verbunden (vgl. MR 379). Hierzu gehört auch ihre vermutete beschränkte Macht über das Schicksal der Menschen, die ebenfalls schon sehr früh genannt (vgl. SM 100), durch die Geschichte von Beren und Lúthien bestätigt, in der *Athrabeth* diskutiert wird und einen gewichtigen Unterschied zum Verhältnis zwischen Göttern und Menschen in antiken polytheistischen Religionen darstellt (vgl. auch L 149).

Tolkien hält damit – in Einklang mit der Theologie seiner Zeit (vgl. Ott 139ff) – an der Existenz von Mittlerwesen zwischen Gott und den Menschen fest. Wegen der größeren Transzendenz Erus im Vergleich zum jüdisch-christlichen Gottesverständnis kann diesen Mittlerwesen noch mehr Macht und Raum zukommen.

Dieses Verständnis der Valar ist auch ein Hinweis darauf, dass Tolkien polytheistischen Religionen noch eine Wahrheit im Irrtum zugestehen konnte bzw. wollte: Auch wenn die Gläubigen nicht erkannt haben, dass die von ihnen verehrten Götter keine wahren Götter sind, verehren sie doch mit ihnen Wesen, die in positivem Bezug zum Schöpfergott stehen. Dies schlägt sich auch in der *Valaquenta* nieder: »These spirits the Elves name the Valar, which is the Powers, and Men have often called them gods« (MR 144, vgl. schon SM 78). Es zeigt sich darin das begrenzte Erkenntnisvermögen der Menschen.

Zudem verändert sich die Schilderung der Valar und Maiar deutlich. Erscheinen sie in den *Lost Tales* noch sehr anthropomorph und besitzen evtl. einen Körper, werden sie in späteren Entwürfen in zunehmendem Maße geistige Wesen, die Körper wie Kleider verwenden können. Damit verbunden ist eine bemerkenswerte Änderung im Blick auf die Gestalt der Elben. Denn in den *Lost Tales* und in *The Lost Road* heißt es noch: »Ilúvatar made the Eldar most like in nature if not in power and stature to the Ainur« (LT 1, vgl. LR 176). Neben der hiermit ausgesagten Wesensähnlichkeit der Ainur und Elben legt dies eine körperliche Form der Ainur nahe, der die Elben nachgestaltet sind.

Diesen Satz findet man ab *Morgoth's Ring* nicht mehr, vielmehr heißt es nun umgekehrt:

> But the Valar now took to themselves shape and form; and because they were drawn thither by love for the Children of Ilúvatar, for whom they hoped, they took shape after that manner which they had beheld in the Vision of Ilúvatar; save only in majesty and splendour, for they are mighty and holy. Moreover their shape comes of their knowledge and desire of the visible World, rather than of the World itself, and they need it not, save only as we use raiment, and yet we may be naked and suffer no loss of our being. (MR 15)[2]

Essen und trinken sie in den *Lost Tales* noch, wie man dies aus mancher Mythologie her kennt (vgl. LT 1 73ff), wird ein solches Verhalten später entfernt (vgl. WJ 173) oder nur auf hohe Feste eingeschränkt bzw. gehört es nach der *Ósanwe-kenta* zu den Verhaltensweisen, die zu einer permanenten Inkarnation führen (vgl. OK 30f). Auch die von Orome erstellte ›Brücke‹ weist auf ihre ursprüngliche Leiblichkeit hin (vgl. LT 1 212); in späteren Stadien benötigen sie ein solches Hilfsmittel zur Reise nicht. Gleichwohl sind sie (wie Engel) keine rein geistigen Wesen in dem Sinne, dass sie überhaupt keinen Bezug zur Materialität haben.

Des Weiteren tilgt Tolkien viele Bezüge auf Kinder der Valar: Z.B. wird aus »Fionwë, son of Manwë« in einer Version »Eönwë, herald of Manwë« (MR 146) oder ist Orome schon recht bald nicht mehr der Sohn von Aule und Palúrien (vgl. LT 1 67 zu LR 205f).[3]

Verbunden mit der Änderung der Kinder der Valar zu deren Bediensteten sind auch zahlreiche Wechsel von »wife« zu »spouse« (vgl. MR 148), was durch eine Randnotiz erläutert wird: »Note that ›spouse‹ meant only an ›association‹. The Valar had no bodies, but could assume shapes« (MR 151).

Analog könnten auch die »sons« verstanden werden. Wie Melian zeigt, ist es indes grundsätzlich möglich, ein leibliches Kind zu zeugen.

Von einer deutlichen Distanzierung von solchen Gottesvorstellungen hin zu einer Annäherung an jüdisch-christliche Engelvorstellungen kann wohl erst ab

---

2 Ein weiteres Argument für die Leiblichkeit der Ainur in den *Lost Tales* ist die Schilderung der *Ainulindalë*, da erst ab *The Lost Road* die Stimmen der Ainur mit Instrumenten verglichen werden; vorher werden tatsächlich Instrumente gespielt. Dies kann sich evtl. aber auch der Rahmenhandlung als Erzählung Rúmils verdanken; gleichwohl nennt dieser zu Beginn Manwë als Quelle seiner Ausführungen (LT 1 52).

3 Die altenglische Version der frühesten Annalen von Valinor verwendet für die Kinder der Valar den Terminus »Valabearn« (SM 285), womit leibliche Kinder gemeint sind. Diesen Hinweis verdanke ich Dr. Rainer Nagel (Mainz).

Morgoth's Ring gesprochen werden. Für das Stadium der *Quenta Silmarillion* vor dem *Lord of the Rings* scheint mir die o.g. Auffassung Tolkiens, die Valar ließen sich in das Gedankengebäude christlicher Theologie einordnen, noch unzutreffend, für die späteren Versionen nicht.

So zeigt die *Valaquenta*-Fassung in *Morgoth's Ring* eine deutliche Nähe der Ainur zu ›angelic beings‹, da sie vor Beginn der Zeit von Gott erschaffen worden sind, sich mit dem Betreten der Erde an sie binden, aber nicht notwendig in körperlicher Gestalt zu erscheinen brauchen. ›Ehen‹ bestehen erst seit ihrem Betreten Ardas, und ihr Zweck in Arda dürfte primär ein Dienstcharakter sein. Denn sie müssen die Vision noch erst erfüllen, wobei sie Ilúvatar gegenüber verantwortlich sind.

Zum skizzierten Engelverständnis zeigen sich deutliche Parallelen, so dass Tolkiens Aussage gegenüber Milton Waldman als prinzipiell zutreffend angesehen werden kann: Die Ainur der späten Mythologie können auch von jemandem akzeptiert werden, der an die Trinität glaubt. So verwundert es nicht, wenn Houghton Parallelen zwischen der fünfstufigen Struktur der Schöpfung nach Augustinus und der Schilderung der *Ainulindalë* ausmachen kann (vgl. Houghton 6f).

II. Die späte Phase (ab ca. 1950): Neue Texte für neue Überlegungen?

Laws and Customs among the Eldar

Die fiktionale Perspektive dieses Textes ist nicht ganz geklärt, er stammt aber sicherlich von einem menschlichen Autor; durch eine Präambel und einen Einschub ist Ælfwine eingebunden. Christopher Tolkien fasst die Thematik präzise zusammen: »Arising out of an account of their marriage laws and customs, this discussion extends into a lengthy analysis of the meaning of death, immortality and rebirth in respect of the Elves« (MR 199).

Dabei wird der Unterschied der Elben zu den Menschen auf die Macht des inkarnierten »fëa« im Bezug auf den Leib gesehen und ausgeführt sowie auf die verderbende Wirkung Melkors auf Arda eingegangen. Ebenfalls in großer Ausführlichkeit enthält dieser Text das Gesetz für Finwe und Míriel sowie die Debatte der Valar darüber.

Schon in der Präambel geht es um das bei Menschen und Elben unterschiedliche Verhältnis von »hröa« und »fëa«. Später wird das Thema Tod und Trennung von »hröa« und »fëa« eingeführt, da die bisherigen Ausführungen nur für eine unverdorbene Welt gelten. Nichts könne aber den Schatten über Arda völlig vermeiden, weshalb es in den Zeitaltern vor der Herrschaft der Menschen große Schwierigkeiten und Trauer gab, »and Death afflicted all the

Eldar, as it did all other living things in Arda save the Valar only« (218). Zunächst wird ihre grundsätzliche Unsterblichkeit innerhalb Ardas gemäß ihrer eigentlichen Natur genannt, gleichzeitig aber auf die Probleme hingewiesen, die durch das Einwohnen eines »fëa« in einem »hröa« aus der Substanz Ardas entstehen, denn diese Einheit »must be vulnerable by the evils that do hurt to Arda« (ebd.). Die Zerstörung eines »hröa« sei schon früh erfahren worden bzw. in früheren Zeiten schneller eingetreten, weil die Macht eines Geistes über seinen Leib geringer gewesen sei als später. Der dominante »fëa« verbraucht seinen »hröa« und führt damit zum »fading« der Eldar. Ein hausloser »fëa« geht zu Mandos, wo verschiedene Möglichkeiten bestehen. Als glücklichste wird die Wiedergeburt nach einer Wartezeit angesehen.[4]

In diesem Zusammenhang wird zunächst auf die Überzeugung der Eldar verwiesen, alle »fëar« würden direkt von Eru und außerhalb Eas geschaffen, weshalb sie hoffen, ihr endgültiges Schicksal sei nicht an Arda gebunden. Ein neugeborenes Kind erhält entweder einen neu geschaffenen »fëa« oder einen, der wiedergeboren wird.

Die als Gnade (223) bezeichnete und auf die den Valar durch Eru verliehene Macht zurückgeführte Wiedergeburt ist nach diesem Text die einzige Rückkehrmöglichkeit eines hauslosen »fëa« – abgesehen vom höchst seltenen Fall der vollständigen Konservierung des Körpers. Durch die Verbindung mit der Erinnerung an das frühere Leben sind Wiedergeborene in verschiedener Hinsicht machtvoller. Ein anderes Schicksal eines hauslosen »fëa« resultiert aus einem korrumpierten Geist; bei diesen dient die Wartezeit der Korrektur und Heilung eines »fëa«, sofern er zustimmt. Ferner kann auch der Ruf nach Mandos abgelehnt werden.

Mit der Frage, welche Konsequenzen dies für die Ehe hat, wird der Bogen zurück zum Ausgangspunkt geschlagen und das Urteil Manwes bezüglich der Dauer und Auflöslichkeit der Ehe genannt. Weil eine Ehe sich auch dem Willen des »fëa« verdankt, wird sie beim Tod eines Leibes nicht als beendet, sondern als schwebend angesehen. Sie kann nur im Falle der Weigerung der Rückkehr aufgelöst werden, oder durch ein Urteil, wenn die Rückkehr verweigert wird. »For a union that is for the life of Arda is ended, if it cannot be resumed within the life of Arda« (226). Die Schwierigkeiten des gesamten Komplexes werden mit der Unnatürlichkeit des Todes erklärt.

Den philosophischen Gehalt dieses Textes machen zunächst die anthropologischen Aussagen über das Verhältnis von »fëa« und »hröa« aus; ferner die Implikationen der Wiedergeburt im Blick auf die Identität der Person, die im »fëa« verortet wird (MR 233). Aber auch wenn der »fëa« über den »hröa«

---

4 Vgl. zur Wiedergeburt und Reinkarnation den entsprechenden Beitrag von Friedhelm Schneidewind in diesem Band.

bestimmen kann, wird er seinerseits durch ihn beeinflusst. Obwohl Tolkien die Vorstellung einer anima separata grundsätzlich einfließen lässt und dabei deutliche Parallelen zum Seelenverständnis Ratzingers zeigt (vgl. 119-129, auch Lewis 72-77), lässt er doch keinen Zweifel an der natürlichen Einheit beider ›Bestandteile‹ der inkarnierten Geschöpfe und der Unnatürlichkeit der Trennung von Leib und Seele.

Durch ständigen Rückbezug auf Eru verweisen die Valar in ihrer ausführlichen Diskussion und Entscheidung der Valar über die Möglichkeit der Wiederehe immer wieder auf ihn als Schöpfer der (guten) Welt, auf seine (mutmaßlichen) Pläne sowie auf ihre Verantwortung ihm gegenüber. Nicht weiter ausgeführt, aber grundlegend für die in diesem Text diskutierten Probleme ist die verderbende Wirkung Melkors auf die Materie Ardas und die damit verbundene Möglichkeit des gewaltsamen Todes für die Elben. Eine Heilung ist in »Arda Marred« nicht möglich. Tolkien wendet die eschatologische Kategorie der erneuerten Erde an, in der erst die vollständige Heilung des Leidens möglich ist: »the Arda Healed, which shall be greater and more fair than the first, because of the Marring« (245).

Während die Verhältnisbestimmung von »fëa« und »hröa« in früheren Entwürfen anklingt, aber keineswegs so abstrakt reflektiert wird, dürften sich die Ausführungen zur Ehe und Wiederehe dem konkreten Anlass bei Finwe und Míriel verdanken. Angesichts der komplexen Entstehungssituation[5] könnte es sich um eine spontane Idee Tolkiens handeln, die ihn zu den verschiedenen Versionen der Geschichte von Finwe und Míriel und damit zu einer ausführlichen Reflexion ihrer Möglichkeit motiviert hat.

Christopher Tolkien sieht die primäre Bedeutung des Todes Míriels darin, dass er »the first appearance of Death in Aman« (MR 269) ist und auf diese Weise den Valar zeigt, dass sich die Verderbnis Ardas nicht auf jenseits der Großen See beschränkt. Wie er ausführt, finden sich die Grundlinien bezüglich der elbischen ›Unsterblichkeit‹, ihres Todes und der Möglichkeit der Wiedergeburt schon in den *Lost Tales* grundgelegt (vgl. LT 1 59, 76), in späteren Versionen weiter ausgeführt (vgl. SM 100, LR 246). Die abstrakte Reflexion über die Voraussetzung und Bedeutung von Tod und Wiedergeburt erfolgt indes erst in den *Laws*:

---

5 Die zweite Ehe Finwes nach Míriels erscheint in einem späten Zusatz der *Annals of Aman* (vgl. MR 101), ein Zusatz an anderer Stelle nennt Indis als Mutter von Fëanor (vgl. 87), während im Original »Byrde Míriel« als Mutter genannt wird – dort zunächst noch ohne einen Vermerk auf eine zweite Frau (vgl. 92). In der *Quenta Silmarillion* von 1937 und der *Later Quenta Silmarillion* von vermutlich 1951-52 scheinen alle drei Söhne von derselben Mutter zu stammen, die in LQ 1 Míriel ist. Die erste Version der Geschichte von Finwe und Míriel findet sich in Verbindung mit LQ 2 und dürfte damit in die späten 1950er Jahre zu datieren sein.

The 'immortality' of the Elves (co-extensive with the 'life' of Arda), their deaths and rebirths, were deep-laid and fundamental elements in my father's conception. At this time he was subjecting these ideas to an elaborate analysis, and extending that analysis to the ideas of 'deathless Aman' and the significance of Melkor in the perversion of Creation as it had been expounded to the Ainur by Ilúvatar in the Beginning. (MR 271)

Vergleichbar und verbunden damit dürfte auch die erst ab diesem Zeitraum zu findende Begrifflichkeit »Arda Marred« ein Resultat der höheren Abstraktion im Blick auf die Wirkung Melkors auf Arda sein.

Athrabeth Finrod ah Andreth

Auch wenn Tod und Unsterblichkeit in dieser Debatte das zentrale Thema sind, werden viele weitere Themen zumindest angedeutet. Dabei zeigen sich inhaltliche Nähen zu den *Laws*, was angesichts der mutmaßlichen zeitlichen Nähe zueinander nicht verwundert.

In Tolkiens Kommentar wie der *Athrabeth*[6] stellt die Verhältnisbestimmung von »hröa« und »fëa« die Grundlagen der Debatte bereit. Finrod und Andreth gelangen von der ursprünglichen Unsterblichkeit der Menschen zur notwendigen Harmonie von »hröa« und »fëa«. Die große Ähnlichkeit der Elben und Menschen als inkarnierte Geschöpfe wird unterstrichen, zugleich aber auch deren unterschiedliche Herangehensweise an die Welt genannt.

Grundsätzlich liegt die gleiche Verhältnisbestimmung wie in den *Laws* vor. Indes ist Andreth unsicher, ob das Verhältnis als anima-forma-corporis oder eher als corpus-forma-animae angesehen werden sollte: »It is a house made for one dweller only, indeed not only house but raiment also; and it is not clear to me that we should in this case speak only of the raiment being fitted to the wearer rather than of the wearer being fitted to the raiment« (MR 317).

Die prinzipielle Denkbarkeit bzw. das tatsächliche Vorhandensein von *animae separatae* wird in diesem Text nicht in Frage gestellt, vielmehr zeigt gerade Tolkiens Behandlung der Probleme einer mit einem sterblichen Leib verbundenen unsterblichen Seele seine große Nähe zur zeitgenössischen Theologie (vgl. Ott 116ff). Weil »hröa« und »fëa« natürlich miteinander verbunden sind, ist ihre Trennung unnatürlich, weshalb Finrod einen andersartigen, dann ewigen »hröa« vermutet und dies mit der Hoffnung einer eschatologischen Vollendung verbindet. Tolkien bezeichnet dies als »assumption« und vergleicht es mit der leiblichen Aufnahme Mariens in den Himmel (MR 333).

Wie in den *Laws* wird die eschatologische Vollendung mit einer neuen bzw. geheilten Arda ausgedrückt: »For that Arda Healed shall not be Arda Unmarred,

---
6 Vgl. dazu den Beitrag von Alexandra Wolf in diesem Band.

but a third thing and a greater, and yet the same« (318). Die Hoffnung darauf verbindet Finrod mit dem Wirken der Menschen. Im eschatologischen Kontext angesiedelt ist auch die Differenzierung zwischen amdir und estel als verschiedenen Arten der Hoffnung (320).

Daneben sind die Diskussion über die Macht Melkors als »Spirit of Evil« (334) und die Vermutung Finrods, Eru könne nicht zulassen, dass sein Werk völlig verdorben wird, von großer Bedeutung. So kann er die Hoffnung mancher Menschen, Eru werde die Welt retten, indem er selber in sie eintrete, für plausibel halten. Auch die Veränderung des ursprünglichen Schicksals der Menschen erscheint Finrod nur möglich als ein Akt Erus.

Die in ihrer innermythologischen ›Wahrheit‹ offen gelassene *Tale of Adanel* zeigt deutlich, welche Kategorien Tolkien bemühte, um die menschliche Überzeugung, ursprünglich nicht sterblich gewesen zu sein, zu erklären. In ihr schlägt sich auch etwas in sehr frühen Entwürfen Angedeutetes nieder: Die Möglichkeit der Verführung einiger Menschen durch einen Diener Melkors namens Fúkil oder Fangli besteht schon seit den frühen Entwürfen des Erwachens der Menschen (vgl. LT 1 236). Später findet sich davon lediglich ein Hinweis in Bëors Aussage, eine Dunkelheit liege hinter ihnen (vgl. S 141).

Die hier ausgeführte Narrative erhält nun – auch durch die Verbindung mit der Sterblichkeit der Menschen als Strafe für ihren Ungehorsam – deutliche Anklänge an ein christliches Sündenfallverständnis. So deutlich, dass Tolkien selbst fragte: »Already it is (if inevitably) too like a parody of Christianity. Any legend of the Fall would make it completely so?« (MR 354).

Dies wird von Christopher Tolkien m.E. zutreffend verneint und stattdessen als »the extension – if only represented as vision, hope, or prophecy – of the ›theology‹ of Arda into specifically, and of course centrally, Christian belief« (356) angesehen. Ähnlich bezeichnet Vink es als »[a] fascinating glimpse of Tolkien's struggle to create a philosophical and theological foundation for Arda in accordance with his personal convictions and beliefs« (37).

Im Blick auf die Konzepte der Wiedergeburt zeigt sich eine gewisse Spannung zwischen einer Bemerkung Tolkiens in seinem Kommentar, in Aman werde den hauslosen »fëar« die Wahl gegeben, »to remain houseless, or (if they wished) to be re-housed in the same form and shape as they had had« (MR 339), und den Ausführungen in den *Laws*, ein solcher »fëa« könne nur durch Geburt wieder auf die Welt gelangen. Christopher Tolkien nimmt daher einen grundlegenden Wandel nach der Verfassung der *Laws* an, weshalb diese Passage aus dem Kommentar sich auf eine Reinkarnation beziehe.

Nach einem Typoskript namens *The Converse of Manwë and Eru* ist die Wiedergeburt Eru vorbehalten. Später wird sie vor allem aus anthropologischen Gründen vollends abgelehnt. Denn sie »contradicts the fundamental notion that *fëa* and *hröa* were each *fitted* to the other: since *hröar* have a physical descent, the body of rebirth, having different parents, must be different« (363). Da aber die Reinkarnation der Elben ein wesentliches Element in den Legenden darstellt, bleibt als einzige Lösung nur die identische Wiederherstellung des zerstörten »hröa«. Während Tolkien dies hier noch möglicherweise als eine Tätigkeit des »fëa« aus dessen Erinnerung ansieht, spricht er in den *Last Writings* dieses Vermögen allein den Valar zu (vgl. PM 335).

Mithin zeigt sich in der *Athrabeth* wie in den *Laws*, welche entscheidende Rolle in Tolkiens Denken anthropologische Erwägungen spielten: die Frage nach Tod und Unsterblichkeit, die Frage der Verhältnisbestimmung von Leib und Seele und eschatologische Kategorien der erneuerten bzw. geheilten Welt bzw. der Rettung der Welt durch einen Eintritt Erus. Das Beispiel der Wiedergeburt bzw. Reinkarnation zeigt, wie schnell solche Konzepte von Tolkien geändert werden konnten, wenn sie ihm fehlerhaft erschienen.

Myths Transformed

Diese Texte enthalten sicherlich das größte Revolutionspotential, sie sind höchst divergent und widersprechen einander. Gemeinsam ist ihnen ihre Ausrichtung auf die Reinterpretation zentraler Elemente der Mythologie. Während die anthropologischen und eschatologischen Überlegungen in *Laws* und *Athrabeth* die grundlegende Narrative des *Legendariums* nicht beeinträchtigen, haben diese kosmologischen Überlegungen eine gravierende Wirkung. Nun soll die Welt von Beginn an rund und Sonne und Mond schon von Anfang an vorhanden sein. Aber diese vollständige Umarbeitung wird von Tolkien offensichtlich als notwendig erachtet.

Dies ist primär erkenntnistheoretisch motiviert, da Tolkien um eine Vereinbarkeit seiner Mythologie mit naturwissenschaftlichen bzw. astronomischen Erkenntnissen seiner Zeit bemüht war. Die Reinterpretation versucht er zunächst über eine Zuschreibung der Texte zu den Menschen, denn: »The High Eldar living and being tutored by the demiurgic beings must have known, or at least their writers and loremasters must have known, the ›truth‹ (according to their measure of understanding)« (MR 370). Das *Silmarillion* enthalte von Menschen überlieferte Traditionen, die mit menschlichen Mythen und kosmogonischen Ideen vermischt wurden.

Die Auswirkung einer Korrektur auf die Dramatik seiner Geschichte ist Tolkien bewusst: »One loses, of course, the dramatic impact of such things as the first ›incarnates‹ waking in a starlit world – or the coming of the High Elves to Middle-earth and unfurling their banners at the *first* rising of the Moon« (370). Die gleiche Abstufung zwischen Elben und Menschen in ihrer Nähe zum heutigen Wissensstand findet sich auch im nächsten Text (MR 375-385).

An anderer Stelle bezeichnet Tolkien Sonne und Mond als unmittelbare Lichtquelle – aus chronologischen Gründen müssen sie älter als die Bäume sein – und erklärt deren Segen dadurch, »that they were kindled and illumined with the light of the Sun and Moon *before these were tainted*« (MR 390). Tolkien widmete sich ferner der Frage der ursprünglichen Macht Melkors im Verhältnis zu Manwe bzw. Eru sowie seinem allmählichen Machtverlust. Mit ausdrücklichem Bezug zu ›Finrod and Andreth‹ sollte Melkor entgegen früheren Entwürfen zum mächtigsten Geschöpf gemacht werden, das zunächst von allen Valar zusammen nicht kontrolliert werden kann. Den Machtverlust erklärt Tolkien über Melkors Handeln, in dem er seine ursprüngliche Macht verstreut bzw. verteilt und damit die Materie von ganz Arda korrumpiert. Bei ihrer späteren Begegnung nimmt Manwe »the decrease in Melkor as a person« (MR 391) wahr. Ein ähnliches Konzept findet sich in abgestufter Weise bei Sauron. Ferner bietet Melkor hier seine Hilfe an, womit er Manwe täuscht, was in früheren Entwürfen ebenfalls nicht vorhanden ist.[7]

In einem weiteren Text setzt sich Tolkien mit verschiedenen Motiven aus dem *Silmarillion* auseinander. Zunächst charakterisiert er Sauron im Verhältnis zu Morgoth, ihre Möglichkeit der Machtausübung über andere Wesen und ihre verschiedenen Stufen des Nihilismus. Dabei gesteht Tolkien Sauron noch Reste positiver Absichten zu, die mit seiner Tugend der Ordnungsliebe zusammenhängen. Wegen der Verbreitung der Macht Morgoths in der Welt musste er physisch bekämpft werden.

Auch finden sich Überlegungen zum Schwinden der Valar, wobei Tolkien ein weiteres Mal auf die menschliche Tradition elbischen Wissens verweist. Im Zusammenhang mit dem Schwinden der Elben nennt Tolkien wieder deren Hoffnung, die Menschen seien irgendwie verbunden »with the end of history, or as they called it ›Arda Marred‹ (*Arda Sahta*), and the achievement of ›Arda Healed‹ (*Arda Envinyanta*)« (MR 405).

Weitere Texte widmen sich vor allem der Entstehung der Orks, da Tolkien verschiedene Probleme der ursprünglichen Annahme ihrer Entstehung aus pervertierten Elben erkannte, sie anderseits aber auch nicht als reine Tiere ansehen oder nur auf die Korruption von Menschen zurückführen konnte. Der letzte Stand lässt sich trotz einer Tendenz zur Entstehung nur aus Menschen nicht genau feststellen.

---

7   Tolkiens Fußnote zu Manwes Fehler, Melkor vergeben zu haben, zeigt deutliche Ähnlichkeiten zum Gewissensverständnis des Thomas von Aquin oder von John Henry Newman, nach denen das Gewissen den Einzelnen immer und unbedingt bindet (vgl. Schockenhoff 102-143). Mit manchen Situationen nicht gut umgehen zu können »is not sinful when not willed, and when the creature does his best (even if it is not what should be done) as he sees it – with the conscious intent of serving Eru« (MR 392). Eine Handlung, die aus dem Wunsch getan wird, Gott zu dienen, ist nicht sündhaft, wenn das Geschöpf sich um bestmögliches Handeln bemüht, selbst wenn die Handlung dem objektiven Sittengesetz widerspricht. Zur Sünde gehört die bewusste Ablehnung von Gott.

Auch hier spielen anthropologische Erwägungen des Verhältnisses von
»hröa« und »fëa« eine Rolle. Bemerkenswert erscheint die Einschränkung ihrer
Verantwortlichkeit und Freiheit, da Tolkien betont, wie sehr sie von Morgoths
Willen abhängen (vgl. 419ff).

Der letzte Text der *Myths Transformed* steht in enger Beziehung zur *Athrabeth*
und diente ursprünglich als Hinführung. Thema ist vor allem der Unterschied
zwischen Aman und Mittelerde, z.b. im Blick auf die unterschiedlich vergehende
Zeit und die Konsequenzen daraus für menschliches Leben in Aman. Während
elbische »hröar« weniger schnell schwächer werden als in Mittelerde und damit
in Einklang mit ihren »fëar« altern, bräche diese Einheit bei den Menschen
auseinander, da ihre »hröar« wesentlich langsamer alterten als ihre »fëa«.

Tolkien deutet hiermit einen grundlegenden Unterschied zwischen elbischen
und menschlichen »fëar« an, denn es ist dessen »nature and doom under the
will of Eru that it should *not* endure Arda for long, but should depart and go
elsewither« (429). In Aman empfände ein menschlicher »fëa« seinen langlebigen
Körper bald als Gefängnis.

Bei aller Unterschiedlichkeit dieser Texte können doch einige Grundlinien
zusammengefasst werden: Immer wieder sind anthropologische und eschatologische Fragestellungen zentral, die mit der Frage der Verderbnis Ardas durch
das Wirken Melkors verbunden sind. Seine Verhältnisbestimmung von »hröa«
und »fëa« sowie die Unterschiedlichkeit von Elben und Menschen diskutiert
Tolkien an verschiedenen Problemen. Ferner sah er sich durch zeitgenössische
wissenschaftliche Erkenntnisse dazu gezwungen, sein *Legendarium* mit gravie-
renden narrativen Folgen an diese anzupassen.

Late Writings

Den inhaltlichen Schwerpunkt dieser verschiedenen Texte fasst Christopher
Tolkien gut zusammen: »in a more generalised view, of the languages
and peoples of the Third Age and their interrelations, closely interwoven with
discussion of the etymology of names« (PM 293).

Gleichwohl werden auch einige der o.g. Aspekte angesprochen. So liegt in *The
Shibboleth of Fëanor* eine deutliche Ablehnung der Wiedergeburt vor. Stattdessen
wird die Macht der Valar erwähnt »to heal or restore the body for the re-housing
of a *fëa* that should in the later chances of the world be deprived« (335).

Im Vergleich zur letzten Version der Geschichte von Finwe und Míriel
wird sie hier nach dem Urteil offensichtlich nicht mehr gefragt, ob sie nicht
doch zurückkehren möchte. Vielmehr wurde vorher deutlich, dass sie nicht
aus freiem Willen zurückkehren wolle und geurteilt, dass »by persisting in her

refusal to return Míriel had forfeited all rights that she had in the case; for either she was now capable of accepting the healing of her body by the Valar, or else her *fëa* was mortally sick and beyond their power, and she was indeed ›dead‹, no longer capable of becoming again a living member of the kindred of the Eldar« (ebd.). Von einer solchen Art des ›Todes‹ einer Elbin war in vorherigen Texten keine Rede.

Die kurzen Texte über Glorfindel sind ein weiterer Beitrag zur Frage der elbischen Reinkarnation. Es wird sogar als Pflicht der Valar gegenüber den Elben bezeichnet, »to restore them, if they were slain, to incarnate life, if they desired it« (378), sofern kein gravierender Grund dagegenspricht. Im zweiten Text führt Tolkien schließlich Glorfindels Opfer in der Verteidigung der Flüchtlinge aus Gondolin als einen Grund für seine stark gewachsene geistige Macht an (vgl. 381).

Zur gleichen Zeit wie die Glorfindel-Texte findet sich ein weiterer Text zur elbischen Reinkarnation, in der noch einmal aus physischen und psychologischen Gründen die Wiedergeburt der Elben zugunsten ihrer Reinkarnation abgelehnt wird. Die Vorstellung der Wiedergeburt eines Elben als Kind müsse aufgegeben oder zumindest als falsche, sich möglicherweise menschlichem Einfluss verdankende, gekennzeichnet werden.

Zusammenfassung

Bei einer Betrachtung aller besprochenen späten Texte zeigt sich deutlich die starke Präsenz anthropologischer Momente, vor allem der Frage der Wiedergeburt bzw. Reinkarnation der Elben. Diese hängt notwendig mit einer Verhältnisbestimmung von »fëa« und »hröa« zusammen, die Tolkien durchaus vergleichbar einer traditionellen theologischen Verhältnisbestimmung von Leib und Seele gestaltet.

Ferner zeigt sich seine Beschäftigung mit dem Problem des Bösen, dessen Verbreitung sowie Überwindung – was ihn zur eschatologischen Vorstellung der geheilten bzw. erneuerten Arda führt. Diese wird im Modus elbischer Hoffnung von ihm mit dem Wirken der Menschen verbunden, die auf diese Weise ihre Freiheit von der Musik bzw. ihre Ungebundenheit an Arda unter Beweis stellen.

Immer wieder findet sich auch der Hinweis auf die Vermischung elbischer und menschlicher Traditionen bzw. auf die menschliche Überlieferung elbischen Wissens, um damit mangelnde Korrektheit bzw. Vereinbarkeit erklären zu können.

Die vorgenommenen Anpassungen können als Indiz dafür aufgefasst werden, dass philosophische und theologische Überzeugungen und Erwägungen für Tolkien einen zunehmend wichtigeren Maßstab für die Gestaltung seiner Mythologie bildeten.

Bibliographie:

Carpenter, Humphrey, ed. with assistance of Christopher Tolkien. *The Letters of J.R.R. Tolkien.* Boston/New York: Houghton Mifflin, 2000

Devaux, Michaël. »Les anges de l'Ombre chez Tolkien: chair, corps et corruption«. *Tolkien. Les racines du légendaire.* Hg. Michaël Devaux. Genf: Ad Solem, 2003, 191-245

Houghton, John W. "Augustine and the *Ainulindale*". *Mythlore 21* (1995): 4-8

Kreeft, Peter. *The Philosophy of Tolkien. The Worldview Behind The Lord of the Rings.* San Francisco: Ignatius Press, 2005

Lewis, Clive Staples. *The Problem of Pain.* San Francisco: HarperSanFrancisco, 2001

Mann, Ulrich. »Art. Engel. VI. Dogmatisch«. *Theologische Realenzyklopädie 9* (1982): 609-612

Ott, Ludwig. *Grundriß der Dogmatik.* Freiburg i.Br. u.a.: Herder, 1961

Rahner, Karl. »Über Engel«. *Schriften zur Theologie XIII.* Zürich u.a.: Benziger, 1978, 381-428

Ratzinger, Joseph. *Eschatologie – Tod und ewiges Leben.* Regensburg: Pustet, 1977

Schockenhoff, Eberhard. *Wie gewiss ist das Gewissen? Eine ethische Orientierung.* Freiburg u.a.: Herder, 2003

Tolkien, John Ronald Reuel. *The Silmarillion.* Ed. Christopher Tolkien. London: HarperCollins, 1999

---, "Ósanwe-kenta". *Vinyar Tengwar 39* (1998): 21-34

Vink, Renée. "The Wise Woman's Gospel". *Lembas-extra 2004.* Leiden: De Tolkienwinkel, 2004, 15-40

Christian Schröder

Von Wilderland nach Middle-earth
Christian Schröder (Stuttgart)

Only too much to say

Der 15. November 1937 wurde ein wichtiger Tag für die moderne Popkultur. Doch nichts deutete darauf hin. Auch die beiden maßgeblich beteiligten Personen hatten nicht die leiseste Ahnung.

Man traf sich zum Lunch irgendwo in London. An dem Tisch saß ein gewisser John Ronald Reuel Tolkien. Er hatte viele Manuskripte und Typoskripte mitgebracht – Geschichten von sprechenden Hunden, Atlantis und Feenkönigen.

Sein Zuhörer war Stanley Unwin höchstpersönlich, Vorstand des angesehenen Verlagshauses George Allen & Unwin. Er hatte sich eine knappe Mittagspause frei gehalten. Tolkien war immerhin Rawlinson and Bosworth Professor of Anglo-saxon in Oxford.

Wichtiger war allerdings, dass dieser gerade erst ein sehr gelungenes Kinderbuch für Allen & Unwin geschrieben hatte. Im anlaufenden Weihnachtsgeschäft entwickelten sich die Verkaufszahlen viel versprechend: Für Unwin war Tolkien ein außerordentlich begnadeter und *profitabler* Kinderbuchautor.

Das Ergebnis des Treffens enttäuschte – Unwin ließ die Manuskripte vergeblich nach vielversprechendem Material durchforsten. Dennoch sollte daraus ein Werk hervorgehen, das einzigartig in der Literatur des 20. Jahrhunderts dasteht: Siebzehn Jahre später erschien *The Lord of the Rings*, der selbst die kühnsten Gewinnprognosen sprengen sollte, die Allen & Unwin kalkuliert haben könnten.

Doch der späte Erfolg war an jenem 15. November noch nicht absehbar. Es gab noch keinen Lord of the Rings, keinen White Tower, keine Black Riders. Nur ein gewisser Hobbit hatte sich auf behaarten Füßen in die Kinderzimmer geschlichen. Darüber hinaus besaß Tolkien noch jenes *andere* Material. Kaum zu entziffern und unmöglich zu verkaufen: Geschichten von Licht und Dunkel, von Elben und Helden und von Atlantis.

Whither are you going

The *Lord of the Rings* war keine einfache Weitererzählung des *Hobbit*. Das würde die Sachlage unzulässig verkürzen. LotR war ein Mischprodukt. Er vereinnahmte mindestens acht ältere Projekte. Die beiden Altprojekte mit dem größten Einfluss:

- *The Hobbit or There and back again* (1930 bis 1937).
- *Quenta Silmarillion* (Mitte 1937 bis spätestens 2.2.1938[1]) sowie Texte aus den 1930ern, die zur Vorbereitung der *Quenta Silmarillion_30er* gedient hatten[2] (Sil_30er).

Das Sil_30er besaß selbst wiederum einen Vorläufer. Die *Quenta Noldorinwa* von 1930.[3] Sie war aber nicht nur die Vorlage für das Sil_30er. Sie sollte darüber hinaus auch eine nicht zu unterschätzende Bedeutung für den *Hobbit* entwickeln. Tolkien griff nämlich auf genau diese *Quenta Noldorinwa* zurück, um sich bestimmte Inhalte für den *Hobbit* auszuborgen. Zum Zeitpunkt der *Hobbit*-Veröffentlichung war die *Quenta Noldorinwa* zwar längst vollständig durch das Sil_30er ersetzt worden. Aber diejenigen Details, die Tolkien aus der *Quenta Noldorinwa* für den *Hobbit* ausgewählt hatte, waren bei der Konzeption des Sil_30er unverändert geblieben.

Diese unangetasteten Übereinstimmungen erwiesen sich als Glücksfall. Denn allein mit ihrer Hilfe wurde Tolkien in die Lage versetzt, den Hintergrund von *Hobbit* und Sil_30er zu verknüpfen. Diese Möglichkeit sollte einer der entscheidenden Impulse werden, um LotR schreiben zu können.

Langsam verwob Tolkien *Hobbit* und Sil_30er zu einem einheitlichen Grundkonzept. Diese Entwicklung fand vor allem im Frühjahr 1938 statt. Zudem sollte das neue Buch keine reine Prosa werden. Wie schon im *Hobbit* würde Tolkien an passender Stelle Gedichte und Lieder einflechten.[4] Immerhin hatte eine Rezension vom November 1937 die Lyrik des *Hobbit* ausdrücklich gelobt.[5] Nichts sprach dagegen, dass Tolkien erneut seinem Vorbild William Morris nacheiferte.

Die meisten Verse wurden gänzlich neu komponiert. Daneben bediente sich Tolkien allerdings auch Materials, das er vor längerer Zeit geschrieben hatte. Nach meiner Zählung griff er insgesamt fünfmal auf ältere Lyrik zurück:
- *The Cat and the Fiddle* (1923)[6]
- *Errantry* (frühe 1930er bis November 1933; vor Juni 1952)[7]
- *Light as Leaf on Lindentree* (1925)
- *Old Walking Song* (1936)
- *The Root of the Boot* (1936)

The Cat and the Fiddle wurde unter dem Titel *The Man in the Moon* von Frodo Baggins in Bree gesungen.[8] Der Wortlaut von *The Cat and the Fiddle* erfuhr dabei kaum nennenswerte Veränderungen.[9] Tolkien war sich der Qualität dieses Gedichts recht sicher.[10] Seine Vorlage stammte aus Andrew Langs *The Nursery Rhyme Book*[11], und eine Fassung wurde sogar 1923 in der *Yorkshire Poetry* in Leeds veröffentlicht.[12] Außerdem begleitete ihn ein Man in the Moon seit mindestens fünfzehn Jahren.[13]

Obwohl er ähnliches oder sogar größeres[14] Vertrauen zu *Errantry* hegte, bereitete es ihm ungleich mehr Mühe, das Gedicht im LotR zu verankern. *Errantry* war eigentlich als harmlose und sinnarme Reimerei zu Beginn der 1930er für die Inklings geschrieben worden. Die fünfte Fassung schaffte es am 9. November 1933 in *The Oxford Magazine*.[15]

Errantry wurde zum *Song of Eärendil* (*Eärendillinwe*), gesungen von Bilbo Baggins in Rivendell.[16] Doch zuvor musste *Errantry* mühsam Strophe für Strophe mit Sil_30er-Inhalten durchsetzt werden. Tolkien benötigte volle 15 Versionen, bis schließlich der namenlose Merry Passenger des *Errantry* zum Earendil des *Eärendillinwe* umgeformt worden war. Der Umformungsprozess war irgendwann vermutlich auch für Tolkien unübersichtlich geraten. Darum gab er schließlich versehentlich nicht die Endfassung, sondern eine Vorversion in den Druck.[17]

Light as Leaf on Lindentree behandelte schon immer die Geschichte von Beren und Lúthien.[18] Nach vielen Änderungen wurde es als *Song of Beren and Lúthien* von Aragorn bei Weathertop gesungen.[19] Die Anfänge des Gedichts gingen zurück auf Oxford 1919/20, als sich Tolkien am OED beteiligte. Die Arbeit wurde 1923 in Leeds fortgesetzt und erhielt vorerst den Titel *Light as Leaf on Lind*. Im nächsten Jahr wurde sie als *Light as Leaf on Lindentree* zu einem vorläufigen Abschluss gebracht.[20]

Tolkien schien das Ergebnis gefallen zu haben. So baute er es – als Verweis auf die Geschichte von Beren und Lúthien[21] – in *The Lay of the Children of Húrin* ein.[22]

Tatsächlich besaß das Gedicht eine gewisse Qualität, so dass 1925 eine Typoskriptfassung in *The Gryphon*, einem Magazin der Leeds University, erscheinen konnte. Es lag daher nahe, auf *Light as Leaf on Lindentree* zurückzukommen, als Tolkien 1938 eine platzsparende Möglichkeit suchte, die sehr wichtige[23] Geschichte von Beren und Lúthien im entstehenden LotR unterzubringen.

Der berühmte *Old Walking Song* stellte eine Übernahme aus dem *Hobbit* dar. Tolkien fand die Vorlage für ihn wahrscheinlich in dem Gedicht *Romance* von Eleonora Frederika Adolphina Sgonina Geach.[24] Tolkiens erste Fassung war im letzten *Hobbit*-Kapitel von Bilbo Baggins gesungen worden.[25] Dieser Vorlage gewann er vier neue Strophen ab.[26]

Vielleicht wollte er hier eine Kontinuität zwischen den beiden Büchern herstellen. Denn die erste Version leitete das Ende des *Hobbit* ein, während die letzte Strophe als Antwort darauf den Schluss des LotR prägte.

The Root of the Boot war die Vorlage für den *Troll Song*, den Sam Gamgee bei den versteinerten Trollen in den Trollshaws sang.[27] Selbst in der ersten Fassung ging es bereits um einen Troll – auch wenn viele Verse stark verändert werden sollten, bevor das Gedicht in den LotR gelangte.[28] Die erste Version von *The Root of the Boot* trug noch den Namen *Pēro & Pōdex* und war in den frühen 1920ern in Leeds entstanden. Dort wurde *The Root of the Boot* von Tolkiens gutem Freund Eric Valentine Gordon abgetippt und in eine bescheidene Liedersammlung eingebaut.

1935/36 fiel ein Exemplar dieser Sammlung Doctor Albert Hugh Smith von der London University in die Hände. Er gab es an einige Abschlussstudenten weiter. Sie ließen die Liedersammlung daraufhin in einem kleinen Privatdruck des Englischen Seminars als *Songs for the Philologists* herausgeben. Zwei Exemplare bekam Tolkien 1940/41 geschenkt. Deshalb konnte die direkte Vorlage für den *Troll Song* des LotR nicht aus diesem Druck stammen: Bereits in der ersten Schaffensphase des neuen Buches 1938 sollte der *Troll Song* im LotR untergebracht werden. Eigentlich sollte er in Bree gesungen werden, wurde aber sehr schnell von *The Man in the Moon* verdrängt. Schließlich erhielt er während der vierten Schaffensphase 1939 seinen endgültigen Platz bei den versteinerten Trollen in den Trollshaws.[29]

Tolkien gefiel *The Root of the Boot* außerordentlich gut. Außerdem könnte es ihn an E.V. Gordon erinnert haben.

Noch weiter ging Tolkien mit einem sechsten Stück. Im Gegensatz zu den anderen Versen legte er es aber nicht einfach einem Charakter in den Mund: *The Adventures of Tom Bombadil* wurden vielmehr zu einem Teil der Geschichte selbst, nachdem Allen & Unwin das selbstständige Gedicht schon einmal abgelehnt hatten.[30] Die Verse waren ursprünglich aus einer aufgegebenen Kindergeschichte hervorgegangen und trugen in Vorversionen noch den Titel *The History of Tom Bombadil*.[31] Nun sollten sie wieder zu Prosa werden.

Jenseits des Buckland trafen die Hobbits auf vier seiner Hauptthemen. Neben den Figuren Tom Bombadil und Goldberry mussten sie sich auch noch mit Old Man Willow und dem Barrow-wight[32] auseinandersetzen.[33] Aber der Transfer ging noch weiter – von der River-woman über die absurden Taten der Dachse bis zum Wabenhonig und Weißbrot landete vieles im LotR. Von der zugrunde liegenden Lyrik blieben nur einige Verse mehr oder weniger originalgetreu erhalten im Singsang der Bombadil-Figur.[34]

Alle sechs Stücke hatten untereinander vor dem LotR kaum oder keine inhaltliche Verbindung. Erst mit der Niederschrift des LotR wurden sie vereinheitlichend umgedeutet. Sie wurden zu Bestandteilen eines gemeinmachenden Projektes.

Darüber hinaus griff Tolkien zu einzelnen älteren Versen, um weitere Lyrik des LotR zu erstellen. Mir sind fünf Fälle aufgefallen, wobei die Liste sicherlich weiter vervollständigt werden könnte:

- Die Verse 1, 14 und 15-18 von *The Lay of Luthien* entsprachen fast wortgleich den Versen 17, 18 und 29-32 des *Song of Durin*.[35]
- Die Verse 299-300 von *The Lay of Aotrou and Itroun* wurden zu den Versen 1 und 2 von *Gandalfs Riddle of the Ents*.[36]
- Im siebten Vers von *The Lay of the Fall of Gondolin* hatte der zweite Vers des *Vers of the Rings* seinen Vorgänger.[37]
- Der *Lindentree* wurde nochmals benutzt am Ende der dritten Stophe des *Song of Nimrodel*.[38]
- Das Ende von Vers 2022 von *The Lay of Leithian* fand sich wieder im fünften Vers der zweiten Strophe des *Old Walking Song*.[39]

Elf-lords of old

Die Verbindung zwischen *Hobbit* und *Quenta Noldorinwa* wurde bereits erwähnt. Die *Quenta Noldorinwa* entstand mit großer Sicherheit im Jahr 1930. In den Sommerferien des gleichen Jahres wurde auch der erste Satz des *Hobbit* geschrieben.[40] Zeitlich lagen beide Werke in unmittelbarer Nachbarschaft. Das könnte Tolkien dazu verleitet haben, Material aus der *Quenta Noldorinwa* im *Hobbit* zu verstecken.[41]

Interessanterweise fanden sich alle textlichen *Noldorinwa*-Anspielungen vor dem Tod des Drachen. Obwohl ich nicht die originalen *Hobbit*-Manuskripte eingesehen habe, die in einem Archiv am Michigan-See lagern[42], gehe ich nach der Durchsicht der Briefe Tolkiens mit einiger Überzeugung davon aus, dass sie schon im Winter 1932/33 im *Home Manuscript* verankert worden waren.[43] Sie könnten somit zum älteren Teil des Buches gehören.

In dem *Hobbit*-Rest, der von Tolkien erst 1936 zugefügt wurde (Kapitel 13, 15-19) kam nur eine neue Anspielung hinzu. Die sieben klaren *Noldorinwa*-Verweise:[44]
- Der Necromancer (Kapitel 1)[45]
- Elrond und die Noldor (Kapitel 3)[46]
- Gondolin und die Kriege von Beleriand (Kapitel 3, 4)[47]
- Die verschiedenen Stämme der Elben (Kapitel 8)[48]
- Die Geschichte von Sonne und Mond (Kapitel 8)[49]
- Elwe Singollo und die Feindschaft zwischen Elben und Zwergen (Kapitel 8)[50]
- Die Halls of Awaiting (Kapitel 18)[51]

In den 1930ern wurde der Inhalt der *Quenta Noldorinwa* weiterentwickelt. Tolkien schrieb viele Texte für das Sil_30er, die bestimmte Aspekte der *Quenta Noldorinwa* genauer ausbreiteten und aktualisierten[52]. Man kann diese Texte allesamt als Vorarbeiten für Tolkiens neues Hauptwerk begreifen: Zwischen Sommer 1937 und Januar 1938 schrieb er an der *Quenta Silmarillion_30er*.[53] Das Sil_30er hatte einigen Einfluss auf die graphische Ausgestaltung des *Hobbit*. Tolkien malte in der Weihnachtspause 1936/37 zehn Schwarzweiß-Illustrationen.[54] Auf Bitten des Verlages reichte er sie am 4. und 17. Januar 1937 dort ein.[55] Die Bilder wurden angenommen und fanden ihren Weg in den veröffentlichten *Hobbit*. Zwei enthielten Anspielungen auf das Sil_30er:

- *Mirkwood* (Winter 1936/37): Das Motiv übernahm die meisten Bildelemente direkt aus *Taur-na-Fuin* (Aquarell, Juli 1928).[56]
- *The Elvenking's Gate* (Winter 1936/37): Das Bild wurde parallel entwickelt zu *Ohne Titel (Nargothrond)* (Tuschzeichnung, Winter 1936/37). Beide Bilder stellten praktisch die gleiche Landschaftsansicht dar. Ihre dolmenartigen Tore waren vollkommen baugleich.[57]

Tolkien fertigte außerdem während der nächsten Sommerferien auf Anfrage von Allen & Unwin fünf Farbillustrationen an. Sie waren aufwändiger in der Herstellung und auch sehr viel teurer in der Reproduktion. Allerdings waren sie auch allein für die amerikanische *Hobbit*-Ausgabe bestimmt, die ohnehin eine höherwertige Ausstattung besitzen sollte. Von den fünf neuen Farbbildern enthielt eines eine Anspielung auf das Sil_30er: *Conversation with Smaug* (Sommer 1937): Tolkien verzierte ein Gefäß auf dem Bild mit Tengwar-Schriftzeichen.[59]

Die erwähnten Bilder illustrierten immer nur Szenen, die Tolkien schon vor dem Winter 1932/33 geschrieben hatte. Die Textvorlagen hatten also im stärkeren Einfluss zur *Quenta Noldorinwa* gestanden.

Die schwächsten Bezüge zur *Quenta Noldorinwa* (bzw. zum Sil_30er) besaßen sicherlich die Bilder *Mirkwood* und *Conversation with Smaug*. *Mirkwood* könnte irgendeine Waldszene darstellen. Tolkien nahm *Taur-na-Fuin* zum Vorbild, aber ohne in *Mirkwood* den Bezug zum Sil_30er für Uneingeweihte zu erneuern. Ähnlich könnte das Tengwar in *Conversation with Smaug* als einfache Verzierung verstanden werden. Es wäre dann ebenfalls kein eindeutiger Verweis auf das Sil_30er.

Selbst bei großzügigster Zählung fanden sich im gesamten *Hobbit* nur zehn Bezüge auf die *Quenta Noldorinwa* bzw. auf das Sil_30er. Allein schon die geringe Zahl sprach nicht dafür, dass *Hobbit* und *Quenta Noldorinwa* von Anfang an als fester konzeptioneller Verbund geplant waren.[60]

Hinter den *Noldorinwa*-Hinweisen im *Hobbit* schien keine besondere Absicht gestanden zu haben. Tolkien schätzte die *Quenta Noldorinwa* nun einmal sehr.[61] Sie beschäftigte ihn sicherlich auch noch, als er im gleichen Jahr mit dem *Hobbit* begann. Deshalb verirrten sich wenige winzige *Noldorinwa*-Details in den *Hobbit*.

Andererseits erklärte Tolkien später, er hätte die *Noldorinwa*-Verweise benutzt, um auch im *Hobbit* die Illusion einer geschichtlichen Tiefe[62] zugunsten der Glaubwürdigkeit[63] zu erzeugen. Sie überstanden alle Korrekturphasen und schafften es schließlich in den veröffentlichten Text. Tolkien musste an ihnen ganz offensichtlich Gefallen gefunden haben – ansonsten hätte er zum Streichen genügend Gelegenheit gehabt.[64]

Great Wave towering up

Ein friedliches Land. Felder stehen im vollen Korn. Bäume tragen üppige Kronen. Doch plötzlich am Horizont: eine Wand aus Wasser, dunkel wie das Meer im Sturm und dann wieder grün wie die See im Sonnenschein. Eine gewaltige Welle; unvermittelt erhebt sie sich aus ruhiger See.

Sie rast auf ihn zu – unentrinnbare Verschlingerin der Bäume und Felder. Er kann nicht fortlaufen. Die Wogen umfangen ihn. Sie schlagen über ihm zusammen. Er versinkt im kalten Nass… In Todesangst erwachte Tolkien. Er schnappte nach Luft. Dann war es dunkel.[65]

Tolkien wurde seit frühester Kindheit von dem immer gleichen Albtraum geplagt: Ohne Vorwarnung erhob sich eine gewaltige Flutwelle aus dem Meer, raste auf die Küste zu und überflutete ein grünes Land und ihn selbst. Über viele Jahre hinweg schrieb und zeichnete er um dieses Traumbild Gedichte und Bilder. Doch wahrscheinlich erst 1936[66] sollte er eine Möglichkeit finden, es nachhaltig zu verarbeiten.

Einmal mehr saß Tolkien mit seinem gutem Freund Clive Staples Lewis zusammen, und sie diskutierten über Dichtung. Beide liebten Mythen. Darüber sprachen sie regelmäßig seit spätestens 1931, nachdem sie sich speziell über nordgermanische Mythologie schon seit 1929 austauschten.[67] Allgemein vermissten sie das Mythische in der modernen Literatur.[68]

Lewis stellte fest, dass es ganz offensichtlich zu wenige Bücher auf dem Markt gebe, die ihrem Geschmack entsprächen.[69] Dann fügte er hinzu: Wenn schon niemand sonst Bücher nach ihrem Sinn schriebe, dann müssten sie eben selbst das Schreiben übernehmen.

Auf den ersten Blick klang diese Forderung verstiegener, als sie wahrscheinlich damals von den beiden Freunden verstanden wurde. Schließlich hatten beide zu jenem Zeitpunkt noch keine einzige Erzählung veröffentlicht. Geschichten schrieben sie nur zum privaten, gegenseitigen Vergnügen, und ursprünglich wurde auch diesmal nicht an eine Veröffentlichung gedacht.[70]

Mit solch harmlosen Rahmenbedingungen besprachen Tolkien und Lewis das Projekt. Ab sofort wollten beide je eine neue Geschichte schreiben. Die

Erzählungen sollten für ihr privates Vorlesevergnügen die großen mythischen Themen behandeln. Es sollten Reise-Thriller werden[71], einmal Space Travel und einmal Time Travel. Sie warfen eine Münze: Lewis bekam die Raumfahrt, Tolkien die Zeitreise.[72]

Lewis schrieb daraufhin *Out of the silent Planet*. Mit einigen Schwierigkeiten wurde das Buch 1938 veröffentlicht.[73] Tolkien begann dagegen eine Erzählung, die er *The Lost Road* nannte. Deren Zeitreisen sollten Ereignisse der westkeltischen und germanischen Überlieferung streifen. Kapitel für Kapitel wollte Tolkien bestimmten alten Sagenstoffen eine neue Sichtweise abgewinnen.[74]

Von den Stoffen, die er für *The Lost Road* aufarbeiten wollte, faszinierte ihn allerdings ausgerechnet jener am meisten, der gerade nicht aus Nordwesteuropa stammte: die Atlantis-Erzählung. Hier spürte er einen starken künstlerischen Drang.[75] Das war auch notwendig, weil der mediterrane Stoff ohne umfangreiche Anpassungen schwerlich mit den übrigen – germanischen und keltischen – Stoffen harmoniert hätte.

Infolgedessen besaß Tolkiens Atlantis niemals nennenswerte Ähnlichkeit mit der von Platon beschriebenen Insel.[76] Tolkien erfand eine vollkommen neue Überlieferung. Atlantis wurde zu Númenor. Die Atlantiden wurden zu Númenórern, zu den Nachfahren der heldenhaften Väter der Menschen, die in den Kriegen von Beleriand gekämpft hatten.

Die Geschichte von Númenor wurde zu einer Fortschreibung der Erzählungen von Beleriand. Tolkien hatte in Beleriand schon sehr lange einen mythischen Vorläufer von Westeuropa[77] gesehen. Indem er erzählerisch Beleriand mit Númenor verknüpfte, wurde der Atlantis-Stoff in das nordwesteuropäische Umfeld gebracht. Númenor wurde zum nächsten Akt des Sil_30er. Er sollte mit dem Untergang der Insel enden: Zuletzt verschlungen von genau derjenigen Flutwelle, die Tolkien aus seinen eigenen Träumen kannte.

Ein neu interpretierter Atlantis-Stoff und einige andere Sagen hätten sicherlich genügend mythische Inhalte geliefert, um Lewis zu gefallen. Allerdings fehlte noch immer der wichtigste Teil der Abmachung – der Zeitreiserahmen.

Doch in *The Lost Road* stieg niemand in die klassische Zeitmaschine. Stattdessen wurde die Zeit durchwandert mit Hilfe der Träume. Das war ein Konzept, mit dem Tolkien bereits einige Erfahrungen besaß.[78] Die Träume sollten die Rahmenhandlung stellen. Erst das gemeinsame Traumreise-Element würde die Sagensammlung zu einem Werk vereinheitlichen.

Die Traumreisen mussten von irgendjemandem erlebt werden. Tolkien benötigte dafür eigene Protagonisten. Er war beim Studium alter Quellen auf eine inspirierende Merkwürdigkeit gestoßen: In verschiedenen Zeiten und Regionen wurde gelegentlich ein ganz besonderes Vater-Sohn-Paar erwähnt. Dieses Paar hörte immer auf die Namen Bliss-friend und Elf-friend.[79]

Für *The Lost Road* erfand Tolkien die Figuren Alboin (Elf-friend) und Audoin (Bliss-friend). Im 20. Jahrhundert sollte Alboin Dozent für Geschichte in einer kleineren englischen Universität sein.
Sein Sohn Audoin war gerade achtzehn Jahre alt und stand kurz vor seinem Schulabschluss. Die beiden wollten die gemeinsamen Sommerferien in einem Ferienhaus an der englischen Westküste verbringen.
Ein steifer Westwind peitschte die Küste. Er zerzauste die Wolken zu seltsamen Formen. In dem kleinen Haus schlief Alboin. Er träumte. Er sprach mit Elendil, dem ersten Elf-friend und Bürger von Númenor. Elendil lud Alboin und seinen Sohn Audoin ein, auf Zeit-Traumreisen zu gehen. Durch die Augen ihrer Namensvettern, mitten im Geschehen, würden sie halbvergessene Sagen wieder lebendig werden lassen[80].

Die Arbeit an *The Lost Road* begann vielversprechend. Mit Kapitel I und II stellte Tolkien die Rahmenhandlung um Alboin und Audoin vor. Schon im zweiten Kapitel träumte Alboin von Elendil. Das war die Überleitung zu den Kapiteln III und IV: Mit einem Riesensatz landete *The Lost Road* bei Elendil in den letzten Tagen von Númenor-Atlantis. Doch da stockte der Text.[81]
Es müsste ihm in dem Augenblick aufgefallen sein, in dem er die Arbeit am Kapitel IV abbrach: Die Atlantis-Episode war der Teil von *The Lost Road*, der am weitesten in der Vergangenheit spielte. Sowohl chronologisch als auch spannungstechnisch hätte Númenor-Atlantis an das Ende von *The Lost Road* gehört. Doch der große Show-down von Númenor stand schon jetzt unmittelbar bevor.
Um die Erzählung zu retten, hätte Tolkien sie stark umstrukturieren müssen. Die Kapitel III und IV mussten an das Ende von *The Lost Road* gesetzt werden.[82] Doch wahrscheinlich hätte auch das Auftreten von Elendil in Kapitel II umgestaltet oder gar gestrichen werden müssen.
The Lost Road hätte praktisch noch einmal ganz von vorne begonnen werden müssen. Darüber hinaus hatte Tolkien noch so gut wie nichts zu den übrigen Sagen geschrieben. Das waren sicherlich keine sehr ermutigenden Aussichten. Am schwersten wog jedoch, dass Tolkien keinerlei Inspiration zum Weitermachen verspürte. Ihn hatte vor allem Númenor-Atlantis gereizt. Nur leider war dieser Teil der Geschichte schon weitgehend fertig.[83]
The Lost Road wurde aufgegeben, war im Rückblick jedoch absolut notwendig, um dem LotR den Weg zu ebnen. Denn noch vor dem Abbruch von *The Lost Road* war ein Begleittext, *The Fall of Númenor*, fest dem Sil_30er angehängt worden:[84]

- *Ohne Titel (The Fall of Númenor – Original Outline)* (1936)[85]:
  Hastig festgehaltene Skizze. Wahrscheinlich auch die erste Vorarbeit für *The Lost Road*. Schon dies war explizit geplant als Fortsetzung der Erzählungen von Beleriand.

- *Ohne Titel (The Fall of Númenor - Version 1)* (1936): Längeres Manuskript auf der Basis von *The Fall of Númenor - Original Outline*.
- *The Lost Road* (1936): Númenor wurde schon im ersten Kapitel erwähnt. Im zweiten Kapitel trat Elendil auf. Kapitel III und IV spielten bereits auf Númenor.
- *The Last Tale: The Fall of Númenor* (1936): Ein sorgfältiges Manuskript in Tinte. Der Titel wurde nachträglich mit Bleistift hinzugefügt.[86]

Bis über den Dezember 1937 hinaus blieb *The Fall of Númenor* in der Form von *The Last Tale: The Fall of Númenor*. Das Manuskript wurde zu dem Sil_30er-Element, das den stärksten Einfluss auf die Anfangszeit von LotR haben sollte. Darüber hinaus haben es allerdings auch einige Konzepte aus *The Lost Road* selbst in LotR und in spätere Schaffensphasen Tolkiens geschafft:

- Adûnaic[87]: *The Lost Road* lieferte die Idee für jene alte Menschensprache, die von den Númenórern wiederbelebt wurde, nachdem sie sich von den Mächten des Westens abgewandt hatten.[88]
- Elendil und Valandil: Das Namensduo Elf-friend (Elendil) und Bliss-friend (Valandil bzw. Amandil) blieb ein fester Bestandteil von Tolkiens Schaffen.
- Galadriel: Sowohl in ihrem Aussehen[89] als auch ihrer Namensetymologie[90] könnte das Mädchen Almáriel ein Vorbild für die Lady of Lórien[91] gewesen sein.
- Sauron: Erst *The Lost Road* nannte diesen Namen[92] des neuen Dark Lord[93].
- Traumreise: Die Idee, mit Hilfe eines Traums den Untergang von Númenor zu erleben, ging im LotR auf Faramir über.[94] Tolkien sollte danach noch zweimal auf sie zurückkommen. Zuerst bei der Arbeit an den *Notion Club Papers* (1946), später mit dem Gedicht *The little House of lost Play*[95] (möglicherweise Beginn 1960er). Der Ursprung der Traumreisenidee kann zurückverfolgt werden bis zu den Versen von *You & Me and the Cottage of lost Play* vom 27./28. April 1915.[96]

Into Relation with the main Mythology

The *Fall of Númenor* sollte sich in zwei Aspekten hochgradig auf LotR auswirken. Einerseits brachte er ein neues kosmologisches Konzept, das LotR seine endzeitliche, traurige Grundstimmung verlieh. Mit dem Untergang von Númenor wurde der True West entrückt.[97] Fortan verschwanden die Elben unwiederbringlich aus der stofflichen Welt. Sie nahmen den Straight Path in den Westen, der für Menschen auf immer verborgen, verschlossen, verloren war.[98]

Andererseits wurde der Hintergrundwelt durch *The Fall of Númenor* auch ein geweiteter zeitlicher Handlungsrahmen aufgezwungen: Nach der Niederwerfung Morgoths kam das Zeitalter der Númenórer. Hier lag der Ursprung des Second Age of the World.[99] Tolkien nannte die Zeit davor fortan First Age oder Elder Days.[100] Während also *The Fall of Númenor* Gestalt annahm, wurde das Sil_30er um mindestens ein ganzes Zeitalter ergänzt.

Durch das neue Zeitalter wurde der Abstand zwischen den Ereignissen des *Hobbit* und der *Quenta Silmarillion_30er* geweitet.[101] Im veröffentlichten LotR würden die Hobbits schließlich dreitausend Jahre alte Bauwerke sehen[102] und sechstausend Jahre alten Legenden lauschen[103].

Neben diesen schwerwiegenden Punkten trug *The Fall of Númenor* eine Menge kleinerer Details zum Ausfüllen des LotR bei:
- Dúnedain[104] und Black Númenóreans[105]: Von Faramir[106] bis zum Mouth of Sauron[107] wurden die Nachfahren der Númenórer handlungstragende Charaktere im LotR. Schon von Anfang an war das Volk der Númenórer besessen vom Tod; sie bauten große Grabmäler und suchten das Leben auf künstliche Weise zu verlängern.[108]
- Gil-galad[109]: Der späte Hochkönig der Elben wurde mit den verschiedenen Versionen von *The Fall of Númenor* entwickelt[110], bis er schließlich in *The Last Tale: The Fall of Númenor* seinen endgültigen Namen erhielt.[111]
- Last Alliance[112]: Das letzte Bündnis zwischen Elben und Menschen wurde angebahnt mit *The Last Tale: The Fall of Númenor*. Bereits an dieser Stelle mussten Elendil und Gil-galad im Kampf mit Sauron sterben.[113]
- Lords of the West: Der Titel für die Mächte des Westens wurde mit *The Fall of Númenor* das erste Mal niedergeschrieben.[114] Es wäre denkbar, in *The Lord of the Rings* einen namentlichen Gegenpart dazu zu sehen.[115]
- Mordor: Der Name von Saurons Reich fiel erstmals in *The Last Tale: The Fall of Númenor*.[116] Außer dem Namen war Tolkien aber noch nicht viel Weiteres über dieses Land bekannt.[117]
- Realms in Exile[118]: Die Überlebenden von Númenor sollten schon in *The Fall of Númenor – Original Outline* in Middle-earth landen. Von dieser Idee wurden zuerst Arnor[119] und erst im August 1939 Gondor[120] abgeleitet.

- White Towers[121]: Die Türme auf den Emyn Beraid fanden ihr Vorbild in Númenórischen Türmen aus *The Last Tale: The Fall of Númenor*.[122] Sie wurden erst Ende Februar 1938 zu elbischer Architektur.[123]

Eye-splitting Celtic Names

The Hobbit wurde am 21. September 1937 veröffentlicht. Die Zielgruppe, viele Kritiker und vor allem Allen & Unwin waren sich einig: Der *Hobbit* war ein wundervolles Buch. Ein geniales Stück Kinderliteratur. Ein kommerzieller Erfolg. Eine Geschichte, die geradezu nach einer Fortsetzung schrie. Ein zweites Buch aus der Welt des Bilbo Baggins – danach verlangte der Verlag.[124]

Leider war Tolkien darauf nicht vorbereitet. Auch waren zwei weitere abgeschlossene Kindergeschichten – *Roverandom* und *Mister Bliss* – von Allen & Unwin bereits am 7. Januar[125] und am 16. Januar 1937[126] abgelehnt worden. Zwar hätte er immer noch schnell auf viele weitere Geschichten und Ideen zurückgreifen können, doch nichts davon erzählte von Hobbits.[127]

Dennoch muss Tolkien eine vage Chance gesehen haben, wenigstens einen kleinen Teil seines Materials veröffentlichen zu können. Vor allem könnte er gehofft haben, dass endlich die Stunde des Sil_30er gekommen wäre. Immerhin hatte er im *Hobbit* neun Verweise auf dieses Material eingestreut. Vielleicht hatten sie bei Allen & Unwin Interesse geweckt.

Allerdings konnte er auch nicht zu sehr auf das Sil_30er allein hoffen. Sein kleines Universitätsgehalt reichte kaum für die sechsköpfige Familie.[128] Darum würde er Allen & Unwin nicht nur das Sil_30er anbieten, sondern die ganze Bandbreite seines Schaffens vorlegen.

Im November 1937 gab ihm Unwin eine Chance. Die Ereignisse dieses Monats lassen sich nur schwer rekonstruieren. Dennoch möchte ich es versuchen, weil sie sich nachhaltig auf den künstlerischen Werdegang Tolkiens auswirkten. Die bekannten Fakten:[129]

- Unwin traf sich mit Tolkien am 15. November 1937 in London.
- Am gleichen Tag ging ein Bündel mit Tolkiens Texten bei Allen & Unwin ein.
- Das Sil_30er erreichte den Verlag in ziemlicher Unordnung.
- Zu den eingereichten Texten zählten:
  - *The Lay of Leithian* (1925 bis 1931)
  - Sil_30er-Material
  - *The Ambarkanta* (1936)
  - *The Ainulindalë* (1936/37)

- *The Last Tale: The Fall of Númenor* (1936)
- *Quenta Silmarillion (Quenta Silmarillion_30er)* (1937) – 91 sauber geschriebene Manuskriptseiten
- *The Lost Road* (1936)
- *Farmer Giles of Ham* (sehr späte 1920er)
- *Mister Bliss* (1928, frühe 1930er)
• Obwohl das Sil_30er-Material ungeordnet einging, waren *The Lay of Leithian* die passenden Seiten aus dem *Quenta Silmarillion_30er* beigelegt worden: Kapitel 12: »Of Beren and Lúthien Tinúviel – Of the Meeting of Beren and Tinúviel«, Kapitel 13: »Of Beren and Lúthien Tinúviel – The Quest of the Silmaril« und Kapitel 14: »Of Beren and Lúthien Tinúviel – The Quest of the Silmaril 2« (fast fertiggestellt).

Am 15. November 1937 fuhr Tolkien von Oxford nach London. Dort aß er mit Unwin zu Mittag. Während des Essens wird Tolkien seine Texte in schneller Folge vorgestellt haben. Er zeigte die ganze Bandbreite seines Schaffens und berichtete sogar von den sehr privaten *Father Christmas Letters* (1920 bis 1944)[130]. Leider hatte Unwin nicht allzu viel Zeit, nur eine Mittagspause.

Tolkien stand unter Zeit- und Erfolgsdruck, als er die Texte präsentierte. Irgendwann wird er an *The Lay of Leithian* angelangt sein. Das Gedicht besaß erhebliche Schwächen, die Tolkien auch kannte[131] und vorsichtshalber gleich gegenüber Unwin zugab.[132] Dennoch setzte er wohl einige Hoffnung auf dieses Werk. Zu allem Überfluss war das Gedicht noch unvollendet. So konnte es sicherlich keinen guten Eindruck hinterlassen. Doch glücklicherweise hatte Tolkien erst kurz vor dem Treffen eine Prosa-Fassung von *The Lay of Leithian* geschrieben. Sie stand am Schluss der *Quenta Silmarillion_30er*.[133] Zwar hatte er es auch dort noch nicht bis zum richtigen Schluss der Geschichte geschafft. Trotzdem ging die Handlung auf jeden Fall ein gutes Stück über den Endpunkt von *The Lay of Leithian* hinaus. Tolkien selbst könnte diesen Teil aus der *Quenta Silmarillion_30er* herausgesucht und *The Lay of Leithian* beigelegt haben. Die gesuchten Blätter befanden sich tief in dem Stapel mit Sil_30er-Material. Vielleicht könnte Tolkien beim Suchen den Stapel durcheinander gebracht haben. Aber schließlich fand er die Seiten. Er legte die benötigten *Quenta Silmarillion_30er*-Seiten zu *The Lay of Leithian*.

Tolkien schaffte es jetzt nicht mehr, das übrige Sil_30er-Material wieder in die richtige Reihenfolge zu bringen. Also könnte er den ganzen Stapel nur noch schnell zusammengerafft und dem Verleger in die Hände gedrückt haben.[135]

Keinem Verlagsmitarbeiter schien zugemutet werden zu können, die Blätter des Sil_30er wieder in eine lesbare Reihenfolge zu bringen.[136] So konnten sie an keinen Testleser verschickt werden. Deshalb blieb der Großteil des Materials unbegutachtet. Stattdessen verfolgten Allen & Unwin nur vier Projekte weiter:

- *The Lay of Leithian*: Ein Typoskript in achtsilbigen Verspaaren[137], das die Geschichte von Beren und Lúthien erzählte. Das noch immer unvollendete Gedicht umfasste 4.223 Verse in 14 Gesängen. Dazu kamen jetzt noch die ergänzenden Prosa-Seiten aus der *Quenta Silmarillion_30er*.
- *The Lost Road*: Tolkien reichte das Manuskript und eine Liste mit seinen Vorschlägen für die noch zu schreibenden Kapitel ein.[138]
- *Farmer Giles of Ham*: Die erste Geschichte aus dem Little Kingdom. Allen & Unwin erhielten die erste, noch deutlich kürzere Version.[139]
- *Mister Bliss*: Eine liebevoll illustrierte, kurze Kindergeschichte um einen sehr hageren Mann mit Zylinder.

The Lost Road war bei Allen & Unwin auf einiges Interesse gestoßen. Das Manuskript wurde sogar bis zum 30. November auf Verlagskosten abgetippt. Allerdings kapitulierte der Typist schon an der unleserlichen Vorlage, bevor er das vierte Kapitel übertragen hatte.[140] Trotzdem wurde das unvollständige Typoskript an einen heute unbekannten Testleser geschickt. Dieser fand viele lobende Worte. Allerdings meinte er auch, dass *The Lost Road* kaum außerhalb akademischer Kreise Beachtung finden würde. Der Verlag schloss sich dieser Meinung an.[141] *The Lost Road* schien nicht das Zeug zum kommerziellen Erfolg zu haben. Am 20. Dezember schrieb Unwin seine Ablehnung an Tolkien.

Im Februar 1938 erreichte Tolkien die nächste Ablehnung. Auch der zweite Versuch[142] zur Veröffentlichung von *Mister Bliss* war missglückt. Erneut hatte der Verlag Bedenken, die Illustrationen trieben die Druckkosten in unwirtschaftliche Höhen.[143] *Farmer Giles of Ham* ereilte im Juli 1938 das gleiche Schicksal. Der Text sei zu kurz, um ein eigenes Buch zu rechtfertigen.[144]

Die gravierendste Nachricht erhielt Tolkien aber schon vorher, am 15. Dezember 1937. An dem Tag ging ein Päckchen bei ihm ein, das *The Lay of Leithian* mit den ergänzenden *Quenta-Silmarillion_30er*-Seiten sowie dem ganzen übrigen Sil_30er-Material[145] zurückbrachte.

Zuvor war *The Lay of Leithian* an den Testleser Edward Crankshaw weitergereicht worden. Dieser hatte sich durch über 4.000 Verse fremdartige, gleichförmige und unvollständige Lyrik gekämpft. Als Hilfe hatte er nur noch eine kurze Prosa-Ergänzung aus der *Quenta Silmarillion_30er* bekommen. Trotz solcher Umstände fiel sein Gutachten nicht total vernichtend aus.

In seinem Schreiben lehnte Crankshaw *The Lay of Leithian* durchweg ab. Daneben befasste er sich aber auch mit dem Stückchen Prosa, das er noch zu Gesicht bekommen hatte. Obwohl er nur einen winzigen Textauszug lesen durfte, lobte er ihn ausdrücklich: Er sei von großer Würde und Prägnanz und von geradezu irrsinniger keltischer Schönheit. Die Prosa habe sich eine überlegene Ausdruckskraft und klare Farbigkeit erhalten, die *The Lay of Leithian* völlig abginge. Leider litte sie aber an der gleichen Schwäche wie die Lyrik: Sie benütze keltisch anmutende Namen, die den Augen jedes Englischsprechers Schmerzen bereiten müssten.[146]

Auf den ersten Blick hätten in dem Gutachten die ablehnenden Äußerungen überwiegen müssen. Auf den zweiten Blick hatte Crankshaw jedoch nicht mit Lob gespart für die Auszüge der *Quenta Silmarillion_30er*. Nach der Lektüre des Gutachtens hätte Unwin dem Sil_30er eine gesonderte Chance geben können. Doch er vermied es.[147]

In Tolkiens Päckchen lag neben den zurückgeschickten Skripten noch ein kurzer Brief von Unwin. In dem Brief waren Auszüge von Crankshaws Gutachten eingearbeitet worden. Unwin war so taktvoll, vor allem die lobenden Passagen zu übernehmen. Dennoch entpuppte sich das Schreiben als freundliche, wenn auch entschiedene Ablehnung[148]:

- Die Lyrik sei nicht zu veröffentlichen.
- Die Prosa sei aber sehr würdevoll und von prägnanter Ausdruckskraft.
- Sie klinge jedoch zu keltisch.

Nun war das Sil_30er für Tolkien nicht irgendein Geschichtchen, das er für seine Kinder oder Lewis geschrieben hatte. Es war die aktuelle Verkörperung seines langlebigsten und vielseitigsten Projektes. Darüber hinaus war das Sil_30er der Ort, an dem seine erfundenen Sprachen gesprochen wurden. Doch 27 Jahre Kunst schienen Allen & Unwin nicht veröffentlichungswürdig.

Tolkien las, dass irgendein Testleser *The Lay of Leithian* abgelehnt hatte. Das stellte für sich noch keine große Überraschung dar.[151] Andererseits bemerkte er mit Genugtuung die hohen Töne, in denen seine Prosa gelobt worden war. Dabei entging ihm nicht, dass sich Crankshaws Kritik eher mit Äußerlichkeiten (Namen) aufgehalten hatte.

Allerdings war Tolkien nicht in der Lage, den höchst problematischen Kern zu erfassen:[152] Außer Crankshaw hatte sich bei Allen & Unwin niemand mit dem Sil_30er beschäftigt. Selbst der Testleser hatte nur wenige Seiten *Quenta Silmarillion_30er* zu Gesicht bekommen. Damit fehlte dem Verlag die Grundlage, um ein fundiertes Urteil über das Sil_30er fällen zu können.

Tolkien schien jedoch überhaupt nicht auf den Gedanken gekommen zu sein, ungerecht behandelt zu werden. Anscheinend hatte er nur verstanden: Das Sil_30er sei für eine Veröffentlichung »zu keltisch«.[153]

Die Botschaft des Verlags war unmissverständlich:[154] Nur eine *Hobbit*-Fortsetzung versprach kommerziellen Erfolg, und Allen & Unwin wollten eigentlich auch nur in eine *Hobbit*-Fortsetzung investieren. Wahrscheinlich als unmittelbare Reaktion auf die Ablehnung des Sil_30er verfasste Tolkien Mitte Dezember 1937 die erste Fassung von »A Long-expected Party«.

An Impression of historical Depth

Ursprünglich gab es zwischen *Hobbit* und Sil_30er keine ausgeprägte Verbindung. Dann erschien 1954/55 *The Lord of the Rings*.[155] Nun hatte sich die Situation praktisch umgekehrt. LotR las sich zeitweilig wie eine Fortschreibung des Sil_30er, in dem Verbindungen zum *Hobbit* kaum zu erkennen waren.[156] Ich werde allerdings versuchen zu zeigen, dass Tolkien sich monatelang ganz und gar nicht sicher war, ob er die Hobbits wirklich in die Welt des Sil_30er einlassen wollte.

Der *Hobbit* war ein Kinderbuch, bediente märchenhafte Kinderphantasien – Dinge, die Tolkien bisher nicht in der Welt des Sil_30er zugelassen hatte. In Beleriand gab es keinen Platz für sprechende Drosseln[157] oder betrunkene Elben[158]. Wenn Bilbo Baggins diese Welt beträte, würden auch redselige Trolle und schwatzende Raben Einzug halten.[159] Der *Hobbit* würde die Stimmung des Sil_30er nachhaltig verändern. Konzeptionell würde Middle-earth ein anderer Ort werden. Ein Ort für Fellwechsler[160] und Zauberer[161] – für mechanische Uhren[162], Cram[163] und Tabak[164].

Außerdem hätte Tolkien auch geographische Umwälzungen hinnehmen müssen. Schließlich müsste ja The Wild[165]/Wilderland[166] aus dem *Hobbit* irgendwo in der Middle-earth[167] des Sil_30er untergebracht werden. Denn der Great River, Mirkwood und auch die Misty Mountains zählten bisher nicht zu dessen Landschaften.

Irgendwann in den anderthalb Jahren vor dem Dezember 1937 hatte Tolkien eine zweite Karte von ganz Middle-earth gezeichnet. Eine wirklich grobe Skizze, hastig gekritzelt auf der Rückseite der ersten Karte von *The Ambarkanta*. Die Skizze zeigte die Gestalt des Kontinents Middle-earth, nachdem die Mächte des Westens Melkor das erste Mal gefangen genommen hatten[168]. Diese Auseinandersetzung setzte gewaltige Kräfte frei, die die Gestalt des Kontinents vollständig veränderten. Nun nahm der südwestliche Teil des Kontinents die Gestalt Afrikas an. Das scheint mir selbst aus dieser groben Skizze sehr deutlich erkennbar (→ Abbildung 1).

Nördlich von Afrika lag Beleriand. Es wurde zum Osten vollständig abgegrenzt durch den gewaltigen Bogen der Blue Mountains. Deren nördlicher Abschnitt verlief fast gerade von Nord nach Süd. Der südliche Teil bog sich stark nach Osten. Hinter dieser Darstellung stand wahrscheinlich eine bestimmte Absicht Tolkiens, die er mehrfach deutlich in seinen Texten niederschrieb:

- *Sketch of the Mythology* (1926): Dies war die erste gedrungene Abhandlung der Geschichte der Juwelenkriege. Tolkien fügte diesem Skript schon bald einige Korrekturen und kurze Erweiterungen an. Unter Einbezug dieser Korrekturen berichtete der *Sketch of the Mythology*: Bei der Niederwerfung von Morgoth zerbrachen die nördlichen und westlichen Teile der Welt und veränderten ihre Gestalt. Die Elben flüchteten auf die Insel Britannien. Von dort setzten sie in den Äußersten Westen über.[169] Ich vermute, dass Britannien hier ein Bruchstück Belerianes gewesen sein sollte.
- *Quenta Noldorinwa* (1930): Nach der Niederwerfung Morgoths wurden die Thangorodrim geschliffen und Angband bis auf sein tiefstes Verlies freigelegt. So wurden alle nördlichen Teile der westlichen Welt zerschlagen und zerstückelt. Berge wurden eingeebnet und neue Hochflächen gebildet. Aus Bruchstücken von Beleriand bildeten sich große Inseln. Vor allem dort bauten die überlebenden Elben Schiffe, um in den Äußersten Westen zu fahren.[170] Meines Erachtens sollte eine dieser großen Inseln Britannien darstellen.
- *The Ambarkanta* (1936): Nach der Niederwerfung Utumnos wurde die Welt ein zweites Mal zerbrochen – beim erneuten Sieg über Melkor am Ende des Ersten Zeitalters.[171] Die Beschreibung deckt sich sehr schön mit dem Bericht aus der *Quenta Noldorinwa*.

Ich bin der Ansicht, dass Tolkien mit der zweiten *Ambarkanta*-Karte immer noch die gleiche Absicht verfolgte. Wenn ich die Linien auf der Skizze richtig interpretiere, sollte nördlich von Afrika erst einmal Beleriand entstehen. An genau jenem Ort, an dem später Westeuropa liegen würde. Doch der War of Wrath würde erneut erdschütternde Kräfte entfesseln. Im Einklang mit den drei eben zitierten Texten sollten diese Kräfte Beleriand zerbrechen: Aus den Überbleibseln würde sich Westeuropa formen. Einige Bruchstücke sollten zu den Britischen Inseln werden.

Obwohl die zweite *Ambarkanta*-Karte sehr skizzenhaft blieb, kann man meiner Meinung nach auch erkennen, was mit den Blue Mountains geschehen würde (→ Abbildung 2): Der nördliche Anteil sollte vermutlich zu den Skanden werden. Der Mittelbereich würde zerstört, stark zerstückelt oder verbogen. Tolkien könnte sich einen Teil der Mitteleuropäischen Mittelgebirge als Überbleibsel vorgestellt haben. Gerade die Linie Thüringer Wald – Böhmer Wald scheint zu passen. Die südlichen Bereiche der Blue Mountains sollten vielleicht das Dinarische Gebirge, andere Bergzüge des Balkan und die innenanatolische Hochfläche mit Taurus und Pontischem Gebirge bilden.

Allenthalben folgen diese topographischen Entwicklungsmöglichkeiten genau Tolkiens vielzitierter Absicht, eine Mythologie für England zu schaffen.[172] Der bekannteste Teil dieses Konzeptes bestand in dem angelsächsischen Seefahrer Ælfwine. Er sollte elbische Überlieferungen von der Lonely Isle ins Altenglische übertragen und auf die Britischen Inseln bringen.[173]

Wie aus meinen Erläuterungen hervorgeht, könnte ein anderer Teil des Konzeptes aber auch darin bestanden haben, die Mythen tatsächlich auf (oder nahe bei) England spielen zu lassen. Denn Beleriand war mit einiger Sicherheit als Vorläufer Westeuropas und eben auch der Britischen Inseln angelegt worden. Dieses Konzept wurde offenbar auch nicht aufgegeben, als 1936 *The Fall of Númenor* im Sil_30er aufging: In *The Fall of Númenor* behielt Beleriand nach dem War of Wrath zwar seinen Namen, nicht aber seine Gestalt.[174] So könnte *The Fall of Númenor* die gleiche geographische Idee mit *The Ambarkanta*, *Quenta Noldorinwa* und *Sketch of the Mythology* geteilt haben.

Damit könnte die Geburt der Britischen Inseln aus Beleriand noch immer eine lebendige Idee gewesen sein, als sich Tolkien im Dezember 1937 an den LotR setzte. In Fragmenten blieb sie nachweisbar bis zum Frühjahr[175] und vielleicht sogar bis zum Sommer 1938[176].

Abbildung 1: Ausschnitt der Gestalt des Kontinents Middle-earth und Beschriftung nach der zweiten Karte von *The Ambarkanta*. Ausgewählte Linien. Vereinfacht nach SM 251. Klammerausdrücke nicht original.

Abbildung 2: Vermutung zur Lage der Reste der Blue Mountains.
01: Skanden
02: Thüringer Wald - Böhmer Wald
03: Dinarisches Gebirge
04: Balkan
05: Inneranatolische Hochfläche mit Taurus und Pontischem Gebirge

Christian Schröder

On the Outskirts of the Mythology

Die Wandlung Beleriands zu Westeuropa konnte nur deshalb halbwegs glaubhaft erscheinen, weil sie bloß einen kleinen Teil der gesamten Landmasse betraf. Je weiter die mythische Geographie nach Osten ausgriff, umso weniger plausibel hätte die Wandlung gewirkt. In dem Augenblick, in dem der *Hobbit* mit dem Sil_30er verschmolz, hätte auch *The Wild* mit Beleriand/Middle-earth verschnitten werden müssen. Auf einen Schlag wäre Tolkien gezwungen worden, den leeren Gegenden östlich der Blue Mountains die Gestalt von *The Wild* zu geben.[177]

Allerdings waren die Misty und die Grey Mountains gewaltige geographische Strukturen. Sie besaßen nicht die geringste realweltliche Entsprechung im östlichen Europa. Der Einbau des Wilderland hätte den geographischen Aspekt des Mythology-for-England-Konzeptes vollkommen unglaubhaft werden lassen.

Tolkien wird sowohl die konzeptionell-inhaltlichen als auch die geographischen Konsequenzen geahnt haben, bevor er *Hobbit* und Sil_30er zusammenführte. Vor dem Frühjahr 1938 geschah die Zusammenführung nur sehr vorsichtig und mit Rückschritten. Eine *erste vorläufige* Annäherung war bereits 1936 mit Hilfe des *Fall of Númenor* erreicht worden.

- *The Fall of Númenor – Original Outline* (1936): Der Text sagte, dass der Elbenkönig Amroth [> Gil-galad] mit Thû [> Sauron] rang und ihn besiegte. Thû floh danach ins Innere von Middle-earth in den Ironforest.[178]
- *The Fall of Númenor* (1936): Hier wurde berichtet, wie Amroth mit dem Halbelben Elrond Rat hielt. Daraufhin zogen sie mit einem Elbenheer in das Innere von Middle-earth und griffen Thûs Festung an. Amroth rang mit Thû, kam dabei jedoch zu Tode. Trotzdem wurde Thû letztlich von den Elben besiegt und vertrieben. Er floh in einen dunklen Wald und verbarg sich.[179]

The Fall of Númenor könnte zu einem Zeitpunkt geschrieben worden sein, als Tolkien stark unter dem Einfluss des *Hobbit* stand. Vielleicht stammte er aus dem Sommer oder Frühherbst 1936, als Tolkien auch das *Hobbit*-Skript zu Ende brachte.[180]

Allerdings steuerte Tolkien kurz darauf mit *The Last Tale: The Fall of Númenor* gegen. Dort wurde das erste Mal die Geschichte vom letzten Bündnis zwischen Elben und Menschen erzählt. Ihr Heer zog nach Mordor und besiegte Sauron. Saurons hausloser Geist entfloh daraufhin an wüste Orte. Im Gegensatz zu den Vorversionen erwähnte *The Last Tale: The Fall of Númenor* hier keinen Wald. Darüber hinaus wurde auch dem Halbelben Elrond eine andere Rolle zugewiesen. Tolkien machte ihn jetzt zum ersten König von Númenor und

explizit zu einem Sterblichen[181]. Andere Texte aus dieser Phase lassen ebenfalls keine Verbindung zwischen beiden Projekten erkennen:
- *The Ambarkanta* (1936): Im ursprünglichen Text fehlte jede Erwähnung von The Wild. Zudem schrieb Tolkien keinerlei Nachtrag, in dem er Anduin oder Hithaeglir erwähnte. Ihre Formen wurden auch niemals nachträglich in die Karten eingezeichnet.[182]
- *Lhammas* (1937): Diese war eine Abhandlung zur Sprachentwicklung. Darin gab es einen kurzen Abschnitt über die Zwergensprachen. Dort wurde behauptet, dass die Zwerge keine Gedichte oder Kunst schaffen könnten.[183] Im Vergleich dazu gaben die Zwerge schon drei Lieder zum Besten, bevor der Hobbit in das zweite Kapitel kam.[184]

Nach *The Last Tale: The Fall of Númenor* waren *Hobbit* und Sil_30er wieder zwei sorgfältig geschiedene Projekte. 1937 war Elrond ein sterblicher König, und Sauron floh nicht in den Mirkwood. Misty und Blue Mountains lagen nicht auf der gleichen Hintergrundwelt. Bekanntlich überlegte es sich Tolkien dann aber doch anders. Die zweite vorläufige Annäherung zwischen *Hobbit* und Sil_30er fand vielleicht im August 1937 statt.

Nachdem der *Hobbit* gedruckt worden war, bekam Tolkien sein erstes Vorexemplar am 13. August 1937. Außerdem schaffte er es, dass im gleichen Monat weitere Vorexemplare an gute und geschätzte Freunde und Kollegen verschickt wurden. Auf diesem Weg gelangte er an das Urteil von geachteten Personen schon vor der eigentlichen Veröffentlichung. Sein Freund E.V. Gordon besaß inzwischen den Lehrstuhl für englische Literatur in Oxford. Er wollte das Buch sogleich der Book Society empfehlen. Ebenso begeistert zeigte sich Raymond Wilson Chambers, Professor für Englisch an der London University. Besonders gefreut hatte Tolkien zudem das große Lob von R. Meiggs, dem damaligen Herausgeber des Oxford Magazine.[185]

Obwohl alle drei ernstzunehmende und kritische Erwachsene waren, konnten sie sich sehr herzlich für das Kinderbuch begeistern. Offenbar behandelte der *Hobbit* Stoffe, die auch noch eine ältere Zielgruppe erreichten. Vielleicht war es diese Entdeckung, die den nochmaligen Umdenkprozess einleitete. Jedenfalls argumentierte Tolkien ab Ende August 1937 ganz offen mit der *Hobbit*-Sil_30er-Verbindung.[186] Möglicherweise dachte Tolkien da aber noch nicht ernsthaft an eine Fortsetzung. Viel eher wird er die *Hobbit*-Sil_30er-Verbindung genutzt haben wollen, um Allen & Unwin auch das Sil_30er schmackhaft zu machen.[187] Immerhin hatte er mit dem *Hobbit* ein gewichtiges Verkaufsargument gewonnen. Vorerst verfehlte es seine Wirkung auch nicht. So traf sich Unwin mit Tolkien tatsächlich am 15. November in London, um das angepriesene Material einzusehen.

Wind over the Hill

Am 15. Dezember 1937 hatte Tolkien schwarz auf weiß die Ablehnung des Sil_30er – des Projektes, in das er das größte Vertrauen hatte.[188] Offenbar setzte er nicht viel auf die drei übrigen Werke, die immer noch vom Verlag geprüft wurden. Vermutlich eher finanziell motiviert als aus Schreibfreude begann Tolkien sogleich mit der *Hobbit*-Fortsetzung. Doch er startete nicht vollkommen ohne Grundlage.

Einerseits hatte Tolkien in den letzten Monaten wiederholt auf die *Hobbit*-Sil_30er-Verbindung gepocht.[189] Er hätte jetzt eigentlich ganz ungezwungen auf das Sil_30er zurückgreifen können. Allerdings hatte er im Dezember 1937 noch überhaupt keine Idee, wie das überzeugend anzustellen wäre.

Andererseits wusste er bereits, wie er sein Publikum möglichst zielgenau bedienen könnte. Schon im Oktober hatte ein begeisterter Leser neue Informationen zu Gandalf und zum Necromancer verlangt, und Tolkiens eigene Tochter wollte mehr über die Tooks erfahren.[190]

Die *Hobbit*-Fortsetzung würde also auf jeden Fall eine Geschichte mit Gandalf sein müssen. Sie würde sich auch intensiv mit dem Necromancer auseinandersetzen. Außerdem dürften die Hobbits und ihre Familien nicht zu kurz kommen.

- **LotR-Schreibphase 1$_{1-S}$:** 16.12.1937 bis 4.2.1938
    - 16.-19.12.1937: Tolkien schrieb die erste Version des ersten Kapitels der *Hobbit*-Fortsetzung – »A Long-expected Party«.[191] Das Skript war nur fünf Seiten lang. Es war jedoch ein Anfang, der den Beifall von Unwin finden konnte.[192]
    - 16.12.1937 und Jan. 1938: »A Long-expected Party« wurde viermal neu geschrieben.[193] Andere Kapitel kamen aber nicht dazu. Die Einfallslosigkeit könnte mit ziemlich aufreibenden Weihnachtsferien zusammengehangen haben.[194]
    - 1.2.1938: Bis zu diesem Datum wurde die vierte Version von »A Long-expected Party« getippt.
    - 4.2.1938: Das Typoskript wurde an Allen & Unwin geschickt. Von dort kam es zu Rayner Unwin.[195]

Alle vier Entwürfe von »A Long-expected Party« lasen sich noch immer wie ungetrübte *Hobbit*-Fortsetzungen: in leichter, beschwingter Sprache geschriebene Einleitungen eines neuen Kinderbuches.[196] In zweieinhalb Monaten wurde das Anfangskapitel wieder und wieder überarbeitet. Nur wurde kaum eine Zeile zu Papier gebracht, die darüber hinausging. Tolkien schien wirklich nicht gewusst zu haben, was er noch über Hobbits erzählen könnte, welche Abenteuer sie noch erleben könnten. Alles schien schon im *Hobbit* gesagt worden zu sein.[197]

Dennoch wollte er sichergehen, ob er bisher wenigstens den richtigen Ton getroffen hatte. Also holte er sich das Urteil von Rayner Unwin ein. Der war Anfang 1938 gerade 12 Jahre alt und repräsentierte damit die noch immer anvisierte Zielgruppe.

- **LotR-Blockadephase 1_{2-B}**: 5.2.1938 bis mindestens 18.2.1938
  - 11.2.1938: Rayner Unwin zeigte sich sehr erfreut über »A Long-expected Party«. Leider konnte auch das nicht Tolkiens Schreibblockade brechen.
  - 18.2.1938: Tolkien kam noch immer nicht weiter.[198]

Seit den ernüchternden Erfahrungen mit *The Lost Road* schien Tolkien gewusst zu haben, dass er sich nicht zum Schreiben zwingen konnte. Somit hätte er kaum Brauchbares zu Papier bringen können, wenn ihn ein Stoff nicht interessierte. Allen & Unwin wären glücklich gewesen, wenn sie ein zweites Hobbit-Kinderbuch bekommen hätten. Tolkien hätte dieses Buch aber nicht mehr schreiben können. Ihm kam es einfach so vor, als ob er bereits alle kindertauglichen Abenteuer erzählt hätte.[199]

Weiterhin hatte sich Tolkien im Laufe der 1930er Jahre intensiv mit der Funktion der Fairy-stories auseinandergesetzt. Dabei meinte er entdeckt zu haben, dass Fairy-stories fälschlicherweise zu Kindergeschichten herabgestuft worden waren. Vielmehr erreichten wirklich gute Fairy-stories auch eine erwachsene Leserschaft. Die echte Herausforderung bei der Niederschrift einer Fairy-story bestand demnach darin, für das erwachsene Publikum zu schreiben.[200]

Seine Meinung fasste er in dem Vortrag *On Fairy-Stories* zusammen, den er am 8. März 1939 als Andrew Lang Lecture an der Saint Andrews University hielt. Viele seiner Argumente müsste er sich aber bereits im Januar 1938 zurechtgelegt haben. Er hatte nämlich ursprünglich geplant, *On Fairy-Stories* schon vor der studentischen Lovelace Society am Worcester College zu lesen, wich dann aber aus Zeitmangel auf eine neue, verlängerte Version des *Farmer Giles of Ham* aus.[201]

Die Zeit, in der Tolkien seine Thesen über Fairy-stories formulierte, fiel genau mit der Anfangsphase des *Hobbit*-Nachfolgers zusammen. Als er *On Fairy-Stories* ausformulierte, saß er selbst an einer neuen Fairy-story. Folgerichtig verbot sich ihm hier eine weitere reine Kindergeschichte, solange er seinen eigenen Überzeugungen treu bleiben wollte.[202]

Tolkien benötigte für die *Hobbit*-Fortsetzung unverbrauchte Themen, die ihn zudem als Erwachsenen ansprachen. Dabei hatte er doch erst ein halbes Jahr vorher mit dem Hauptwerk des Sil_30er – der *Quenta Silmarillion_30er* – eine wirklich neue Fairy-story für Erwachsene zu Papier gebracht. Doch immer noch fehlte ihm der zündende Funke – das Verbindungsstück, um das Sil_30er mit dem neuen Projekt verweben zu können.

Noch Mitte Februar 1938 war Tolkien auf der Suche nach lohnenden Ideen. Vielleicht fiel ihm dabei ein einfacher Notizzettel in die Hände. Auf Vorder- und Rückseite hatte er unterschiedliche Ideen festgehalten, während er an der zweiten und dritten Version von »A Long-expected Party« gesessen hatte[203]. In diesen Notizen fand er verschiedene Konzeptfetzen über den Ring:[204]
- Der Ring barg seine eigenen Verlockungen, war letztlich schädlich und machte abhängig.
- Der Ring wollte zurück zu seinem Erschaffer.
- Der Ring könnte vom Necromancer geschmiedet worden sein.

Genau hier fand Tolkien das fehlende Puzzlestück.[205] Der Ring sollte dem Necromancer gehören: Sauron – Herr der Werwölfe, Verderben der Númenórer.[206]
Dieser wahren Identität des Necromancers war sich Tolkien sehr gewiss. Obwohl er im Herbst 1938 noch einmal für den Bruchteil eines geschriebenen Satzes geschwankt haben könnte[207], wusste er es vielleicht schon seit Oktober[208] und sehr sicher am 16. Dezember 1937[209]: Der Ring entpuppte sich als monströses Bindeglied zu Sauron und damit zum Sil_30er.

- **LotR-Schreibphase 1$_{3-5}$**: 18+?.2.1938 bis 4.3.1938
  - 18+?.2.-4.3.1938: Tolkien hatte die ersten Versionen der Kapitel 2 und 3 (ursprüngliche Kapitelzählung) entwickelt und getippt.[210] Die Hobbits hatten das erste Mal das Buckland erreicht.[211]

Im zweiten Kapitel sollten die Hobbits den Shire durchwandern. Hier hatte Tolkien ursprünglich vorgehabt, den Zauberer Gandalf einzubauen. Er sollte in einem großen Umhang gekleidet auf einem weißen Pferd die Straße hinabreiten, dann anhalten und nach den Hobbits schnüffeln, die versteckt in einer Grube neben der Straße lagen.
Doch dann entschied sich Tolkien plötzlich anders. Gandalfs großer Umhang wurde schwarz und aus dem weißen wurde ein schwarzes Pferd[212]: Ganz unerwartet[213] war der erste Black Rider über die Hobbits gekommen.
Etwa zur gleichen Zeit erklärte ein – noch namenloser – Elb dem Hobbit Bingo [> Frodo] die Herkunft der Black Riders. Dabei griff Tolkien die Ideen des besagten Notizzettels auf. Dieser Gesprächsversuch zwischen Elb und Bingo wurde zum Ausgangspunkt für zwei wichtige Dialoge: der eine zwischen Frodo und Gandalf im zweiten Kapitel von LotR, »The Shadow of the Past«,[214] der andere zwischen Frodo und Gildor Inglorion im dritten Kapitel, »Three is Company«.[215]
Nachdem der Black Rider erschienen war, brauchte Tolkien eine Möglichkeit, um ihn wieder zu vertreiben. Hier griff er zu singenden Elben, die auf der Straße wanderten.[216] Obwohl die Elben vermutlich ursprünglich als einfache Dark-elves geplant waren[217], sollte ihre Macht ausreichen, um den Reiter davonzujagen.

In der folgenden Nacht entspann sich ein Gespräch zwischen dem Anführer der Elbenschar und Bingo.[218] Hier verwendete Tolkien den Anfang des erwähnten Gesprächsversuchs, während er den größeren Rest für Gandalfs Erklärungen in »The Shadow of the Past« aufhob.

Abschließend tippte Tolkien alle handschriftlichen Vorlagen zusammen zum einheitlichen Typoskript des Kapitels 2. Erst während des Tippens wurde er sich der Identität des Elben bewusst: Der Name Gildor Inglorion wurde nachträglich über den schon getippten Text geschrieben. Gleichzeitig wurde Gildors Elbengruppe erhöht zu einer Schar Wise-elves.[219] Auf diese Weise gelangte Tolkien an die stimmungsvollste Beschreibung der Hochelben, die er meiner Meinung nach jemals zu Papier bringen sollte.[220]

The Lord of the Ring

Gildor war ein offensichtlicher Hinweis auf die Wise-elves des Sil_30er.[221] Ursprünglich sollte er sogar die Herkunft der Black Riders erklären: Es wären Geister im Dienste des Necromancers, gebunden durch den Ring. In diesem Zusammenhang benannte ihn der Elb – im Februar 1938 – als Lord of the Ring.[222]

Mit den Black Riders zog eine vorher nicht geahnte Gefahr herauf, unmittelbar gekoppelt an den Ring, an den Necromancer und damit an die ältere Welt Saurons. Dadurch wurde der Ring zum Zentralthema des Buches – zu einem Werkzeug Saurons und zu einer breiten Brücke zum Sil_30er. Im *Hobbit* war der Necromancer noch eine Randfigur.[223] In der Fortsetzung wurde er zu einer dauernden Bedrohung. Schlagartig verschwand die Beschwingtheit des Kinderbuches.

- **LotR-Blockadephase 1_{4-B}:** 5.3.1938 bis 28.8.1938[224]
  - 5.3.-?.6.1938: Die Typoskripte wurden von Rayner Unwin testgelesen und kritisiert.
  - ?.6.-28.8.1938: Tolkien fand noch immer keinen neuen Zugang zur *Hobbit*-Fortsetzung.

Anfang 1938 bestand Tolkiens Testpublikum aus drei Personen: Christopher Tolkien, Clive Staples Lewis und Rayner Unwin. Die beiden Letzteren meinten übereinstimmend, die Kapitel 2 und 3 würden zu viel *hobbit-talk* enthalten. Das müsste ein schwerer Schlag für Tolkien gewesen sein. Schließlich hatte er gerade an den Dialogen der Hobbits seine besondere Freude, fand vor allem bei ihnen den Spaß am Schreiben. Doch leider konnte sich sonst nur noch

Christopher für das Geplauder erwärmen. Die Mehrheit seiner Kritiker empfand es als langweilig.[225]

Vielleicht waren es diese Urteile, die ihn in die zweite Schaffenskrise stürzten. Die *Hobbit*-Fortsetzung kam für fast sechs Monate nicht voran. Tolkien zweifelte massiv an der Richtung des Projektes. Der Inhalt aller drei Kapitel stand zur Debatte.[226]

Zudem plagten ihn sehr viele berufliche und private Sorgen. Die üblichen universitären Verpflichtungen nahmen ihn zwar nicht stärker in Anspruch als in anderen Jahren. Dazu kam jedoch ein rätselhaftes Herzleiden, das in diesem Jahr bei seinem Sohn Christopher festgestellt worden war. Der Junge musste vom Internat nach Hause geschickt werden und viele Monate das Bett hüten. Verständlicherweise verbrachte Tolkien viel Zeit bei seinem lebensbedrohlich kranken Kind.[227] Er hatte schlicht nicht die Ruhe, um sich auch noch mit den Problemen des neuen Buches zu beschäftigen.

Die Belastungen wurden immer erdrückender. Mitte August stand Tolkien kurz vor dem Zusammenbruch. Sein Arzt verordnete ihm strikte Schonung. Von einem Tag auf den anderen sah er sich seiner Pflichten entledigt. Ein oder zwei Wochen lang nahm er sich gänzlich zurück. Erst jetzt fand er ausreichend Muße für die *Hobbit*-Fortsetzung.[228]

- **LotR-Schreibphase 1_{5-S}: 28.8.1938 bis 31.8.1938+**
  - 28.-31.8.1938: Die Kapitel 4 bis 7 wurden während eines wahren Schreibrauschs geschrieben.[229]

In nur vier Tagen wanderten die Hobbits in den Old Forest, machten sehr schlechte Erfahrungen mit Old Man Willow und sehr gute mit Tom Bombadil, überlebten die Barrow-wights und sahen nach Einbruch der Nacht die Lichter von Bree.[230] Für die vier Kapitel hatte sich Tolkien ausgiebig der Ideen aus *The Adventures of Tom Bombadil* bedient. Er hatte sie jedoch nicht dazu benutzt, um die drei schon bestehenden Kapitel zu ersetzen. Stattdessen hatte er die Erzählung an dem schon erreichten Punkt wieder aufgegriffen und *weiter* geschrieben.

Meiner Meinung nach müsste sich Tolkien zu diesem Zeitpunkt *endgültig* entschlossen haben, das Konzept vom Februar 1938 fortzuführen. Die Hobbits würden nach wie vor Abenteuer unter der Last des Ringes erleben. Die einmal gefundene *Hobbit*-Sil_30er-Verbindung würde unangetastet bleiben. Mit allen Konsequenzen, die das für seine Hintergrundwelt und für die Stimmung des Buches bedeutete.

In einem Brief vom 24. Juli an den Verlagslektor sprach Tolkien noch immer bescheiden von einer namenlosen »sequel to the *Hobbit*«[231], obwohl Rayner

Unwin schon vor dem 4. Juni[232] ausdrücklich nach dem neuen Buchtitel gefragt hatte.[233] Da steckte Tolkien noch tief in der Blockadephase $1_{4\text{-}B}$.

Erst nach den guten Erfahrungen vom Ende August fand er wahrscheinlich das Selbstvertrauen, sicherer vor Allen & Unwin aufzutreten. Offenbar hatte er wieder Vertrauen in seine Schreibkunst gefunden. Deshalb war er mutig genug, dem Lektor am 31. August 1938 den Namen seines neuen Buches zu verkünden: *The Lord of the Ring*.[234]

Tolkien verbrachte den Spätsommer 1938 mit der Familie in Sidmouth, Devon[235]. Dort konnte er sich intensiv mit dem LotR auseinandersetzen. Jedoch wurden ihm da unvorhersehbare andere Verpflichtungen aufgebürdet: Tolkiens Freund und Mitarbeiter, der Londoner Professor E.V. Gordon, musste operiert werden, verstarb aber nach dem zunächst erfolgreichen Eingriff unerwartet. Gordon hatte an neuseeländischen Examina gearbeitet, und diese Aufgabe ging nun auf Tolkien über. Er brauchte dafür die ganze zweite Hälfte des Jahres und auch noch die Winterpause. Just darauf zog er sich noch eine Grippe zu, von der er sich erst Ende Januar 1939 vollständig erholt hatte.[236] Trotz der Widrigkeiten entwickelte sich LotR Schritt für Schritt weiter.[237]

Schon kurz nach Sidmouth begann mit der fünften Fassung von »A Long-expected Party« die zweite Schaffensphase. Diesmal sollte Tolkien aber nur bis zu Tom Bombadils Haus vordringen.[239] Mit der zweiten Phase ordnete er Umfang und Inhalt der Kapitel endgültig an[240]: Ab dem Spätsommer 1938 wurden die Hobbits nicht mehr im fünften, sondern im siebten Kapitel von Goldberry willkommen geheißen.

Die zweite Schaffensphase wurde frühestens im Oktober 1938 von der dritten Schaffensphase abgelöst, die mit der sechsten Version von »A Long-expected Party« eingeläutet worden war. Die Ablösung könnte auch später stattgefunden haben, bedauerlicherweise jedoch scheinen hier exakte Datierungen kaum möglich.[241]

Leider fiel irgendwann in diese Zeit die Titeländerung von *The Lord of the Ring* zu *The Lord of the Rings*. Offiziell und exakt datierbar erschien Rings das erste Mal am 2. Februar 1939.[242] Die Verwendung dieses Titels innerhalb der Erzählung konnte jedoch schon bis in den Februar 1938 zurückverfolgt werden.[243] Es wird leider ungeklärt bleiben müssen, zu welchem genauen Zeitpunkt Tolkien *für sich privat* seinem neuen Projekt den endgültigen Titel gab.

Nichtsdestoweniger barg der Buchtitel schon ab dem 31. August 1938[244] eine ungeheure Botschaft an Allen & Unwin. Sie dürfte aber dem Verlag gründlich entgangen sein. *The Lord of the Ring(s)* verwies unmissverständlich auf die Verknüpfung zwischen Ring und Sauron. Mit dem Titel erhob Tolkien die Verbindung zwischen *Hobbit* und Sil_30er zum Leitgedanken des ganzen Projektes. Er würde von keinem Lektor oder Verleger mehr wegdiskutiert werden können: Entweder Allen & Unwin akzeptierten den LotR und bekämen gleichzeitig ein großes Stück Sil_30er, oder es gäbe überhaupt keine *Hobbit*-Fortsetzung.

Bibliographie

Anderson, Douglas A. *The Annotated Hobbit*. London: HarperCollins, 2003

Carpenter, Humphrey, Hg. *J.R.R. Tolkien. Eine Biographie*. Stuttgart: Klett-Cotta, 1979

---, *Letters Of J.R.R. Tolkien*. London: Allen&Unwin, 1990

Hammond, Wayne G. und Christina Scull. *J.R.R. Tolkien. Der Künstler*. Stuttgart: Klett-Cotta, 1996

Honegger, Thomas. »"There was an old woman, lived under a hill...": A Proto-Hobbit uncovered?«. *Hither Shore 2* (2005): 247-248

Lewis, Alex. "The Emergence Of Mordor And The Abode Of Evil In Middle-earth". *Lembas-extra 2004*. Ed. Ron Pirson. Leiden: De Tolkienwinkel, 2004: 41-65

Tolkien, Christopher, Ed. *Unfinished Tales of Númenor and Middle-earth*. London: Allen&Unwin, 1980

Tolkien, John Ronald Reuel. "The Lay of Aotrou and Itroun". *The Welsh Review* iv (1945): 254-266

---, *The Fellowship of the Ring*. New York: Ballantine Books, 1965

---, *The Two Towers*. New York: Ballantine Books, 1965

---, *The Return of the King*. New York: Ballantine Books, 1965

---, *The Hobbit or There and back again*. London: HarperCollins, 1999

---, "On Fairy-Stories". *The Tolkien Reader*. New York: Del Rey, 2002

Unwin, Rayner. "An AT LAST FINISHED TALE – The Genesis of *The Lord of the Rings*". *Lembas-extra 1998*. Ed. Ron Pirson. Leiden: De Tolkienwinkel, 1998: 74-84

Endnoten (*Endnotes*)

[1] LR 200
[2] LR 107f, 199ff
[3] SM 76
[4] L 160, 186, 396
[5] Anderson 18
[6] RS 145
[7] TI 84ff
[8] LotR I 198ff
[9] RS 145
[10] L 309
[11] vgl. Honegger 248
[12] RS 145
[13] LT 1 204ff; Hammond/Scull 80
[14] L 162, 309
[15] TI 85f
[16] LotR I 282ff
[17] TI 90
[18] LB 120
[19] RS 180; LotR I 236f
[20] LB 121
[21] RS 179
[22] LB 108ff
[23] L 149, 180, 221, 417
[24] Anderson 360f
[25] H 303
[26] RS 47, 53, 240, 324; LotR I 58, 102; LotR III 297, 344
[27] RS 142, LotR I 253f
[28] RS 144; TI 59
[29] TI 59
[30] Carpenter 187
[31] RS 116
[32] vgl. aber LR 17 mit RS 121, 121 und PM 194, 230 bzw. LotR I 167, LotR A 360
[33] LotR I 153ff
[34] LotR I 154f, 156f, 158, 160, 162f, 171, 180 ff
[35] vgl LB 154f mit LotR I 376f
[36] AI (Hinweis von T. Gießl, mündl 2006), LotR II 175

[37] LB 145, LotR I 75
[38] LotR I 402
[39] LB 226, LotR I 102
[40] L 215
[41] L 26
[42] RS 1
[43] vgl. L 346f
[44] vgl. L 346
[45] H 25, 130, 273f
[46] H 43ff
[47] H 50, 62, 67, 70
[48] H 156
[49] Anderson 218
[50] H 157
[51] H 265
[52] LR 107f
[53] LR 199ff
[54] Hammond/Scull 96
[55] Carpenter 207, L 14f
[56] vgl. Hammond/Scull 58 mit 96
[57] vgl. Hammond/Scull 60 mit 128
[59] Hammond/Scull 140
[60] L 346
[61] L 26
[62] L 346
[63] L 21
[64] vgl. L 35 und Anderson 14
[65] nach L 213, 232, 347, 361
[66] LR 9
[67] Carpenter 168f
[68] L 23
[69] L 29
[70] L 378
[71] L 29
[72] L 347 ("When C.S. Lewis and I tossed up..."); vgl. Carpenter 195
[73] L 32ff, 378
[74] L 47; LR 77f
[75] L 347, 378
[76] vgl. LR 11f
[77] L 154
[78] LT 1 18, 27ff
[79] L 347
[80] LR 36ff
[81] LR 70, 75
[82] LR 57
[83] L 347, 378; LR 77ff
[84] L 342
[85] vgl. L 232
[86] LR 23f; vgl. Carpenter 195
[87] SD 241; LotR A 352
[88] LR 68
[89] vgl. LR 59 mit UT 229f
[90] LR 357
[91] LotR I 417; TI 233
[92] LR 30, 66
[93] RS 121, 127
[94] L 213, 232; LotR III 268; vgl. auch SD 194
[95] LT 1 30f
[96] LT 1 27f
[97] LR 12
[98] LotR I 67, 68f
[99] vgl Anderson 13
[100] LR 32
[101] vgl. PM 166ff, 225ff mit LotR A 414ff
[102] LotR II 187ff
[103] z.B. LotR A 416, LotR I 238
[104] LotR I 22; vgl. TI 83 mit PM 55
[105] vgl. LotR III 182 mit LR 12
[106] L 79; WR 165f
[107] LotR III 182
[108] vgl. LR 12, 16 mit LotR II 338
[109] LotR I 77
[110] LR 12, 18
[111] LR 29 aber: RS 169; L 152
[112] LotR I 229
[113] vgl. LR 29 mit RS 215f
[114] LR 14
[115] LotR III 269; LotR A 354, 412
[116] LR 29
[117] vgl. RS 81, 82, 131 mit RS 218
[118] PM 253
[119] LR 18
[120] vgl. RS 379, 381 und TI 423 mit LR 33
[121] LotR I 68
[122] LR 28
[123] vgl. LotR I 26 mit RS 93 und TI 423
[124] L 23ff

[125] Carpenter 186
[126] L 15
[127] L 24, 238, 303, 333
[128] L 20, 24, 40, 138, 267, 344
[129] L 25, 346; LB 364, LR 292f, Anderson 5
[130] L 25f; Carpenter 188
[131] L 26
[132] LB 366
[133] LR 293
[135] L 26 ("... the Stuff I dropped on you..."); vgl. aber Carpenter 210
[136] LB 364
[137] LB 1
[138] LR 77
[139] L 38
[140] LR 73
[141] LR 98
[142] vgl. L 15 mit 28f
[143] L 15
[144] L 38
[145] L 27
[146] L 15; LB 365
[147] vgl. LB 365
[148] LB 366
[151] LB 365
[152] L 136
[153] L 215
[154] L 23, 25, 26, 135, 215, 346; LB 366; LR 98
[155] L 183, 207, 227
[156] L 136
[157] H 231
[158] H 166
[159] vgl. H 34, 238 mit L 191, MR 409
[160] H 109, 276
[161] H 8; LotR 30
[162] H 13; LotR I 57
[163] vgl. H 226, LotR I 436 mit RS 177, LR 365
[164] H 6; vgl. WR 36f mit LotR I 27f
[165] L 31; H 45
[166] H 44; RS 81
[167] SM 264
[168] vgl. SM 251
[169] SM 40
[170] SM 162
[171] SM 239
[172] L 144
[173] SM 337
[174] LR 18
[175] RS 41
[176] RS 215
[177] RS 439f
[178] LR 12
[179] LR 18
[180] L 14
[181] LR 25, 29
[182] vgl. SM 251
[183] L 31, LR 178
[184] H 13ff
[185] L 19f, Anderson 15
[186] L 21
[187] L 24
[188] L 26
[189] L 21, 23, 26
[190] L 24
[191] vgl. L 26 mit L 27
[192] Unwin 74
[193] RS 40
[194] L 29
[195] L 28
[196] RS 11ff
[197] L 24, 26, 29
[198] L 29
[199] vgl. L 24 mit L 38, 40f, 41, 42, 44, 119, 133, 134, 137, 138, 216, 233, 249, 297, 310
[200] FS 65/67
[201] L 39, Carpenter 190, 217f
[202] L 191, 233, 297, 310
[203] RS 41f
[204] RS 41f
[205] L 122, 216, 346; RS 41; LotR I 10
[206] LR 11f
[207] RS 270
[208] L 24
[209] L 26
[210] vgl. L 34 mit L 36
[211] RS 44, 88ff
[212] RS 47f
[213] L 34; RS 44

[214] vgl. RS 73ff mit LotR I 70ff
[215] vgl. RS 73f mit LotR I 112ff
[216] vgl. RS 58ff mit LotR I 107ff
[217] RS 71
[218] vgl. RS 62ff mit LotR I 112ff
[219] RS 69ff
[220] RS 58f
[221] RS 60, 74
[222] RS 74
[223] L 216, 346
[224] L 36, 38, 40
[225] L 36
[226] L 38
[227] L 28, 40; Carpenter 214
[228] L 40
[229] L 40
[230] RS 110
[231] L 38
[232] L 36
[233] Unwin 75
[234] L 40
[235] vgl. L 40 mit RS 214, Carpenter 215
[236] L 41ff, Carpenter 164
[237] L 42
[239] RS 303
[240] vgl. RS 133, 250, 302, 303 mit LotR I 13
[241] L 41; RS 309
[242] L 41
[243] RS 75
[244] L 40

Das Erbe der Entwürfe – Ungeplante Qualität(en) im *Herrn der Ringe*

Michaela Zehetner (Salzburg)

Die *History of Middle-earth* macht den *Herrn der Ringe* erfahrbar als ein Werk mit gleichsam geologischer Struktur, bestehend aus verschieden alten Schichten. Die älteste Schicht – der erste Entwurf einer Stelle – wird (oft mehrfach) überlagert von neuerem Textmaterial; Passagen werden überformt oder abgeschliffen. Viel öfter als erwartet bleiben aber auch Teile des frühesten Entwurfs erhalten, die unterste Schicht sichtbar; jedoch eingebettet in viel jüngeres Material – gleich einem geologischen Fenster.

Dazu stellen sich Fragen: Wie wirken und was *bewirken* diese Reste in ihrer finalen Umgebung, dem veröffentlichten *Herrn der Ringe*?[1] Wie wirken sie auf die Leser?[2] Verändern sie den literarischen Charakter des Gesamttextes und wenn ja, wie?[3]

Intentionalität und Intention

Selbstverständlich ist jedes literarische Werk grundsätzlich ein intendiertes – sonst würde es nicht existieren. Ein nicht geringer Teil der literaturwissenschaftlichen Praxis aber überträgt Intentionalität ohne weitere Reflexion auch auf das Textinnere und sucht für größere und kleinere aufgefundene Besonderheiten gewohnheitsmäßig (und damit ausnahmslos) nach der je *spezifischen* Intention des Autors. Gerade im Fall des *Herrn der Ringe* mit seinem Umfang und seiner speziellen Genese sollten wir die zugrunde liegende Prämisse vom allgewärtigen Autor (»was immer im Text vorgefunden wird, ist vom Autor so geplant und muss von ihm irgendwie gemeint sein«) in Zweifel ziehen.

Tom Shippey fasste z. B. die Parallelstrukturen im *Herrn der Ringe* (vgl. *Author* 50-52) aus dem fertigen Werk heraus zunächst als elaboriertes Konstrukt im Rahmen eines genialen Masterplans auf; nach Lektüre der *History of The*

---

1 Angesichts der komplexen Editionsgeschichte des *Herrn der Ringe* grenzt es ans Unzulässige, von *dem* veröffentlichten oder finalen Text zu sprechen. Leser der Jubiläumsausgabe von 2004 haben einen völlig anderen Wortlaut vor sich als den der Erstausgabe. Ich beziehe mich auf die zitierte Ausgabe von 1995.

2 Im weiten Feld der Lesermodelle positioniere ich den hier gemeinten Leser grob als realen Leser der Primärtexte (vornehmlich des *Herrn der Ringe* und des *Hobbit*), kontextuell naiv (keine Kenntnis der *History*, der Biografie, der Briefe etc.), jedoch textimmanent überdurchschnittlich aufmerksam.

3 Vgl. zu diesen Fragen auch die Beiträge von Bratman und Scull in *The Lord of the Rings 1954-2004: Scholarship in Honor of Richard Blackwelder*. Mein Dank gilt David Bratman für seine Durchsicht und Kommentierung dieses Artikels.

Lord of the Rings erschienen sie ihm als bloßer »authorial accident« (*Road* 330). Er hatte den Anteil rationaler Planung bei Tolkien überschätzt, wie dieser ihm gegenüber auch anzudeuten scheint (vgl. *Road* xxi, 109, 335).

Um diesen »Fehlschluss auf Intention« zu vermeiden, meine ich, ist es notwendig, *vor* der Interpretation die *Entstehung* solcher Elemente zu klären. Entsprechend der Forderung Verlyn Fliegers, neben dem Inhalt eines Werkes auch »the logistics of its development … and the mechanics of its actual putting together« (*Music* ix) zu untersuchen, gilt das Hauptinteresse dieses Beitrags den durch Tolkiens Redaktionstätigkeit mechanisch aneinander geratenen Schichten des *Herrn der Ringe* und dem logistischen Aspekt in des Autors Reaktionen darauf. Mit Shippey möchte er so zu einem realistischeren Autor- und Künstlerbild beitragen und Tolkiens Schreibprozess exemplarisch nachverfolgen.

Die Untersuchung setzt an bei Textstellen und Konzepten im veröffentlichten Werk, deren ursprüngliche Notwendigkeit eben dort nicht mehr existiert. Für den Text in seiner *letzten* Form waren sie nicht gemacht: Sie sind aus früheren Textstadien auf ihn gekommen – als Erbe der Entwürfe. Im finalen Text können sie mehrere Effekte haben, die sich im Groben drei Gruppen zuordnen lassen.

1 Bewirken einen Widerspruch

Wenn verschieden alte Schichten aneinander reiben, entstehen Verwerfungen – »Widersprüche«, weil Aussagen sich als inkompatibel erweisen (wie die Angaben zur Länge des Hags, vgl. LotR 97). Manches nennt Christopher Tolkien in der *History* »Fehler«. Etwas komplexer ist folgender Fall.

Verwirrte Träume

In den Bombadil-Kapiteln arbeitet Tolkien offensichtlich mit Parallelstrukturen, betreffend die Erlebnisse der Hobbits mit dem alten Weidenmann und ihre Ängste in der ersten Nacht in Bombadils Haus. Wie die Tabelle zeigt, verschiebt er zwar mehrmals die Rollen der verschiedenen Figuren, stimmt dabei aber stets traumatisches Erlebnis und Traum[4] (bzw. Retterrolle und traumlosen Schlaf) aufeinander ab.[5]

In der vierten Kompositionsphase tauscht Tolkien noch einmal Frodos und Merrys Rollen – aber nur an der Weidenwinde, nicht beim Traum: Merry gerät in den Weidenmann, behält aber den Wassertraum.

---

4 In Phase 1 handelt es sich um Wacherlebnisse.
5 Zumindest bei den Figuren, die schließlich zu Sam, Merry und Pippin werden.

Phase	1 (Erlebnis - Traum)	2	3	4 (entspricht LotR)
Odo	Baum - Baum	Baum - Baum	-	-
Sam	-	Retter - Traumlos	Retter - Traumlos	Retter - Traumlos
Pippin-Figur	Wasser - Wasser	Wasser - Wasser	Baum - Baum	Baum - Baum
Merry-Figur	Retter - Traumlos	Paralysiert - Traumlos	Wasser - Wasser	**Baum - Wasser**
Frodo-Figur	Baum - (Wind, Hufe)	Baum - (Wind, Hufe)	Baum - (Wind, Hufe)	Wasser - (Turm, Wind, Hufe)

Damit trifft auf Merry nicht zu, was Verlyn Flieger über seinen und Pippins Traum im veröffentlichen *Herrn der Ringe* sagt: sie seien »dreams of immediate past experience«, »the kind of predictable bad dream«, die man nach einem so traumatischen Erlebnis »as their encounter with Old Man Willow« erwarten könne (*Question* 186). Sie bemerkt also sehr wohl, dass Merry im Weidenmann gefangen war (»their encounter«), in diesem Moment aber offenbar nicht, dass Merry nicht vom Weidenmann träumte. Für Merry ist es keine rezente Erfahrung, ins Wasser gefallen zu sein – er hat nicht einmal eine Erinnerung daran, dass *Frodo* fast ertrunken wäre, denn der wurde gerettet, bevor Merry dem Weidenmann entkam.

Ob es sich hier um ein Versehen handelt, ist Gegenstand der Diskussion. Dafür sprechen drei Indizien: Erstens Tolkiens offensichtlicher Wille, Erlebnis und Traum konsistent zu halten.

Zweitens die deutlich sichtbare Genese der Letztkonstellation: In der vierten Phase korrigierte Tolkien (in den betreffenden Kapiteln) nur noch punktuell ins Manuskript der Phase 3 hinein: An der Weidenwinde tauschte er lediglich die Namen Frodo und Merry, die Konsequenz im nächsten Kapitel mit den Träumen negierte er – möglicherweise versehentlich. Denn zwar ergibt sich nicht im engeren Sinn ein Widerspruch innerhalb der Geschichte (man kann einer Person ja nicht vorwerfen, sie habe das Falsche geträumt), in narrativer Hinsicht aber geht die offenbar beabsichtigte dramaturgische Aussage »jeder der drei Hobbits wird von seinen Erlebnissen bis in die Träume verfolgt (bzw. als Retter nicht verfolgt)« verloren.

Und drittens: Für eine *bewusst* nicht konsistente Zuordnung von Baumerlebnis und Wassertraum lässt sich kaum ein Sinn ausmachen. Eine Möglichkeit wäre, Merrys Wassertraum als Vorverweis auf seine Begegnung mit den Schwarzen Reitern in Bree zu deuten, wo er aus der Ohnmacht erwacht mit den Worten: »I thought I had fallen into deep water« (LotR 170). Auch schon zuvor am Hügelgrab spricht Bombadil vom Entkommen der Hobbits aus tiefem Wasser (vgl. LotR 140).

Nimmt man dieses Erklärungsmodell an, so repräsentiert der Fall die (folgende) Kategorie 2. Der semantische Zusammenhang zwischen den genannten Stellen und der spezifischen Angst vor dem Ertrinken im Traum ist jedoch verhältnismäßig lose – zu lose, um eine Bewusstheit Tolkiens zu *beweisen*.[6] Bei aller Vorsicht gegenüber einem weiteren Missverständnis, dass alles, was im Lauf des Schreibens seinen ursprünglichen Sinn verloren hat, nicht anders als sinnlos verbleiben könne[7], scheinen mir dennoch die genannten Indizien der Genese für eine *ungeplante* Inkonsistenz zu sprechen.[8] Auffallend ist jedoch, wie wenige Beispiele dieser Kategorie sich im Verhältnis zum Umfang des *Herrn der Ringe* finden – zweifellos ein Ergebnis von Tolkiens Akkuratheit in Sachen Geographie, Chronologie und Handlungslogik.

Sofern ein Leser die Unstimmigkeit bemerkt, gibt sie Anlass zu verzweigten Reflexionen: über die figurative Bedeutung von »in deep water« als »in great distress or difficulty« (nach Webster's)[9] und deren mögliche Kommentarfunktion zum Geschehen; über das semantische Feld »Wasser« in Verbindung mit dem Bockländer Merry; über Tolkiens Motive, Frodo zuletzt noch das Wassererlebnis zuzuschieben, während sein Angsttraum im Kern die ganze Zeit über konstant bleibt.

Dieser Traum ist Gegenstand des nächsten Beispiels.

2 Fallen in einen neuen Sinn

Die Fälle dieser Kategorie ergeben bei der Lektüre keine inhaltlichen Ungereimtheiten. Sie fallen ohne Kenntnis der *History* gar nicht auf, verändern aber die Natur des Textes im Vergleich zum Ursprungskonzept von den betreffenden Stellen.

---

6   Trotzdem meine ich, dass Erklärungen auf Textebene versucht werden müssen, denn auch »Fehler« des Schreibprozesses sind Bestandteile und Phänomene des finalen Texts und als solche nicht von der Deutung auszuschließen. Nur eine Intention des Autors zu suchen, wäre hier verkehrt.

7   Vgl. die Entwicklung der Träume in Flieger, *Question* 185.

8   Eine Diskussion darüber ist mir aus den veröffentlichten Schriften, Briefwechseln oder der *History* aber nicht bekannt.

9   Dank an Lisa Kuppler für diesen Gedanken, eingebracht in der Diskussion zum Vortrag beim Tolkien Seminar 2006.

Michaela Zehetner

»galloping, galloping, galloping from the East«

Frodos Traum in Bombadils Haus ist ein Sonderfall: An der Weidenwinde ist er ins Wasser gefallen, seine nächtliche Vision betrifft aber Gandalf und – ominöse Hufgeräusche. Mit der Vision von Gandalf erhält Frodo Antwort auf seine Hauptsorge seit dem Aufbruch von Beutelsend. Seine Haupt*angst* zu jener Zeit sind die Schwarzen Reiter. Dieser Teil des Traums liest sich in der Endfassung wie folgt: »There was a noise like a strong wind blowing, and on it was borne the sound of hoofs, galloping, galloping, galloping from the East. ›Black riders!‹ thought Frodo as he wakened, with the sound of hoofs still echoing in his mind« (LotR 125).

Ohne Kenntnis der *History* hält der Leser das wahrscheinlich für eine Verarbeitung von Rezentem: Frodos bisherigen Begegnungen mit den Schwarzen Reitern. Nur eine sprachliche Besonderheit weist darauf hin, dass es sich hier um ein altes Textstück in jüngerer Umgebung handelt: der dreifach wilde Galopp, mit dem Frodo im Wachzustand bis dahin nie konfrontiert war.[10]

Der *History* lässt sich entnehmen, dass es mit den Hufgeräuschen in Frodos Traum eine (potenziell) andere Bewandtnis hatte: In Phase 1 geraten die Hobbits ins Hügelgrab, *bevor* sie Tom Bombadil begegnen. Er befreit sie und nimmt sie dann erstmals mit zu sich. »They go to his house for the night – two Barrow-wights come /?galloping/ after them, but stop every time Tom Bombadil turns and looks at them« (RS 112). Weiter ist die Handlung projektiert mit: »The guests sleep – there is a noise as of wind surging in the edges of the forest and ... through the panes and gables and the doors. Galloping of /?horses/ round the house« (RS 118).

Im folgenden Textentwurf ist Frodos späterer Traum ein Wacherlebnis: »He heard a sound like a strong wind curling round the house and shaking it, and down the wind came a galloping, a galloping, a galloping: hooves seemed to come charging down the hillside from the east, up to the walls and round and round, hooves thudding and wind blowing, and then dying away back up the hill and into the darkness. ›Black riders,‹ thought Bingo. ›Black riders, a black host of riders‹« (RS 118).

Kein Zweifel: Hier wiederholen reale Grabwichte (in dieser Phase mehr oder weniger identisch mit Schwarzen Reitern, vgl. RS 118) nach einer realen Begegnung am vergangenen Tag ihren Angriff – von ihrem Hügel aus: »down the hillside«.[11]

---

10 Zwar werden im finalen *Herrn der Ringe* Hufgeräusche sorgfältig als Warnsignal etabliert – bis zum Alten Wald in mindestens vier Episoden –, doch stets in gemächlicherem Tempo (vgl. LotR 73, 76, 77, 94).
11 Hier scheint eine noch frühere Konzeption durch: die von der Figur Bombadil im 1934 veröffentlichten Gedicht *The Adventures of Tom Bombadil* (ATB 68).

Berittene Grabwichte gibt es im veröffentlichten *Herrn der Ringe* nicht. Dennoch bleibt der Text, der auf sie verweist, fast gänzlich in seiner Ursprungsform erhalten: Tolkien entfernt lediglich den konkreten Bezug auf die »hillside«. Für die verbliebene Phrase »from the East« erschließt sich in den Anhängen ein völlig neuer Sinn: Frodo träumt von zwei tatsächlichen Ereignissen, die sich am selben Tag zugetragen haben: Am 18. September 3018 entkam Gandalf vom Orthanc, und die Schwarzen Reiter überquerten auf ihrer Jagd nach dem Ring von Osten kommend den Isen.

So kommt es, dass »galloping from the East« nicht mehr die Grabwichte von ihrem Hügel aus meint, sondern die Schwarzen Reiter von Mordor aus.

Dieses Phänomen in Tolkiens Denk- und Schreibweise ist hinlänglich bekannt: Zuerst (in der Wertigkeit und oft auch zeitlich) kommt der konkrete sprachliche Ausdruck (die Szene, das Bild), dann seine Signifikanz (vgl. z.B. RS 71, 176, 430). Der mechanische Aspekt daran und die Auswirkungen auf den Text verdienen aber noch ein paar Worte:

Ursprünglich verwies das nächtliche Erlebnis auf das Abenteuer am Tag davor – darstellbar durch das Schema A<=B. Aus diesem intratextuellen Scharnier wird durch Streichung von A (dem Abenteuer) der Teil B ausgeklinkt, aber im Text behalten. Er fällt und landet ›in einem neuen Sinn‹, wird dadurch allerdings vom Rückverweis über vielleicht zehn Seiten hinweg zu einem *Vor*verweis – den nur erkennt, wer von einem kleinen Chronikeintrag in der *Aufzählung der Jahre* aus um 941 Seiten zurück-denkt.

Bis dahin bieten sich aber noch weitere Erklärungen an: Wenn die Schwarzen Reiter sich um die Wetterspitze sammeln, bzw. bei der Verfolgungsjagd zur Bruinenfurt kann Frodos Traum auch als Vorausdeutung *dieser* Ereignisse gelesen werden. Letzteres erfordert ein Rückwärts-Switching um immerhin noch 118 Seiten.

Was bedeutet die Veränderung für den Text als Ganzes? – Inhaltlich entwickelt sich Frodos nächtliche Wahrnehmung des Galopps von der bloßen (realen) Wiederholung von real Erlebtem zur Vision mit potenziell unterschiedlichen Qualitäten: Als Verweis auf Wetterspitze und Furt handelt es sich um eine Vorahnung (von Gefahr und Verfolgung allgemein). Auf die Jagd der Schwarzen Reiter durch Rohan bezogen, kann man von Klarsicht sprechen. Hier kompliziert sich zusätzlich die Zeitschiene: Gandalf entkam und die Reiter querten den Isen am 18. September, Frodo träumte davon am 23., blickte also in die *Vergangenheit*.

Auch in seiner Konstruktion wird der *Herr der Ringe* deutlich komplexer: Der Verweis ist zunächst einfach (es gibt nur ein A, auf das B potenziell passt) und eindeutig. In der Endfassung gibt es mehrere akzeptable Deutungen von unterschiedlicher Stringenz: Teil B findet bis zu drei korrespondierende Teile: die Wetterspitze, die Flucht zur Furt und die Querung des Isen. Aus A<=B wird B=>C, =>D, =>E.

Die Bögen zwischen Andeutung und Ausführung werden deutlich länger, funktionieren in beide Richtungen (Vorverweis und Rückverweis) und überschneiden einander öfter. So entsteht ein komplexes intratextuelles Verweissystem, das den Charakter des Gesamttextes ganz neu prägt.

Die Bezeichnung, das Textstück »from the East« bzw. der ganze Galopptraum ›falle in einen neuen Sinn‹, soll dem mechanischen Aspekt Rechnung tragen, der hier die bewusste Planung ergänzt. Jene offenbart sich als logistische Leistung des Autors in Reaktion auf den sinnentleerten, aber vorerst einmal stehen gelassenen Textteil: dessen Abstimmung auf die in Seiten (und Jahren des Schreibens) gemessen denkbar weit entfernten Anhänge, wo er die Querung der Isenfurten einführt, und wieder zurück, wo er die nunmehr inkompatible Phrase »down the hillside« streicht.

Aber: Dass die Isenfurten-Querung sich scheinbar mühelos derart perfekt in Chronologie wie Geographie einpasst, dass die Handhabe von Frodos Traum das Werk sowohl inhaltlich als auch strukturell kompliziert (dabei aber voll konsistent hält) und gemeinsam mit anderen Fällen dieser Art den *Herrn der Ringe* zu einer ebenso offenen wie dicht gewobenen Textur aus Verweisen und möglichen Deutungen macht – das übersteigt das rationale Planungsvermögen eines Autors und enthält zweifellos auch Quanten Intuitives und Mechanisches.

Diese Zunahme an Komplexität verändert selbstverständlich auch, was gemeinhin die literarische Qualität eines Werkes genannt wird: Nicht nur intensiviert sich die geforderte Teilnahme des Lesers an der Sinnkonstruktion, auch gibt der Text nun wesentlich mehr her, als die Erstlektüre offenbart. Wer tiefer schürft, entdeckt immer weitere sprachliche, inhaltliche und strukturelle Hinweise auf korrespondierende Elemente.

3 Schweben frei

Nun geht es um Scharnierteile, die – ausgeklinkt – gar nicht abstürzen. Sie werden in der Schwebe gehalten durch die semantische Hintergrundkonstruktion, obwohl sie selbst mit keinem korrespondierenden Teil mehr verbunden sind.

»he had not ... the power to face the Morgul-king – not yet«

Auszug des Ork-Heers aus Minas Morgul: Der Hexenkönig hält inne, er spürt die Anwesenheit des Rings. »Frodo waited, like a bird at the approach of a snake, unable to move« (LotR 691). Immer deutlicher spürt er den Befehl, den Ring aufzustecken; aber er hält stand. »He knew that the Ring would only betray him, and that he had not, even if he put it on, the power to face the Morgul-king – not yet« (ebd.). Not yet – denn die Konfrontation, in der Frodo seinen Gegner schließlich meistert, kommt erst: »Frodo turns and sees door blocked by the Wizard King. The mountain begins to erupt and crumble. Here we will perish together, said the Wizard King. But Frodo draws Sting. He no longer has any fear whatsoever. He is master of the Black Riders. He commands the Black Rider to follow the Ring his master and drives it into the Fire« (EA 6f).

Aber diese Konfrontation kommt nicht im veröffentlichten *Herrn der Ringe*. Der so demonstrativ ausgeschickte Pfeil »not yet« geht ins Leere: A=> statt A=>B.

Aber A fällt nicht, es schwebt: Das übrig gebliebene »not yet« hat zwar seinen konkreten Bezugspunkt B verloren, ist aber dennoch nicht sofort als sinnlos verwerfbar. Es ist diffuser, rätselhaft, mehrfach deutbar geworden. Die verhältnismäßig anspruchslose Lesart funktioniert nicht mehr, für ein vermutetes Schema A=>B zum gefundenen A=> einfach das passende Stück B aus dem Text zu fischen, denn B ist absent.

Der engagierte Leser versucht, A dennoch einen Sinn zu verleihen, und holt dazu gedanklich aus, etwa indem er die Beziehung zwischen Frodo und dem Hexenkönig reflektiert: Inwiefern bietet Frodo diesem Gegner die Stirn, auch wenn er ihm nach dem bewussten Satz nicht mehr persönlich begegnet? Versteht man den Hexenkönig als Repräsentanten des Befehls (das äußere Pendant zu Frodos eigener Versuchung), den Ring aufzustecken, kann man Frodos anhaltenden Widerstand dagegen in die Leerstelle B einsetzen. In jedem Fall muss der Leser das Textganze überschauen, um A einen passenden Platz im Sinngeflecht zuzuweisen.

Fälle wie diese öffnen also ebenfalls die Textstruktur und intensivieren tendenziell den Lesevorgang. Im Unterschied zu Kategorie 2 fällt hier ein Textphänomen zunächst als unstimmig auf; im Unterschied zu 1 ist es (interpretativ) erklärbar. Hier wird aber auch die Leserabhängigkeit der Kategorienzuordnung deutlich: Wer keine Erklärung findet oder akzeptiert, für den fällt das Beispiel in Kategorie 1.

Unerklärtes und Unerklärliches

Die Fälle der Kategorie 3 haben denselben Effekt wie eine große Gruppe weiterer rätselhafter Andeutungen im *Herrn der Ringe*, für die Tolkien von Anfang an keine Erklärung geplant hatte (vgl. Shippey, *Road* 125f). Diese bewusst unerklärten Andeutungen sprechen aber nicht für ein Schreibprinzip der Inkonsistenz. Ich halte es für einen Fehlschluss auf Intention, wenn Johnston schreibt, die »Tolkiensche Mythologie« sei »auf Widersprüchlichkeit und Uneinheitlichkeit hin konstruiert« (Johnston 98).

Als Autor des *Silmarillion* mag Tolkien der mittelalterlichen Tendenz zum Fragment folgen (oder sich angesichts der chaotischen Vielzahl der Entwürfe im Nachhinein dazu bekennen, vgl. Christopher Tolkiens Einschätzung, S 8f), beim *Herrn der Ringe* identifiziert er sich zweifellos mit dem Maler Niggle[12]: Dessen Crux ist es, dass er über die liebevolle Gestaltung einzelner Blätter die Einheit(lichkeit) des ganzen Baumes aus dem Blick verliert. Sein *Ziel* ist dennoch ein vollständiges, harmonisch ausgewogenes Bild (vgl. LN 121f). Tolkiens Wunsch nach Logik und Ordnung im *Herrn der Ringe*, sein Ringen um Plausibilität sind speziell in Band VI und VII der *History* nicht zu übersehen.[13]

Eine wichtige Unterscheidung ist aber die zwischen Unerklärtem und Unerklärlichem. Während Tolkien ersteres bewusst einsetzt, sucht er zweiteres tunlichst zu vermeiden (vgl. B 231 [# 144]). Bei aller Fülle an Neugier erweckenden Anspielungen muss die Welt dahinter potenziell konsistent bleiben – schon um emotionale Beteiligung auf Leserseite zu ermöglichen (vgl. ÜM 41; Shippey, *Author* 84). Mit bloß unvollständigen Informationen hingegen kann ein Leser umgehen, wie Tolkien selbst als Forscher es tut: »/I/n Chroniken und Berichten aus der ›realen‹ Geschichte sind viele Fakten, die manch ein Forscher gern kennen würde, auch weggelassen, und die Wahrheit muß erst herausgefunden oder aus etwa verfügbaren Anzeichen erraten werden« (B 462 (#268); vgl. auch Carpenter 182).

Diese »verfügbaren Anzeichen« tragen zu einer Qualität der Tiefe bei (vgl. Shippey, *Author* 67f, *Road* 125f, Rosebury 31f); und sie tun das auch, wenn sie nur (unbemerkte) Überbleibsel früherer Schreibphasen sind. Kategorie 3 fördert so die Auseinandersetzung mit dem Werk (wiederum sind zur Sinnstiftung weitreichende Reflexionen gefragt) und vertieft damit potenziell dessen Kraft.

Schlussfolgerung

Letztlich lässt sich in allen drei Kategorien sagen, das aus den Entwürfen mechanisch Hinterbliebene erhöhe die ästhetische Komplexität des Ganzen: Die Fälle aus 2 und 3 intensivieren das intratextuelle Verweissystem und damit das Bedeutungsgeflecht. Selbst die Fälle aus 1 erhöhen die Teilnahme des Rezipienten an der Sinnkonstruktion. Die Zahl der Stellen, an denen Unstimmiges auffällt, ist gering genug, um emotionale Beteiligung zu gewährleisten.

Inwiefern waren diese Qualitäten ungeplant, sind Tolkien gar nur »unterlaufen«? Mit Sicherheit lässt sich für alle übrig gebliebenen Textteile und Konzepte

---

12 Vgl. BB 9, B 339 [# 199], 420 [# 241], Carpenter, *Biography* 261.
13 Er bewertete außerdem den Grad an Widerspruchsfreiheit und Kohärenz bei anderen Autoren und bemängelte es, wenn diese Qualitäten fehlten (vgl. B 46f [# 26], 471 [# 267]; Carpenter, *Biography* 322).

sagen: Sie sind kein Ergebnis auktorialer Planung für die *Letztform* des Textes, sondern Produkte des ganz physischen Schreibprozesses – Zufallsprodukte zunächst, die in ihrer neuen Umgebung aufgefunden und marginal überformt wurden – oder auch (beides) nicht.

Diese letzte Unterscheidung hinsichtlich der Bewusstheit des Autors verliert im Fortschritt der Untersuchung immer mehr an Relevanz angesichts der beschriebenen *Auswirkungen* seiner Redaktionsentscheidungen: die formal wie inhaltlich offenere Konstruktion des finalen Texts. Zu deutlich wird die Unmöglichkeit, im Moment der Entscheidung alle Konsequenzen und notwendigen Anpassungen – auf Mikro- wie Makroebene, inhaltlich wie strukturell – zu überblicken, sodass in der Regel ein mechanisches und ein intuitives Moment postuliert werden können.

Ob Tolkien bestimmte Anpassungen später übersehen hat oder nicht, gerät zu einer bloß biografischen Fragestellung. Ein ungeplantes Zustandekommen zu erwägen, ist jedoch notwendig, um einen Fehlschluss auf Intention zu vermeiden – und die Fälle der Kategorie 1 sind wohl die wahrscheinlichsten Anwärter auf eine solche unbemerkte Mechanik.

»Gollum I think some sort of distant kinsman of the goblin sort«

Ein letztes Beispiel soll noch dreierlei zeigen: 1. wie nicht nur Textstellen sondern auch *Konzepte* der »ersten Schicht« das geologische Ineinander des fertigen Werkes beeinflussen; 2. wie tiefgreifend sie das Werk beeinflussen können, nämlich bis in seinen philosophischen Kern hinein; 3. dass sich manche Erb-Teile der Entwürfe keiner der drei bisherigen Kategorien zuordnen lassen, das Schema in seiner jetzigen Form also nicht alles zu erfassen vermag.

Das Beispiel betrifft die Identität Gollums. Christopher Tolkien diskutiert eindrücklich das Dilemma seines Vaters zwischen dem vergleichsweise gutwilligen Gollum im *Hobbit* der ersten Ausgabe (der den Ring von sich aus zum Wetteinsatz gemacht hat, ihn ehrlich hergeben wollte und, nachdem er ihn nicht fand, Bilbo entschädigungshalber den Weg aus den Höhlen gezeigt hat) und dem Gollum im *Herrn der Ringe* – als Opfer der durch und durch üblen Kraft des Rings selbst zum Täter geworden, moralisch zutiefst verdorben und süchtig nach seinem Schatz (vgl. TI 27f; B 188 [#128]; RS 86).

Wie Tolkien das Problem ebenso stimmig wie elegant löste, indem er die erste Fassung zu Bilbos Lügenbericht erklärte, ist ebenfalls bekannt. Verfolgt man aber die Genese der Identität Gollums chronologisch, fällt ein fast noch bedeutsameres Faktum auf, das in der Zufälligkeit seines Gewordenseins den *Herrn der Ringe* bis ins Mark verändert hat: Im *Hobbit* sagt der Erzähler, er wisse nicht, woher Gollum kam und was er sei (vgl. H 83). Dass auch Tolkien es zu diesem Zeitpunkt nicht wusste, beweisen seine ersten Versuche diesbezüglich im *Herrn der Ringe* (vgl. auch B 265 [# 156]). Offensichtlich das Nächstliegende war, Gollum zu einem entfernten Verwandten der *goblins* zu machen: »Gollum I think some sort of distant kinsman of the goblin sort« (RS 84, Anm. 7). Schließlich ist er klein, hässlich, furchterregend, lebt in den Goblinhöhlen und offenbar auch nach Goblin-Art, nämlich kannibalisch.

Doch der Gedanke hält sich nur einen Moment. Denn der Gollum aus dem *Hobbit* der ersten Ausgabe hatte zwei ganz und gar un-goblineske Eigenschaften: Er besaß die Ehre, seine Wettschuld einzulösen, und er hätte den Ring freiwillig hergegeben.

Welche Kreatur aber *würde* diesen Ring freiwillig hergeben? – Zum Stand der Geschichte in jener Zeit war das Bilbo: Er hatte ihn seinem Neffen Bingo *umstandslos* hinterlassen. Also gehört Gollum wohl »to an ancient sort of hobbit. Because the ring seems to act just the same for him and you« (RS 75).[14] Denn »hobbits are the only people of whom the Lord has not yet mastered any« (RS 78).

Damit ist vorerst zwar Gollums Freigebigkeit erklärt, aber ein anderes Problem tut sich auf: Die Dramaturgie des neuen Buches braucht den Ring als Suchtfaktor – und nun ergibt es sich, dass beide Charaktere, die ihn bisher besessen haben, sich mühelos von ihm trennen. Darum führt Tolkien zunächst für Bilbo eine gewisse Widerwilligkeit ein (vgl. RS 379). Schon damit hat sich das Erklärungsmuster für Gollum als Hobbit im Grunde erledigt. Dann kommt noch seine mörderische Vergangenheit hinzu (eigentlich nur um seine Rede vom »Geburtstagsgeschenk« im *Hobbit* zu erklären), und hier wird es endgültig fragwürdig: Ein Mörder und Ehrenmann im Rätselspiel? Ein Mörder um des Rings willen – und dann gäbe er ihn freiwillig her? Und noch schlimmer: Ein Hobbit als Mörder? Kein Wunder, dass Frodo empört einwirft: »I can't believe Gollum was connected with hobbits, however distantly« (TI 24).

Dies ist nur der Anfang einer höchst verschlungenen Entwicklung, die selbst Christopher Tolkien nicht bis zum Ende beschreibt. Kurz gesagt: Gollum wurde zum Hobbit gemacht, um zu erklären, warum er den Ring freiwillig hergegeben hätte. Am Ende gibt ihn nicht einmal mehr Bilbo ganz freiwillig her – vom Junkie Gollum ganz zu schweigen. Der ist mittlerweile ein verschlagener Lügner, Betrüger und Mörder. Damit ist Gollums Hobbitnatur nicht nur nicht mehr notwendig: Die Merkmale »kleinwüchsig«, »hässlich« und nun auch »bösartig« würden nun wieder viel besser zu *goblins* passen.[15]

Zum Zweck der *Plotkonsistenz* müsste Gollum im finalen *Herrn der Ringe* weder ein Hobbit noch ein Mörder sein. Diese Elemente sind aus früheren Erklärungsnotständen an ihm haften geblieben.

---

14 Der gemeinsame kulturelle Hintergrund ist also nicht der Hauptgrund (vgl. RS 86).

15 Für die Tatsache, dass er durch den Ring nicht geschwunden ist, braucht er keine Hobbitnatur: Er hatte ihn einfach noch nicht lang genug.

Nun gilt es aber wahrzunehmen, welch zentrale Rolle diese Identitäten – Hobbit und Mörder – für das Werk spielen: Der *gefallene Hobbit* Gollum ist für Frodo (und für uns Lesende) das personifizierte *memento* dessen, was Frodo geschehen würde, wenn er nachgäbe und dem Ring verfiele. Indem Gollum Frodo permanent begleitet, kommt diese dramatische Kraft zu voller Wirkung.

Außerdem: Dass Gollum ein Hobbit ist, macht seine Geschichte erst zur Tragödie. Als *goblin* wäre Gollum eine vergleichsweise eindimensionale Figur. Seine Hobbit-Vergangenheit hingegen deutet an: Er war zunächst und grundsätzlich gut – und das wäre im übergeordneten augustinischen Weltbild des Werkes auch gar nicht anders denkbar.

Dass sich solch zentrale Elemente des Werkes scheinbar zufällig aus der Vermischung unterschiedlich alter Textversionen ergeben haben, bedeutet nun aber nicht, dass der *Herr der Ringe* ohne diese Zufälle banal geblieben wäre. Ein Teil seiner komplexen Qualität(en) ist ungeplant hinzugekommen – jedoch nicht *unbeabsichtigt*.

Tolkiens *Absicht* dazu lag in seiner fortwährenden Redaktionstätigkeit, die wohl unter anderem das Gewinnen von moralischer Aussagekraft und ästhetischer Komplexität zum (mehr oder minder intuitiven) Ziel hatte. Hierin liegt ja der Hauptunterschied zwischen Tolkien und der großen Masse von Autoren in seiner Nachfolge. »Tolkien's first drafts are no poorer than some people's final drafts«, fasst Bratman es treffend (*Value* 85).

Die Rede von ungeplanten Qualitäten schmälert also keineswegs des Autors Leistung: Er besaß die Fähigkeit, zwischen mechanisch aneinander geratenen Schichten neue Beziehungen zu definieren. Die Tatsache, dass Gollum im *Herrn der Ringe* ein Hobbit ist, einen Zufall zu nennen, wäre falsch. Gollums Hobbitnatur ist zufällig entstanden, aber Tolkien blieb trotz Schwierigkeiten in der Handlungslogik dabei – wahrscheinlich, weil er die Kraft dieser Konzeption erkannte.

Fazit: Wir müssen zunächst mit Shippey unsere Erwartungen an einen guten Autor einschränken: Ein guter Autor ist nicht einer, der das geniale Konzept seines Werkes von Anfang an im Kopf mit sich trägt. Ein guter Autor ist, wer das Potential in den Zu- und Wechselfällen der täglichen Schreibarbeit erkennt und zu nutzen weiß.

Wenn Shippey aber die verschlungene Genese des *Herrn der Ringe* (wenn auch verklausuliert) zu einer Sache der Nachsicht gegenüber dem Autor macht (vgl. *Road* 334f), dann gilt das zwar insofern, als Tolkien seine wesentliche schriftstellerische Entwicklung erst im Lauf des Schreibens vollzog. Zu bedenken bleibt aber, dass selbst ein Autor auf der vollen Höhe seiner Kunst ein Werk mit derartigem Komplexitätsgrad nicht auf dem Reißbrett entwerfen und ein dem *Herrn der Ringe* vergleichbares Ergebnis erzielen könnte.

Mit Rückgriff auf einen sehr unscharfen Begriff könnte man sagen, der *Herr der Ringe* hätte die ihm eigene »organische« Art der Komplexität wohl nicht auf diese Weise erreicht, sondern nur durch seine tatsächliche, ganz spezielle Genese, die sich damit als unverzichtbar erweist.

Bibliographie

Bratman, David. "The Artistry of Omissions and Revisions in *The Lord of the Rings*". *The Lord of the Rings 1954-2004: Scholarship in Honor of Richard Blackwelder*. Eds. Wayne G. Hammond, Christina Scull. Milwaukee (WI): Marquette University Press, 2006, 113-138

---, "The Literary Value of the *History of Middle-earth*". *Tolkien's Legendarium. Essays on the History of Middle-earth*. Eds. Verlyn Flieger, Carl F. Hostetter. Westport, London: Greenwood Press, 2000

Carpenter, Humphrey. *J.R.R. Tolkien. A Biography*. London: HarperCollins, 2002

---, Hg. unter Mitwirkung von Christopher Tolkien. *J.R.R. Tolkien. Briefe*. Übers. Wolfgang Krege. Stuttgart: Klett-Cotta, 1983

Flieger, Verlyn. *A Question of Time: J.R.R. Tolkien's Road to Faërie*. Kent (OH): The Kent State University Press, 2004

---, *Interrupted Music. The Making of Tolkien's Mythology*. Kent (OH): Kent State University Press, 2005

Johnston, Andrew James. »Ästhetische Strategien und ethische Vielfalt«. *Eine Grammatik der Ethik. Die Aktualität der moralischen Dimension in J.R.R. Tolkiens literarischem Werk*. Thomas Honegger et al. Saarbrücken: Verlag der Villa Fledermaus, 2005, 89-109

Rosebury, Brian. *Tolkien. A cultural phenomenon*. Houndmills, New York: Palgrave Macmillan, 2003

Scull, Christina. "What Did He Know and When Did He Know It?: Planning, Inspiration and The Lord of the Rings". *The Lord of the Rings 1954-2004: Scholarship in Honor of Richard Blackwelder*. Eds. Wayne G. Hammond, Christina Scull. Milwaukee (WI): Marquette University Press, 2006, 101-112

Shippey, Tom. *The Road to Middle-earth*. Revised and expanded Edition. London: HarperCollins, 2005

---, *J.R.R. Tolkien, Author of the Century*. London: HarperCollins, 2000

Tolkien, John Ronald Reuel. "The Adventures of Tom Bombadil". *Tales from the Perilous Realm*. London: HarperCollins, 2002, 59-118

---, *Baum und Blatt*. Stuttgart: Klett-Cotta, 1982

---, *Der kleine Hobbit*. Übers. Walter Scherf. München: DTV, 1997

---, "Leaf by Niggle". *Tales from the Perilous Realm*. London: HarperCollins, 2002, 119-144

---, *The Lord of the Rings*. London: HarperCollins, 1995

---, *Das Silmarillion*. Hg. Christopher Tolkien. Übers. Wolfgang Krege. Stuttgart: Klett-Cotta, 1999

---, *Tales from the Perilous Realm*. London: HarperCollins, 2002

---, »Über Märchen«. *Baum und Blatt*. Stuttgart: Klett-Cotta, 1982, 11-71

»Who is Trotter?« – Anmerkungen zum Schaffensprozess bei J.R.R. Tolkien
Petra Zimmermann (Braunschweig)

Von Anton Tschechow stammt die Bemerkung: »Wenn ein Künstler vor mir damit prahlen würde, dass er ohne vorher festgelegtes Konzept, sondern nur durch Inspiration eine Geschichte geschrieben habe, würde ich ihn einen Verrückten nennen« (zitiert nach Ghiselin 6, Übers. PZ).[1]

Bei Tolkiens *The Lord of the Rings* lag ein Konzept offensichtlich nicht vor. Die vielen Anläufe (wie sie in *The Return of the Shadow* veröffentlicht sind), eine von seinem Verleger geforderte Fortsetzung für den *Hobbit* zu finden, zeigen, wie sehr Tolkien beim Schreiben des Romans im Dunkeln tappte. Weder ein ›plot‹ noch die Hauptfiguren standen zu Beginn fest.

Dies gilt auch für eine der wichtigsten Figuren im Roman: Aragorn, genannt Strider. Sein plötzliches Auftreten im Kapitel »At the Sign of The Prancing Pony« war für Tolkien eine ebenso große Überraschung wie für seine Romanfiguren:

> But I met a lot of things on the way that astonished me. Tom Bombadil I knew already; but I had never been to Bree. Strider sitting in the corner at the inn was a shock, and I had no more idea who he was than had Frodo. (L 216)

Wer Trotter war, wie in den Entwürfen noch sein Spitzname lautete, war für Tolkien selbst eine Entdeckung im Laufe des Entstehungsprozesses.

Von Trotter zu Strider: Die allmähliche Herausbildung eines Charakters

Die Entwicklungsgeschichte der Romanfigur, die schließlich Aragorn-Strider wurde, ist äußerst komplex und zieht sich durch alle vier Bände der *History of Middle-earth*, die sich mit der Entstehung der Ring-Trilogie befassen. In diesem Beitrag kann lediglich punktuell auf einige zentrale Fragen eingegangen werden:
• Welche fundamentale Wandlung erfuhr die Figur?

---

1 Ähnlich auch bei dem Literaturwissenschaftler und Lyriker Harald Hartung: »... ohne ein mehr oder minder deutliches Konzept setzt sich kein seriöser Romancier an den Schreibtisch« (6).

- Ist der genaue Zeitpunkt bzw. die Stelle innerhalb des Schaffensprozesses zu bestimmen, wo sich die Umwandlung des Romancharakters andeutet?
- Wie lässt sich Tolkiens Entscheidung begründen, Aragorn letztlich so, wie er dann in der Druckfassung erscheint, und nicht anders zu gestalten?
- Wie manifestiert sich Aragorns Wandlung auf der sprachlichen Ebene?

Die Antwort auf die Frage, welche Entwicklung die Romanfigur Aragorn nahm, scheint einfach und unspektakulär zu sein, wenn man bedenkt, dass nicht nur sie dieser Wandlung unterzogen wurde – der Wandlung von einem Hobbit in einen Menschen. Ebenso geschah es mit dem Gastwirt in Bree, Butterbur, und dem Kollaborateur Bill Ferny.[2]

Doch anders als bei diesen beiden umfasst die Modifikation der Volkszugehörigkeit mehr als nur eine Erweiterung des begrenzten ethnischen Spektrums, wie es Christopher Tolkien für die Frühphase der Entstehung des Romans feststellte: »The narrative runs in a narrower dimension in any case, from the fact that there are no Men in the story« (RS 175).

Das Wenige, was wir über die Hintergrundgeschichte des Hobbits Trotter in *The Return of the Shadow* erfahren (sein Name leitet sich von seiner Eigenart ab, Holzschuhe zu tragen; er ist ein jugendlicher Ausreißer, der sich als Bilbos Cousin entpuppt; er war in Mordor und wurde dort gefoltert, was wohl der Grund dafür ist, dass er nicht ohne Schuhe gehen kann[3]) wird vollständig durch eine andere Identität ersetzt: die des letzten Abkömmlings der nördlichen Linie der Númenórer, eines menschlichen Königsgeschlechts mit elbischem Einschlag. Was den beiden Gestalten (Trotter wie Strider) gemeinsam ist, ist ihre Zugehörigkeit zu der Gruppe der Rangers. Doch stand auch hier nicht von Anfang an fest, dass die Rangers mit den Nachfahren einer Königssippe in Verbindung stehen (vgl. RS 175).

Mit der neu gestalteten Hintergrundgeschichte vollzieht sich eine Einbettung in die große Mythologie, wie Tolkien sie im *Silmarillion* entfaltet. Damit erfüllte er seinen Anspruch, Aragorn mit einer »großen Funktion« (»a great function«, L 347) auszustatten.

Die Suche nach dem Punkt im Schaffensprozess, wo Tolkien die Entscheidung traf, aus dem Hobbit einen Menschen zu machen, gestaltet sich schwierig. Eine erste Andeutung findet sich in einer Notiz aus der Zeit nach der ersten Schreibphase: »Rangers are best not as hobbits, perhaps. But either Trotter (as a ranger) must be not a hobbit, or someone very well known: e.g. Bilbo« (RS 223).

Trotter bleibt jedoch – trotz immer wieder geäußerter Zweifel – bis in die dritte Schreibphase hinein ein Hobbit. Erst zu Beginn von »The Treason

---

2 "Butterbur is a hobbit, the wild 'rangers', of whom Trotter is one, are hobbits, Bill Ferny is a hobbit (p. 165)" (Christopher Tolkien, RS 175).
3 Tolkien hatte sogar daran gedacht, Trotter mit Holz*füßen* auszustatten (vgl. RS 413).

of Isengard« heißt es unter der Überschrift »Final decisions«, datiert vom 8. Oktober 1939: »Trotter is not a hobbit but a real ranger who had gone to live in Rivendell after much wandering. Cut out shoes« (TI 8).

Was mag Tolkien zu dieser Entscheidung bewogen haben? Christopher Tolkien versucht dies an einem Ereignis in der Romanhandlung festzumachen, das es nötig erscheinen ließ, den kleinwüchsigen Hobbit in einen kräftigen Mann zu transformieren: die gescheiterte Passage über den Berg Caradhras. In der Erstfassung war Trotter genauso hilflos wie das übrige »little folk« (RS 427) und musste von Boromir auf ein Pony gesetzt werden, um die Schneemassen passieren zu können. Durch die Transformation in einen Menschen wird Aragorn zu einem ernstzunehmenden Gegenspieler Boromirs, der ihm im wörtlichen Sinne ›gewachsen‹ ist.

Doch gehen, wie wir oben gesehen haben, Tolkiens Gedanken über die ethnische Zugehörigkeit von Rangern im Allgemeinen und Trotter im Besonderen ja schon auf das Ende der ersten Schreibphase zurück, die mit dem Abendessen in Rivendell endet. Wenn man annimmt, dass Tolkiens diesbezügliche Zweifel im Rückblick auf das bisher Geschriebene entstanden, so lässt sich vielleicht schon ein früherer Zeitpunkt in der Erzählhandlung bestimmen, der Anlass zu solchen Überlegungen gab.

Gemeint ist die Episode, als Trotter im Camp auf der Wetterspitze den Weggefährten die Geschichte von Beren und Lúthien erzählt. Diese sind ja nicht nur Aragorns Vorfahren, sondern nehmen auch in der Verbindung zwischen Mensch und Elbin[4] Aragorns und Arwens Liebesgeschichte vorweg.[5] Trotters Gesichtsausdruck (»his queer eager face dimly lit in the glow of the red wood-fire«, RS 184) ist ein Indiz für eine emotionale Anteilnahme[6], die sich kaum erklären ließe, wenn nicht ein persönlicher Bezug zu dieser Geschichte vorläge.

So enthält diese Episode ein Potential für die Entwicklung der Figur Aragorn, das Tolkien zum Zeitpunkt der ersten Niederschrift wohl selbst noch nicht bewusst war, das er aber in einer späteren Schreibphase ausschöpfen konnte.

Warum erschien Tolkien die Umwandlung von einem Hobbit in einen Menschen unabdingbar? Es klang bereits an, dass mit Aragorn eine Figur geschaffen werden musste, die neben Boromir bestehen konnte.

Gleichzeitig musste er auch ein Gegengewicht zu Frodo darstellen. Sowohl Aragorn als auch Frodo spiegeln laut Verlyn Flieger Modelle des mittelalterlichen Heldentums wider, wobei sie allerdings unterschiedliche Heldenrollen

---

4   Laut Schneidewind (49) handelt es sich bei Arwen um eine »11/16-Elbin«.
5   Vgl. hierzu auch Eilmann (110). Die Beziehung zwischen Arwen und Lúthien wird gleich bei ihrem ersten Auftritt im Roman herausgestellt: »So it was that Frodo saw her whom few mortals had yet seen; Arwen, daughter of Elrond, in whom it was said that the likeness of Lúthien had come on earth again« (LotR I 298).
6   In der Endfassung wird Aragorns Ergriffenheit bezeichnenderweise noch mehr betont: »His eyes shone, and his voice was rich and deep« (LotR I 260).

Petra Zimmermann

besetzen: Während Frodo eher den Märchen-Typus des tragischen, sich selbst aufopfernden Helden repräsentiert (»a fairy-tale hero«, »to Frodo come defeat and disillusionment«, Flieger 124f), ist Aragorn »a traditional epic/romance hero larger than life, a leader, fighter, lover, healer« (Flieger 124). Dies wäre, so Flieger, mit Trotter als Hobbit und unter diesem Namen[7] kaum möglich gewesen.

Wenn wir als Leser der *History of Middle-earth* das allmähliche Herauskristallisieren der Figur Aragorn beobachten, so ist es erstaunlich, welch minimale Änderungen nötig waren, um eine so fundamentale Wende um 180 Grad zu vollziehen. Schon Christopher Tolkien bemerkte am Ende des Kapitels »Trotter and the Journey to Weathertop«: »Trotter is at once so fully realized that his tone in this part of the narrative (indeed not a few of his actual words) was never changed afterwards …« (RS 176) – und dies, obwohl zu diesem Zeitpunkt die Hintergrundgeschichte von Aragorn in keiner Weise ersichtlich war.

Ein Beispiel soll verdeutlichen, mit welchen Mitteln Tolkien die Wandlung Trotters in Strider vollzog: die erste Beschreibung von Trotter bzw. Strider-Aragorn im Gasthaus »Zum Tänzelnden Pony«.

RS 1. Phase, S. 137 ff	RS 3. Phase, S. 332	TI 4. Phase, S. 42	LotR I, S. 213 ff
Suddenly Bingo noticed that a queer-looking, brown-faced hobbit, sitting in the shadows behind the others, was also listening intently. He had an enormous mug (more like a jug) in front of him, and was smoking a broken-stemmed pipe right under his rather	an enormous mug (large even for a man) a short-stemmed pipe	Trotter is of course a Man, but the description of him is that of the old versions …: he is still, as he was when he was a hobbit, 'queer-looking, brown-faced', with a short-stemmed pipe under his long nose, and nothing is said of his boots (FR p. 168).	Suddenly Frodo noticed that a strange-looking weather-beaten man, sitting in the shadows near the wall, was also listening intently to the hobbit-talk. He had a tall tankard in front of him, and was smoking a long-stemmed pipe curiously carved. His legs were

---

[7] »Trotter is simply not a name that can be taken seriously. The animal associations are too strong; it smacks too much of beast fable. One thinks at best of horses, and at worst of pigs« (Flieger 129). Die Transformation des Namens in Strider erfolgte übrigens erst sehr spät: Zum ersten Mal wird dieser Name in einem Brief Aragorns an Sam Gamgee im später verworfenen Epilog zu *The Lord of the Rings* (SD 128) verwendet.

long nose. He was dressed in dark rough brown cloth, and had a hood on, in spite of the warmth – and, very remarkably, he had wooden shoes! Bingo could see them sticking out under the table in front of him …	stretched out before him, showing high boots of supple leather that fitted him well, but had seen much wear and were now caked with mud. A travel-stained cloak of heavy dark-green cloth was drawn close about him, and in spite of the heat of the room he wore a hood that overshadowed his face …
Presently the Ranger, with a click and a jerk of his hand, invited Bingo to come over to him; and as Bingo sat down beside him he threw back his hood, showing a long shaggy head of hair, some of which hung over his forehead. But it did not hide a pair of keen dark eyes.	Presently, with a wave of his hand and a nod, he invited Frodo to come over and sit by him. As Frodo drew near he threw back his hood, showing a shaggy head of dark hair flecked with grey, and in a pale stern face a pair of keen grey eyes.

Als Trotter in der ersten Schreibphase im Gasthaus zu Bree in einer Ecke saß, hatte er einen Krug (»an enormous mug (more like a jug)«, RS 137) vor sich, in der dritten Schreibphase einen »mug (large even for a man) (RS 334)«, und rauchte aus einer Pfeife mit kaputtem Pfeifenhals. Er hatte langes, zotteliges Haar und ein Paar dunkle, durchdringende Augen. Und er trug Holzschuhe (sein Markenzeichen).

Petra Zimmermann   *Hither Shore 3 (2006)*   99

In der Druckfassung wird aus »mug« ein »tall tankard«, ein Trinkseidel mit Deckel, aus der kaputten Pfeife eine »long-stemmed pipe curiously carved«. Sein immer noch zotteliges Haar wird als dunkel, mit grauen Strähnen durchsetzt beschrieben, und seine Augen sind nicht mehr dunkel, sondern grau. Die Holzschuhe wurden, wie oben erwähnt, gestrichen und durch ein Paar Stiefel aus Leder ersetzt.

Was das Trinkgefäß anbelangt, so ist in dem Hinweis auf dessen ungewöhnliche Größe schon der Zweifel eingeschrieben, ob es sich bei Trotter wirklich um einen Hobbit handeln könne. »Mug« (Krug) als das Gefäß, aus dem Hobbits normalerweise trinken (z.b. auch bei Farmer Maggot, vgl. LotR I 131, 209), ist auch durch den Zusatz »enormous« noch nicht ungewöhnlich genug und wird von Tolkien durch »tankard« (Trinkseidel) ersetzt, der sonst im ganzen Roman nicht wieder auftaucht. Laut *Oxford English Dictionary* handelt es sich hierbei zumeist um ein bedecktes Zinngefäß, das sicher kostbarer als ein »mug« ist und womöglich sogar auf einen höfischen Kontext verweist. Durch die Wortersetzung erreicht es Tolkien, Aragorn eine Sonderstellung zuzuweisen.

Auch die eigenartig geschnitzte Pfeife in der Endfassung unterstreicht Aragorns Außergewöhnlichkeit und ist ein Indikator für etwas (aus Sicht der Hobbits) Fremdes, vielleicht Kostbares, was auf Aragorns Beziehungen zu einer den Hobbits fremden Welt hindeutet.[8]

Die Haar- und Augenfarbe liefert einen wichtigen Hinweis auf Aragorns genealogische Herkunft mit menschlichen und halb-elbischen Vorfahren, denn dunkle Haare und graue Augen sind sowohl beim Halb-Elben Elrond als auch beim Menschen Boromir anzutreffen: Elronds Haare sind »dark as the shadows of twilight« (LotR I 297), seine Augen »grey as a clear evening« (LotR I 297). Über Boromir heißt es ebenfalls, er sei dunkelhaarig (»dark-haired«, LotR I 314) und grauäugig (»grey-eyed«, LotR I 314). Die ergrauten Strähnen in Aragorns Haar deuten auf sein Alter und die Mühen seines Lebens hin.

Die Ersetzung der Holzschuhe durch Lederstiefel verleihen ihrem Träger mehr Würde – es wäre nur schwer vorstellbar, dass ein ernstzunehmender Held mit klappernden Holzschuhen durch die Lande zöge.

Und schließlich sei noch auf eine scheinbar kleine Änderung aufmerksam gemacht: Bei der ersten Erwähnung wird Trotter als »queer-looking« bezeichnet, was in der Endfassung durch »strange-looking« ersetzt wird: »strange« enthält stärker den Bedeutungsaspekt von »fremd«, wodurch Aragorns distanzierte Fremdheit betont wird (s.u.).

Während Aragorns Äußeres und die ›Requisiten‹ Änderungen unterzogen werden, die versteckte Hinweise auf seine wahre Identität enthalten, bleibt das, was Aragorn sagt, bis auf Namensänderungen und sprachliche Feinheiten fast unverändert. Das zeigt die folgende Gegenüberstellung:

---

8   Möglicherweise wurde diese Pfeife wie die, die Bilbo Merry und Pippin schenkt, von den Elben angefertigt: »The Elves made them for me« (LotR III 322).

RS, S. 138	LotR I, S. 213
'I'm Trotter,' he said in a low voice. 'I am very pleased to meet you, Mr – Hill, if old Barnabas had your name right?' 'He had', said Bingo, rather stiffly: he was feeling far from comfortable under the stare of those dark eyes. 'Well, Mr Hill,' said Trotter, 'if I were you, I should stop your young friends from talking too much. Drink, fire, and chance meetings are well enough, but – well, this is not the Shire. There are queer folk about – though I say it as shouldn't,' he added with a grin, seeing Bingos's look. 'And there have been queer travellers through Bree not long back,' he went on, peering at Bingo's face.	'I am called Strider,' he said in a low voice. 'I am very pleased to meet you, Master – Underhill, if old Butterbur got your name right.' 'He did', said Frodo stiffly. He felt far from comfortable under the stare of those keen eyes. 'Well, Master Underhill,' said Strider, 'if I were you, I should stop your young friends from talking too much. Drink, fire, and chance-meeting are pleasant enough, but, well – this isn't the Shire. There are queer folk about. Though I say it as shouldn't, you may think,' he added with a wry smile. seeing Frodo's glance. 'And there have been even stranger travellers through Bree lately,' he went on, watching Frodo's face.

Auf die Tragweite dieser Beobachtung, dass Aragorns Worte kaum Änderungen erfahren, wird später noch ausführlicher eingegangen.

Der Schaffensprozess: »discovery« versus »invention«

Die Wandlung von Trotter in Strider konnte sich vollziehen, weil das, was Strider ausmacht, bereits potentiell in Trotter angelegt war:

> The original figure (the mysterious person who encounters the hobbits in the inn at Bree) was capable of development in different directions without losing important elements of his 'identity' as a recognisable character ... **he had been potentially Aragorn for a long time.** (Christopher Tolkien, RS 430 f, Herv. PZ)

Tolkien musste dieses Potential nur selbst erkennen und ausformen. Bis dahin war es allerdings ein weiter Weg: Immer wieder finden wir in den Entwürfen die von Tolkien gestellte Frage »Who is Trotter?« (RS 210, RS 214, RS 223, RS 374, TI 6). Die Antwort darauf musste Tolkien erst ›herausfinden‹ – und schien an dieser Aufgabe zu verzweifeln: »... and I had begun to despair of surviving to find out« (TL 9).

Den quasi deduktiven Ansatz des *Heraus*findens im Gegensatz zum *Erfinden* betonte Tolkien immer wieder in seinen Briefen: Er erfinde nichts (»I have long ceased to invent ...: I wait till I seem to know what really happened. Or till it writes itself«, L 231)⁹ und denke sich nichts bewusst aus: »... though praised for ›invention‹ I have not in fact any conscious memory of sitting down and deliberately thinking out any episode« (L 258). Vielmehr zeichne er, wie in der obigen Briefstelle (»what really happened«) bereits anklingt, eine ›Realität‹ auf: »... yet always I had the sense of recording what was already ›there‹, somewhere: not of ›inventing‹« (L 145).¹⁰

Dabei misst er dem Unbewussten eine zentrale Rolle im Schaffensprozess zu: »I daresay something had been going on in the ›unconscious‹ for some time, and that accounts for my feeling throughout, especially when stuck, that I was not inventing but reporting (imperfectly) and had at times to wait till ›what really happened‹ came through« (L 212).

Das, was bereits »da war« bzw. »was wirklich geschehen war«, wie es in den obigen Briefstellen heißt, galt es erst zu entdecken. Auch wenn Tolkien es bescheiden zurückweist, ein »model of scholarship« genannt zu werden, und sich selbst lediglich als »recorder« (L 289) bezeichnet, zeugen seine Bemühungen um die ›Wahrheit‹, um Detailgenauigkeit und Aufklärung von vermeintlichen Widersprüchen von einer quasi wissenschaftlichen Herangehensweise.¹¹

Tolkien bildet Hypothesen, wie es gewesen sein könnte, und verwirft oder bestätigt sie nach dem Prinzip »trial and error« (Hammond 19f). Hier treffen sich der Wissenschaftler und der Schriftsteller Tolkien, und es ist bezeichnend, dass die Produkte seines kreativen Schaffens im zeitlichen Abstand wiederum Gegenstand seiner wissenschaftlichen Betrachtung werden, wie es Hammond in Bezug auf die Legenden des *Silmarillion* beschreibt: »Er konnte sie nun *studieren*, als ob er sie eher entdeckt als erfunden hätte« (Hammond 25).

Dass Tolkiens Art des kreativen Schaffens, die sich erst im Moment des Schreibens entwickelt, im Gegensatz zu der oben zitierten Aussage von Anton Tschechow gar nicht so selten vorkommt, hat Angela Hague in ihrer Studie über »Fiction, Intuition & Creativity« gezeigt. Das Gefühl, über »Vorhandenes« zu berichten und Dinge »entdecken« zu müssen, teilt Tolkien mit vielen anderen Autoren. So heißt es beispielsweise bei Flannery O'Connor: »I don't have my novel outlined and I have to write it to discover what I am doing« (zit. nach Hague 103).

---

9 Ebenso wenig wie Strider wurden auch Faramir oder die Ents ›erfunden‹, wie Tolkien in seinen Briefen schreibt: »I am sure I did not invent him [Faramir], I did not even want him, though I like him, but there he came walking into the woods of Ithilien« (L 79). »Take the Ents, for instance. I did not consciously invent them at all« (L 211).

10 Vgl. hierzu auch Hammond 20.

11 Ein Beispiel hierfür ist Tolkiens wunderbare Replik auf einen Leserbrief, in dem er auf eine Unstimmigkeit bezüglich der Sitte der Hobbits, an ihren Geburtstagen Geschenke an andere zu verteilen und nicht selbst zu erhalten, hingewiesen wurde (vgl. L 289 ff).

Bewusst wird in vielen Werken der Weltliteratur mit der Fiktion gespielt, dass ihre Existenz auf einer Entdeckung beruhe, indem sie als historisches Dokument ausgegeben werden. Dieses Verfahren vermittelt den Anschein eines präexistierenden Textes, der nur noch aufs Papier gebracht werden muss. Manche Autoren gehen so weit, sich selbst lediglich als Übersetzer (im übertragenen Sinne) zu bezeichnen, der das bereits virtuell existierende Material in schriftliche Form umwandle (übersetze).

Tolkien geht sogar noch einen Schritt weiter: Er gibt *The Lord of the Rings* nicht nur als historisches Dokument aus, dessen Quellenlage im Prolog ausführlich dargestellt wird (vgl. LotR I, »Note on Shire Records«), sondern weist dem Erzähler die Rolle als Übersetzer im eigentlichen Wortsinn zu, der die Ringgeschichte aus der Common Speech ins moderne Englisch übertragen habe (vgl. LotR III, Appendix F II, »On Translation«). Innerhalb der fiktiven Entstehungsgeschichte des Romans gibt es also einen präexistierenden Text, nämlich das *Red Book*, das wiederum eine Chronik tatsächlich geschehener Ereignisse darstellt.

In dem Prozess der Aufzeichnung einer vorher bestehenden, vom Autor quasi unabhängigen Wirklichkeit werden auch Charaktere nicht *er*funden, sondern *ge*funden:

> Characters preexist. They are *found*. They reveal themselves slowly to the novelist's perception – as might fellow-travellers seated opposite one in a dimly-lit railway carriage.
> (Elizabeth Bowen, zit. nach Hague 95)

Tolkiens wiederholte Frage »Who is Trotter?« fügt sich wie von selbst in einen Denkansatz ein, der den Romanfiguren eine autonome Existenz zubilligt. Dieser Bewusstwerdungsprozess um das wahre Wesen der Romanfigur vollzieht sich vor allem durch Beobachtung dessen, was die Romanfigur tut, und durch Hören auf das, was sie sagt:

> The poor novelist constructs his characters; he controls them and makes them speak. The true novelist listens to them and watches them function; he eavesdrops on them even before he knows them. It is only according to what he hears them say that he begins to understand who they are.   (André Gide, zit. nach Hague 107)

Auf diese Art ›materialisieren‹ sich die Charaktere allmählich (»materialize«, Elizabeth Bowen, zit. nach Hague 108). Dies bestätigt sich bei der Herauskristallisierung dessen, wer Trotter wirklich ist: Seine Handlungen und seine Worte geben ihm eine tiefere Dimension als ursprünglich gedacht. So enthüllen seine Kenntnis der Geschichte von Lúthien und Beren und seine eigene Ergriffenheit bereits, welcher Welt Trotter-Strider-Aragorn in Wahrheit entstammt: Tolkien musste Trotter nur ›zuhören‹, um aus dessen Worten heraus Aragorns Identität zu entwickeln.

Wie wichtig es für das Verständnis eines Werkes sein kann, sich mit dessen Entstehungsgeschichte auseinanderzusetzen, wird daran deutlich, dass ein Roman – so die These von Hague – durch die besondere Art des Schaffensprozesses geprägt ist, die sowohl inhaltlich als auch auf der Ebene der Form ihre Spuren hinterlässt: »the content and form of fiction reflect its intuitive beginnings because writers insistently inscribe its genesis in their novels« (Hague 1).

Die Repräsentation der Werkgenese auf der Textebene möchte ich im Folgenden untersuchen, und zwar in zwei Schritten:
1. wiederum im Hinblick auf die Romanfigur Aragorn;
2. bezogen auf das Genre des Reiseromans, dem man *The Lord of the Rings* auch zurechnen kann.

Dabei wird sich zeigen, wie Tolkien die Schwierigkeiten beim Schreiben des Romans produktiv nutzte und so aus der »Schwäche« eine Tugend machte (vgl. Bratman 85).

Aus der „Schwäche" eine Tugend machen: Die Widerspiegelung des Schaffensprozesses im Werk

Das Moment des Mysteriösen bei Aragorn

Tolkiens Ringen um die Figur Aragorn und seine allmähliche Entdeckung, wer dieser wirklich ist, spiegelt sich auch in der Endfassung des Romans wider. Auch dort ist Aragorn ein Rätsel, das erst Stück für Stück gelüftet wird und erst gegen Ende des Romans, in der Krönungsszene, seine vollständige Auflösung erfährt: »But when Aragorn arose all that beheld him gazed in silence, for it seemed to them that he was revealed to them now for the first time« (LotR III 298).

Ebenso wie Tolkien sich selbst während des Schreibprozesses immer wieder fragte »Who is Trotter?«, so wird auch im Roman wiederholt nach Aragorns Identität gefragt:
- Frodo fragt Butterbur: »Who is that?« (LotR I 212)
- Boromir fragt auf Elronds Versammlung: »And who are you?« (LotR I 323)
- Éomer fragt Aragorn: »Who are you, and what are you doing in this land?« (LotR II 35)[12]

---

12 Hier zeigt sich: Tolkiens ursprüngliche Idee, dass sich Aragorn und Éomer bereits kennen (TI 390), wurde verworfen.

Die Antworten auf diese Fragen enthüllen erst schrittweise Aragorns wahre Herkunft. So nennt Aragorn Éomer zunächst seinen Spitznamen Strider. Erst als er später sein Schwert enthüllt, verrät er seinen eigentlichen Namen und seine Herkunft.

Im Entwurf zu dem Kapitel »The Riders of Rohan« wird deutlich, dass Tolkien das Hinauszögern dieser Information bewusst als Spannungssteigerung einsetzte, dachte er doch zunächst daran, Aragorn direkt antworten zu lassen: »I am Aragorn Elessar (written above: Elfstone) son of Arathorn« (TI 392). Dies wurde laut einer Anmerkung von Christopher Tolkien sofort verworfen und ersetzt durch »I am called Trotter«.

Das »Geheimnis Aragorn« ist somit zugleich eine Widerspiegelung von Tolkiens eigener Ratlosigkeit wie auch bewusstes Mittel zur Erhöhung der Spannung: Die unvorhergesehene Einführung Aragorns wird zur »literarischen Tugend« (»literary virtue«, Kocher 130). Das Muster »obscurity until the right moment« ist dabei Bestandteil von Aragorns Heldentum, wie es oben geschildert wurde (Flieger 128).

Das Moment der Fremdheit, das die Romanfigur Aragorn umgibt, bleibt auch in der Endfassung erhalten. So ist Éomers erster Eindruck von Aragorn: »But there is something **strange** about you, Strider« (LotR II 36, Herv. PZ). Und Frodo gesteht Gandalf: »I mean he is dear to me; though he is **strange**, and grim at times« (LotR I 289, Herv. PZ). Das Wort »strange« ersetzt in der Endfassung das ursprüngliche Adjektiv »peculiar« (sonderbar). Anderswo wird »strange« an die Stelle von »queer« gesetzt:

- Wie oben bereits ausgeführt, wird aus dem »queer-looking, brown-faced hobbit« ein »strange-looking weather-beaten man«.
- In *The Return of the Shadow* heißt es »His queer eager face« (RS 184), während die Endfassung »his strange eager face« (LotR I 260) vermerkt.

Die Fremdheit, die von Aragorn ausgeht, wird also auch auf sprachlicher Ebene durch Verwendung des Adjektivs »strange« bewusst gestaltet.

Schreiben als Entdeckungsreise

The History of The Lord of the Rings handelt eigentlich, wie David Bratman es ausdrückt, weniger von Frodos Ringmission als vielmehr davon, wie Tolkien seinen Roman schrieb (vgl. Bratmann 84). Dabei wird deutlich, dass die Reise der Ringgemeinschaft auch für Tolkien eine Entdeckungsreise ist: Er ist quasi das zehnte Mitglied der Ringgemeinschaft, dessen Mission jedoch nicht darin besteht, den Ring zu vernichten, sondern darüber zu schreiben. Er schloss sich selbst in den Kreis der Ringgefährten mit ein, wie an folgendem Zitat deutlich wird:

... when *The Lord of the Rings* was beginning to unroll itself and to unfold prospects of labour and exploration in yet unknown country **as daunting to me as to the hobbits** ...
(Introductory Note zu *Tree and Leaf*, Herv. PZ)

Tolkien verwendet das verbindende »wir« und stellt sich auf diese Weise mit seinen Romanfiguren auf eine Ebene: »At about the time **we** had reached Bree« (Introductory Note zu *Tree and Leaf*, Herv. PZ).

So wie Tolkien den Akt des Schreibens und das, wovon er erzählt (nämlich die Reise), in eins setzt, beschreiben auch andere Autoren den kreativen Prozess als Reise oder Wanderung. Das Schreiben wird z.B. mit einer nächtlichen Autofahrt verglichen, bei der man nie weiter als das Scheinwerferlicht sehen kann.[13] Oder mit einem Waldspaziergang, bei dem man dem Pfad nicht nach einer vorher festgelegten Route folgt, sondern danach, welcher Weg im Moment des Beschreitens am vielversprechendsten aussieht.[14] Die ungeplante Vorgehensweise, in der Entscheidungen nicht am Anfang, sondern ›auf dem Weg‹ getroffen werden, lässt sich auch auf Tolkiens kreativen Prozess übertragen.

Wenn es um die Charakterisierung von Tolkiens Schaffensweise geht, so wird immer zu Recht auf die Erzählung *Leaf by Niggle* Bezug genommen, die als Allegorie von Tolkiens eigenem Schaffen aufgefasst wird.[15]

Aber auch in *The Lord of the Rings* selbst findet sich eine Textstelle, die sich als Allegorie auf Tolkiens Schaffensprozess liest: der *Old Walking Song* (LotR I 58). Wie in der obigen Metapher des Waldspaziergangs geht es hier um eine Wanderung ohne festes Ziel, mit quasi offenem Ausgang:

»The Road goes ever on and on/Down from the door where it began«: Ausgehend von dem Kerngedanken, eine Fortsetzungsgeschichte zum *Hobbit* zu schreiben, spinnt sich der Erzählfaden weiter fort und entfernt sich immer mehr von dem ursprünglichen Ausgangspunkt. Das Schreiben ist ein »adventurous departure from the known« (Ghiselin 9).

»Now far ahead the road has gone,/And I must follow if I can«: Der Erzählfaden verselbstständigt sich; der Autor bestimmt nicht selbst, in welche Richtung sich das Geschehen entwickelt, sondern kann nur ›folgen‹. Wie es Flieger ausdrückt: »his [Tolkien's] narrative somehow got ahead of him« (Flieger 130).

---

13 "... it's like driving a car at night. You never see further than your headlights, but you can make the whole trip that way." (Doctorow, zit. nach Hague 105f)

14 "I do not plan my fiction any more than I normally plan woodland walks; I follow the path that seems most promising at any given point, not some itinerary decided before entry." (John Fowles, zit. nach Hague 106)

15 Vgl. Ryan 120: »*Leaf by Niggle* is, more than anything else Tolkien wrote, an allegory of his own and the artists's creative exercise on earth ...«; vgl. auch Hammond 20.

»Pursuing it with eager feet,/Until it joins some larger way«: Die ursprünglich vorgesehene Fortsetzungsgeschichte des *Hobbit* bekommt plötzlich eine tiefere Dimension, eine Verknüpfung mit dem großen Mythos, der im *Silmarillion* entfaltet wird.

»Where many paths and errands meet./And wither then? I cannot say«: Die vielen verschiedenen Erzählfäden werden durch »echos and anticipations« (West 84) miteinander verknüpft. So wie der Wanderer im Lied nicht weiß, welches Ziel am Ende steht, ob es überhaupt ein Ziel geben wird, könnte auch der Erzählfaden des Romans immer weiter gesponnen werden[16]: Der Leser hat den Eindruck, als führe die erzählte Handlung außerhalb der Grenzen des Buches eine selbstständige Existenz und sei nur ein Ausschnitt aus einem viel größeren Zusammenhang, wie er ja tatsächlich durch Tolkiens Mythologie gegeben ist (vgl. West 90).

*

Der *Old Walking Song* im Kleinen wie der Roman im Großen sind ein Spiegel für Tolkiens besondere Art des kreativen Schaffens: einer Entdeckungsreise ins Unbekannte, das nicht durch vorherige Planung, sondern erst im Vollzug, durch Beschreiten des Weges erschlossen werden kann.

Tolkien, der Entdecker, nicht der Erfinder Mittelerdes – diese Sichtweise vermittelt den Anschein, als ob es noch viel mehr zu entdecken und zu berichten gäbe, was auch die Kenntnis des ›Autors‹ überschreitet: »I do not know all the answers« (L 278, vgl. auch Hammond 25), wie Tolkien einer Leserin gestand. Auf die Frage »Who is Trotter?«, die ihn so lange bewegte und fast zur Verzweiflung trieb, hatte er immerhin eine überzeugende Antwort gefunden: »Aragorn son of Arathorn ... Elessar, the Elfstone, Dúnadan, the heir of Isildur Elendil's son of Gondor« (LotR II 37 f).

---

16 In der Tat findet sich in *The Peoples of Middle-earth* der Entwurf zu einer Fortsetzung zu *The Lord of the Rings*, vgl. PM 410 ff.

Bibliographie

Bratman, David. "The Literary Value of *The History of Middle-earth*". *Tolkien's Legendarium. Essays on The History of Middle-earth*. Eds. Verlyn Flieger and Carl F. Hostetter. Westport (CT)/London: Greenwood Press, 2000, 69-91

Carpenter, Humphrey, Ed. *The Letters of J.R.R. Tolkien*. London: HarperCollins, 1995

Eilmann, Julian Tim Morton. »Das Lied bin ich: Lieder, Poesie und Musik in J.R.R. Tolkiens Mittelerde-Mythologie«. *Hither Shore* 2 (2005): 105-135

Flieger, Verlyn. "Frodo and Aragorn: The concept of the Hero". *Understanding The Lord of the Rings. The Best of Tolkien Criticism*. Eds. Rose A. Zimbardo and Neil D. Isaacs. Boston/New York: Houghton Mifflin Company 2004, 122-145

Ghiselin, Brewster, ed. *The creative process: a symposium*. Berkeley: University of California Press, 1985

Hague, Angela. *Fiction, Intuition & Creativity. Studies in Brontë, James, Woolf and Lessing*. Washington, D.C.: The Catholic University of America Press, 2003

Hammond, Wayne G. "'A Continuing and Evolving Creation'. Distractions in the Later *History of Middle-earth*". *Tolkien's Legendarium. Essays on The History of Middle-earth*. Eds. Verlyn Flieger and Carl F. Hostetter. Westport (CT)/London: Greenwood Press, 2000, 19-29

Hartung, Harald. *Machen oder Entstehenlassen. Erfahrungen beim Schreiben von Lyrik*. Stuttgart: Steiner, 2001

Kocher, Paul. *Master of Middle-earth. The Fiction of J.R.R. Tolkien*. New York: Ballantine Books, 1977

Ryan, J.S. "Folktale, Fairy Tale, and the Creation of a Story". *Understanding The Lord of the Rings. The Best of Tolkien Criticism*. Eds. Rose A. Zimbardo and Neil D. Isaacs. Boston/New York: Houghton Mifflin Company 2004, 106-121

Tolkien, John Ronald Reuel. *The Lord of the Rings*. Vol. I-III. London: Unwin Paperbacks, ³1979

Tolkien, John Ronald Reuel. *Tree and Leaf. Smith of Wootton Major. The Homecoming of Beorhtnoth Beorhthelm's Son*. London: Unwin Paperbacks, 1979

West, Richard C. "The Interlace Structure of The Lord of the Rings". *A Tolkien Compass*. Ed. Jared Lobdell. La Salle, Ill.: Open Court, 1975, 77-93

Working with HoMe:
Its Use in Researching Shire Place-Names
Rainer Nagel (Mainz)

This article is based on research done for my monograph on Shire place-names. While said book aims at being a comprehensive listing of all Shire place-names, their etymologies, and their translations into German, this companion piece delves into the direct uses of *The History of Middle-earth* (HoMe) in compiling the book.

On the basis of evidence mainly taken from HoMe, Lewis and Currie have convincingly shown that, at the moment of writing *The Lord of the Rings*, Tolkien did not seem to have had any clear ideas of what the world of Middle-earth looked like beyond the Shire (cf. 81-147). It is the contention of this article that Tolkien at that time did not even know what the Shire, the most basic part of his narrative and the "baseline of the source culture" (Turner 20), was looking like.

Shippey believes the Shire to be "an extended 'Little Kingdom'" (101) as found in *Farmer Giles of Ham*. It is true that, conceptionally at least, some of the place-name elements we find in the 'later' Shire (the *Lord of the Rings* Shire, as opposed to the 'early' Shire of *The Hobbit*) are already in place. While the Little Kingdom's *Thame* and *Worminghall* may not be found on any map of the Shire, at least the principles behind their name-giving are similar to those of the "later" Shire, and *Farthingho* does look like a precursor of the *Farthings* of the "later" Shire (cf. Shippey, 97f.).

The Shire as such is never named in *The Hobbit*, although Tolkien was at least toying with the name as early as 1937, albeit with changing meanings, at one stage even breaking the home of the Hobbits down into "Shires" (RS 18, 31). The very first mention is not even capitalised: "and the hobbit's land is for the first time called 'the shire …'" (RS 18). In *The Hobbit*, there are only two vague descriptions of the geographical area that is the Shire, one at the beginning of the novel and one at the end.

When Bilbo and the dwarves leave the Shire, we read (H 29): "At first they had passed through hobbit-lands, a wide respectable country inhabited by decent folk, with good roads, an inn or two, and now and then a dwarf or farmer ambling by." Towards the end of the novel, the region is described as "the country where Bilbo had been born and bred" (H 269).

The farther away we get from Bag End, the more the Shire is likened to a small miniature of England proper, as observed by Ellison:

As we know, Tolkien, in portraying a mythical 'Shire', isn't simply referring to 'Britain', (which he wanted to avoid) or even to England in a general sense, but to the West Midlands, which he especially identified with the Shire of his imagination. But in this connection we have to note how localised his portrait of the Shire is. Other than with the traversal of the Green Hill Country, the Marish and Buckland, and the return journey from the Brandywine Bridge, which are made necessary by the course of the narrative, and whose description is purely scenic, the Shire is viewed exclusively from the perspective of Hobbiton-cum-Bywater. Sam's vision in the Mirror shows him the despoiling of this, his immediate home territory, not the despoiling of the Shire as a whole. Likewise, when the travellers return, although they of course are warned of trouble in advance, it is not until they reach Bywater that they properly grasp the reality of the situation. Geographically speaking, it is worth noting that the 'West Midlands', [sic] ambience doesn't necessarily extend all that far away from Hobbiton and Bywater. A reference in the text to the 'high moors' of the Northfarthing suggests that nearer the northern border the country must rather have resembled, say, Yorkshire. Similarly, references to Michel Delving as being situated, 'on the White Downs', (chalk would obviously have to be available in which to bury poor Will Whitfoot!), likewise to the 'Far Downs', indicate that much of the Shire must have looked like Kent or Sussex – perhaps, in the case of the Southfarthing, even Normandy. (61)

Smalley/Bijl, geographers by trade, offer this observation:

The Shire is a logical place to initiate a *Lord of the Rings* geography. It is the best described region, and it is Tolkien's region. If Oxford were Michel Delving only one geographical adjustment is required, the shire in Middle England extends to the west; The Shire in Middle-earth extends to the east (because the travellers go east and it's important that they don't encounter any towns). (43)

This reminds us of the 'two parts' of the Shire (the 'earlier' and the 'later') as mentioned above. There is the older, simpler, less defined part with no real history, the part of the Shire already in place for *The Hobbit*, with capitalised adjectives and nouns serving as simple place-names – the "Hobbiton-cum-Bywater perspective". And there is the newer, more complex Shire, developed from the notes of *The Hobbit* in several stages, complete with a full history (geographically as well as linguistically), and complex place-names motivated by much more "pragmatic" factors than simple capitalisation of story elements.

A theory of naming patterns would run something like this: First there is an 'early phase' of names referring either to topographical features (e.g., Bywater or Overhill) or to the type of people living there (e.g., Hobbiton or Tookborough). Then there is a 'middle phase' with specifics referring to the settlement itself (such as Little Delving vs. Michel Delving) or to its position near a topographical feature that is important to the community (e.g., Quarry or Standelf) – and a 'late phase' dealing solely with the function of the place within the community (e.g., Gamwich or Oatbarton).

This also corresponds to the 'historical' relation between the older names in the Shire proper (the "Hobbiton-cum-Bywater perspective") and the newer ones in Buckland, settled some 700 years later.

The older names are usually morphologically simpler (or, in the case of complex ones, more obscured as regards historical morphonology) than the later Buckland ones – a typical feature of real-world settlement patterns. Even one glance at the map of the Shire as published in *The Lord of the Rings* shows us that the 'older' parts of the Shire display a much higher ratio of simple place-names in relation to complex ones as is the case with the more recently settled Buckland, where we find complex names exclusively. With the exception of Hobbiton, this observation also ties in with the shift from "transparent" to "translucent" Shire place-names listed by Turner (cf. 88-90).

There is, of course, also a real-world explanation for this: When Tolkien wrote *The Hobbit*, he did not yet give much thought to his names, instead opting for archetypical ones as suggested in *On Fairy-Stories*. The 'expansion' of the Shire might also correspond to Tolkien's various stages of mapping the Shire (cf. Lewis/Currie 97f).

Of special interest is the part that mentions early maps not showing Crickhollow and Bucklebury Ferry, but instead placing the Brandybucks in Wood Eaton (and not Water Eaton, as given there; for the correct form, cf. RS 35), a real-world town in Cherwell Valley, Oxfordshire. In the real world, Wood Eaton is only 10 miles away from Worming Hall and Oakley, and only 15 miles from Thame – all of which are known to us from *Farmer Giles of Ham*.

This again stresses the link to the conception of the Shire to Tolkien's earlier works. Wood Eaton is later changed to Bury Underwood (where "Bury" stands for the place-name element "fortified settlement"), and even later becomes Bucklebury.

In Tolkien's drafts, Bucklebury can be see to undergo a transformation from topographical place-name to "stand alone" name: After being changed from Buckland, it moves from "Bucklebury-by-the-River" (RS 100) to "Bucklebury-beyond-the-River" (RS 298).

This is typical of a "middle stage" in place-name formation: identifying a place by the nearest geographical feature (cf. the notes in Ekwall (lxxxii-lxxxvii) on the various stages of river-name usage for place-names). Tolkien's train of linguistic thought parallels historical real-world developments here.

In these early days, Buckland was still considered a town and not a region (cf. RS 105); as such, it first appeared in the third draft of what Christopher Tolkien calls the "First Phase" of writing *The Lord of the Rings*.

In a bit of speculative (and in places untrustworthy; cf. the linguistically implausible note on Budgeford) geo-history, Maringer offers details about the earliest Shire settlements, which are not backed up by 'canon' but do make sense from a geo-political point of view:

> Upon the crossing of the Bridge of Stonebows, these first new-comers to the region spread out initially along the Great East Road, which was still in reasonable condition, establishing their first village and headquarters at Whitfurrows in what would later become the Eastfarthing. There they found the ruins of ancient dwellings by a narrow stone bridge crossing the stream they named The Water. Being Hobbits, and primarily of Harfoot descent, they preferred to live in holes wherever possible, and so the ruins of men's dwellings that they found were quickly dismantled for the dressed stones which form the framing of the front of many of the finer homes in Whitfurrows to this day. The bridge itself was not wide enough for wagons to cross, though this was not a serious problem as The Water was wide and shallow at this point, with a solid bottom forming a good fording place. The Hobbits called it Bridgeford, which in later years was simply shortened to Budgeford.
> The Hobbits then spread north across The Water into what they called the Bridgefields along the west bank of the Baranduin, which shortly became the Brandywine in Hobbit parlance.
> Those first Hobbit settlers spread quickly westward claiming homesteads along both shores of The Water, and along both sides of the Great East Road. Indeed within ten years of crossing the Brandywine, the beginning of the communities that would become known as Frogmorton, Bywater, Hobbiton, Waymoot, Tuckborough, and Michel Delving had been established.   (48f)

The Hobbits' move to the Shire was a chance for Tolkien to 'level the playing field' by, on the one hand, giving the Hobbits an established history within the world of Middle-earth, but, on the other hand, allowing for a full cultural 'restart' by transplanting them into an alien region where they form a society of their own on the basis of an only vaguely known former human culture settled in the area. This changed cultural frame of reference also led to some necessary 're-etymologisations', as in the case of Buckland.

As a place-name, Buckland has both a real-world etymology and a Tolkien-created one that is specific to Middle-earth.

The historically correct etymology has been proposed, among others, by Marmor: "Buckland, in turn, is the Anglo-Saxon *bocland* or 'bookland', duty-free estates granted by the old kings of England (see 'Anglo-Saxon Laws', EA, Vol. 1, p. 845)" (128), as opposed to Old English *folc-land* "folkland", which was unalienable. There are over two dozen Bucklands in England (mostly in the south).

While this may have been the 'real' etymology, such a derivation was not possible in Tolkien's fictitious world, due to the fact that there was no king or even church that could actually grant the Bucklanders anything, not after the Shire had been established for more than 700 years without any such authority.

To explain the name he knew and liked from Oxfordshire, Tolkien changed the Buckland to a type of folkland by renaming it the "land of the Bucks," with the etymology of said Hobbit family now derived from Old English *bucc* "buck".

The Return of the Shadow mentions various stages of mapping the Shire (106f). The very first of these maps, dating to early 1938, is used as the frontispiece of said book. By taking a look at it, we can see how much of the Shire had been developed early on, and how much was added later.

Towards its western border, the map shows The Hill, Hobbiton, The Water, and Bywater, plus a rather unspecified "Took-land" without any settlements to the south, and south of this, Green-hill Country. North of Hobbiton, there is an early form of Rushock Bog, here spelt Rushoc. Further to the east, we see a hastily scribbled entry Bolger, to the right of which is a pencilled Bridge-fields (this contradicts Christopher Tolkien's earlier remarks in RS; cf. the correction in PM 117), south of which we have Woody End (listed twice, and scratched out a third time in the south) with the town of Woodhall an the River Shirebourn (which originally was called Shirewater, with the "-water" part scratched out).

South-east of the Shirebourn are the Overbourn Marshes. East of Woody End are (from north to south) Stock, the Marish, an entry called Puddifoot (a farmer living on the edge of the Marish) that has been replaced by a pencilled "Maggot", Rushey, a pencilled (and subsequently erased) Bucklebury, and a pencilled Deephallow ("pencilled" always means "late addition").

Next comes the Brandywine River, with Girdley Island to the north and the Brandywine Bridge further south. Buckland is spelt in two words and contains Bucklebury as well as Brandy Hall, plus the pencilled-in names of Newbury and Standelf. Buck Land is bounded not by the High Hay but by the Hedge, at the southern end of which lies Haysend. The River Withywindle flows from the Brandywine through the Old Forest, past the Tom Bombadil entry into the Barrow Downs, north of which the East Road leads to Bree. To the south of the Old Forest are the South Downs.

Even more illuminating is the section of Hammond/Scull (lvi) that takes a closer look at Christopher Tolkien's 1943 map, only mentioned but never detailed in RS (107, 200). As regarding the villages north of the Water, Hammond/Scull state:

> In that part of the 1954 map are **Nobottle, Little Delving, Needlehole, Rushock Bog, Bindbole Wood, Oatbarton, Dwaling, Brockenborings**, and **Scary** (with an adjoining quarry); the map of 1943 had, in addition, *Chivery, Goatacre, Ham Burrows, Ravenbeams, Ham's Barton, Grubb's Spinney, Windwhistle Wood, Ham Hall Woods, Long Cleeve*, and *Sandy Cleeve*, among others.

In private correspondence to Hammond and Scull, Christopher Tolkien said that he was "virtually certain that my father allowed me some latitude of invention in that region of the Shire; and altogether certain that I proposed the name *Nobottle* and some (at least) of the others (*Needlehole, Rushock Bog, Scary*). I must have got them from browsing in my father's large collection of books on English place-names (including field-names, wood-names, stream-names, and their endlessly varying forms)". (*ibid*) Of these "alternate" names, only Long Cleeve was finally retained. Thus it would appear that even in 1943, well into the writing of *The Lord of the Rings*, the structuring of the Shire was still in a state of flux.

This idea shall now be illustrated by various observations gleaned through perusal of HoMe, in alphabetical order. In places, it will also be necessary to add information from Hammond/Scull to clarify matters.

Great Smials

The Great Smials, sometimes simply called The Smials, are the chief dwelling of the Tooks in Tuckborough. They seem to have earlier on been called Long Smial, and sometimes, with a slight change in spelling explained in the etymology section, Old Smiles:

> This is the first appearance of the word *smial*, although in the second text of "The Scouring of the Shire" it is written *Smiles* (see p. 99 and note 24). Since Pippin was born in the Long Smial, it must be the forerunner of the Great Smials. These were at Tuckborough (Pippin speaks in Fangorn Forest of 'the Great Place of

the Tooks away back at the Smials in Tuckborough', TT p. 64), but the name as written here is not in fact *Tuckborough*: it looks more like *Tuckbery* (not *Tuckbury*). (SD 105)

In Appendix F II "On Translation", Tolkien gives the basic idea behind "smial": "Similarly *smial* (or *smile*) 'burrow' is a likely form for a descendant of *smygel*, and represents well the relationship of Hobbit *trân* to R. *trahan*" (LotR 1110).
Old English *smygel* means "a burrow, a place to creep to" – or simply "hole". This is a word that no longer exists in English, but if it still did, it would probably be pronounced exactly like the word "smile". Hence, SD adds:

> I would guess that my father introduced *Smiles* as being the most natural spelling if the old word had survived into Modern English, but then abandoned it (it was changed to *Smials* on the B text) as being capable of an absurd interpretation. (107)

Hence we get *smial*, another possible spelling to reflect the Present-day English pronunciation. *Smile* would have indeed been more 'natural' since it better represents the two-syllable structure the word had in Old English and would have retained during part of the Middle English period.

Greenfields

Greenfields is one of those instances where HoMe simply fills in a gap in the etymology of the place-name. The name is spelt with one word in *The Lord of the Rings* but with two in *The Hobbit*. According to the principles of naming given above, this may lead us to conclude that the *Hobbit* spelling may be regarded as an 'earlier stage'. It is probably due to this variation in spelling that Foster classifies Greenfields as "village or area in the Shire" (177). The two-word spelling is finally verified in SD, where we find, in an earlier stage of the text, the "Battle of the Green Fields" (119).

The change from two-word spelling to one-word spelling indicates the change from a settlement situated near green fields, maybe going back to an earlier "village-by-the-green-fields", to the place itself being associated with these fields. Since these "green fields" seem to have been so important in naming the place (Maybe they also account for the hunting grounds attributed to the Northfarthing?), it is a fair guess that the village is lying on the outskirts of the Shire, probably close to its borders, where pasture and fields are still plenty and settlements are few.

This was probably Tolkien's initial idea on this location, since in the unfinished index to *The Lord of the Rings* he describes *the* (my italics) Greenfields as (Hammond/Scull 24) "a district between the Norbourn and Brandywine [rivers] in the Northfarthing, famous as the scene of [the] only battle (before this history began) in the Shire (SR 1147) in which the last Orcs to invade this part of the world were defeated by Bandobras Took".

In fact, this is the only mention of the river Norbourn that I could find. It may have been an earlier name for the upper run of the Water where it flows from the North Moors, or it may have been something else entirely. It looks like it was created from joining a reduced form of 'north' and 'bourn' (as in the river-name Shirebourn).

Hardbottle

This is one of those cases where using HoMe has actually caused problems due to a too literal reading of some of the older stages of the material. Hardbottle does not appear on the map of the Shire in LotR (18). It is only mentioned once in *The Lord of the Rings*: "She [Lobelia] ... went to her own people, the Bracegirdles of Hardbottle" (LotR 998). Thus, all we know is that the Bracegirdles have their homes there, and that its dwellings are excavated from or built of stone.

There is, however, some confusion as to where Hardbottle is actually supposed to be. In his notes for translators (recently reprinted in Hammond/Scull), Tolkien clearly states (771) that the village is located in the Northfarthing, a statement that Strachey duly follows on map 50 of her book (placing Hardbottle just south of Little Delving).

Fonstad, however, seems unaware of these notes. The first edition of the *Atlas of Middle-earth* was published in 1973, well before Tolkien's remarks for translators became available for the first time in 1975 as part of *A Tolkien Compass*. The second edition from 1991 is mainly interested in integrating the information from HoMe, the first eight volumes of which had been published by then. Tolkien's notes are not included in Fonstad's bibliography. Based on a statement in HoMe, Fonstad thus arrives at a different solution and places the village in the Southfarthing:

> The name means 'hard dwelling' so the town was probably in some rocky area such as the downs; but was it north or south, White or Far Downs? The Bracegirdles were shown in the area west of Girdley Island, yet there was no indication of Hardbottle even in the nearby hills of Scary. The family owned many tobacco plantations, and the Sackville-Bagginses had land in South Farthing, so Hardbottle was placed in the White Downs at their south end. (69)

The information about the placement of the Bracegirdles "west of Girdley Island" is taken straight from WR (284) and goes back to what Christopher Tolkien calls the "Second Phase" of the writing of *The Fellowship of the Ring*.

It may well be that Tolkien changed his mind later on – even though he had originally indeed intended the village to be in the Southfarthing, as evidenced in his unfinished index to *The Lord of the Rings* (cf. Hammond/Scull 665), probably at the time when he sketched the distribution of the Hobbit families.

Given the statement in Tolkien's notes, it seems best to ignore Fonstad's reasoning and place Hardbottle in the Northfarthing, despite Tolkien's original intention of this being a Southfarthing village.

Longbottom

Longbottom, home not only of the Hornblowers, but also to the Longbottom leaf ("But all accounts agree that Tobold Hornblower of Longbottom in the Southfarthing first grew the true pipe-weed in his gardens in the days of Isengrim the Second, in the year 1070 of Shire-reckoning" – LotR 8), is represented on the map of the Shire in LotR 18 only as an arrow indicating its relative position off-map.

Fonstad places it towards the southern border of the Shire, quite close to Sackville: "... Long*bottom* probably lay in a river bottom (though none was shown in that area other than the Brandywine). History, too, added insight. Longbottom was close enough to ship tobacco conveniently to Saruman via Sarn Ford..." (69).

An earlier draft of LotR has the name Manorhall (in one place also spelt Manor Hall) for Longbottom, including mention of the "Manorhall leaf" (cf. WR 36f) in the conversation of Merry and Pippin with Théoden. The same passage also mentions a place called "Mugworth":

> It is said that Elias Tobiasson of Mugworth brought the weed back to Manorhall in the South Farthing. He was a much travelled Hobbit. He planted it in his garden and dried the leaves after a fashion he had learned in some far country. We never knew where, for he was no good at geography and never could remember names; but from the tale of leagues that he reckoned on his fingers people calculated that it was far south, 1200 miles or more from Manor Hall. [*Here is written* Longbottom.] (WR 36)

The remark within square brackets is Christopher Tolkien's. It illustrates the change in name from Manorhall to Longbottom – in part undoubtedly due to the French-based "manor" (there are next to no French-based Shire place-names, except the Westmarch as such and the village of Undertowers) and the fact that Tolkien did not want to have Brandy Hall eclipsed by what sounded like an even larger structure – being a loan word from French, the connotations associated with "manor" point to a very large or stately building (Barber 147).

As to Mugworth, Christopher Tolkien comments: "This name can be read either as *Mugworth* or as *Mugwort*, but the latter (a plant name, and one of the family names in Bree) seems very unlikely as the name of a place. *Mugworth* is not recorded as a village name in England" (WR 44).

"Mug" might have either be used in one of its standard meanings here, maybe also in one of its more northern dialectal meaning "earthenware vessel" (cf. the *Oxford English Dictionary*). Another dialectal meaning as per the OED indicates a specific brand of sheep, thus it could be a "sheep enclosure"; "worth" is derived from Old English *worðig* "an enclosure".

Michel Delving

In an earlier draft, Tolkien called Michael Delving "the only really populous town of their Shire" (PM 15). *The War of the Jewels* gives some insight into the development of Michel Delving. The place began its literary life as Much Hemlock:

> At the beginning of this part of the chapter, where the old text (p. 50) had: 'They were now in Tookland; and they began to climb into the Green Hill Country south of Hobbiton', the new reads: 'They were now in Tookland and going southwards; but a mile or two further on they crossed the main road from Much Hemlock (in the Hornblower country) to Bywater and Brandywine Bridge. Then they struck eastward and began to climb'... Beside this my father wrote: '?Michel Delving (the chief town of the Shire back west on the White Downs).' This is the first appearance of Michel Delving, and of the White Downs (see p. 295). 'Much Hemlock' echoes the name 'Much Wenlock' in Shropshire (*Much* 'Great', as *Michel*). (278)

The etymology of Wenlock is difficult and still disputed (the standard reading is "white monastery", a Welsh-based name). Much Hemlock, however, was probably discarded early on as being too playful by Tolkien.

The name is basically a phrase 'there is much hemlock here'. There is a distinct chance that an abundance of such a poisonous plant might cause people to provide it with such a name, but as the 'capital' of the Shire it is not too useful unless you want to make a rather sly remark about Hobbit politics.

It may, however, also be possible that Much Hemlock is a reflex of that short period in the spring of 1917 when Tolkien was stationed at Roos, near an outpost of the Humber Garrison near Thirtle Bridge, where there were a lot of hemlock-type plants amidst which his wife Edith sang and danced, inspiring Tolkien to write *The Tale of Tinúviel* (cf. Garth 238f). Thus, memories of one particular happy period of Tolkien's war years might have crept into an earlier Shire draft.

Michel Delving appears first on what Tolkien (WR 107) lists as "map III" (the map published in LotR (18) being "map VI") of the Shire. In earlier drafts of the story, the "visitor from Michel Delving" who introduces the topic of the treasure-packed tunnels below Bag End (LotR 23) is "one of the Bywater hobbits" (WR 244f.).

Spelling, too, shows a move away from a one-word spelling closer to the word's etymology to the present spelling, but still in one word ("*[Much]* > *Micheldelving*" – WR 295) to a hyphenised spelling ("Michel-Delving" – WR 312). This is the reverse of the development seen in Greenfields: the place itself becomes more specified as its role in the story is given form.

Nobottle

Nobottle is only listed on the map of the Shire in LotR (18); it does not appear in the text of the novel. Its etymology as per Shippey is:

> Thus 'Nobottle' in the Northfarthing makes us think of glass containers, hardly plausible as features of the landscape, but the name comes from Old English *niowe*, 'new', + *botl*, 'house' (as in *bytla*, cp. 'hobbit'). There is a Nobottle in Northamptonshire thirty-five miles from Oxford (and not far from Farthingstone). It means much the same as Newbury, also a town in England twenty-five miles south of Oxford and also a place in the Shire, or rather in the Buckland. (103)

Nobottle is one of those instances where we can see how Shire place-names were actually influenced directly by real-world ones. In a footnote commenting upon a proposed name change for Osgiliath (to "Newbold", similar in meaning to Nobottle), Christopher Tolkien states:

> I will add here, incidentally and irrelevantly, that another derivative from the same source is *Nobottle* (Northamptonshire), which my father allowed me to add to my map of the Shire made in 1943 ... and which remains in that published in *The Lord of the Rings*,

> although at that time I was under the impression that the name
> meant that the village was so poor and remote that it did not even
> possess an inn. (TI 424)

Hence, despite the etymology, Christopher Tolkien chose the name because he liked it. His father, fully aware of the real meaning behind the name, decided it could do no harm in the Shire, and allowed its inclusion because it fit his by then emerging scheme of Shire place-names:

If we compare Nobottle to Newbury in Buckland with its similar, but etymologically much more transparent meaning (both in the end mean "new town"), we do get the idea that there is a certain age difference between the two settlements. The Westfarthing village still has an older form of "new" and the *bottle* element seems to have gone out of use for place-names at the time the Buckland was settled. This lends some additional internal 'credibility' to the Shire by way of its place-names.

Overhill

Overhill is north of Hobbiton and The Hill. In earlier drafts of the story, Tolkien had originally intended this place to be called Northope: "The village of *Northope* later became *Overhill*, and was so corrected on the second of these texts" (WR 386). The "(h)ope" in Northope usually means "a small enclosed valley," from Old English *hop*.

In Old English, the word has a certain connection to marshes, as in Hopton (Suffolk) "settlement in the fens" or various field names in the marchlands of Essex. In Middle English, the term becomes widely used without this connotation.

As a side note, WR also has an interesting remark concerning the development of The Yale: "The name *Northope* appears here on my father's original map of the Shire (p. 107, item I), but it was struck out and replaced, not by Overhill, but by The Yale" (387). More on the history and development on The Yale, which last later moved into the Eastfarthing, can be found in the respective entry in Nagel.

Overhill's relation to The Hill is obvious: It is a settlement "over" (in the sense of "beyond", or maybe simply "on top of") The Hill. This is a classic example of very early place-name formation: the place is indicated not by a topographical feature near to it, but by its relation to one of the more prominent features around. This refers both to the "beyond" and the "on top of" relation; the latter would make a nice contrast to Frodo's post address, "Underhill".

This fits the 'simple' patterns of place-names around the 'heart' of the Shire as mentioned above. Overhill does not have Bywater's or Hobbiton's importance for the story, but its naming pattern suggests that it is from the same era of settlement.

Given the fact that it was originally supposed to be Northope, this is another indication of terminological revision on Tolkien's part to achieve a more coherent picture of the settlement history of the Shire.

Whitfurrows

In earlier versions of the story, Whitfurrows, supposedly the first settlement founded by the Hobbits after their migration to the Shire, was called Bamfurlong (cf. SD 107), not yet referring to Farmer Maggot's farm but to "a place on the Road about half way between the Bridge and Frogmorton" (Hammond/ Scull 657). Conversely, in the first edition of *The Lord of the Rings*, Maggot's land did not have a name at all:

> This was changed at once to the text in RK (p. 282), but with 'One [runner] came in from Bamfurlong last night.' *Bamfurlong* was the reading of the First Edition here. In the Second Edition it was changed to *Whitfurrows* (which though shown on the map of the Shire was never mentioned in the text of the First Edition), and the name *Bamfurlong* was given to Maggot's farm in "A Short Cut to Mushrooms" (FR p. 100): 'We are on old Farmer Maggot's land' of the First Edition became 'This is Bamfurlong; old Farmer Maggot's land'. (SD 107)

More examples could be listed, but the choice given above should be sufficient to illustrate my case.

Bibliography

Barber, Charles. *The English Language. A Historical Introduction*. Cambridge, etc.: University of Cambridge Press, ³1993

Ekwall, Eilert. *English River-Names*. Oxford: Clarendon Press, 1928

Ellison, John A. "Tolkien's Mythology of England. The Shire as 'Local Community'." *Tolkien, A Mythology for England? The 13th Tolkien Society Seminar*. Ed. Richard Crawshaw. Telford: The Tolkien Society, 2000, 59-70

Fonstad, Karen Wynn. *The Atlas of Middle-earth*. Boston and New York: Houghton Mifflin, revised edition 1991

Foster, Robert. *The Complete Guide to Middle-earth. An A-Z guide to the names and events in the fantasy world of J.R.R. Tolkien from The Hobbit to The Silmarillion*. London, etc.: Unwin, 1978

Garth, John. *Tolkien and the Great War: The Threshold of Middle-earth*. Hammersmith: HarperCollins, 2003

Hammond, Wayne G. and Christina Scull. *The Lord of the Rings. A Reader's Companion*. London: HarperCollins, 2005

Lewis, Alex and Elizabeth Currie. *The Uncharted Realms of Tolkien. A Critical Study of Text, Context and Subtext in the works of JRR Tolkien*. Oswestry: Medea Publishing, 2002

Maringer, Tom. "The History and Practice of Communications in the Shire." *Travel and Communication in Tolkien's Worlds. The 10th Tolkien Seminar*. Ed. Richard Crawshaw. Telford: The Tolkien Society, 1996. 47-58

Marmor, Paula. "An Etymological Excursion Among the Shire Folk." *An Introduction to Elvish. And to Other Tongues and Proper Names and Writing Systems of the Third Age of the Western Lands of Middle-earth as Set Forth in the Published Writings of Professor John Ronald Reuel Tolkien*. Ed. Jim Allan. Reprinted 1995. Frome: Bran's Head Books, 1978, 181-184

Nagel, Rainer. *Hobbit Place-names. A Linguistic Excursion through the Shire*. Zurich & Berne: Walking Tree Publishers, i.V.

Shippey, T. A. *The Road to Middle-earth. How J.R.R. Tolkien created a new mythology*. London: HarperCollins, ³2003

Smalley, Ian and Sally Bijl. "The Geography of the Shire. Reference points for a study of Communication." *Travel and Communication in Tolkien's Worlds. The 10th Tolkien Seminar*. Ed. Richard Crawshaw. Telford: The Tolkien Society, 1996, 42-46

Strachey, Barbara. *Journeys of Frodo. An Atlas of J.R.R. Tolkien's The Lord of the Rings*. London, etc.: Unwin, 1981

Tolkien, John Ronald Reuel. *The Hobbit or There and Back Again*. London: HarperCollins, 1996

---, *The Lord of the Rings*, one-volume paperback edition, London: HarperCollins, 1995

Turner, Allan. *Translating Tolkien. Philological Elements in The Lord of the Rings*. Duisburger Arbeiten zu Sprach- und Kulturwissenschaft/Duisburg Papers on Research in Language and Culture 59. Frankfurt, etc.: Lang, 2005

Langlebigkeit, Unsterblichkeit und Wiedergeburt in Tolkiens Werk und Welt

Friedhelm Schneidewind (Hemsbach)

Einleitung

Zu den umstrittensten Änderungen in Peter Jacksons filmischer Interpretation des *Herrn der Ringe* gehört, dass und wie Arwen für Aragorn ihre »Unsterblichkeit« aufgibt. Nun sind die Ausführungen zu diesem Thema in Tolkiens zu Lebzeiten veröffentlichtem Werk nicht sehr umfangreich, dennoch hätte es genügt, den *Herrn der Ringe* komplett zu lesen, inklusive der *Anhänge*[1]. Denn gerade in dieser Hinsicht steht alles Wesentliche im *Herrn der Ringe* selbst.[2]

Anders ist es mit Tolkiens Vorstellungen zu Wiedergeburt, Körper und Seele (bezogen natürlich auf Mittelerde, nicht auf unsere Primärwelt). Hierzu finden wir im veröffentlichten Werk kaum etwas. Kein Wunder: Insbesondere bezüglich der Wiedergeburt gab es in Tolkiens Leben immer wieder Umbrüche und Widersprüche.

Ich behandele zunächst Sterblichkeit und Unsterblichkeit, stelle dann die Entwicklungen und Konzepte zur Wiedergeburt vor, um schließlich meine Schlussfolgerungen zu ziehen.

Sterblichkeit und »Unsterblichkeit«

Was wissen wir, wenn wir uns auf das zu Lebzeiten veröffentlichte Werk beschränken? ELBEN sind prinzipiell »unsterblich«. Sie sterben nur durch Gewalt oder Kümmernis (»Weltmüdigkeit«) – oder wie Lúthien, die als einzige Elbin ihre Unsterblichkeit aufgibt:

---

1 Für Tolkien waren die *Anhänge* untrennbarer Bestandteil des *Herrn der Ringe*. Jahrelang versuchte er, seine Mythologie im *Silmarillion* gemeinsam mit dem *Herrn der Ringe* zu veröffentlichen (siehe Beitrag von Christian Schröder in diesem Band). Auch wenn viele Leserinnen und Leser die *Anhänge* nicht oder nur flüchtig lesen: Ihr Inhalt gehört zum *Herrn der Ringe*!

2 Da Jackson im Vorfeld mehrfach betonte, dass er Tolkiens ganzes Werk und die Briefe berücksichtigen wolle und die *History of Middle-earth* komplett gelesen habe, muss er Tolkiens Auffassung kennen und hat sich demnach bewusst dagegen und für die »Hollywood«-Lösung entschieden.

Sie aber wählte die Sterblichkeit und wollte die Welt verlassen, damit sie ihm folgen könne ... und nach einer kurzen Zeit wandelten sie wieder lebendig in den grünen Wäldern, und vereint überschritten sie vor langer Zeit die Grenzen dieser Welt. So kam es, daß Lúthien Tinúviel als einzige des Elbengeschlechts gestorben ist und die Welt verlassen hat ...   (HdR I 240)

In den *Anhängen* erfahren wir, dass die Unsterblichkeit der Elben eine beschränkte ist (was Tolkien später, wie wir sehen werden, gerne als **Langlebigkeit** bezeichnet), es ist »Unsterblichkeit innerhalb des Lebens der Welt« (HdR III 356f).

MENSCHEN sind sterblich. Es gibt aber sehr unterschiedliche Lebensspannen, wie wir an Aragorn sehen. In den *Anhängen* steht, worauf dies zurückzuführen ist: Elros als Halbelbe entschied sich einst, Mensch zu werden[3], und seine Nachfahren haben eine längere (wenn auch über die Generationen tendenziell abnehmende) Lebensdauer (HdR III 355f) sowie »das Vorrecht, nach ... Belieben zu gehen und die Gabe zurückzugeben« (HdR III 388).[4]

HALBELBEN müssen sich entscheiden, das gilt nicht nur für Elrond und Elros (und Earendil), sondern auch für Elronds Kinder, insbesondere also auch für Arwen (HdR III 355). Dass sie bis ans Ende die Wahl hat, geht aus Aragorns Worten auf seinem Totenbett hervor: »Die letzte Entscheidung liegt vor Euch: zu bereuen ... oder das Schicksal der Menschen auf Euch zu nehmen« (HdR III 389). Unklar bleibt, bis wann sie sich umentscheiden könnte, eindeutig aber ist: Sie hat die Entscheidung noch nicht endgültig gefällt![5]

In seinen Briefen geht Tolkien auf die Thematik ausführlicher ein und erläutert Einzelheiten (in der *History of Middle-earth* finden wir wenig Erhellendes dazu, da das prinzipielle Konzept ziemlich gleich blieb über die Jahre). Die *Briefe* kann man in gewisser Hinsicht auch zum veröffentlichten Werk zählen, da sie, wenn auch (damals) nicht in Buchform, »nach außen« gingen, Tolkiens Aussagen darin also zumindest prinzipiell bekannt sein konnten.[6]

---

3   Zu den biologischen und genetischen Aspekten der Elben-Menschen-Beziehungen und den Auswirkungen auf die Nachfahren vgl. Schneidewind, *Biologie, Genetik* 48f.
4   Über Túor, den einzigen »unsterblich« werdenden Menschen, erfahren wir im veröffentlichten Werk nichts.
5   Es bedarf also nicht der später zu zitierenden Ausführungen Tolkiens in den Briefen zur Einmaligkeit von Lúthiens Schicksal, es genügt, die *Anhänge* zu lesen.
6   Das gilt zumindest für diejenigen Briefe, die abgeschickt wurden; einige aussagekräftige Briefe, die auch in der Literatur immer wieder herangezogen werden, brachte Tolkien nie auf den Weg. Im Einzelfall muss man differenzieren zwischen Briefen an die Öffentlichkeit (Zeitschriften etc.), an Verleger, an die Familie, an Leser sowie nicht abgeschickten Entwürfen. Wenn dies von Bedeutung ist, weise ich darauf hin.

Zunächst unterscheidet Tolkien zwischen der »echten« Unsterblichkeit der »Götter«, also der Valar und Maiar[7], und der auf die Dauer der Welt begrenzten der Elben, der »Langlebigkcit«:

> In dieser mythischen ›Prähistorie‹ gehörte Unsterblichkeit, genauer gesagt, Langlebigkeit über die ganze Lebensspanne von Arda, zu den Gaben, die der Natur der Elben verliehen waren; über das Ende hinaus wurde nichts offenbart. Sterblichkeit, das heißt, eine kurze Lebensspanne ohne Beziehung zur Dauer von Arda, wird als die gegebene Natur der Menschen bezeichnet ...
> (B 374, Nr. 212, 1958)

Tolkien erläutert auch die unterschiedliche Lebensspanne der Menschen genauer:

> Elros entschied sich, ein König und zwar ›longaevus‹, aber sterblich zu werden, darum sind alle seine Nachkommen sterblich und von besonders edlem Stamm, aber bei abnehmender Langlebigkeit: so Aragorn (der aber immer noch eine größere Lebensspanne hat als seine Zeitgenossen, die doppelte, wenn auch nicht wie bei den ersten Númenórern die dreifache der Menschen).
> (B 253, Nr. 153, 1954)[8]

Dass die Langlebigkeit der Ringträger eine Ausweitung der individuell möglichen Lebensspanne ist und keine prinzipielle Änderung, wird in Bilbos Klage deutlich: »... komme ich mir ganz dünn vor, gewissermaßen ausgemergelt, wenn du weißt, was ich meine: wie Butter, die auf zu viel Brot verstrichen wurde« (HdR I 48f). Tolkien erläuterte das schon vor dem Erscheinen des *Herrn der Ringe* in einem Brief:

> Es besteht die Ansicht..., daß jede ›Gattung‹ eine natürliche Lebensspanne hat, die ihrem biologischen und spirituellen Charakter gemäß ist. Diese kann nicht wirklich qualitativ oder quantitativ vergrößert werden; so daß zeitliche Verlängerung nur wie das

---

7 Und selbst dies könnte fragwürdig sein: Was wurde aus Sauron und Saruman? Sind sie wirklich vergangen (»tot«), oder nicht eher nur aus unserer Welt, aus Arda, gewichen, halten sich in irgendeiner Form außerhalb auf und werden einst bei der zweiten Musik der Ainur mitsingen? Wenn ich Tolkiens Aussagen über die Unsterblichkeit der »Götter« berücksichtige, seinen Glauben an die prinzipielle Erlösbarkeit aller Wesen und seine Äußerungen über Gnade sowie an Ilúvatars Ansprache an Melkor in der Ainulindalë denke, halte ich dies für wahrscheinlich (mehr dazu vgl. Schneidewind, *Biologie, Abstammung* 52-55).

8 Zu den biologischen Grundlagen vgl. Schneidewind, *Biologie, Genetik* 63.

immer straffere Anspannen eines Drahtes oder immer dünneres
Verstreichen von Butter wirkt – sie wird zu einer unerträglichen
Qual. (B 206, Nr. 131, 1951)

Niemand innerhalb der Welt kann aus den gesetzten Grenzen heraus. Die grundlegende Eigenschaft »Sterblichkeit« können auch die Valar nicht verändern, dies bedürfte eines Eingriffes durch Ilúvatar. Daher war der Angriff der Númenórer auf die Unsterblichen Lande von vornherein umsonst: Dort ändert sich nichts an der Sterblichkeit der Besucher, auch Frodo, Gimli und die anderen werden sterben:

> ... die zugrunde liegende mythische Idee ist, daß dies für Sterbliche, weil ihre ›Art‹ nicht für immer verändert werden kann, eigentlich nur eine zeitweilige Belohnung ist: eine Heilung und Wiedergutmachung von Leiden. Sie können nicht für immer verweilen, und wenn sie auch nicht in die sterbliche Welt zurückkehren können, so können und werden sie doch ›sterben‹ ... und die Welt verlassen. (B 253, Nr. 153, 1954)

Nur zwei Ausnahmen gibt es, bei denen die »Art« der Person verändert wird:

> Weil Unsterblichkeit und Sterblichkeit je die besonderen Gaben Gottes für die Eruhíni sind (an deren Idee und Erschaffung die Valar überhaupt keinen Anteil hatten), muß man annehmen, daß keine Änderung ihrer grundsätzlichen Artung auch nur in einem einzigen Fall bewirkt werden könne: Die Fälle von Lúthien (und Túor) und die Stellung ihrer Nachkommen waren ein direkter Akt Gottes. (B 256f, Nr. 153, 1954)

Anders bei denen, die Eigenschaften von beiden Eltern geerbt haben: »Die Halbelben wie Elrond und Arwen können wählen, zu welcher Art und welchem Schicksal sie gehören wollen: die Wahl gilt ein für allemal« (B 262, Nr. 153, 1954). Dies ist aber nicht nur eine Wahl, es ist auch eine Pflicht:

> Elrond entschloß sich, unter den Elben zu leben. Seine Kinder ... **müssen** sich wiederum entscheiden. Arwen ist keine ›wiedergeborene‹ Lúthien ... sondern eine Nachkommin, die ihr im Äußeren, im Charakter und Schicksal sehr ähnlich ist ... daß die Halbelben die Befugnis zu einer (unwiderruflichen) Entscheidung haben, **die sie eine Weile, aber nicht für immer hinausschieben können**, welches Sippenschicksal sie teilen wollen.
> (B 255, Nr. 153, 1954, Herv. FS)

Jahre später hat Tolkien dies insbesondere in Hinblick auf Arwen noch einmal bestätigt:

> Arwen war keine Elbin, sondern gehörte zu den Halbelben, die auf ihre elbischen Rechte verzichtet hatten.
> (B 551, Nr. 345, 1972)

Wiedergeburt

Im *Hobbit* und im *Herrn der Ringe* findet man kaum Aussagen zu diesem Konzept. Wir erfahren, dass die Zwerge an die Wiedergeburt ihres Ahnherren Durin glauben (HdR III 398). Ob dies aber wirklich so ist oder doch nur eine Legende, die sich um die Ähnlichkeit der Nachfahren rankt, lässt Tolkien dort offen, erst um 1972/73 bestätigt er dieses Konzept, wie wir später sehen werden.

Manche interpretieren Gandalfs Aussage über Glorfindel so, als sei dieser wiedergeboren: »Ja, du hast ihn einen Augenblick so gesehen, wie ihn die andere Seite sieht: als einen der Mächtigen unter den Erstgeborenen. Es ist ein Herr der Elben aus einem Fürstenhaus« (HdR I 271). Diese Interpretationen sind aber erst entstanden, nachdem *The History of Middle-earth* erschienen war. Wir werden später sehen, dass Tolkien zumindest bei der Entstehung des *Herrn der Ringe* von zwei verschiedenen Elben namens Glorfindel ausging.

In den Briefen gibt es zum Thema Wiedergeburt nur Äußerungen in nicht abgeschickten Entwürfen:

> Wenn sie ›getötet‹ werden, ... entkommen sie nicht aus der Zeit, sondern bleiben in der Welt, entweder ohne leibliche Hülle oder durch Wiedergeburt.
> (B 311, Nr. 181, 1956)

> Sie wurden wiederhergestellt und wiedergeboren und erlangten schließlich alle Erinnerungen aus ihrer Vergangenheit wieder: Sie blieben ›identisch‹.
> (B 373, Nr. 212, 1958)

Es mag sein, dass Tolkien seine Ideen zur Wiedergeburt nicht veröffentlichen wollte. Zumindest war er sich der Problematik des Konzeptes bewusst, wie er in einem Entwurf zu einem (nicht abgeschickten) Brief klarstellt. Dieser ist die Antwort auf ein Schreiben von Peter Hastings, Leiter einer katholischen Buchhandlung, der die Idee der Wiedergeburt kritisiert hatte (Tolkien hatte ihm davon erzählt):

Friedhelm Schneidewind

> Gott hat dieses Verfahren in keiner seiner Schöpfungen, von denen wir Kenntnis haben, angewendet, und mir scheint die Position eines Nebenschöpfers überschritten zu werden, wenn man es als eine tatsächlich wirksame Sache hervorbringt, denn wenn ein Nebenschöpfer die Beziehungen zwischen Schöpfer und Geschaffenem behandelt, sollte er diejenigen Kanäle benutzen, von denen er weiß, daß auch der Schöpfer sie schon benutzt hat. (B 248)

Tolkien sah wohl »die gewaltigen weltanschaulich-religiösen Probleme, die sich mit der Reinkarnationsidee stellen« (Adler/Aichelin), in seinem Entwurf auf die oben zitierten Vorwürfe schrieb er: »Die ›Wiedergeburt‹ mag schlechte Theologie sein ...« (B 249f, Nr. 153, 1954).

Exkurs: Begriffe und Einschätzung

Schon die Termini sind verwirrend und werden je nach kulturellem und religiösem Hintergrund unterschiedlich verwandt: Wiedergeburt bedeutet »Auferstehung, Palingenese[9], Reinkarnation«, das »Wiedergeborenwerden des Menschen, der menschlichen Seele« sowie (im Christentum) »das Neuwerden des gläubigen Menschen durch die Gnade Gottes«. Die Reinkarnation ist nach derselben Quelle der »Übergang der Seele eines Menschen in einen neuen Körper u. eine neue Existenz; Seelenwanderung« und auch die »Wiederverkörperung von Gestorbenen«.[10] Wissenschaftliche Belege gibt es für keines dieser Phänomene (Schmid, Thiede).

Hindus und Buddhisten glauben aber an Seelenwanderung und Wiedergeburt, und auch im westlichen Kulturraum nimmt die Anzahl der daran Glaubenden zu:

---

9 Palingenese bedeutet Reinkarnation, wird aber auch in der Biologie verwandt für das Auftreten von Merkmalen stammesgeschichtlicher Vorfahren während der Keimesentwicklung (z. B. die Anlage von Kiemenspalten beim Menschen) und in der Geologie für die Aufschmelzung eines Gesteins und Bildung einer neuen Gesteinsschmelze.

10 Duden, Deutsches Universalwörterbuch, Mannheim, ⁵2003. Etwas ausführlicher: Wiedergeburt ist die »Wiederverkörperung, die in vielen Religionen verbreitete Vorstellung der Seelenwanderung oder Wiederkehr der Seele eines Verstorbenen in einem Neugeborenen; im übertragenen Sinn innere Erneuerung. Allgemein ist der Glaube an Wiedergeburt in den indischen Religionen Hinduismus, Buddhismus und Jinismus; die Art der Wiedergeburt richtet sich nach dem Karma, d.h. der moralischen Qualität der begangenen Taten ... Seelenwanderung, Metempsychose, Reinkarnation, in verschiedenen Religionen die Vorstellung von einer Wiederverkörperung der unvergänglichen Seele nach dem Tod des Leibes in einem menschlichen, tierischen oder pflanzlichen Körper. Der Seelenwanderungsglaube ist bei den Indern sittlich bestimmt: die Summe der guten oder bösen Taten des vergangenen Lebens bestimmt die Art der Wiederverkörperung der Seele im nächsten Dasein. Den Kreislauf der Seelenwanderung zu beenden ist das Erlösungsziel aller indischen Religionen« (Bertelsmann Universallexikon, CD, 2004).

Man kann im Grunde von einer ganz gut durchgehärteten Menge
von etwa einem Fünftel bis maximal einem Viertel der Bevölkerung in den westlichen Kulturen unterstellen, dass sie von der
Reinkarnationsvorstellung in irgendeiner Weise beeindruckt sind,
dass es der Gedanke ist, der ihnen am naheliegendsten ist, wenn
man sie fragt: ›Was glaubst Du, kommt denn nach dem Tod?‹
... Erstaunlich aber ist, dass es nicht in erster Linie die östliche
Auffassung von Reinkarnation ist, die Interesse weckt, sondern ...
eine spezifisch westlich-europäische ... Seit der Neuzeit, seitdem
wir dann in Europa auch überhaupt erst Reinkarnationsvorstellungen haben, denn im Mittelalter gibt es fast keine, seit der Neuzeit
ist Wiedergeburt etwas Schönes, eine Chance im Leben, dass es
attraktiv ist wiedergeboren zu werden. Die antike oder asiatische
Vorstellung, dass es etwas Schlechtes ist, ist damit erledigt. Reinkarnation ist umkodiert von Strafe auf Chance.

(Rüdiger Sachau in Pick)[11]

Die großen christlichen Kirchen lehnen den Reinkarnationsglauben ab:

... moderne katholische Theologen ... haben ... kategorisch
die These vertreten, daß aufgrund von Konzilsbeschlüssen und
aufgrund klarer Aussagen des Lehramtes katholischer Glaube
und Reinkarnationsidee auf keinen Fall zur Deckung zu bringen
sind.
(Adler/Aichelin)

Die Bibel äußert sich weder positiv noch negativ zur Frage nach der
Reinkarnation. Biblisch besehen ist der Glaube an Reinkarnation
deshalb weder falsch noch richtig, sondern einfach unnötig. Wir
brauchen nicht mit Reinkarnation zu rechnen. Wir müssen diesen
Reinkarnationsglauben aber auch nicht bekämpfen. Der christliche Glaube kennt andere Orientierungsmuster fürs menschliche
Dasein.
(Schmid)

Dass Tolkien in unserer Primärwelt an die Reinkarnation glaubte, halte ich aufgrund seines katholischen Glaubens für unwahrscheinlich. Er hat auf jeden Fall
auch in dieser Sache Primär- und Sekundärwelt sauber auseinandergehalten:

---

11 Einen hervorragenden, im Netz einsehbaren Überblick bieten Adler/Aichelin, von Plato
über Goethe und Lessing bis zu modernen Vertretern der Seelenwanderungslehre wie den
Anthroposophen und Scientologen; eine gute Ergänzung bietet Pick. Viele zusätzliche
Informationen vgl. Schneidewind, *Lexikon*.

> Die ›Wiedergeburt‹ mag schlechte Theologie sein ... in bezug
> auf die Menschheit ... Aber ich sehe nicht, wie selbst in der Pri-
> märwelt ein Theologe oder Philosoph, sofern er nicht über das
> Verhältnis zwischen Leib und Seele sehr viel besser unterrichtet
> wäre, als es, wie ich glaube, irgendwer sein kann, die Möglichkeit
> der Wiedergeburt leugnen könnte, als eine Art der Existenz, die
> für bestimmte vernünftige und leibliche Geschöpfe geboten sein
> könnte. (B 249f, Nr. 153, 1954)

Dass die Idee aber auch in Mittelerde Probleme mit sich brächte, räumte er immer wieder ein, etwa bei den Überlegungen zur Entstehung der Orks aus Elben.[12]

Frühe Ideen

In der 1918/20 entstandenen *Music of the Ainur* ist die Langlebigkeit der Elben schon angelegt wie später im *Herrn der Ringe* und im *Silmarillion*: Sie sterben nur durch Gewalt oder durch Kummer. Sie werden aber in ihren Kindern wiedergeboren: »... dying they are reborn in their children, so that their number minishes not, nor grows« (LT1 59). Eine clevere Art der Bevölkerungskontrolle.

In anderen Texten aus jener Zeit finden sich ähnliche Vorstellungen; sie variieren vor allem darin, wie lange es dauert bis zur Zeit der Wiedergeburt, und wer von den Valar über diese Wartezeit entscheidet. Einmal aber finden wir eine Konzeption, die zumindest bezüglich der Menschen der späteren Mythologie zutiefst widerspricht und später wieder verworfen wurde; hier werden die Menschen nach ihrem Verdienst eingeteilt! Da diese Passage auch die Ähnlichkeit in den die Elben betreffenden Konzeptionen zeigt, wird sie hier ausführlicher zitiert:

> Mandos and his wife Nienna appear ... where they are named
> 'Fantur of Death, Vefantur Mandos' and 'Fui Nienna', 'mistress
> of death' ... Most important in the passage concerning Mandos is
> the clear statement about the fate of Elves who die: that they wait
> in the halls of Mandos until Vefantur decrees their release, to be
> reborn in their own children. This latter idea has already appeared
> in the tale of The Music of the Ainur (p. 57), and it remained my
> father's unchanged conception of Elvish 'immortality' for many
> years; indeed the idea that the Elves might die only from the
> wounds of weapons or from grief was never changed ...

---
12 Vgl. Schneidewind, *Biologie, Genetik* 54.

With the account of Fui Nienna, however, we come upon ideas in
deep contradiction to the central thought of the later mythology
... Here we learn that Nienna is the judge of Men in her halls
named Fui after her own name; and some she keeps in the region
of Mandos (where is her hall), while the greater number board the
black ship Mornie – which does no more than ferry these dead
down the coast to Arvalin, where they wander in the dusk until
the end of the world. But yet others are driven forth to be seized
by Melko and taken to endure 'evil days' in Angamandi (in what
sense are they dead, or mortal?); and (most extraordinary of all)
there are a very few who go to dwell among the Gods in Valinor.
We are far away here from the Gift of Iluvatar, whereby Men are
not bound to the world, but leave it, none know where; and this
is the true meaning of Death ... the final and inescapable exit.

(LT 1 90)

Einige Jahre später finden wir in *The Quenta* (1930) eine ähnliche Konzeption bzgl. der Elben: Nach ihrem »Tod« warten sie in den Hallen von Mando: »Slain or fading their spirits went back to the halls of Mandos to wait a thousand years, or the pleasure of Mandos according to their deserts, before they were recalled to free life in Valinor, or were reborn, it is said, into their own children« (SM 100). Die Wiedergeburt ist also eine Alternative zum »freien Leben« in Valinor; letzteres ist eine ganz andere, nie weiter ausgeführte Idee als später das Warten in Mandos' Hallen.

Eine Anmerkung zeigt Tolkiens Unentschlossenheit, ob nun die Zahl der Elben wachsen soll oder nicht, alle wiederkehren sollten oder nicht; er änderte oft seine Meinung, aber immer noch waren es ihre Kinder, in denen die Elben wiedergeboren wurden.

Der Fall Beren und Lúthien

Über den oben ausgeführten »Sonderfall« Lúthien war Tolkien sich in den 1920er-Jahren noch nicht klar. In *The Tale of Tinúviel* (um 1925) sind Lúthien und Beren Elben, und beide werden sterblich, wie Mandos ihnen erläutert: »O Elves, it is not to any live of perfect joy that I dismiss you ... – and know ye that ye will become mortal even as Men, and when ye fare hither again it will be for ever, unless the Gods summon you indeed to Valinor« (LT 2 40).

Da ist noch nichts zu erkennen von der Besonderheit der Abstammungslinie durch die Vereinigung von Elben und Menschen, und auch nichts vom Eingriff Ilúvatars.

Friedhelm Schneidewind

Gesetze und Bräuche bei den Elben

Während der Entstehungszeit des *Herrn der Ringe* ist Tolkien sich noch über vieles im Zusammenhang mit der Wiedergeburt unklar. So schreibt er in der *Ainulindalë D*, um 1948 (da war *Der Herr der Ringe* praktisch fertig): »often they return and are reborn among their children« (MR 37).

Erst in den späten 50er-Jahren, als *Der Herr der Ringe* schon einige Jahre auf dem Markt ist, erarbeitet er sich eine einigermaßen klare, wenn auch in manchen Punkten abweichende, Konzeption. Diese schlägt sich nieder in zwei Werken: *Laws and Customs among the Eldar* (späte 1950er, MR 207-253) und *Athrabeth Finrod ah Andreth* (wohl 1959, MR 301-366).

In den »Gesetzen und Bräuchen bei den Elben« erfahren wir, kurz zusammengefasst: Am Anfang, nach ihrem Erwachen, wussten die Elben nichts von ihrem Schicksal, sie erfuhren es erst in Aman von den Valar; vorher dachten sie, der Tod sei endgültig. Nun lernten sie, dass ein Elbe oder eine Elbin bei der Geburt direkt von Eru, von außerhalb von Ea, einen neuen fëa erhielt (was ungefähr dem Geist oder der Seele entspricht), der sich mit dem hröa (auch hrondo) verband (entspricht dem Körper).

Die Elbenkinder altern langsamer als Menschenkinder; mit 50 bis 100 Jahren sind Elben erwachsen. Sie heiraten dann i.d.R. früh und nur einmal[13] und bekommen bald Kinder. Der fëa des Kindes wird im Mutterleib »gepflegt« und »genährt« durch den Geist beider Eltern, dies ist ebenso wichtig wie physische Nahrung. Deshalb versuchen sie, jede Trennung zu vermeiden, und bekommen keine Kinder in Gefahren- oder Kriegszeiten. Elben können anderen Elben ansehen, ob diese verheiratet sind oder nicht. Ehebruch gibt es nicht, und eine Vergewaltigung durch einen Elben würde eine Elbin nicht überleben.[14]

Der fëa ist unzerstörbar, er bleibt nach Zerstörung des hröa in Arda, geht in die Hallen von Mandos ein. Solche »unbehausten« (houseless, exiled) fëar können in einem neuen Körper wiedergeboren werden – aber nur freiwillig, nach einer Wartezeit nach dem Willen der Valar, und nur mit Erus Erlaubnis (ein Gnadenakt!). Die Wiedergeburt geschieht als Kind durch eine neue Geburt, im selben Geschlecht, manchmal sogar bei den eigenen (Erst-)Eltern.

Die zweite Kindheit, während der langsam die Erinnerung an das erste Leben wächst, bringt eine doppelte Erinnerung und dadurch mehr Erfahrung, Wissen und Weisheit: »double joy of childhood, and also an experience and

---

13 Im *Herrn der Ringe* und auch im *Silmarillion* lernen wir hauptsächlich Elben kennen, die sich nicht an diese Regel halten: Arwen ist bei ihrer Heirat 3.019 Jahre alt, Legolas seit Jahrhunderten unverheiratet, Galadriel hat spät geheiratet, Finrod hat eine Geliebte, die er in Aman zurücklässt.

14 Durch andere Wesen schon, wie das Beispiel von Elronds Frau zeigt, die von Orks missbraucht wird – und über andere geschlechtliche Konstellationen, etwa gleichgeschlechtliche Liebe oder gleichgeschlechtlichen Missbrauch, schreibt Tolkien nichts.

knowledge greater then the years of he body« (MR 221). Insgesamt sind die Wiedergeborenen bevorzugt und haben mehr Freude: »For the Re-born are twice nourished, and twice parented, and have two memories ... Their life is, therefore, as if a year had two springs and though a untimely frost followed after the first, the second spring and all the summer after were fairer and more blessed« (MR 222). Welch ein schönes poetisches Bild!

Eine Wiedergeburt ist unmöglich, wenn der Partner oder die Partnerin wieder verheiratet ist; die ausführlich dargestellte Diskussion um Finwe und Míriel (MR 254-270) führt deshalb zu speziellen Regeln in einem solchen Fall.

»Unbehauste« (houseless) fëar, die den Ruf von Mandos ablehnen, können als Geister bzw. Gespenster zu einer Gefahr werden, wenn sie etwa andere Elben zu beherrschen oder ihren hröa zu übernehmen suchen (Besessenheit; über einen Exorzismus erfahren wir bei Tolkien nichts). Solche fëar können auch von Nekromanten kontrolliert und in ihren Dienst gezwungen werden; die gefährlichsten Nekromanten waren Melkor und Sauron.

Diese Ideen und Konzepte über die Elben sind reizvoll, haben aber wenig zu tun mit dem, was wir im *Herrn der Ringe* und auch im *Silmarillion* vorfinden, ja sie widersprechen den Konzepten dort teilweise. Was etwa ist noch besonders tapfer an den heldenhaften Kämpfern der Elben, wenn diese wissen, dass sie bald wiederkommen?

Die *Athrabeth Finrod ah Andreth*

Dieses Werk stellt Alexandra Wolf an anderer Stelle in diesem Band ausführlich vor, deshalb beschränke ich mich auf die für mein Thema wichtigen Aussagen. Bei dem ausführlichen Diskurs zwischen dem Elbenfürsten Finrod Felagund und der weisen Menschenfrau Andreth, die einst verliebt war in Finrods Bruder Aegnor (Aikanáro), geht es um das Schicksal der Elben und Menschen allgemein, um Tod, Wiedergeburt und Hoffnung.

Den oben erwähnten Brauch der Elben, in Krisenzeiten keine Kinder zu bekommen, erweitert Finrod: Elben heiraten nicht im Krieg, sondern sie bereiten sich auf den Tod oder die Flucht vor. (Damit begründet er, dass Aegnor Andreth fallen ließ.)

Es entwickelt sich ein Disput, in dem Andreth alte Überlieferungen ihres Volkes wiedergibt, die den bisher bekannten Konzepten von Sterblichkeit/Unsterblichkeit und Wiedergeburt widersprechen: Auch die Menschen seien einst unsterblich gewesen (d.h. langlebig bis zum Ende von Arda); sie hätten sich aber mit Melkor eingelassen, und ihre Sterblichkeit sei die Strafe Erus.

Finrod widerspricht zunächst, ist aber später bereit, einzuräumen, dass an der menschlichen Überlieferung etwas dran sein könnte. Dann scheinen ihm zwei Schlussfolgerungen möglich, zwei »Synthesen« aus den unterschiedlichen Konzepten und Überlieferungen.

Die erste mögliche »Synthese«: Die Menschen waren einst potentiell unsterblich, die »Gabe Erus« war die Freiheit der Menschen, Arda auf Wunsch zu verlassen – mit hröa und fëa, also als »ganze«, »heile« Wesen. Die Strafe Erus ist die »unnatürliche« Trennung von hröa und fëa, von Geist/Seele und Körper, beim Sterben, unter Zurücklassung des Körpers (MR 318).

Die zweite »Synthese« eröffnet den Elben(!) neue Hoffung: Wenn die Überlieferung der Menschen stimmen sollte, dass dereinst der fëa des Menschen seinen Körper wieder mitnehmen könne aus Arda (»uplift the hröa«), nämlich dann, wenn Arda vom Einfluss Melkors befreit werde (»healed ... of the taint of Melkor«), dann werde Arda vielleicht auch von anderen bekannten Einschränkungen befreit (»released ... from the limits«) und es entstehe etwas Neues: nicht die alte, »verderbte« Welt, sondern eine bessere, geheilte: »Arda Healed shall not be Arda Unmarred, but a third thing and a greater.« Und dann könnten wahrscheinlich auch die Elben weiter existieren, über das ihnen bestimmte Ende von Arda hinaus: »Eldar completed but not ended ... for ever« (MR 318f, ähnlich 250f).

Eingedenk der Tatsache, dass Tolkien beim Schreiben der *Athrabeth Finrod ah Andreth* 67 Jahre alt und entweder schon im Ruhestand war (ab Sommer 1959) oder kurz davor stand, wundert es mich nicht, dass das Werk hoffnungsvoll und in mehrfacher Hinsicht versöhnlich angelegt ist. Tolkien gibt den Elben eine neue Hoffnung, er söhnt sich und seinen christlichen Glauben aus mit deren eher nordisch-heidnischem Schicksal, und er verbindet seine alte Idee der zweiten Musik der Ainur mit der christlichen Vision von einem neuen Himmel und einer neuen Erde.

Elbenfürst und Zwergenkönig: Späte Schriften

Die in dem letzten Band der *History of Middle-earth* versammelten späten Schriften sind etwas problematisch, wie auch Christopher Tolkien einräumt, der manchmal »clear evidences of confusion« erkennt (PM 377). Dies sollte niemanden verwundern, sind diese Texte doch zum großen Teil in den letzten Monaten vor Tolkiens Tod entstanden – und ein Mann von 80 Jahren hat jedes Recht, zu erklären, »my memory is no longer retentive« (PM 377). Erstaunlich und bewundernswert ist eher, wie klar und schlüssig Tolkien noch zu schreiben vermag.

An zwei Punkten nimmt Tolkien wesentliche Änderungen vor: bei den Zwergen und bei Glorfindel.

Bei der Wiedergeburt von Durin geht er nun von einer »echten« Wiedergeburt aus und notiert hierzu zwei Möglichkeiten: Es handele sich beim Wiedererscheinen von Durin entweder um eine Wiedergeburt im neuen Körper, bei der die Erinnerungen vorhanden seien, oder aber um eine Wiederbelebung des Körpers, zu dem der Geist zurückkehre: »... the reappearance ... is not ... one of rebirth, but of the preservation of the body of a former King Durin (say) to which at intervals his spirit would return« (PM 383f). Mehr erfahren wir nicht über Tolkiens Versuch, sein Wiedergeburtskonzept auch für die Zwerge anzupassen.

Der Fall Glorfindel ist verzwickt, und auch Christopher Tolkien sieht keine klare Linie.

Während der Entstehung des *Herrn der Ringe* ging Tolkien davon aus, dass es zwei Glorfindels gab: den im Kampf gegen den Balrog gefallenen Elbenfürsten aus Gondolin und den Glorfindel, den Frodo in Bruchtal kennenlernt (siehe RS 214, 1938). 32 Jahre später ist er zum Schluss gekommen, dass dies nicht sein könne, da zwei Elben niemals denselben Namen haben könnten.[15]

Ohne dass wir wissen, warum, verwirft Tolkien die Idee der Wiedergeburt als Neugeborenes (»re-birth«) als falsch bzw. erklärt sie zu einer falschen Überlieferung: »noted as a false notion, probably of Mannish origin« (PM 390). Nun wird die »reincarnation« im Sinne von »Wiederherstellung des Körpers«[16] zu einem **Recht** (zumindest einiger) Elben, denn es ist »duty of the Valar to restore them ... to incarnate life, if they desired it« (PM 378). Nach Vergebung der Rebellion gegen die Valar, an der er beteiligt war, wird Glorfindel »released from Mandos and became himself again« (PM 378) – eher eine »Wiederauferstehung« oder »Wiederherstellung« als eine Wieder-»Geburt«.

Es gibt zwei Texte über Glorfindel mit verschiedenen Thesen. Nach Text I fährt er als besonderer Freund von Olorin (Gandalf) mit diesem nach Mittelerde, nach Text II tut er dies schon erheblich früher, Mitte des 2. Zeitalters, evtl. sogar schon vor dem Schmieden der Ringe, um dort den Kampf der Istari gegen Sauron vorzubereiten.

Laut *Silmarillion* wussten allerdings von den Elben nur Galadriel, Elrond und Cirdan um Gandalfs Herkunft und Macht; nun müsste Glorfindel auch Bescheid wissen. Ebenfalls laut *Silmarillion* sind die Istari die einzigen Gesandten, über die die Valar Einfluss nehmen in Mittelerde; nun gehörte Glorfindel auch dazu. Wieso hält er sich dann aber im Ringkrieg so zurück?

---

15 Zumindest bei Elben und Menschen hat er dies aber toleriert. Beispiele sind Haldir aus Lothlórien und Haldir, Sohn von Halmir von Brethil, Führer der Haladin, der in der Nírnaeth Arnoediad fiel; Haleth, der älteste Sohn von König Helm Hammerhand, aber auch eine gewählte Führerin der Haladin im Ersten Zeitalter; Beleg, als Beleg Cúthalion der berühmteste elbische Bogenschütze, als Beleg I. der zweite König von Arthedain, Vorfahr von Aragorn.

16 Im Deutschen wie im »normalen« Englisch gibt es diesen Unterschied sprachlich nicht in dieser Eindeutigkeit – wahrscheinlich weil die meisten Reinkarnationsvorstellungen eine Wiedergeburt im Sinne von »rebirth« vorsehen (siehe Fußnote 10).

Friedhelm Schneidewind

Schlussfolgerungen

Für unser Bild von Mittelerde müssen wir uns entscheiden, ob wir nur das zu Lebzeiten veröffentlichte Werk, ob wir auch das *Silmarillion* und/oder die *Briefe* und ob und wieweit wir die große Zettelsammlung *History of Middle-earth* heranziehen. Jede dieser Entscheidungen ist legitim.

Bei der »Unsterblichkeit« der Elben und der Sterblichkeit verfolgt Tolkien ein klares Konzept über die Jahre hinweg (mit Ausnahme der *Athrabeth Finrod ah Andreth*), das zudem naturwissenschaftlich erklärbar ist, über die Mythologie hinaus.[17] Auch die Sonderstellung der Halbelben und die Geschichten von Lúthien und Arwen sind schlüssig und ziemlich durchgängig, und beides ist auch im veröffentlichten Werk zu finden.

Tolkiens Konzepte zur »Wiedergeburt« sind widersprüchlich und wechselnd, bringen viele Probleme mit sich und tauchen nicht im veröffentlichten Werk auf; ich streiche sie deshalb aus meinem Mittelerdebild. Denn sonst müsste ich viele der Taten im *Herrn der Ringe* und vor allem im *Silmarillion* neu bewerten. Was riskiert Finrod wirklich, wenn er sich für Beren opfert, was Fingolfin, wenn er gegen Melkor antritt, wenn beide **wissen**, dass sie irgendwann wiederkommen werden? Und der »Sündenfall« der Elben, der Sippenmord von Alqualonde, würde erheblich an Bedeutung verlieren und könnte kaum jene dramatischen Folgen haben.

Die Wiedergeburtsidee taucht bei Tolkien früh auf, aber er hat sie nie in seinem veröffentlichten Werk aufgenommen; ich folge ihm hierin.[18]

Ich sehe in den verstärkten Bemühungen Tolkiens ab den späten 1950er-Jahren, die Mythologie mit seinem christlichen Gedankengut in Übereinstimmung zu bringen, den Versuch, im Herbst seines Lebens sich und sein Werk mit seinem Glauben in Einklang zu bringen – nach dem diesem Artikel zugrunde liegenden Vortrag wurde im Publikum der Begriff »Restauration« laut,

---

17 Vgl. hierzu Schneidewind, *Biologie, Genetik* 62f.
18 Das Argument, es müsse zählen, was ein Autor **zuletzt** zu seinem Werk gesagt oder geschrieben habe, akzeptiere ich nicht. Zunächst wissen wir nicht, was Tolkiens letzte Meinung war; vielleicht hat er kurz vor seinem Tod alles zur Wiedergeburt widerrufen auf einem Butterbrotpapier, das nie gefunden wurde. Und nicht alles, was man aufschreibt, ist ernst gemeint, es mag nur Gedankenspielerei sein, bald wieder verworfen werden. Speziell im Fall der *History of Middle-earth* können wir dies häufig nicht bewerten. Hinzu kommt, dass wir es mit einer Auswahl und Bearbeitung durch einen Dritten zu tun haben. (All dies ist auch wichtig bei der Diskussion um die Rolle und Geschichte Galadriels.) Unabhängig von diesen Argumenten gilt: Mit einer Veröffentlichung ist ein Werk der Interpretation durch alle Rezipierenden freigegeben. Der Autor mag erläutern, was er meinte, aber wenn es ihm nicht gelungen ist, dies in seinem Werk zu verdeutlichen, ist seine Interpretation prinzipiell nicht mehr wert als jede andere – es sei denn, er überarbeitet sein Werk. Tolkien hat im *Herrn der Ringe* nie die Wiedergeburt eingebaut, also steht es uns frei, sie zu ignorieren.

den ich für zutreffend halte.[19] In einer so späten Lebensphase ist der Versuch nur allzu verständlich, eine Übereinstimmung zwischen eigenem Werk und Glauben herzustellen. Doch ist es unsere Entscheidung, wie weit wir Tolkien dabei folgen.

Bibliographie

Adler, Gerhard und Helmut Aichelin. *Reinkarnation – Seelenwanderung – Wiedergeburt. Eine religiöse Grundidee im Aufwind.* EZW-Information 76. Stuttgart: Evangelische Zentralstelle für Weltanschauungsfragen, 1979 (http://www.ekd.de/ezw/dateien/EZWINF76.pdf)

Carpenter, Humphrey, Hg. *J.R.R. Tolkien. Briefe.* Übersetzt von Wolfgang Krege. Stuttgart: Klett-Cotta, 2002

Friedli, Richard. *Zwischen Himmel und Hölle – Die Reinkarnation. Ein religionswissenschaftliches Handbuch.* Freiburg: Universitätsverlag, 1986

Pick, Ulrich. *Auf ein Neues? Reinkarnationsvorstellungen in christlich geprägtem Umfeld.* Manuskript zur Sendung *SWR2 Glaubensfragen* vom 25.7.2004 http://www.swr.de/swr2/sendungen/glaubensfragen/archiv/2004/07/25/ 23.6.2006

Sachau, Rüdiger. *Weiterleben nach dem Tod?* Gütersloh: Gütersloher Verlagshaus, 1998

Schmid, Georg. »Anfang und Ende des Glaubens an Reinkarnation«. *Grenzgebiete der Wissenschaft* 1988/I, Resch, Innsbruck (http://www.relinfo.ch/reinkarnation/glaube.html)

Schneidewind, Friedhelm. *Das Lexikon von Himmel und Hölle.* Berlin: Lexikon-Imprint-Verlag, 2000

---, »Biologie, Abstammung und Moral«. *Eine Grammatik der Ethik. Die Aktualität der moralischen Dimension in J.R.R. Tolkiens literarischem Werk.* Thomas Honegger et al. Saarbrücken: Verlag der Villa Fledermaus, 2005, 39-66

---, »Biologie, Genetik und Evolution in Mittelerde«. *Hither Shore* 2 (2005): 41-66

Thiede, Werner: *Warum ich nicht an Reinkarnation glaube. Ein theologischer Diskussionsbeitrag.* EZW-Texte Nr. 136. Berlin: Evangelische Zentralstelle für Weltanschauungsfragen, 1997

Tolkien, John Ronald Reuel. *Der Herr der Ringe* (übersetzt von Margaret Carroux). Stuttgart: Klett-Cotta, [11]2002

---, *Das Silmarillion.* Hg. Christopher Tolkien, Assistenz Guy Gavriel Kay, übersetzt von Wolfgang Krege. Stuttgart: Klett-Cotta, 1978

Zander, Helmut. *Geschichte der Seelenwanderung in Europa.* Darmstadt: Wissenschaftliche Buchgesellschaft, 1999

---

19 Als historischer Fachbegriff bezieht sich Restauration auf Wiederherstellung eines (politischen) Zustandes, der im Zuge einer Revolution oder Reform beseitigt worden war, oder die Wiederherstellung einer legitimen Herrschaftsform. Auch wenn man Tolkiens Mythologie nicht als revolutionär begreift, passt der Begriff doch auf seine späten Versuche, diese seiner primärweltlichen »Herrschaftsform«, seinem Glauben, anzupassen.

Die *Athrabeth Finrod ah Andreth* oder Das Menschenbild in Tolkiens Mythologie

Alexandra Wolf (Braunschweig)

1. Einleitung

In diesem Artikel beschäftige ich mich mit der *Athrabeth Finrod ah Andreth* und konzentriere mich auf die Frage nach der Charakterisierung des Menschenbildes, die ein zentrales, wenn nicht sogar **das** zentrale Thema dieses Werkes ist. Ich arbeite im Folgenden das Menschenbild heraus, wie es von Tolkien in der *Athrabeth* dargestellt wird, und ergänze es durch Aussagen in anderen Werken Tolkiens. Dabei kann aufgrund der Vielzahl der Schriften Tolkiens und ihres Wandels lediglich ein Ausschnitt geboten werden.

Zusätzlich untersuche ich, inwieweit das dort dargestellte Menschenbild sich mit Tolkiens ganz persönlicher Sicht des Menschen deckt. Denn Tolkien erschuf eine Mythologie, die mit dem *Herrn der Ringe* ihr Ende fand. Er unterstellte, dass Legenden und Mythen zu einem großen Teil aus »Wahrheit« bestehen (L 147), und dass Mythen und Märchen Elemente moralischer und religiöser Wahrheit enthalten, jedoch nicht in der expliziten Form der primären Welt (L 145 u. FS 116f, 120-125). Das weist darauf hin, dass Tolkien auch in der *Athrabeth* Verbindungen zwischen seiner Schöpfung und der Primärwelt herstellt.

2. Die *Athrabeth Finrod ah Andreth*

Die *Athrabeth Finrod ah Andreth* ist ein bedeutendes und abgeschlossenes Werk und schien für Tolkien »Autorität« zu haben (vgl. MR 303). Er hatte ursprünglich vor, sie als Anhang dem *Silmarillion* hinzuzufügen (vgl. 329). Sie diskutiert zentrale Punkte der metaphysischen Verfasstheit von Menschen und Elben und ist vielleicht der wichtigste Text über theologische Fragestellungen in Mittelerde.[1]

Christopher Tolkien datiert die *Athrabeth* auf das Jahr 1959. Es ist allerdings nicht auszuschließen, dass Tolkien in Intervallen über einen längeren Zeitraum (etwa ab 1955) an ihr gearbeitet hat (vgl. MR 304). Die Debatte selbst wird ungefähr auf das Jahr 409 EZ datiert, während des Langen Friedens (206-455 EZ).

---

[1] "One should regard this as *the* central explanatory text of the theology of Tolkien's mythological world" (Birzer, *Myth* 58).

2.1 Die Debatte zwischen Finrod und Andreth

Finrod und Andreth sind sich einig, dass der Tod natürlicherweise in Arda vorkommt (z.B. bei Tieren und Pflanzen). Finrod zufolge ist er etwas Gutes, wird aber nicht als gut verstanden, da Melkor seinen Ruf verdorben und die Menschen mit Angst vor ihm erfüllt hat (vgl. 310). Andreth glaubt, der Tod sei ihnen von Melkor auferlegt worden, und die Menschen seien gemäß ihrer wahren Natur ebenso wie die Elben unsterblich (vgl. 309, 314). Nach Finrods Auffassung aber waren Menschen von Beginn an als sterblich konzipiert. Zudem ist er sicher, dass Melkor keine so enorme Macht besitzt, sondern allein Eru (vgl. MR 313).

Diese Sichtweise deckt sich mit den Ausführungen im *Silmarillion* und in den *Letters* über die Natur der Menschen in Tolkiens Mythologie: Danach wird der Tod als Geschenk Ilúvatars an die Menschen und als ihr Schicksal verstanden (S 36 sowie L 205; vgl. auch L 151, 155, 189 u.a.). Tolkien macht insbesondere deutlich, dass diese Tatsache in seiner Mythologie zum Ausdruck gebracht werden soll (vgl. L 205).

Der große Unterschied zwischen Elben und Menschen besteht in der der Unsterblichkeit ähnlichen Langlebigkeit der Elben und den vergleichsweise kurzen Lebensspannen der Menschen. Die Elben glauben, dass ihre Existenz mit Arda endet, da ihr ›hröa‹ und ›fëa‹ an Arda gebunden sind.[2]

Im Gegensatz dazu sind die ›fëar‹ der Menschen in Arda nicht zuhause, und es liegt in ihrer Natur, die Welt nach gewisser Zeit zu verlassen, also zu sterben. Dieser »Tod« bedeutet für die Menschen ein »Nachhausekommen«. Dies spiegelt sich in der Art und Weise wider, wie die Menschen die Welt betrachten. Es verhält sich bei den Menschen so, als würden sie ein fremdes Land besuchen, in dem sie eine Weile bleiben, das sie aber auch wieder verlassen, während die Elben dort bleiben müssen und nie andere Dinge sehen werden (vgl. Birzer 56f).

Auch die Menschen lieben Arda, aber wenn sie etwas zu oft sehen, nehmen sie es nicht mehr wahr. Die Elben betrachten die Dinge um ihrer selbst willen, wohingegen die Menschen sie nur betrachten, um etwas anderes zu entdecken. Wenn sie etwas lieben, tun sie dies nur, weil es sie an etwas anderes und Lieberes erinnert (vgl. MR 315ff). Die Menschen vergleichen unbewusst alle Dinge, die sie sehen, mit einer Vision dessen, was wäre, wenn Arda vollständig ist (vgl. 318).

Hieraus könnte man ableiten, dass den Menschen Arda, und damit ihre Umwelt, nicht so sehr am Herzen liegt, wie es bei den Elben der Fall ist. Dies

---

2 Die Begriffe ›hröa‹ und ›fëa‹ kann man grob mit Körper und Geist übersetzen, s.a. Abschnitt 2.2. Näheres dazu im Artikel von Friedhelm Schneidewind in diesem Band (auch: Schneidewind, *Lexikon* 236 und 343).

drückt sich z.B. in den unterschiedlichen Bauweisen von Elben und Menschen aus. Die Elben gestalten ihre Wohnstätten so, dass sie sich perfekt in ihre Umgebung einpassen ohne diese unnötig zu zerstören (z.B. die Flets der Galadhrim). Zudem war es ihr Bedürfnis, Arda durch ihre Werke zu verschönern (z.B. L 146). Die Menschen hingegen mit ihren Bauwerken und Technologien zerstören die Natur leichtfertig und nehmen keine Rücksicht auf sie. Tolkien selbst war die Natur sehr wichtig, und er war sehr erschüttert, dass die Menschheit sie so verwüstete (z.B. L 77).

Einig sind sich Andreth und Finrod auch, dass eine Einheit zwischen ›hröa‹ und ›fëa‹ besteht, und eine Trennung von beiden durch den Tod unnatürlich ist. Andreth sieht den ›hröa‹ als ein Haus oder vielmehr Kleidung, die für einen ganz bestimmten ›fëa‹ geschaffen wurde. Sie wirft die Frage auf, ob nicht nur die Kleidung dem Träger angepasst würde, sondern auch der Träger der Kleidung. Wird also nicht nur der Körper vom Geist, sondern auch der Geist vom Körper beeinflusst?

Aufgrund ihrer Einheit wirken ›hröa‹ und ›fëa‹ reziprok aufeinander ein. Auf welche Weise dies geschieht, beschreibe ich in Abschnitt 2.3. näher, wobei ich mich auf mentale Aspekte konzentriere. Zu der Frage, inwiefern das Innere die körperliche Erscheinung beeinflusst, bietet aktuell Honegger einen guten Überblick (vgl. *Phänomenologie* 76ff).

Da der ›fëa‹ der Menschen in Arda nicht zuhause ist und die Welt eines Tages verlässt, hätte er ursprünglich aufgrund der bestehenden Einheit den ›hröa‹ mitnehmen sollen, so dass dieser ewig außerhalb Eas weiterlebe.[3] So wäre ein Teil Ardas von Melkors Schädigungen geheilt worden. Nach dieser Auffassung hatten die Menschen von Beginn an große Stärken und Fähigkeiten. Es war ihre Aufgabe, die Schädigungen Ardas zu heilen und die Musik der Ainur zu bereichern. Zudem hätten sie, so glaubt Finrod, die Elben dadurch von ihrem Ende erlösen können. Sie hätten eine Welt nach der geschädigten Welt schaffen sollen, in der die Menschen zuhause und die Elben die Fremden wären (vgl. MR 317f). Dieser Auftrag der Menschen findet sich ebenfalls in anderen Werken Tolkiens (z.B. S 36) und passt damit gut in das mythologische Gesamtbild.

Diese Stärke wurde den Menschen aber von Eru genommen und ihre Natur gemindert. Er hat ihr Schicksal als Retter Ardas geändert (vgl. MR 313 und 320). Es gibt aber eine »Alte Hoffnung«, dass Eru selbst in Arda eintreten und die Menschen und alle Schädigungen heilen werde. Finrod glaubt, dass Eru dies tatsächlich könne, wenn er das wolle. Auf keine andere Weise sei eine Heilung möglich. Selbst wenn Melkor von den Valar niedergeworfen würde,

---

3 Thomas Fornet-Ponse folgend könnte man sich dies beispielsweise als »Verwandlung (Verklärung) des menschlichen Leibes« denken und bliebe damit auch innerhalb der Terminologie, in der Tolkien sich als Christ denkend bewegte (Fornet-Ponse 180).

würde das Böse, das er gesät hat, weiter wachsen; eine Heilung könne nur von außen kommen (vgl. 322).

Der Eintritt Erus in Arda findet sich in keinem anderen Werk Tolkiens und könnte eine Anspielung auf Jesus darstellen. Dieser Eindruck verstärkt sich im Kommentar zur *Athrabeth* (vgl. 335). Dazu passt, dass Tolkien ein gläubiger Katholik war[4]. Dass Melkors Lügen auch nach seiner Verbannung aus Arda weiter wirkten, wird aus den Geschehnissen im Zweiten und Dritten Zeitalter sehr deutlich. Besonders ist hierbei die *Akallabêth* hervorzuheben.

Im *Silmarillion* findet sich zudem die Aussage, dass die Fähigkeit der Menschen, ihr Leben frei und unabhängig von der Musik der Ainur zu gestalten, mit ihrem Auftrag zusammenhängt, Arda zu heilen und zu vervollkommnen. Allerdings nutzen sie ihre Gaben aufgrund dieser Freiheit oft nicht sinnvoll und kommen vom Weg ab. Mit dem Geschenk der Freiheit geht einher, dass sie nur kurze Zeit in der Welt bleiben (S 35f)[5].

Warum aber hat sich das Schicksal der Menschen geändert? Andreth deutet im Gespräch mehrmals an, dass die Menschen in der Vergangenheit etwas Schlimmes getan hätten, will aber zunächst nichts Näheres dazu sagen (MR 313, vgl. Abschnitt 2.4.). Ihre Tat in der Vergangenheit hat dazu geführt, dass Eru ihren Auftrag geändert hat.

In der *Athrabeth* finden sich zu Beginn zwei völlig konträre Positionen: die Auffassung der Elben (vermittelt durch die Valar), repräsentiert von Finrod, und der Glaube der Menschen, vertreten von Andreth. Erst zum Ende der Debatte kommt es zu einer Synthese beider Positionen. Diese neu gewonnene Einsicht scheint einen gewissen Wahrheitsgehalt zu haben, denn nachdem Finrod die wahre Natur der Menschen zu erkennen geglaubt hat, schildert er folgendes Gefühl: »… now mine [his heart] leaps up as at the hearing of good news« (MR 318). Tolkien schreibt später in einer Anmerkung zu seinem Kommentar, den er diesem Werk angehängt hat: »Actually the Elves believed that the ›lighting of the heart‹ or the ›stirring of joy‹ (to which they often refer), which may accompany the hearing of a proposition or an argument, is not an indication of its falsity but of recognition by the fëa that it is on the path of truth« (343).

Entscheidend für die Autorität der elbischen Überzeugung ist, dass sie ein besseres Verständnis von Arda haben als die Menschen. Wie Finrod schon in der *Athrabeth* darlegt, ist Arda das Zuhause der Elben (das der Menschen hingegen nicht). Tolkien schrieb 1956 in einem Entwurf an Michael Straight: »Of course, in fact exterior to my story Elves and Men are just different aspects of the Humane… The Elves represent, as it were, the artistic, aesthetic, and

---

4 Publikationen zu Tolkiens Glauben gibt es in großer Zahl. Einen umfassenden Eindruck gibt Pearce.

5 Zur Bedeutung des freien Willens vgl. Abschnitt 3.1. dieses Beitrags.

purely scientific aspects of the Humane nature raised to higher level than is actually seen in Men« (L 236). Interessanterweise schrieb Tolkien diesen Brief etwa zu der Zeit, als er an der *Athrabeth* arbeitete.

2.2 Tolkiens Kommentar zur *Athrabeth*

Ein wichtiges Faktum in Tolkiens Mythologie ist, dass Elben und Menschen aus einer Einheit von ›hröa‹ und ›fëa‹ bestehen. ›Hröa‹ und ›fëa‹ sind von unterschiedlicher Art. Die ›fëar‹ stammen von Eru und können nicht zerstört werden. Die ›hröar‹ jedoch sind ein Teil Ardas und können infolgedessen verletzt und vernichtet werden. Die ›fëar‹ von Elben und Menschen waren von denen der Ainur nicht sehr verschieden, aber ihre ›hröar‹ ähnelten mehr denjenigen der lebendigen Kreaturen Ardas. Die Trennung von ›hröa‹ und ›fëa‹ durch den Tod ist unnatürlich und resultiert aus der Verletzung Ardas durch Melkor (vgl. MR 330/31 und 336/37).

Die ›fëar‹ der Elben sind auf die Existenzdauer Ardas beschränkt oder können Arda zumindest nicht verlassen, solange die materielle Welt existiert. Die Elben glauben im Gegensatz dazu, dass die ›fëar‹ der Menschen nicht an die Zeit gebunden sind und die Welt verlassen, wenn ihre ›hröar‹ zerstört sind (vgl. 331). Ihre kurze Lebensspanne hängt mit der Natur ihrer ›fëar‹ zusammen, die so konzipiert sind, dass sie nicht lange in Arda bleiben können.

Andreth meint nun aber, dass die ursprüngliche Natur der Menschen eine andere war und durch ein frühgeschichtliches Ereignis verändert wurde (vgl. Abschnitt 2.4.; vgl. 344). Wichtig ist in diesem Zusammenhang, dass Finrod, obwohl er die Veränderung des Auftrages der Menschen erkennt, weiterhin der Meinung ist, dass das Schicksal der ungefallenen Menschen von dem der Elben verschieden gewesen wäre. Ansonsten handelte es sich bei ihnen einfach um Elben, und ihr späteres Erwachen in Arda hätte keinerlei Funktion gehabt. Zudem passt die »Unsterblichkeit« der Menschen nicht mit den psychologischen Besonderheiten ihrer Betrachtungsweise der Welt zusammen (vgl. 333).

Eine wichtige Frage in diesem Zusammenhang ist, warum Melkor bei den Menschen einen so viel größeren Erfolg als Verführer hatte als bei den Elben. Die Erklärung dafür lautet, dass er etwas Böses in alle physikalische Materie Ardas gebracht hat.

Die ›hröar‹ bestehen als Teil Ardas aus dieser Materie, doch die Elben haben aufgrund der Natur ihrer ›fëar‹ eine stärkere Kontrolle über ihre ›hröar‹, als es die Menschen haben (sie müssen schließlich viel länger in ihnen leben; vgl. 334). Aufgrund ihrer stärkeren Kontrolle über den ›hröa‹ war es den Elben auch möglich, aus freiem Willen zu sterben (vgl. 341). Im Verlauf der Zeitalter wird die Dominanz des ›fëa‹ über den ›hröa‹ bei ihnen immer stärker und »verzehrt« ihn. Am Ende dieses Prozesses steht das »Schwinden«. Der Körper wird letztlich zu einer bloßen Erinnerung des ›fëa‹ (ebd. S. 359; s.a. MR 219).

2.3 Die *Laws and Customs*

Ein weiteres bedeutendes Werk, das interessante allgemeine Informationen zu der Natur von ›hröa‹ und ›fëa‹ liefert, ist die Arbeit *Laws and Customs among the Eldar*, die ebenso wie die *Athrabeth* in *Morgoth's Ring* erschienen ist. Die *Laws and Customs* wurden vor der *Athrabeth* abgefasst. Sie scheinen aber etwa aus derselben Zeit zu stammen (MR 303 und 304). Auch wenn dieser Text sich primär mit den Elben befasst, sind einige Aspekte auch für das Menschenbild von Bedeutung, da die Elben in Tolkiens Mythologie verschiedene Aspekte des Menschlichen in einer höheren Form verkörpern (z.B. L 236).

Es wird noch einmal hervorgehoben, dass in einer unverdorbenen Natur Wesen ohne die Einheit von Körper und Geist nicht existieren können (MR 218). Es wurde ja bereits festgestellt, dass die ›fëar‹ der Menschen nach der Zerstörung ihres ›hröa‹ die Welt verlassen. Die ›fëar‹ der Elben bleiben jedoch an Arda und an die Zeit gebunden. Die Elben werden nach ihrem »Tod« zu Mandos gerufen und warten in seinen Hallen auf das Urteil der Valar, ob sie in ein körperliches Leben zurückkehren dürfen. Sie können dazu nicht gezwungen werden – die Entscheidung liegt bei ihnen. Entscheiden sie sich dafür, so werden sie wiedergeboren (vgl. 219). Waren die Elben jedoch in ihrem Leben unter den Schatten Morgoths geraten, konnte ihnen eine Wiedergeburt (zumindest für sehr lange Zeit) verwehrt werden (vgl. 222). Oft sind diese Elben dem Ruf Mandos aber auch gar nicht erst gefolgt. Ihre Geister wanderten körperlos durch Arda (vgl. 223). Diese Ausführungen zeigen noch einmal ganz deutlich, dass auch die Elben nicht frei vom Bösen sind – auch zu dieser höheren Form des Menschlichen gehört das Böse.

Die stärkere Kontrolle der ›fëar‹ der Elben über ihren ›hröa‹ wurde bereits erwähnt. Dadurch sind Elben sehr widerstandsfähig. Ihre ›hröar‹ sind weniger anfällig für Verletzungen und Erkrankungen (vgl. 218f) und können körperlichen Bedürfnissen stärker widerstehen (vgl. 211). Diese Kontrolle ist bei den Elben stets höher, als sie es bei den Menschen jemals sein kann, war aber auch nicht immer und über ihre gesamte Lebensspanne konstant. Zum einen starben die Elben in früherer Zeit leichter, da sich ihre Körper zu diesem Zeitpunkt noch nicht so sehr von denen der Menschen unterschieden und ihre ›fëar‹ noch nicht die vollständige Kontrolle entwickelt hatten (vgl. 218). Zum anderen ist in der Kindheit der Elben ihr Körper dominant: ihr ›fëa‹ übernimmt erst mit zunehmendem Alter mehr und mehr die Kontrolle (vgl. 220). Die stärkere Kontrolle über den ›hröa‹ ist mit einer größeren Widerstandskraft gegenüber Morgoths Lügen verbunden. Die ›hröar‹ von Elben und Menschen sind aus der Materie Ardas gemacht, in die Morgoth seine Bosheit hat fließen lassen. In den ›hröar‹ ist also etwas Böses enthalten, welches auf die ›fëar‹ aufgrund ihrer Einheit einwirken und diese verderben könnte.

2.4. Die *Tale of Adanel*

Dem Kommentar Tolkiens zur *Athrabeth* ist die *Tale of Adanel* (MR 345-349) angehängt. Andreth erzählt hierin, gedrängt von Finrod, letztlich doch die Geschichte vom Fall der Menschen, ihre Erlebnisse in jüngster Zeit, bevor sie Kontakt zu den Elben hatten.

Die Menschen wurden von Melkor verführt, indem er ihnen Geschenke machte. Sie nahmen ihn zunächst zu ihrem Lehrmeister, später zu ihrem Herrn, und es ergab sich eine Schreckensherrschaft. Ilúvatar verkürzte daraufhin ihre Lebensspanne, und bald darauf begannen die Menschen den Tod zu erleiden, vor dem sie sich aufgrund Melkors Lügen fürchteten.

Aus dieser Legende leitet sich der Glaube der Menschen von ihrer ursprünglichen Unsterblichkeit ab. Ob diese tatsächlich existiert hatte, ist dem Text nicht zweifelfrei zu entnehmen. Tolkien äußert sich zu dem innermythologischen Wahrheitsgehalt nicht. Allerdings deckt sich die *Tale of Adanel* mit Äußerungen in anderen Werken aus dem *Silmarillion*-Korpus (S 164, vgl. auch S 36 u. 309 und MR 313 u. 344). Außerdem widerspricht sie nicht dem Schluss, zu dem Finrod in der *Athrabeth* kommt, die Menschen seien von Anfang an als sterblich konzipiert gewesen, denn Ilúvatar spricht »I gave you life. Now it shall be shortened...« (MR 347). Es ist nirgendwo explizit die Rede von der Sterblichkeit als Strafe, und das ist ein Umstand, der nicht parallel zum christlichen Sündenfall und seinen Konsequenzen liegt.

In Genesis 3,22 wird die Sterblichkeit als eindeutige Folge des Sündenfalls gekennzeichnet[6], in der *Tale of Adanel* findet sich nur der Verweis auf die verkürzte Lebensdauer. Und während es in der King-James-Version der Bibel heißt »thou shalt surely die« (Genesis 2,17), wählt Tolkien (sicherlich bewusst) die Formulierung »you shall come to Me« und zwar »in a little while« (MR 247; vgl. dazu auch Flieger 53). Es ist aber angesichts des Bezugsverhältnisses der Tolkien'schen zur christlichen Mythologie äußerst unwahrscheinlich, dass die

---

6 »Dass [der Mensch] jetzt nicht die Hand ausstreckt, auch vom Baum des Lebens nimmt, davon isst und ewig lebt! Gott, der Herr, schickte ihn aus dem Garten von Eden weg:« (Gen 3,22f).

Heimkehr des Menschen zu Ilúvatar nicht von Anfang angelegt gewesen sein sollte[7] und zwar – im Vergleich zu den Elben – in relativ kurzer Zeit.

Eine andere und meiner Meinung nach wahrscheinlichere Lösung ist: Melkor verführte die Menschen zu einer Zeit, in der noch niemand gestorben war, und Ilúvatar verkürzte daraufhin ihre Lebensspanne. Als die Menschen dann zu sterben begannen (sei es weil sie einfach schon so alt waren, oder eben durch die Verkürzung ihres Lebens), brachten sie dies mit Ilúvatars Urteil in Verbindung. Ihr Glaube an eine ursprüngliche Unsterblichkeit basiert vermutlich lediglich auf einer Interpretation der Umstände, obendrein begünstigt durch ihre von Melkor verursachte Angst vor dem Tod.

Interessant ist in diesem Zusammenhang, dass im *Silmarillion* wie auch z.T. in den Anhängen des *Herrn der Ringe* die Lebensspanne oft widerzuspiegeln scheint, wie stark das Böse in den Menschen ausgeprägt ist: Als die ersten Menschen, die sich von Morgoth abgewendet hatten, nach Westen kamen und dort auf die Elben trafen, verlängerte sich ihre Lebensdauer etwas (S 173). Nach dem Ersten Zeitalter wurden die Edain, die den Valar geholfen hatten, Morgoth zu besiegen, mit einem sehr langen Leben belohnt (S 310). Ihre Lebensspanne verkürzte sich aber im Zweiten und Dritten Zeitalter immer mehr, je mehr sie sich von den Valar abwendeten (z.B. S 355f). Aragorn, der die alte Würde der Könige wiederherstellte, hatte letztlich ein deutlich längeres Leben als seine Vorfahren seit König Arvegil (LotR 1019f).

Eine wichtige Eigenschaft der noblen Menschen war es auch, dass sie freiwillig aus dem Leben scheiden konnten und nicht zwanghaft daran festhielten. Es ist ebenfalls bedeutend, dass, je mehr die Menschen versuchten, den Tod zu vermeiden bzw. hinauszuzögern, sich ihr Leben umso stärker verkürzte. Tod und die Vermeidung des Todes sind zentrale Punkte der Mittelerdedichtung (L 262, vgl. Frenschkowski *Leben*, 248). Hiervon sind Personen auszunehmen, deren Lebensspanne durch die Macht der Ringe künstlich verlängert worden ist. Sie nehmen eine Sonderstellung ein, denn ihr längeres Leben hing nicht mit ihrem inneren Wesen zusammen.

3. Welches Menschenbild vertritt Tolkien?

Humphrey Carpenter schreibt in der Einleitung zur Edition von Tolkiens Briefen: »Naturally, priority has been given to those letters where Tolkien discusses his own books; but the selection has also been made with an eye to demonstrating the huge range of Tolkien's mind and interests, and his idiosyncratic but always clear view of the world« (L 1).

---

7   Zum Abhängigkeitsverhältnis der Tolkien'schen von der christlichen Mythologie vgl. bspw. die überzeugende Darstellung in Pearce, bes. Kap. 7.

Alexandra Wolf   *Hither Shore 3 (2006)*   145

Natürlich muss bei der Interpretation der Briefe auch immer ihr Kontext berücksichtigt werden: Zu welcher Zeit wurden sie geschrieben und an wen? In welcher Lebenssituation befand Tolkien sich damals? Weiterhin ist zu beachten, dass sich Einstellungen während des Lebens ändern. Zahlreiche Konzepte in Tolkiens Mythologie haben sich über die Jahre ebenfalls gewandelt. Aus diesem Grund müssen die Briefe mit Vorsicht interpretiert werden. Dennoch stellen sie eine ganz zentrale Quelle für Tolkiens persönliche Einstellungen dar.

Ich trage daher in diesem Abschnitt ein paar Äußerungen Tolkiens über den Menschen zusammen, die dem in der *Athrabeth* dargestellten Menschenbild entsprechen. Besondere Bedeutung kommt dabei jenen Briefen zu, die etwa zu der Zeit der Arbeit an der *Athrabeth* geschrieben wurden.

3. 1. Vorbemerkungen über Gut und Böse

Es wurde mehrmals das Böse als Teil der Menschen seit ihrem Fall angesprochen. Was aber versteht Tolkien genau unter dem Bösen? Wie definiert er »Gut« und »Böse«? Das Böse wird als Perversion des Guten (Honegger, *Forschungsübersicht* 13) oder als aktive Verhinderung des Guten verstanden (Weinreich 123). Gut ist, was sich mit dem göttlichen Willen oder mit dem göttlichen »Gesetz« im Einklang befindet: »The ambiguity of good and evil doesn't lie in the Law itself, but in the moral state of those who follow (or disobey) the Law« (Dickerson 124).

Es werden Wesen als »gut« bezeichnet, die das Böse kompromisslos ablehnen (Honegger, *Forschungsübersicht* 17f). Ein Geschöpf gilt als böse, wenn es prinzipiell die Fähigkeit zur Orientierung am Guten hat, dies aber nicht tut (Honegger, *Phänomenologie* 73). Es ist weiterhin wichtig, dass das Gute um seiner selbst willen gewählt wird und nicht, weil diese Wahl persönliche Vorteile mit sich brächte (Honegger, *Forschungsübersicht* 16). Das Böse wird insofern indirekt über das Gute definiert.

Bedeutend ist auch, dass es bei Tolkien kein Wesen gibt, das das absolut Böse verkörpert (vgl. LotR 261). Sauron ist derjenige, der diesem Konzept im *Herrn der Ringe* noch am nächsten kommt, aber ebenfalls nicht absolut böse ist (vgl. L 243). Es gibt ebenso kein gesamtes Volk, das als nur gut oder nur böse charakterisiert werden kann. Insofern verkörpern die Menschen das gesamte Spektrum von Gut und Böse (Schneidewind, *Biologie* 58, Dickerson 124).

Alle befinden sich irgendwo auf einem Kontinuum zwischen den Polen »Gut« und »Böse« und können sich durchaus zwischen diesen Polen bis zu einem gewissen Grad hin und her bewegen (wie z.B. Gollum, der sich durch Frodos Mitgefühl zunächst ein bisschen in Richtung des »guten« Pols bewegt, wobei diese Bewegung dann wieder umgekehrt wird).

Das Böse entsteht in Tolkiens Mythologie aus einer zunächst guten Wurzel, nämlich dem Wunsch, der Welt etwas Gutes zu tun (vgl. L 146). Selbst Morgoth war zu Beginn nicht böse und wollte Arda verbessern (vgl. S 23). In der Verwirklichung des freien Willens kann dann dieser Versuch zum Bösen hin pervertiert werden (Honegger, *Forschungsübersicht* 18). Der freie Wille ist aber gleichzeitig eine wichtige Voraussetzung für moralisches Handeln (ebd. 19).[8]

Tolkien glaubt zudem, darin bspw. in thomasischer Tradition stehend, dass aus jeder bösen Tat früher oder später etwas Gutes entstehe, ohne dass dies beabsichtigt war (vgl. L 76). Ein gutes Beispiel hierfür ist die Entstehung von Schnee und Regen in der *Ainulindale* (vgl. S 8). Das Böse liefert so einen Beitrag zum Guten und ist damit auch bedeutend und erlaubt. Derjenige, der Böses tut, erweist sich letztlich als Instrument Erus zur Erreichung eines höheren Zieles (vgl. S 5f). Es wird aber dadurch nicht gut bzw. es wird dadurch nicht gerechtfertigt.

3.2. Aussagen Tolkiens zum Menschenbild

Mit Blick auf die Primärwelt oder Realität glaubt Tolkien ebenfalls nicht, dass es Völker gibt, die von vornherein als böse erschaffen wurden, und dass es nur wenige gibt, die so verdorben sind, dass sie hoffnungslos verloren sind (vgl. L 90). Dies schrieb er etwa in einem Brief aus dem Jahr 1944 an seinen Sohn Christopher. Hier wird seine Auffassung deutlich, dass es im Grunde kein absolut Böses gibt, und dass die Ausprägungen der Menschen auf dem Kontinuum Gut-Böse bis zu einem gewissen Grad variabel sind.

Tolkien war auch der Meinung, dass der Fall der Menschen unvermeidlich gewesen ist. In der Fiktion drückt sich das darin aus, dass das Böse bereits vor der Schöpfung durch die Rebellion Melkors in Ea enthalten war (vgl. L 286f). Aufgrund des Falls sei das Böse für immer ein Teil des Menschen geworden, was in der Geschichte der Menschheit immer wieder zum Ausdruck komme. Dies schrieb er 1958 und somit etwa zu der Zeit, als er an der *Athrabeth* gearbeitet hat.

In Tolkiens Mythologie wird die Tatsache, dass das Böse für immer ein Teil der Menschen geworden ist, bspw. sehr gut durch die *Akallabêth*, den Sippenstreit in Gondor und die von ihm begonnene Fortsetzung zum *Herrn der Ringe*, *The New Shadow*, verdeutlicht. Tolkien macht den Menschen also keinen Vorwurf, dass das Böse Teil ihrer Natur geworden ist.

Tolkien sieht aber auch, dass es Menschen gibt, in denen das Gute überwiegt. Dies wird in seinen Werken deutlich, denn dort gibt es schließlich viele Menschen, die heldenhafte und gute Taten vollbringen. Tolkien schrieb 1956, er

---

8   Zur weiteren Diskussion des freien Willens vgl. Honegger, *Forschungsübersicht* 19ff.

habe die Völker auf der »richtigen« Seite nie besser dargestellt, als Menschen in der realen Welt je waren, derzeitig sind oder jemals sein können (vgl. L 244).

Es wird aber ebenfalls deutlich, dass nach seiner Auffassung Moral und Intelligenz der Menschen mit der Zeit immer mehr abnehmen. Als eine entscheidende Schwäche der Menschen sieht Tolkien die schnelle Sättigung der Menschen am Guten (vgl. L 344). Dies schrieb er bereits 1964, aber auch noch mal 1972. Die Langeweile der Menschen am Guten wird in *The New Shadow* zum Ausdruck gebracht. Sich selbst nimmt Tolkien da nicht aus. Dies erkennt man z.B. an zahlreichen Stellen bei seiner Arbeit am *Silmarillion*. Tolkien konzentrierte sich stark darauf, Geschichten und Legenden zu schildern, in denen der Kampf gegen böse Mächte thematisiert wird; Zeiten des Friedens werden nur kurz angerissen.[9]

In diesem Zusammenhang ist eine Aussage aus *On Fairy-Stories* von Bedeutung (verfasst 1939 und überarbeitet 1964), nach der der Prozess des Erwachsenwerdens nicht zwingend damit verbunden ist, dass eine Person boshafter wird, dass aber beides oft miteinander korreliert (vgl. FS 137). Tolkien scheint also einen Zusammenhang zwischen dem Erwachsenwerden und einer damit verbundenen, zunehmenden Boshaftigkeit zu sehen.

Zum Menschenbild gehören neben den moralischen natürlich noch weitere Aspekte. Aufgrund der Vielzahl dieser Facetten ist es nicht möglich, zu jeder eine Aussage zu treffen.

In einem Brief von 1951 schreibt Tolkien an Milton Waldman: »... and a recurrent theme is the idea that in Men (as they now are) there is a strand of ›blood‹ and inheritance, derived from the Elves, and that the art and poetry of Men is largely dependent on it, or modified by it« (L 149). Tolkien verweist an dieser Stelle noch einmal darauf, dass die Elben einen bestimmten Teil des Menschen repräsentieren (vgl. auch L 236).

Er scheint damit nicht nur andeuten zu wollen, dass unsere Kunst auf der der Elben basiere, sondern dass der heutige Mensch diese Fähigkeit zudem von den Elben (in einer abgeschwächten Form) »geerbt« habe. Damit einhergehend schreibt Tolkien in *On Fairy-Stories*, dass man, um eine sekundäre Welt erschaffen zu können, eine besondere Fähigkeit, eine Art elbische Begabung benötige (vgl. FS 140).

Zentral in Tolkiens Mythologie ist auch die naturgegebene Sterblichkeit der Menschen und ihre Bemühungen, diese zu umgehen, aus denen wiederum viel Unheil entsteht. Das Bedürfnis der Menschen, dem Tode entrinnen zu wollen, drückt sich nach Tolkien auch in vielen Märchen aus (vgl. FS 153). Er glaubte aber, dass jedes Wesen eine naturbedingte Lebensspanne hat (vgl. L 155), und

---

9 Das hat natürlich auch wichtige dramaturgische Gründe.

dass Menschen grundsätzlich als sterblich konzipiert waren (L189). Sie dürften auf keinen Fall versuchen, unsterblich zu werden.[10]

In der *Athrabeth* wird die Art und Weise, wie die Menschen die Welt wahrnehmen, als Kriterium dafür herangezogen, dass der Mensch in Arda nicht zuhause ist. Auch in *On Fairy- Stories* schildert Tolkien diese Besonderheit, dass Dinge, die oft betrachtet wurden, nicht mehr mit der gleichen Aufmerksamkeit, die ihnen einst zukam, wahrgenommen werden (vgl. FS 146). Er beschreibt hier einen wichtigen Aspekt des Verhaltens (sowohl von Menschen als auch Tieren). In der Psychologie bzw. der Verhaltensforschung ist dieses Phänomen unter dem Begriff Habituation bekannt.

Habituation bezeichnet einen neuronalen Mechanismus, der die Stärke einer Reaktion auf einen Stimulus nach dessen wiederholter Präsentation herabsetzt (vgl. Domjan 58). Habituations-, aber auch Sensitivierungseffekte können in jeder Situation auftauchen, in der ein Organismus wiederholt einem bestimmten Reiz ausgesetzt ist (vgl. 39). Diese Effekte strukturieren das Verhalten dahingehend, dass sie helfen, diejenigen Reize auszusuchen, die ignoriert werden, bzw. auf die reagiert wird. Dies ist für das alltägliche Leben von zentraler Bedeutung, denn ansonsten wäre das Verhalten völlig chaotisch, da wir selbst in ganz einfachen Situationen einer Vielzahl von Stimuli ausgesetzt sind (vgl. 40).

4. Zusammenfassung

Die Menschen in Tolkiens Mythologie waren von Natur aus als Wesen mit allen Anlagen zum Gutsein konzipiert (aufgrund der Natur ihrer ›fëa‹). Es war sogar ihre Aufgabe, Arda von den Schädigungen Melkors zu heilen und, wie die Elben glauben, diese von ihrem Schicksal zu befreien. Sie sollten an der Zweiten Musik der Ainur beteiligt sein und helfen, eine Welt zu schaffen, in der Erus Vision erfüllt wird.

Dass die Menschen nicht als unsterblich konzipiert waren, ist dabei ohne Belang. Ausdruck ihrer Sterblichkeit ist die Art und Weise, wie die Menschen die Welt betrachten, aber auch die vergleichsweise geringe Kontrolle, die sie über ihre ›hröar‹ haben. Weil sie sich Melkor unterwarfen, änderte Eru ihr Schicksal, und ihre Lebensspanne verringerte sich; der prinzipielle Weg zur Führung eines guten Lebens blieb ihnen aber offen und, als Ausdruck ihrer Freiheit, ihrer Verantwortung überlassen.

Melkor hat in den Menschen die Angst vor dem Tod und der Dunkelheit entfacht. Seine Lügen und die Bosheit, die er säte, werden auch nachdem er

---

10 Zur Sterblichkeit der Menschen bietet Thomas Fornet-Ponse in seinem Artikel *Theologie des Todes* einen weiterführenden Überblick.

verbannt worden war, immer neuen Nährboden finden. Das Böse ist ein Teil der Menschen geworden, aber Individuen können sich seiner erwehren – es liegt an ihnen. Die Menschen und die Verletzungen Ardas können allerdings auf einer umfassenden Ebene nur durch das Eingreifen Erus geheilt werden.

Ausgehend von Tolkiens Aussage, dass Mythen Elemente moralischer und religiöser Wahrheit enthalten, lässt sich vermuten, dass das hier geschilderte Menschenbild dem Tolkiens in seinen Grundzügen entspricht. Es gibt in den *Letters* überdies verschiedene Stellen, in denen Tolkien explizit bestätigt, seine eigene Meinung eingebracht zu haben, z.B.: »my *legendarium*, especially the ›The Downfall of Númenor‹ ..., is based on my view: that Men are essentially mortal and must not try to become ›immortal‹ in flesh« (L 189, vgl. auch L 344). Zudem konnte gezeigt werden, dass sich zahlreiche Ansichten Tolkiens in seiner Mythologie wiederfinden.

Auch wenn Tolkien das Böse ganz klar als Teil der Menschen sieht und anerkennt, dass die Menschen große moralische Schwächen aufweisen: Er gibt sie dennoch nicht verloren. Als Christ glaubt Tolkien fest an eine Rettung der Menschen durch Gott und portiert dies durch den zu erwartenden Eintritt Erus in Ea in seine Sekundärwelt,[11] wie er es in seinem Kommentar zur *Athrabeth Finrod ah Andreth* ausdrückt.

---

11 Vgl. die dazu maßgeblichen Ausführungen zur Eukatastrophe in *On Fairy-Stories*.

Bibliographie

Bible, King James Version, hrsg. v.d. Humanities Text Initiative. http://www.hti.umich.edu/k/kjv/ 20.7.2006

Birzer, Bradley J. *Sanctifying Myth: Understanding Middle-earth*. Wilmington: ISI Books, 2002

Carpenter, Humphrey, ed. *The Letters of JRR Tolkien*. London: HarperCollins, 1995

Dickerson, Matthew. *Following Gandalf. Epic Battles and Moral Victory in The Lord of the Rings*. Grand Rapids: Brazos Press, 2003

Domjan, Michael. *Principles of Learning and Behavior*. Belmont, CA: Thomson/Wadsworth, 2003

Flieger, Verlyn. *Interrupted Music. The Making of Tolkien's Mythology*. Kent, London: Kent State University Press, 2005

Fornet-Ponse, Thomas. »Tolkiens Theologie des Todes«. *Hither Shore* 2 (2006): 157-186

Frenschkowski, Marco. »Leben wir in Mittelerde? Religionswissenschaftliche Betrachtungen zu Tolkiens *The Lord of the Rings*«. *Das Dritte Zeitalter*. Hg. Thomas Le Blanc und Bettina Twrsnick. Wetzlar: Phantastische Bibliothek, 2006, 240-264

Honegger, Thomas. »Forschungsübersicht: Ein Überblick«. *Eine Grammatik der Ethik. Die Aktualität der moralischen Dimension in J.R.R. Tolkiens literarischem Werk*. Thomas Honegger et al. Saarbrücken: Verlag der Villa Fledermaus, 2005, 11-25

---, »Zur Phänomenologie von Gut und Böse«. *Eine Grammatik der Ethik. Die Aktualität der moralischen Dimension in J.R.R. Tolkiens literarischem Werk*. Thomas Honegger et al. Saarbrücken: Verlag der Villa Fledermaus, 2005, 67-88

---, Johnston, Andrew James, Schneidewind, Friedhelm, Weinreich, Frank. *Eine Grammatik der Ethik. Die Aktualität der moralischen Dimension in J.R.R. Tolkiens literarischem Werk*. Saarbrücken: Verlag der Villa Fledermaus, 2005

Pearce, Joseph. *Tolkien: Man and Myth*. London: HarperCollins, 1998

Schneidewind, Friedhelm. *Das große Tolkien-Lexikon*. Berlin: Lexikon Imprint Verlag, 2001

---, »Biologie, Abstammung und Moral«. *Eine Grammatik der Ethik. Die Aktualität der moralischen Dimension in J.R.R. Tolkiens literarischem Werk*. Thomas Honegger et al. Saarbrücken: Verlag der Villa Fledermaus, 2005, 39-66

Tolkien, John Ronald Reuel. *The Lord of the Rings*. One Volume Paperback Edition. London: HarperCollins, 1995

---, "On Fairy-Stories". *The Monsters & the Critics and Other Essays*, London: HarperCollins 1997, 109-161

---, *The Silmarillion*. London: HarperCollins, 1999

Weinreich, Frank, »Ethos in Arda«. *Eine Grammatik der Ethik. Die Aktualität der moralischen Dimension in J.R.R. Tolkiens literarischem Werk*. Thomas Honegger et al. Saarbrücken: Verlag der Villa Fledermaus, 2005, 111-134

Thomas Gießl

Ainulindalen

Thomas Gießl (Giengen)

Vorbemerkung

Mein Artikel gibt einen Überblick der von J. R. R. Tolkien im Laufe von drei Jahrzehnten angefertigten Versionen der *Ainulindale*. Schon Christopher Tolkien war aufgefallen, dass sich dieser für die Mythologie der gesamten Erzählungen des Mittelerde-Korpus höchst wichtige und wegweisende Text im Laufe der Jahrzehnte, verglichen mit anderen Texten, kaum verändert hatte. Zwar ist Tolkiens Konservatismus hinsichtlich einer einmal erdachten Handlungsabfolge weithin bekannt, gleichzeitig jedoch auch sein Ergänzungs- und Korrekturwahn bereits bestehender vollendeter oder unvollendeter Texte im Rahmen einer Neudurchsicht; ebenso die Angewohnheit, seit längerem ruhende Erzählungen nicht fortzusetzen, sondern gleich neu zu schreiben, allerdings ohne allzu substantielle Änderungen der Handlung.

Nichtsdestoweniger lassen sich auch relevante Änderungen innerhalb der *Ainulindalen* feststellen – ihnen widme ich mich im Folgenden vor allem und versuche, mögliche Veränderungen in Ton, Stil und Bedeutung für das Gesamtwerk herauszuarbeiten.

Die Interpretation der *Ainulindale* kann ihrerseits maßgeblichen Einfluss auf die Lesart des ealogischen Gesamtwerkes ausüben, ähnlich wie die *Ainulindale* ihrerseits selbst die fiktiven Ereignisse in Ea festlegt. Allein deshalb ist eine Analyse der unterschiedlichen Versionen dieses Textes dringend erforderlich, da sich selbst marginal scheinende Änderungen an entscheidenden Stellen auf das Verständnis des Gesamtwerkes auswirken (können).

1. Einführende Fragen

Zentral ist hier meines Erachtens die Einführung der Figuren Melkor und Eru-Ilúvatar, deren Rollen, auch hinsichtlich des Gesamtwerkes, in diesem Text maßgeblich umrissen werden. Außerdem sind in den *Ainulindalen* unterschiedliche kosmologische Konzepte der Welt Ea angelegt – Konzepte, die letztlich, je nach Version, einen Großteil der im Rahmen der *Quenta Silmarillion* erzählten Geschichten im Bezug auf gewisse handlungstragende weltenbauliche Details entweder stützen oder untergraben.

Ich beginne mit einem einführenden Überblick über die durch die *History of Middle-earth* bekannt gewordenen *Ainulindalen* – zuvor jedoch noch ein Wort zur Kennzeichnung der einzelnen Versionen: Christopher Tolkien entschied sich als Herausgeber, die einzelnen Fragmente mit Großbuchstaben zu bezeichnen, woraus nicht viel mehr als die Reihenfolge ihrer Entstehung ersichtlich wird. Leider bleibt dem Tolkienforscher bisher nichts anderes übrig, als eben diese Kennzeichnung beizubehalten – auch damit kein Zweifel entsteht, welcher Text genau gemeint ist. Dies ist, wie so vieles in der gegenwärtigen textkritischen Auseinandersetzung mit Tolkien, eine höchst unbefriedigende Situation: Nicht nur, dass wir mit der *History of Middle-earth* über keine vollständige Sammlung des Mittelerde-Textkorpus verfügen, auch handelt es sich bei dem veröffentlichten Material um keinen vollständigen historisch-kritischen Variantenapparat. So fehlt uns auch für die *Ainulindalen* Textmaterial, wie Christopher Tolkien unverblümt einräumt.[1]

Die von Christian Schröder begonnene Neudatierung der einzelnen in der *History of Middle-earth* veröffentlichten Fragmente könnte auch eine Möglichkeit für konsequente neue Abkürzungen bieten, doch ob diese sich international durchsetzen werden, bleibt abzuwarten.

1.1. Textsituation der *Ainulindalen*

Wir stoßen in insgesamt drei Bänden der *History of Middle-earth* auf *Ainulindalen*. Die erste findet sich, nur mit *The Music of the Ainur* überschrieben, im ersten Band, dem *Book of Lost Tales I*. Sie ist nach Christopher Tolkien im Zeitraum 1917-1920 entstanden. Es handelt sich um ein Manuskript in Tinte, dem eine frühere Version in Bleistift vorausgeht, die Christopher jedoch nicht abdrucken ließ, sondern auf die nur im Rahmen eines Variantenapparats im Falle gravierender Abweichung vom neuen Text verwiesen wird:

> The original hastily pencilled and much emended draft text of *The Music of the Ainur* is still extant... This second version was however closely based on the first, and changed it chiefly by additions. The text given here is the second, but some passages where the two differ notably are annotated (few of the differences between the two texts are in my opinion of much significance).   (LT 1 52)

In den frühen 1930er Jahren machte sich Tolkien an eine Überarbeitung der *Ainulindale* auf der Grundlage des ursprünglichen Textes aus den *Lost Tales*. Zwei Versionen entstanden zu dieser Zeit. Die eine, von Christopher **B** genannt, liegt vollständig in *The Lost Road* vor. Auf die andere, **A** genannt, wird

---

1   "In this case [Textsituation der Ainulindalen **C** & **D**] I give the full text only for certain passages, and for the rest list the changes (other than a small number of slight stylistic changes of a word or two without significance for the conception) by reference to the paragraphs of C." (MR 30)

in Anmerkungen – wieder nur im Falle größerer Abweichungen – verwiesen. Christopher Tolkien begründet dies so:

> I see no reason to think that there was any interval between them; and I think therefore that A can be largely passed over here, and comparison of the substance made directly between the very finished second text B and the original *Tale of the Music of the Ainur*; noting however that in many details of expression A was closer to the old *Tale*. More substantial differences between A and B are given in the notes. (LR 155f)

Endlich finden wir in *Morgoth's Ring* die letzte und umfangreichste Sammlung an *Ainulindalen*: eine auf dem B-Text basierende *Ainulindale* C*, eine weitere auf der B-Version der 1930er Jahre beruhende *Ainulindale* C, und eine letzte *Ainulindale* D, die sich aus C entwickelt hat.

Dabei nimmt Christopher Tolkien an, dass C*, die vollständig nur in einem Typoskript vorhanden ist, die ältere Version der beiden aus B entstandenen *Ainulindalen* ist. Dabei existiert auf der Rückseite eines der Blätter der Abhandlung über die adunaische Sprache aus den *Notion Club Papers* ein Manuskriptfragment, das allem Anschein nach dem C*-Typoskript zugrunde gelegen hat. Hingegen basiert C auf einer Überarbeitung des Manuskriptes von B, bei deren Anfertigung Tolkien offenbar C* in weitem Umfang zur Rate gezogen hat, da C* und C über weite Strecken identisch sind. D liegt als schön gestaltetes Manuskript vor, mit angelsächsischen Anfangsbuchstaben der einzelnen Absätze und dem Titel in Tengwar.[2]

Christopher stellt uns nur C in voller Länge vor. C* erscheint allein im Bezug auf die kosmologisch höchst wichtigen Abweichungen von C; ebenso sind nur Auszüge von D abgedruckt. Es ist Version D, auf der die im *Silmarillion* von 1977 abgedruckte Version der *Ainulindale* basiert. Die beiden sind jedoch nicht identisch. Sämtliche Hinweise auf die komplexe und größtenteils verworrene fiktive Überlieferungstradition, die im Falle der *Ainulindale* doppelt kompliziert ist, wurden vom Herausgeber des *Silmarillion* getilgt.

Nachdem Licht ins Dunkel der Textsituation der *Ainulindalen* gebracht ist, werden im Folgenden die unterschiedlichen Versionen einzeln vorgestellt. Zunächst werde ich diachron die unterschiedlichen *Ainulindalen* inhaltlich kurz umreißen und ihre Einbettung ins Gesamtkonzept der jeweiligen Zeit herausarbeiten. Abschließend werde ich mich synchron mit den oben erwähnten größeren Fragestellungen, das heißt mit dem Verhältnis von Ilúvatar und Melkor, beschäftigen.

---

2   Für eine ausführliche Darlegung der Textsituation der drei in *Morgoth's Ring* thematisierten *Ainulindalen* durch Christopher Tolkien siehe MR 3ff.

1.1.1. The Music of the Ainur von 1917

Im Rahmen der *Lost Tales* hören wir erstmals von der Musik der Ainur. Genauer gesagt hört der Mensch Eriol davon, dem im Cottage of Lost Play auf der Insel Tol Eressea von den dort lebenden Elben Geschichten erzählt werden. Eine der ersten Geschichten ist Rúmils *The Music of the Ainur*.

Sie ist ganz in die Rahmenhandlung integriert, der alle *Lost Tales* zugrunde liegen. Es existiert ein Verbindungsstück zwischen *The Cottage of the Lost Play* und *The Music of the Ainur*, in Edith M. Tolkiens überaus sorgsamer Handschrift verfasst.

Im Rahmen der *Lost Tales* ist die Überlieferungsfiktion noch recht einfach gehalten: Die Geschichten werden Eriol überwiegend mündlich erzählt, nichtsdestoweniger hat Tolkien bereits in der ersten Entstehungsphase der *Lost Tales* rudimentäre Überlegungen zu einer Überlieferungstradition angestellt, die Christian Schröder so zusammenfasst:

> a) Eriol erreicht Tol Eressea. b) Eriol hört elbische Erzählungen... c) Eriol heiratet Naimi. Sie bekommen einen Sohn mit Namen Heorrenda. d) Eriol schreibt die gehörten elbischen Erzählungen auf. e) Heorrenda benutzt die Aufzeichnungen seines Vaters und Selbstgehörtes, um sein eigenes Buch zu schreiben: The Golden Book Of Heorrenda Being The Book Of The Tales Of Tavrobel.
>
> (Schröder 1)

Obwohl diese *Ainulindale*-Version strukturell bereits große Ähnlichkeit mit der endgültigen Fassung hat, sind doch gerade hier in wesentlichen Punkten Unterschiede festzustellen. Diese sind doppelt wichtig, da der Text ursprünglich auf diese Ausformung hin konzipiert wurde, also gefragt werden kann, ob und wie sich die späteren Änderungen und Ergänzungen in die ursprüngliche Konzeption einfügen.

Besonders auffällig ist der Umstand, dass bereits hier der Erzähler Rúmil nach dem Ende der eigentlichen *Ainulindale* Fragen Eriols zum Inhalt beantwortet. Dieses Szenario – ein Elb erläutert dem menschlichen Seefahrer Aspekte der uralten Überlieferung genauer – wird sich bis zur letzten *Ainulindale*-Version nicht mehr ändern, obwohl sich die Namen der beteiligten Personen verändern.

Ilúvatar (der Name Eru findet sich hier noch nicht) ist der Schöpfer der Ainur, die von ihm ins Sein gesungen wurden: »Before all things he sang into being the Ainur first, and greatest is their power and glory of all his creatures within the world and without« (LT 1 52). Dieses Sein ist hier streng körperlich zu verstehen, da er einerseits auch Wohnungen für seine Geschöpfe in der Leere errichtet³, andererseits später klar wird, dass zumindest die Gestalten der Elben nach dem Vorbild der Ainur erdacht wurden: »Ilúvatar made the Eldar most like in nature if not in power and stature to the Ainur« (LT 1 57).

Weiter benutzen die Ainur echte Musikinstrumente, um die Große Musik zu spielen, was erklärt, wieso die Erzählung überhaupt *The Music of the Ainur* heißt. Sie war ursprünglich tatsächlich eine von einem Orchester aus Ainur vorgetragene Musik: »Then the harpists, and the lutanists, the flautists and pipers, the organs and the countless choirs of the Ainur began to fashion the theme of Ilúvatar into great music« (LT 1 53).

Doch ist die erste Version der *Ainulindale* viel einfacher als spätere Fassungen. So fehlt das elbische Vokabular, mit dem später bestimmte Teile der Schöpfung bezeichnet werden. Auch ist das durch die Musik geschaffene Kontinuum bei weitem noch nicht so komplex: Es wird lediglich eine Welt geschaffen, kein ganzes Universum. Und nachdem Ilúvatar der Musik Gestalt verliehen hat, sehen die Ainur die Welt von außen bereits als reales Ding, nicht als nebelhafte unvollständige Vision, wenngleich die Ainur in sie eintreten, lange bevor die Kinder Ilúvatars auftreten.

1.1.2. Die *Ainulindale* der 1930er Jahre (*Ainulindale* B)

Im Vergleich zu *Music of the Ainur* (im Folgenden: *Music*) erhält die *Ainulindale* in den 1930er Jahren einige Ergänzungen. Doch Christopher Tolkien betont, dass sein Vater sie unter direkter Bezugnahme auf den Urtext verfasst haben muss – was außergewöhnlich ist, weil er selten auf diese Weise vorging:

> The new version was composed with the 'Lost Tale' in front of him, and indeed he followed it very closely, though rephrasing it at every point – a great contrast to the apparent jump between the rest of the 'Valinórean' narrative in the Lost Tales and the 'Sketch', where it seems possible that he wrote out the condensed synopsis without re-reading them. (LR 155)

Hier betont Tolkien den Aspekt der außerweltlichen Körperlosigkeit stärker, der letztlich zu der Aufgabe des Konzepts der Kinder der Valar führen sollte.[4] Lediglich die Stimmen der Ainur klingen »like unto harps and lutes, and pipes and trumpets, and viols and organs, and like unto countless choirs singing with

---

3 "Thereafter he fashioned them dwellings in the void, and dwelt among them, teaching them all manner of things, and the greatest of these was music." (LT 1 52)
4 Endgültig aufgegeben während der Konzeption der *Later Quenta Silmarillion* in den 1950er Jahren.

words« (LR 156f). Trotz dieser konzeptionellen Änderung der sogenannten Musik zu einem reinen Chor, ändert sich nichts am Titel. Die *Ainulindale* bleibt die Musik der Ainur, obwohl jetzt nur noch gesungen wird.

Als Text, der längst nicht mehr zum LT-Korpus, sondern zum Komplex der ersten *Silmarillion*-Konzeption aus den 1930er Jahren (Sil30) gehört, unterscheidet sich **B** hinsichtlich der fiktiven Tradierung leicht von *Music*. Ich zitiere auch hier Schröder:

> a) Rumil of Tun lebt in Valinor. Dort erfährt er von der Schöpfungsmusik. b) Rumil schreibt das [sic] Aile30. c) Rumil geht nach Tol Eressea (?!). d) Ælfwine gelangt nach Tol Eressea. e) Rumil vermittelt mündlich Ælfwine das [sic] Aile30. f) Ælfwine schreibt auf, was er von Rumil gehört hat. (Schröder 2)

Die Veränderungen der fiktiven Überlieferungsgeschichte der *Ainulindale* halten sich also in Grenzen; jedoch ist sie jetzt eingebettet in das immer komplexer werdende System elbischer Pseudoautoren, die die *Quenta Silmarillion* tradieren.

1.1.3. Ainulindalen C, C* und D

Die *Ainulindalen* **C** und **C*** sind besonders problematisch. Obwohl ich oben beschrieben habe, dass **C** und **C*** über weite Strecken identisch sind, weichen sie an wesentlichen Stellen voneinander ab. In dem älteren Text **C*** wird die Welt als rund beschrieben, was konsequenterweise den aus der *Quenta Silmarillion* bekannten und dort zentralen Lichtmythos ad absurdum führt. Ich zitiere aus **C***:

> And he [Manwe] called unto himself others of his brethren and many spirits both greater and less, and he said to them: 'Let us go to the Halls of Anar [*not emended*], *where the Sun of the Little World is kindled*, and watch that Melkor bring it not all to ruin!'...
> And there was strife between the Valar and Melkor; and for a time Melkor departed and *withdrew beyond the arrows of the Sun*, and brooded on his desire. (MR 40)

Daraus geht eindeutig hervor, dass bereits eine Sonne existierte, bevor die Valar Arda überhaupt errichtet haben. Außerdem wird die Entstehung des Mondes weiter in die Frühzeit verlegt. Damit sind beide Himmelskörper in ihrer Entstehung losgelöst von den Zwei Bäumen von Valinor.[5]

---

5 Vgl. MR 41f.

Diese Version der Entstehung des Mondes unterscheidet sich völlig von der weit bekannteren aus der *Quenta Silmarillion*. Zwar gelingt es Melkor dort auch, den Mond zu beschädigen, was sich in den schwarzen Flecken auf seiner Oberfläche äußert, hier aber ist der Mond gänzlich aus von Melkor geraubter Erdmaterie gefertigt worden. Er ist nicht das Werk der Valar, sondern musste von ihnen im Krieg erst Melkor abgenommen werden, und ist nun tot und unbewohnbar. Vor allem die Liebe der Elben zum silbernen Mondlicht, die eigentlich daher rührt, dass sie ihn nach der Zerstörung der Bäume zuerst am Himmel gesehen haben, wird dadurch unmöglich, existiert doch der Himmelskörper schon beim ersten Erwachen in Cuiviénen.

Bei D handelt es sich nun um die *Ainulindale*, wie sie im *Silmarillion* größtenteils veröffentlicht wurde. Auf die komplizierte Überlieferungsfiktion verzichtete Christopher Tolkien. D ist, wie alle bisher vorgestellten *Ainulindalen*, von dem Noldo Rúmil geschrieben worden. Er lebt jedoch hier bei Ælfwines Besuch auf Tol Eressea nicht auf der Einsamen Insel, sondern immer noch in Valinor, da er sich an der Revolte der Noldor nicht beteiligte. Trotzdem wird Ælfwine die *Ainulindale* erzählt – jedoch von Pengolodh, dem in Mittelerde geborenen elbischen Gelehrten, der in Gondolin lebte und erst im Zweiten Zeitalter, nach dem Fall von Ost-in-Edhil, in den Westen gefahren war.[6] Dieser kommentiert den Text auch und beantwortet dem Menschen nach dem Ende des Rúmil-Textes weitergehende Fragen.

Damit besteht die *Ainulindale* letztlich aus zwei Teilen: aus Rúmils Urtext und aus Pengolodhs Antworten auf Ælfwines Fragen. Vor diesem Hintergrund ist der Wahrheitsgehalt des ganzen Textes natürlich höchst fragwürdig, wenngleich eine Untersuchung der *Ainulindale* doch davon ausgehen muss, dass der Text die Funktion hat, den Ursprung der Welt, so wie sie ist, darzustellen.

2. Melkor und Eru Ilúvatar

Eine wesentliche Frage in der Erörterung der *Ainulindalen* ist: Wie verteilen sich die Rollen von Ainur und Ilúvatar bei der Großen Musik, und welche Bewertung von Melkors Missklang ergibt sich daraus? *Music* weicht hier an wichtigen Stellen von späteren Texten ab. So lehrt zwar Ilúvatar hier die Ainur das Thema, das der Großen Musik zugrunde liegt, aber er macht deutlicher klar, dass er es in ihre Hände legt:

> Then said Ilúvatar: 'The story that I have laid before you, and that great region of beauty that I have described unto you as the place where all that history might be unfolded and enacted, is related

---

[6] Zu Pengolodhs Biographie vgl. WJ 396.

only as it were in outline. I have not filled all the empty spaces, neither have I recounted to you all the adornments and things of loveliness and delicacy whereof my mind is full. It is my desire now that ye make a great and glorious music and a singing of this theme; and (seeing that I have taught you much and set brightly the Secret Fire within you) that ye exercise your minds and powers in adorning the theme to your own thoughts and devising. But I will sit and hearken and be glad that through you I have made much beauty to come to Song.' (LT 1 53)

Daraus ergibt sich eindeutig, dass die Ausformung der Musik in der Hand der Ainur liegt. Die Passagen über die leeren Räume draußen finden sich in den späteren Versionen nicht mehr. Sie deuten bereits zu diesem Zeitpunkt eine Schöpfungsabsicht Ilúvatars an.

Doch sind die Ainur als die Ausführenden der Musik klar diejenigen, die die eigentliche Aufgabe zu bewerkstelligen haben. Was geschaffen werden soll, soll ein einträchtiges Werk vieler Hände bzw. vieler Stimmen werden. Dieser Gedanke wertet die Ainur als schöpferische Wesen ungeheuer auf. Denn Ilúvatars Rolle hier kann verstanden werden als die eines Regisseurs: zwar hauptverantwortlich für die Entstehung des Gemeinschaftswerkes und sein Ideengeber, aber letztlich angewiesen auf das, was ihm seine Mitarbeiter zur Verfügung stellen.

Der Gedanke der Harmonie als Voraussetzung für die Große Musik und damit für Ilúvatars größtes Werk wird noch verstärkt durch die in **B** eingeführte Ergänzung, dass jeder Ainu nur aus einem Gedanken Erus entsprungen ist, er nur den seinem Sein zugrunde liegenden Gedanken versteht, also dem Wesen nach eher ein Einzelgänger ist, der die anderen erst langsam durch Zuhören zu verstehen beginnt. Ein Umstand, der, diese Bemerkung sei mir gestattet, ein besonderes Licht auf den schizophrenen Zustand von Ilúvatars Geisteszustand wirft:

But for a long while they sang only each alone, or but few together, while the rest hearkened; *for each comprehended only that part of the mind of Iluvatar from which he came*, and in the understanding of their brethren they grew but slowly. Yet ever as they listened they came to deeper understanding, and increased in unison and harmony. (LR 156)

Ilúvatar gibt den Ainur das Grundthema vor. Die Ausarbeitung liegt ganz und gar bei ihnen. Er will sitzen und zuhören. Das wird sich bis zum Ende nicht mehr ändern, wie aus der gleichen Passage in *Ainulindale* **D** hervorgeht:

> Then said Ilúvatar: 'Of the theme that I have declared to you, I will now that ye make in harmony together a Great Music. And since I have kindled you with the Flame Imperishable, ye shall show forth your powers in adorning this theme, each with his own thoughts and devices, if he will. But I will sit and hearken and be glad that through you great beauty has been wakened into song.' (MR 8f)

Wir finden in *Music* eine ausführliche Erklärung der Ursprünge von Melkors Missklängen. In allen Versionen der *Ainulindale* ist Melkor der Leere überdrüssig; er will selbst schöpferisch tätig werden. Dies bringt ihn dazu, in die Leere hinauszugehen und nach der Unverlöschlichen Flamme bzw. dem Geheimen Feuer zu suchen, das er dort vermutet, das in Wahrheit aber ›with Ilúvatar‹ ist. In **D** liest sich das so:

> To Melkor among the Ainur had been given the greatest gifts of power and knowledge, and he had a share in all the gifts of his brethren; and he had gone often alone into the void places seeking the Imperishable Flame. For desire grew hot within him to bring into Being things of his own, and it seemed to him that Iluvatar took no thought for the Void, and he was impatient of its emptiness. Yet he found not the Fire, for it is with Ilúvatar. But being alone he had begun to conceive thoughts of his own unlike those of his brethren. (MR 9)

Der letzte Satz ist hier zentral. Wir wissen, dass Melkor sich anders als die anderen Ainur entwickelte, noch bevor die *Ainulindale* gespielt wurde. Er begann, sich mit anderen Dingen zu beschäftigen als seine Brüder und Schwestern. Ein Umstand, der nicht als schlecht verstanden werden muss, insbesondere da es sich dabei lediglich um die Ausprägung seines eigenen Schöpfungsdrangs handelte. Ein Drang, den Ilúvatar in Melkor allem Anschein nach angelegt hatte, ohne ihm jedoch die adäquaten Mittel, das heißt die Unverlöschliche Flamme, zur Befriedigung dieses Bedürfnisses ebenfalls zu verleihen.

Auf dieses defizitäre Verhältnis zwischen Melkors Begehren und seiner Unfähigkeit, seine Wünsche zu realisieren, können letztlich sein Zerwürfnis mit Ilúvatar und seine Korruption in Ea zurückgeführt werden. Selbstredend mag man Melkors Reaktion als mindestens übertrieben ansehen, jedoch halte ich es für wichtig, festzuhalten, dass der Ausgangszustand, aus dem Melkor heraus fiel, nicht ideal war. Es ist Ilúvatar als Schöpfer, der hierfür die Verantwortung zu tragen hat, und nicht Melkor als zwar mächtiges, aber ungenügend ausgeformtes Geschöpf.

Weiter schreibt Tolkien Melkor im Laufe der Jahre immer mehr persönliche Macht zu. Wurden ihm in *Music* noch »some of the greatest gifts of power and wisdom and knowledge by Ilúvatar« (LT 1 53) verliehen, sind es in **B** schon »the greatest gifts of power and knowledge and he had a share in all gifts of his brethren« (LT 157). Damit war, wie Christopher Tolkien zutreffend in einer Anmerkung ausführt[7], Melkor erstmals der mächtigste Ainu. Und in den *Myths Transformed* stellt Tolkien klar:

> Melkor must be made *far more powerful* in original nature. The greatest power under Eru (sc. the greatest created power). (He was to make/ devise / begin; Manwë (a little less great) was to improve, carry out, complete.)
> Later, he must *not* be able to be controlled or 'chained' by all the Valar combined. Note that in the early age of Arda he was alone able to drive the Valar out of Middle-earth into retreat.
>
> (MR 390)

Tolkiens oben umrissene Gedanken zu Melkor, dass er bestimmt war, zu machen, zu ersinnen und zu beginnen, hingegen Manwe für Verbesserung, Ausführung und Vollendung verantwortlich sein soll, erscheinen etwas seltsam. Meines Erachtens lässt sich eine derartige Aufgabenverteilung an keiner Stelle in den *Ainulindalen* erkennen, weder in Melkors noch in Manwes Verhalten, der erst nach der Vollendung der Musik überhaupt namentlich in Erscheinung tritt. Es ist also die Frage zu stellen, ob und inwieweit sich diese theoretischen Überlegungen Tolkiens zu den Figuren Melkor und Manwe überhaupt in den Texten wiederfinden. Sie lagen ihnen in jedem Fall nicht zugrunde, als die *Ainulindale* erstmals konzipiert wurde.

Je stärker Melkor im Laufe der Zeit wurde, desto verschwommener erscheint die Konzeption der von Melkor in die Große Musik eingeflochtenen Töne. Es erscheint aus **D** noch klar, dass die Isolation in der Leere dafür verantwortlich ist[8], aber weshalb Melkor allein auf gänzlich andere Gedanken kommen sollte, erschließt sich nicht. Man mag sogar zu Recht fragen, wie es überhaupt möglich ist, dass Melkor Töne kreieren kann, die nicht zu Ilúvatars Thema passen – schließlich liegt Melkor ein Gedanke Ilúvatars zugrunde, aus dem er entsprungen ist.

Der Frage nachgehend stößt man auf die älteren *Ainulindalen*. In *Music* sind Melkors Kreationen noch sehr negativ konnotiert, »[he] interweave[s] matters of his own vain imagining that were not fitting to that great theme of Ilúvatar« (LT 1 53), während in **B** von »matters of his own imagining that were not in

---

7 Vgl. LR 164.
8 Vgl. MR 9.

accord with the theme of Ilúvatar« gesprochen wird (LR 157). Der Wegfall des Wortes *vain* markiert eindeutig eine Verschiebung hin zu einer Aufwertung Melkors eigener Töne, wenngleich deutlich bleibt, dass sie nicht zu Ilúvatars Großem Thema passten.

Im Folgenden wird aber zumindest Melkors Motivation, das zu tun, mit **B** deutlich gemacht: »For he sought therein to increase the power and glory of the part assigned to himself« (LR 157). Allem Anschein nach hat Melkors Isolation in der Leere, gepaart mit seinem Wunsch, selbst Dinge ins Sein zu setzen, ihn seine Rolle in einer auf Harmonie angelegten Musik falsch einschätzen lassen. Doch noch ist nicht beantwortet, wie Melkor überhaupt Töne komponieren konnte, die zu einem derart allumfassenden Projekt, wie es die Große Musik nach Ilúvatars Anspruch werden sollte, nicht stimmig sein konnten.

Mir scheint der Umstand, dass Ilúvatar Ea durch die *Ainulindale* schafft, er seine Gedanken durch die Interpretation eines Chors seiner Geschöpfe verwirklicht, und dies nicht allein tut, zentral für die Bedeutung der *Ainulindale* zu sein. Man mag darin eine Beschränkung Ilúvatars erkennen; als alleinige Arbeit von ihm wäre das Werk allem Anschein nach nicht so großartig geworden. *Music* gibt hier einen ersten Hinweis, der sich in **B** anders formuliert noch findet[9]:

> There [in the void] had he [Melko] nonetheless fallen to thinking deep cunning thoughts of his own, all of which he showed not even to Ilúvatar... In this way the mischief of Melko spread darkening the music, for those thoughts of his came from the outer blackness whither Ilúvatar had not yet turned the light of his face; and because his secret thoughts had no kinship with the beauty of Ilúvatar's design its harmonies were broken and destroyed.
> (LT 1 54)

Demnach wären Melkors Kreationen also den Gedanken Ilúvatars gänzlich wesensfremd, sie stammen aus der »äußeren Dunkelheit«, die noch nicht durch das Licht von Erus Antlitz erleuchtet wurde. Melkor entfernte sich durch seine Expeditionen in die Leere also in einem bestimmten Sinne völlig von den Ainur und sogar von Ilúvatar selbst.

Dieses Gedankenmodell führt aber die Leere als Quasi-Antagonist zu Ilúvatar ein. Sie ist nicht die Abwesenheit von durch Ilúvatar geschaffenem Sein, sondern auch dunkel, böse, gegen Ilúvatar gerichtet. Melkor wurde von ihr dazu beeinflusst, Töne zu entwickeln, die gegen Ilúvatar gerichtet sind – somit musste auch zwangsläufig die Musik davon wesentlich beschädigt werden.

---

9 Vgl. **B**: »And the discord of Melko spread ever wider and the music darkened, for the thought of Melko came from the outer dark whither Ilúvatar had not yet turned the light of his face.« (LR 157)

In **C** und **D** wird Melkor, wie oben beschrieben, einerseits aufgewertet, andererseits verschwindet der Einfluss der Leere auf die Entwicklung seiner Gedanken fast gänzlich; die eben zitierte Passage liest sich in **C** ganz anders: »Then the discord of Melkor spread ever wider, and the melodies that had been heard at first foundered in a sea of turbulent sound« (MR 9). Keine Rede mehr von Dunkelheit in der Musik, die ihren Ursprung in einer Schwäche oder Langsamkeit Ilúvatars gehabt haben könnte, stattdessen scheint Melkor selbst in der Leere auf eigene Gedanken gekommen zu sein. Doch es bleibt nun ungeklärt, weshalb diese Gedanken so gänzlich unvereinbar mit denen Ilúvatars und des Großen Themas sein sollen.

Es scheint, dass Tolkien mit diesen Korrekturen eine Stärkung der Figur Ilúvatar beabsichtigte – jedoch unter Inkaufnahme schwindender Plausibilität der *Ainulindale*. Ein Melkor, der (infiziert von der Äußeren Dunkelheit, die ihrerseits Ilúvatar bisher als Antipode gegenübersteht) das Erste Thema von Ilúvatar beschädigen kann, erscheint mir überzeugender als ein Melkor, der einfach aus unbekannten Gründen andere Gedanken als seine Brüder entwickelte. Ähnlich verhält es sich mit der Unbotmäßigkeit Ungolianths gegenüber Melkor: Sie ist in den *Lost Tales* noch ein den Valar gänzlich unbekannter Dunkler Geist.[10] In jedem Fall dürfte Ea, Erus bisher größtes Projekt, einen derartigen Schaden nicht durch einfache andere Gedanken eines Ainu erleiden.

Natürlich wird diese Verschiebung durch die Aufwertung der Macht Melkors wieder ein Stück weit aufgefangen. Doch Ilúvatars Erläuterung in **D**, dass Melkors Auflehnung sich letztlich dem Ganzen fügen müsse, ist problematisch:

> And thou, Melkor, shalt see that no theme may be played that has not its uttermost source in me, nor can any alter the music in my despite. For he that attempteth this shall be but mine instrument in the devising of things more wonderful, which he himself hath not imagined. (MR 10)

Die Behauptung, niemand könne die Musik entgegen Ilúvatars Willen ändern, ist schlicht falsch, denn sie wurde ja gerade durch Melkors Missklänge unleugbar geändert. Man mag zwar auf der Grundlage der Integration der wenigen wohlklingenden Elemente der Melkor-Melodie in Erus Drittes Thema zu Recht argumentieren, dass sich Letzteres entgegen dem Trompeteneinerlei als Sieger erwiesen habe, doch Ilúvatars »Ea!« gilt letztlich für die gesamte *Ainulindale*, so wie sie gespielt wurde, nicht nur für ausgewählte Partituren. Demnach ist die Musik als ganze unheilbar beschädigt, Ea anders gestaltet worden, als Ilúvatar es beabsichtigt hatte. Jedweder divergierender Interpretationsversuch müsste sich die Frage gefallen lassen, worin denn letztlich die Bedeutung der

---

10 Vgl. LT I 151f.

Ainulindale besteht, wenn Ilúvatar nur die Teile der Musik verwirklichte, die seinem Geschmack entsprachen. Die von Melkor unbeabsichtigten, aber mitverursachten positiven Effekte aus dem Missklang, die sich in unerwarteter Schönheit wie z.b. der Schneeflocke ergeben, scheinen das zu sein, was durch die Integration der Melkor-Klänge ins Dritte Thema erreicht wurde. Dennoch hatten Melkors Klänge nicht nur derartige positive Nebeneffekte, sondern teilweise nur negative Auswirkungen.

Das wirft das Augenmerk auf den Stellenwert, den ganz Ea in den Augen der Ainur und Erus überhaupt hat. Ist es eher Kunstwerk (allein schon der Umstand, dass es auf einer Ebene eine Musik ist, scheint dafür zu sprechen), dann sind sämtliche ästhetischen Verbesserungen durch den Missklang selbstverständlich zu begrüßen. Auf der anderen Ebene der nach Arda hineingeborenen Kinder Ilúvatars, insbesondere der Elben, deren Leben an Arda geknüpft ist, wäre ein Ea ohne Missklänge definitiv angenehmer gewesen.

Dieser Punkt scheint mir überaus wichtig: Inwieweit kann eine ästhetische Verbesserung Eas durch Melkor die negativen Folgen, die dadurch für die Kinder entstanden, oder auch anderweitig durch Melkor verursacht wurden, aufwiegen? Welche Berechtigung hat Melkor in Ea und Arda bzw. weshalb wurden seine Töne überhaupt erst verwirklicht, wenn Ilúvatar das Wohl der Kinder am wichtigsten ist? Das Wohl der Kinder kann nur Ilúvatars erste Priorität sein, wenn das diesseitige Leben derjenigen, die unter Melkor und Sauron litten, marginalisiert wird. Der wahrhaft vollendete Zustand erwartet die Menschen ja erst im Tod bei Ilúvatar.

Ilúvatar hat also gegenüber Melkor auf einer Makroebene aber in jedem Fall Recht, wenn er auf das letztendliche Scheitern von Melkors nihilistischem Zerstörungswahn verweist. Aber auf einer Mikroebene hat dieser Erfolg, wenn er das Leben der Kinder sehr handfest und mittelbar über ganze Zeitalter hoffnungslos und leer werden lässt.

Eine andere interessante Veränderung in diesem Zusammenhang ist das oft Verwunderung erregende Lächeln Ilúvatars in der Stille vor dem Aufkommen des Zweiten Themas. Durch einen Blick in die älteren Versionen lässt sich in diese Angelegenheit etwas Licht bringen.

In *Music* »did he [Ilúvatar] smile sadly« (LT I 54), in **B** »Ilúvatar was grieved, but he smiled« (LR 157), erst in **C** heißt es: »Ilúvatar arose, and the Ainur perceived that he smiled« (MR 10). Tolkien nimmt sich hier allem Anschein nach zurück und nimmt nicht an, dass der Verfasser der *Ainulindale* oder die Ainur den Gemütszustand Ilúvatars gekannt haben könnten. Hierin sehe ich mich bestätigt dadurch, wie die Regungen des Einen nach dem Ende des Zweiten bzw. Dritten Themas beschrieben werden: »Then again Ilúvatar arose, and the Ainur perceived that his countenance was stern« und »Ilúvatar arose a third time, and his face was terrible to behold« (MR 10). Jedes Mal wird beschrieben, wie Ilúvatar von den Ainur wahrgenommen wird; die Einzelheiten bleiben vage und verschwommen.

Auf Grundlage der früheren Versionen wäre also die Interpretation zulässig, dass Ilúvatar mit dem Aufkommen der Melkor'schen Dissonanzen und dem Kampf gegen das Erste Thema schon unglücklich gewesen ist, aber davon ausgeht, der Schaden für die gesamte Musik wäre vernachlässigbar, wenn sich das Zweite und Dritte Thema ohne Widerstand würden entfalten können. Auch nehme ich an, dass die Einführung des Zweiten und Dritten Themas keine Spontanreaktion Erus auf Melkors Machenschaften war, sondern gezielt geplant – nicht zuletzt weil Tolkien in C ausführt, dass die Eruhíni mit dem Dritten Thema in die Musik eingeführt wurden.[11]

Abschließend lässt sich zusammenfassen: Die *Ainulindalen* unterlagen Veränderungen tatsächlich nur in Einzelheiten, diese jedoch waren durchaus substantiell. Insbesondere das Verhältnis von Eru-Ilúvatar und Melkor bzw. die Konzeption der Figur unterlag einer schleichenden Veränderung.

Bibliographie

Schröder, Christian. *Unveröffentlichtes Typoskript 1*
---, *Unveröffentlichtes Typoskript 2*

---

11 Vgl. MR 11.

Heidi Krüger

Die Romanfragmente *The Lost Road* und *The Notion Club Papers*

Zu ihrer literarisch-konzeptionellen Stellung innerhalb des literarisch-fiktionalen Gesamtwerkes

Heidi Krüger (Hamburg)

1 Hinführung

1.1 Gliederung des Gesamtwerkes

Wenn wir das Gesamtwerk Tolkiens überblicken – so weit es uns bisher zur Verfügung gestellt ist –, so können wir es, grob gesprochen (und die Briefe ignorierend), in Essays und literarisch-fiktionale Werke unterteilen. Die Essays wiederum lassen sich gruppieren in solche, die sich mit seinem eigenen literarisch-fiktionalen Werk befassen, und solche, die sich entweder mit fremden Werken auseinandersetzen oder weitere Themen verfolgen. Das literarische Werk wird in der Regel in zwei Gruppen eingeteilt: Die eine enthält die so genannten Mittelerde-Werke – *The Hobbit*, *The Lord of the Rings*, der *Silmarillion*-Komplex[1] inklusive *The Book of Lost Tales*, in gewissem Sinn auch *The Adventures of Tom Bombadil* –, die andere die Erzählungen – vor allem *Farmer Giles of Ham*, *Leaf by Niggle*, *Smith of Wootton Major* –, die nichts mit der Mittelerde zu tun haben.

Nun ist aber seit dem Erscheinen der 12-bändigen *History of Middle-earth* die Sache etwas komplexer geworden. Diese Bände enthalten zwar das Nachlasswerk Tolkiens, sofern es sich mit der Mittelerde beschäftigt – so ist zumindest das Anliegen von Christopher Tolkien gewesen; aber in Band 5 und 9 finden wir zwei Romanfragmente, die auch Christopher Tolkien selbst als nicht ganz für diese Bände zugehörig empfindet und inhaltlich so gut wie nicht kommentiert – aus mangelnder Fachkompetenz, wie er sagt (SD 152). Ich spreche von den beiden modernen Zeitreiseromanen *The Lost Road* (ca. 1937[2]) und *The Notion Club Papers* (ca. 1945). Stofflich gesehen gehören sie zwar teilweise zur Mittel-

---

1 Unter *Silmarillion*-Komplex verstehe ich nicht das von Christopher 1977 veröffentlichte *Silmarillion*, sondern sämtliche in der *History of Middle-earth*, den *Unfinished Tales* und gegebenenfalls weiteren Veröffentlichungen enthaltenen Vorarbeiten zu dem Projekt *Silmarillion*.
2 Zu den Datierungsfragen siehe LR 7f, SD 145, 147, 153 Anm. 1 und besonders Rateliff 199ff.

erde, denn die Zeitreisen führen unter anderem nach Númenor – andererseits aber sind es Menschen des 20. Jahrhunderts, die in diese Welten geraten. Das stellt in der Tat die gewohnte Vorstellung von Tolkiens Mittelerde ein wenig in Frage.

Diese beiden interessanten Romane geben mir daher Anlass, unter anderem dies zu begründen, dass der Schauplatz, an dem ein literarisches Werk spielt, in literarischer Hinsicht nicht so entscheidend ist, wie es häufig gesehen wird. Die Gemeinsamkeit oder die Unterschiedlichkeit von ästhetisch-literarischen Werken kann nicht unbedingt, oder nicht nur, an der Wahl des Stoffes festgemacht werden, sondern auch, oder vielleicht sogar hauptsächlich, an der Funktionalität[3], die dieser Stoff erfahren hat, an der Aussage[4], die mit der Wahl dieses Stoffes getroffen wird. Nur die Autoren, die wirklich nichts weiter als Unterhaltungsware produzieren, bieten nichts weiter als Stoff. Die Ästhetik eines Werkes aber zeigt sich in der Gestaltung dieses Stoffes hin zu einer Aussage – und daher kann es theoretisch durchaus sein, dass Werke eines Autors trotz ganz unterschiedlicher Schauplätze in Aussage und Intention[5] mehr zusammengehören als Werke mit dem gleichen Schauplatz.

Das bedeutet, dass andere – und im Folgenden zu skizzierende – Zusammenhänge als die rein stofflichen (wie Handlungsorte oder Handlung) zwischen diesen Werken erschlossen werden können, wenn die Tatsache, dass es sich um **ästhetische** Werke handelt, berücksichtigt wird.

1.2 Der Bezug der Werke zueinander

Ich gehe davon aus, dass ein Schriftsteller – so wie jeder andere Mensch auch – eine individuelle Persönlichkeit ist, deren Lebensphasen, so unterschiedlich sie sein mögen, dennoch stets Ausdruck der gleichen, wenn auch sich wandelnden Person sind. Daraus folgt, dass die einzelnen Werke des Schriftstellers in einem wie auch immer gearteten inneren Zusammenhang stehen, auch wenn der Autor selbst diesen Zusammenhang vielleicht nicht gesehen hat, da zu viele Jahre dazwischen liegen oder weil er selbst den Abstand dazu nicht hat. Außerdem gehe ich davon aus, dass dieses literarische Werk, weil eben der Autor wie jeder andere Mensch sich im Laufe seines Lebens entwickelt, Ausdruck eines sich in der Zeit befindlichen Prozesses ist.

---

3   Funktionalität = Wertigkeit eines erzählerischen Elementes innerhalb eines sprachlichen oder künstlerischen Organismus (Werkes).

4   Aussage = literarisch gestaltete Deutung von Geschehen oder Gegebenheiten.

5   Intention = der einem literarischen Werk zugrunde liegende final ausgerichtete Mitteilungscharakter. Gemeint ist hier die Werkintention (verwandt mit Ecos Textintention [Eco 77ff]), nicht die Autorintention.

Nehme ich obige Überlegungen hinzu – dass literarisch-fiktionale Werke, sofern sie nicht reine Unterhaltungsware sind, darüber hinausgehende Intentionen haben –, ließe sich die These aufstellen, dass über die Erschließung der Intentionen der Einzelwerke sowohl eine Gesamtintention sichtbar gemacht werden kann als auch die Einzelwerke als unterschiedliche und sich entwickelnde Lösungsansätze zu dieser Grundintention gesehen und beschrieben werden können.

Dies ist allerdings eine langfristige Fragestellung, und dieser Aufsatz versteht sich als ein Teilbeitrag dazu.

1.3 Mein Untersuchungsfeld in diesem Aufsatz

Ausgangsbasis sind die beiden Zeitreiseromane, auf die ich einige markante Spots werfen möchte, um auf diese Weise Material zu gewinnen für die Fragen: Weshalb hat Tolkien die Zeitreiseromane überhaupt geschrieben? In welchem strukturellen Zusammenhang stehen sie mit den anderen Werken? Wird bereits daran eine Grundintention des Gesamtwerkes sichtbar?

Ich werde später einige der Gesichtspunkte, die ich aus der Betrachtung der Konzeption[6] in den Zeitreiseromanen gewonnen habe, in Bezug setzen zu anderen Werken, um auf diese Weise Ähnlichkeiten oder Unterschiede in deren Konzeptionen beschreibbar zu machen. Ein weiterer Schritt wäre, der in diesem Aufsatz nur im Ansatz zu leisten ist, nachvollziehbar zu machen, dass sie unterschiedlich gestaltete Antworten auf die Grundintention sind.

2 Der Zeitreiseroman wirft neue Fragen auf

2.1 Warum schrieb Tolkien Zeitreiseromane?

Beide Zeitreiseromane sind von Tolkien nicht vollendet worden. *The Lost Road* hat nur vier fertige Kapitel, *The Notion Club Papers* allerdings sehr viel mehr. Den ersten Roman hat Tolkien begonnen, kurz bevor sich ein Verlag für seinen *Hobbit* interessierte (1936/37) – damit ließe sich rein äußerlich begründen, weshalb er *The Lost Road* abbrach: Die Arbeit an der Veröffentlichung des *Hobbit* nahm seine Freizeit vollkommen in Anspruch. Also war dieses Projekt eine Eintagsfliege gewesen? Zumal ja auch der Grund, weshalb er überhaupt damit begonnen hat, mehr Rätsel aufgibt als erklärt: Eine Abmachung mit C.S. Lewis soll nach Selbstaussage Tolkiens der Startschuss für *The Lost Road* gewesen

---

6 Konzeption = methodische Planung und Realisation eines literarischen Vorhabens.

sein. Man habe gelost, und der Zeitreiseroman sei auf Tolkien gefallen (LR 7 und L 294). – Gut, er brach ab, sobald etwas Lukrativeres winkte. Aber neun Jahre später nahm er dieses Projekt wieder auf! Und zwar dermaßen gründlich und ausführlich, dass er damit fast die Fertigstellung des inzwischen auf Hochtouren laufenden *Lord of the Rings* gefährdete – er unterbrach diesen, auf den der Verlag händeringend wartete, aus nicht eigentlich geklärten Gründen für anderthalb Jahre (Rateliff 213). Und in der Zwischenzeit befasste er sich mit der Überarbeitung der *Lost Road*, die nun einen neuen Titel bekam: *The Notion Club Papers* – obwohl kein Verlag darauf wartete und auch kaum jemand wusste, dass er daran schrieb. Und wie lange er daran schrieb.

Allein dies zeigt, wie essentiell diese Arbeit für Tolkien war. – Wenn wir davon ausgehen, dass Tolkien, als er den Zeitreiseroman wieder aufgriff, sich in einer Schaffenskrise bezüglich des *Lord of the Rings* befand (vgl. WR 218ff), und wenn wir eine ganz bestimmte Eigenart der *Notion Club Papers* in Rechnung stellen, werden da deutliche Zusammenhänge sichtbar. Diese ganz bestimmte Eigenart besteht in der Tatsache, dass Tolkien seine Protagonisten metatheoretische Reflexionen poetologischer und existentieller Art in ausufernder Gründlichkeit diskutieren und durchleben lässt. Im Ansatz finden wir das auch schon in *The Lost Road*. Betrachten wir dazu noch den Aufsatz *On Fairy-Stories* (gehalten 1939, also in der Zeit zwischen der Entstehung der beiden Zeitreiseromane), der ebenfalls poetologische existentielle Fragen behandelt, auf die sich mitunter in *The Notion Club Papers* sogar direkt bezogen wird (SD 193). Dann wird rekonstruierbar, was Tolkiens Fragestellung damals war: Was will ich eigentlich mit meinem literarischen Werk?

Und deshalb halte ich diese beiden Werke für zentral in dem Sinn – um ein vorläufiges Fazit zu ziehen –, dass sie, zusammen mit einigen seiner Essays, eine Art Integrationspunkt bilden, von dem aus Strahlen oder konzentrische Kreise ausgehen, die alle anderen Werke tangieren und ihnen im Gesamtwerk einen Platz zuweisen.

Im folgenden Abschnitt gebe ich ein erstes Beispiel für ein umspannendes literarisches Motiv, das mehreren Werken zugrunde liegt, aber unterschiedlich in ihnen gestaltet wird – später werde ich weitere nennen. Dieses führt bereits mitten in die von Tolkien immer wieder variierte Grundproblematik hinein.

2.2 Das Motiv »lost« – »verloren« oder »vergessen«"

Sowohl der Titel *The Lost Road* als auch der von *The Book of Lost Tales*, dem Erstlingswerk Tolkiens, enthalten den Begriff »lost«.
›Verloren‹ und ›vergessen‹ ist in *The Book of Lost Tales* der ursprüngliche Zusammenhang zwischen den Menschen mit den Göttern und elbischen Wesen. Und

ein Mensch – Eriol bzw. Ælfwine – muss die magische Grenze überschreiten (genau genommen übersegeln), um dieses wertvolle Buch – in dem die verlorenen Geschichten enthalten sind – in die Menschenwelt zu holen. Wozu? Wir erfahren es zumindest dort nicht, weil Tolkien dieses Werk nicht fertiggestellt hat. Aber es läuft alles darauf hinaus, dass das Buch den – fiktiven – Menschen in die Hände gespielt werden soll.

In *The Lost Road* verloren und vergessen ist offenbar ein Weg – rein äußerlich der Weg geradeaus, der aus Zeit und Raum herausführt. Und auch er macht sich einigen – fiktiven – Menschen (des 20. Jahrhunderts) bemerkbar, will gefunden und gegangen werden. Warum? Diese Frage wird hoffentlich zumindest ein wenig am Ende dieses Aufsatzes beantwortet sein.

Aber das Wort ›lost‹ birgt noch eine weitere Spur. Es gibt das Lost World Genre, das zur Zeit Tolkiens sehr beliebt war. Es waren begeisterte Geschichten über die Entdeckung der neuen Kontinente, vergessener Urvölker, vergessener Kulturen. Und in diesem Zusammenhang aufschlussreich ist eine Stelle aus einem Vortrag Tolkiens von 1939, *On Fairy-Stories*:

> It seems to become fashionable soon after the great voyages had begun to make the world seem too narrow to hold both men and elves; when the magic land of Hy Breasail in the West had become the mere Brazils, the land of red-dye-wood.   (TL 6)

Aus dieser Analyse, in Kombination mit oben Gesagtem, können wir folgern, dass Tolkiens Intention – in dem Fall die Autorintention – darin besteht, etwas zu retten oder wiederzugewinnen, was durch die Entzauberung der Welt – mit entstanden durch die physische Eroberung derselben – verloren ist: die Magie der Welt, die sich in den elbischen Wesen verkörpert. Das sind natürlich poetische Worte – was bedeuten sie konkret? Was will Tolkien wiedergewinnen? In *The Notion Club Papers* wird genau dies behandelt. Was in *The Book of Lost Tales* in Form von Sage und Märchen dargestellt wird – der Olórë Mallë, der Traumpfad, schaffe die Verbindung zwischen der Menschen- und Götterwelt (LT Band 1, 18f), ist in *The Notion Club Papers* psychologisiert: Mittels ausgefeilter Traumtechnik und Bewusstseinsschulung kann dieser Weg geschaffen werden. Mythisch ausgedrückt: Der Gerade Weg wird wieder begehbar. Allerdings führt er nicht zu den Göttern – schon in *The Book of Lost Tales* ist dieser nicht mehr gangbar; auf Tol Eressëa steht eine Art Ersatzhütte, von wo aus elbische Kinder in die Menschenwelt gehen können, um vor allem Kindern in ihren Kümmernissen zu helfen. Aber von der Menschenwelt aus kann man nicht einmal mehr nach Tol Eressëa.

In den beiden Zeitreiseromanen können einige wenige immerhin schon nach Númenor gelangen. Und im späteren *Lord of the Rings* ist der Weg sogar frei für Bilbo, Gimli etc. nach Aman oder Tol Eressëa. Ein gutes Zeichen? Vielleicht.

Interessanterweise arbeiten die Erzählungen Tolkiens, die nicht Mittelerde als Schauplatz haben, nicht hauptsächlich mit dem Motiv ›lost‹ - die beiden Welten sind auch nicht vor allem durch Zeit voneinander getrennt, sondern räumlich. Aber ansonsten ist es ähnlich. Nur wenige können in dieses Reich gehen, dieses Elbenland, dieses Land der Faërie, das Land der dauerhaften Gefahr (LT 3). Manche bleiben dort für immer, manche kehren verändert zurück, und sie bringen auch Dinge mit, die von dort stammen und in der Alltagswelt andere Menschen entzünden (so in SG). Im Übrigen arbeitet auch *The Lord of the Rings* nicht hauptsächlich mit Zeit und dem Motiv ›lost‹: das ›Verlorene‹ wird meist ins Räumliche übersetzt.

Gemeinsam aber ist allen diesen Werken, dass zwei Welten existieren: eine Alltagswelt und eine andere, die verschüttet oder verborgen ist, und die wiedergewonnen oder überwunden werden will. Diese andere Welt ist in keiner Erzählung eine heile Welt, ist immer dissonant. Es gibt dort das heillos Entsetzliche und das überirdisch Glanzvolle. Aber sie will entdeckt und gefunden werden. Im Notfall drängt sie sich auf und platzt in das Alltagsbewusstsein hinein.

3 Primärwelten und Sekundärwelten

3.1 Zwei Welten

Eine Eigenart der beiden Zeitreiseromane ist, dass sie bereits auf den ersten Blick sehr deutlich in zwei Welten spielen: Die eine ist die moderne Welt des 20. bzw. 21. Jahrhunderts – wobei dies in *The Notion Club Papers* mehr herausgearbeitet ist als in *The Lost Road*. In *The Lost Road* ist der moderne Schauplatz ein Ferienhaus an der Küste von Cornwall, bekommt allerdings von Tolkien keine wirkliche Prägnanz. – Die ›andere‹ Welt bricht in die Alltagswelt ein, aber nicht mit einem Mal, sondern tröpfchenweise, verteilt über viele Jahrzehnte. Und dies gilt auch nur für einzelne Zeitgenossen, die dafür besonders sensibel sind; in *The Notion Club Papers* sind es einzelne Clubmitglieder, in *The Lost Road* ein Vater und ein Sohn. Beiden Romanen ist gemeinsam, dass diese – durchgehend sprachbegabten – Menschen zunächst fremde Wörter träumen, später ganze Sätze, sogar ganze Passagen, ohne doch verstehen zu können, worum es sich handelt. Erst durch das Zusammentreffen vieler Einzelentschlüsselungen gelingt es – vor allem in *The Notion Club Papers* –, das Problem insgesamt zu erfassen und in Angriff zu nehmen:

Es scheint irgendwo, irgendwie eine ganze Welt vorhanden zu sein, die durch ein Nadelöhr quasi versucht, sich ihnen kundzutun; sie hat eine eigene unbekannte Sprache, outet sich als »Númenor«, das offenbar untergegangen ist, aber um Hilfe ruft und über ein verlorenes Land der Glückseligkeit klagt. Wo genau befindet sich dieses Númenor? Was will es mitteilen? Wie kommt man dorthin? Denn hin wollen und müssen die, die ihr halbes Leben lang in Traum und Halbtraum von dort unverständliche Nachrichten bekommen haben.

Ich sagte es schon: Zwei Welten gibt es in fast jedem literarischen Werk Tolkiens, eine Alltagswelt und eine andere, schöne oder befremdliche – auch in *The Lord of the Rings*, obwohl dies auf den ersten Blick nicht so aussehen mag. Aber Frodo gerät, wie seinerzeit schon Bilbo, in eine archaische Sagenwelt, die sich zwar zeitgenössisch gebärdet, aber doch aus unvorstellbar tiefen Zeiträumen und Untiefen stammt.[7] Auch dort drängt sich diese Welt auf und erzwingt die Auseinandersetzung. Und immer ist die gleiche Frage zu stellen: Was genau ist jeweils diese ›andere Welt‹? Warum muss man sich mit ihr auseinandersetzen? Warum ist sie vergessen und verloren? Und auf welche Weise findet man den Weg dorthin?

3.2   Kurzer methodologischer Exkurs

Diese Fragen haben eine inhaltliche, eine poetologisch-methodische und eine existentielle Seite. Thema meines Aufsatzes ist die poetologisch-methodische. Die inhaltliche Analyse ist allerdings der erste notwendige Schritt, und ihm habe ich hier auch Rechnung getragen. Es muss erst werkimmanent geklärt werden, mit welcher Art ›Welt‹ die Protagonisten konfrontiert werden – das trauernde Tol Eressëa, das um Hilfe rufende Númenor, der bereits dekadente altsächsische Königshof –, und welchen ›Weg‹ sie ganz konkret dorthin gehen müssen oder wählen – in *The Book of Lost Tales* das Segeln in unerforschte Meere, in *The Notion Club Papers* die mentale und traumtechnische Schulung. Aber in literarischen Werken ist dies nur eine Bildsprache, die allerdings letztendlich auf existentielle Aussagen hinzielt. Nur ist die Entschlüsselung dieser Bildsprache nicht überspringbar.

Die Analogie zum Traum kann dies verdeutlichen: Der konkrete Inhalt eines Traumes ist noch nicht der Sinn dieses Traumes. Erst seine Struktur, seine Komposition, die Entschlüsselung seiner Bildsprache können seine Bedeutung für den Träumenden rekonstruieren[8].

---

7   Die Begegnung in *The Lord of the Rings* zwischen den Hobbits und archaischen Sagenwelten und die daraus resultierenden Aspekte für eine Deutung des Romans habe ich an anderer Stelle erörtert (Krüger 68 ff).

8   C.G.Jung z.B. hat – verstreut in seinem umfangreichen Werk – immer wieder darauf hingewiesen, dass der Traum ähnlich wie ein Drama aufgebaut ist.

3.3 Erzählebenen

Eine zweite Eigenart der beiden Romane ist (dies gilt vor allem für *The Notion Club Papers*), dass es sich genau genommen gar nicht um nur zwei Welten handelt, sondern um mehrere. Dies muss ein wenig genauer betrachtet werden, denn gerade der Weg von der einen Welt in die andere ist von Tolkien jeweils sorgfältig gestaltet worden; das Bauprinzip legt er offen dar. Und aus dem Studium dieser Bauprinzipien lässt sich am Ende auch Material gewinnen für die Frage, wie denn nun Númenor plötzlich mitten in Oxford auftauchen kann, und was es da überhaupt zu suchen hat.

Die Erzählstruktur in *The Notion Club Papers* ist sehr komplex. So sehr, dass Christopher Tolkien argwöhnte, sein Vater habe das am Ende selber nicht mehr handhaben können und darum das Werk abgebrochen (SD 282) – was ich nun übrigens auf keinen Fall glaube, denn es ist gerade diese Komplexität, die in meinen Augen in das Zentrum der literarischen Intention führt, und von wo aus auch die anderen Werke her verstanden werden können.

Um diese verschiedenen ›Welten‹ überhaupt in den Blick zu bekommen, ist ein gangbarer Weg, die Erzählerfiguren ins Auge zu fassen, die dazugehörigen Erzählebenen zu beschreiben und dann als nächstes diese mit den von Tolkien bevorzugten Begriffen ›Sekundärwelt‹ und ›Primärwelt‹ (z.B. TL 37 f) abzugleichen. Dies soll gleich in knapper Form geschehen, vorher muss nur in etwas allgemeinerer Form der Zusammenhang zwischen den Erzählebenen und dem Begriffspaar Primärwelt/Sekundärwelt hergestellt werden:

Nach Tolkien ist die Primärwelt die Welt, in der wir leben und die wir als Realität auffassen. Ein Schriftsteller oder Dichter erschafft mittels Imagination eine Sekundärwelt: zum Beispiel Hobbingen. Oder auch das Oxford der *Notion Club Papers*. Das reale Oxford, in dem Tolkien lebte, ist Primärwelt. Das literarische Oxford, in dem der Notion Club lebt, ist Sekundärwelt. Angenommen nun, in Hobbingen oder Oxford lebt ein Dichter, der Romane schreibt, dann ist die Welt **dieser** Romane eine Sekundärwelt zweiten Grades zur Sekundärwelt ersten Grades. Und die Sekundärwelt ersten Grades ist für die Sekundärwelt zweiten Grades zur Primärwelt geworden. Sodass es eben auch eine Primärwelt ersten und zweiten Grades gibt.

Das Spiel ließe sich fortsetzen, und wir können fabulieren, dass auch in der Sekundärwelt zweiten Grades ein Dichter einen Roman erfindet, dessen Inhalt dann Sekundärwelt dritten Grades wäre. Übertrieben? Nein. Tolkien arbeitet fast permanent mit diesen Ebenen. Allerdings besonders intrigant in *The Notion Club Papers* – und in diesem Werk bekommen wir auch die metaliterarischen Erläuterungen dazu geliefert, was in den anderen Werken Tolkiens so eindeutig nicht der Fall ist. Unter Metaliteratur verstehe ich, dass ein Autor nicht nur eine erfundene Welt beschreibt, sondern den Prozess des Erfindens ebenfalls. Wenn Sam blitzartig erkennt, dass er sich in einer Erzählung befindet – eventuell sogar in einer, die er selbst geschrieben hat, dann ist das Metaliteratur (vgl. Flieger 72). Literarisch gesprochen wird Sam auf zwei Erzählebenen gleichzeitig sichtbar. Das ist etwas, was in einem realistischen Werk – und dazu gehört auch in der Regel die ›reine‹ Unterhaltungsliteratur – schlechterdings nicht möglich sein kann. Tolkien wird meist unterschätzt.

Nun zur Ebenenstruktur in den *Notion Club Papers*: Tolkien erfindet 1945 für sein Publikum den ganzen Roman – Ebene eins. Auf der zweiten Ebene ist ein unbekannter Mensch, auch ca. 1945 lebend, der Clubprotokolle erfindet und diese in die Zukunft datiert: in die Jahre um 1980. Diese Figur ist übrigens nicht mit Tolkien identisch, denn sie weiß etwas Entscheidendes nicht, das aber Tolkien weiß: dass auch sie erfunden ist. Und dass das, was sie erfunden hat Realität geworden ist – allerdings nur in der Fiktion...

Diese erfundene Welt von 1980 ist Ebene drei – Sekundärwelt zweiten Grades, Primärwelt dritten Grades. Auf dieser befindet sich der Notion Club, der sich wöchentlich in Oxford trifft, um hochkarätige Diskussionen zu führen und sich ihre eigenen schriftstellerischen Werke gegenseitig vorzulesen. So lebensnah und wirklich diese Protokolle auch scheinen – schon im fiktiven Vorwort zu den in einem fiktiven Verlag erscheinenden Protokollen wird deutlich, dass dieser Club zumindest 1980 nicht existiert hat, vermutlich überhaupt nicht existiert hat.

Dies wirft ein Schlaglicht auf die wichtigste Erzählebene in dem ganzen Roman, auf die inhaltlich alles von Anfang an zusteuert: der Ebene vier, auf der Númenor und andere Sagenwelten real werden. Die Beziehung zwischen Ebene drei und vier – dem Notion Club und Númenor – ist eine deutlich andere als die zwischen den anderen Ebenen. Die anderen ähneln den im vorigen Absatz geschilderten Abläufen: Ein Schriftsteller erfindet einen Roman, in dem ein Roman erfunden wird, in dem auch ein Roman erfunden wird und in dem wieder einer usw. Dass hier **literarische** Erfindungen vorliegen, wird von Tolkien gezielt durch das fiktive Vorwort dem Leser klargemacht. Aber Númenor ist – innerhalb der Fiktion – keine literarische Erfindung. Was es denn sonst ist, werde ich im nächsten Abschnitt erläutern.

4 Wahre Erfindungen

4.1 Der Protokollant

D ie Protokolle sind – innerhalb der Fiktion – in den 1940er Jahren erfunden, sagte ich. Datiert waren sie auf 1980 – der unbekannte Erfinder hat also Ereignisse fabuliert, die in seiner Zukunft lagen. Nun sind diese Papiere – die man erst für Abfall gehalten hat –, im Jahr 2012 zufällig gefunden und als interessant veröffentlicht worden. Dass sie nicht von 1980 stammen, sondern von 1940, erkannte man aufgrund von Stil- und Papieranalysen. Da war das Staunen der Entdecker aus dem Jahr 2012 nicht gering, als sie in den Papieren von wichtigen Ereignissen lasen, die in den 1970er Jahren tatsächlich stattgefunden hatten – obwohl sie doch 1940 nur dorthin fabuliert waren. Hier sieht man, dass das Erzählebenen-Konstrukt Tolkien ermöglicht, Akausalität einzubauen und Realität auf rätselhafte Weise entstehen zu lassen. – Auf ähnliche Weise entstand Númenor.

4.2 Númenor

Eine der zentralen Diskussionen an einem Clubabend, kurz bevor eine Katastrophe hohen Ausmaßes entsteht, geht um das Thema, was der Unterschied ist zwischen einer erfundenen Geschichte und einer wirklichkeitsschaffenden Imagination (SD Night 67, 245 ff). Letztere schafft eine lebendige Welt, in die der Imaginierende eintritt wie in eine reale Welt. Er agiert dort, er handelt dort, er hat dort Aufgaben zu erledigen. Bei einer normalen literarischen Produktion ist das nicht der Fall: Der Produzierende verliert nicht das Bewusstsein seiner eigenen Welt, wähnt sich nicht als Teil der erfundenen Welt. In *On Fairy-Stories* nennt Tolkien Letzteres das »Elbentheater« (TL 52). Nur elbische Wesen – die fairies – können, heißt es dort, dem Menschen diese Sekundärwelt so real erscheinen lassen, dass es von echt Erlebtem nicht mehr unterscheidbar ist. – Der Bezug zu diesem Gedanken wird in *The Notion Club Papers* ausdrücklich hergestellt (SD 193) und von einem der Clubmitglieder vertreten. Er ist die Theorie hinter dem, was in dem Roman nun leibhaftig geschieht:

Zwei der Clubmitglieder haben sich durch intensives mentales Training darauf vorbereitet, in die Welt Númenor, die sie durch ihre Wortbotschaften schon so lange vom Namen her kennen, einzutreten. Durch diesen Eintritt wird die eben erwähnte Katastrophe realiter ausgelöst: Ein fast archaischer Sturm fegt über Großbritannien und vernichtet Tausende von Menschen, lässt Türme und Hochhäuser zusammenstürzen.

Es finden hier praktisch zwei Parallelgeschehnisse statt: das reale, das von den in Oxford gebliebenen Clubmitgliedern erlebt wird, und das traumhaftmythische, in das die beiden Zeitreisenden gegangen sind und wo sie agieren. Diese beiden hängen eng zusammen. Sie sind nicht durch Kausalität miteinander verbunden, sondern durch ein Gesetz, dem Tolkien offenbar selber nachrätselt und auch seine Protagonisten nachrätseln lässt. Der Untergang von Númenor wird, sobald Númenor imaginativ wirklich betretbar wird, simuliert, ausgelöst, nachgeahmt, hergestellt – was immer.

4.3 Erste Antworten zeigen sich

Was diese Zeitromane also lehren, ist: Die Sekundärwelten entstehen nicht nur mittels dichterischer Imagination als Phantasiegebilde (obwohl die Clubmitglieder zum größten Teil Schriftsteller sind und geübt, sich kosmische Welten zu erdenken) sondern mittels mentaler Schulung als existente Welten. Literarische Imagination bleibt immer blass; nie kann sie so stark sein wie die Energie der realisierenden Imagination. Dazu ein Zitat von einem der Clubmitglieder:

> I don't think you realize, I don't think any of us realize, the force, the daimonic force that the great myths and legends have. From the profundity of the emotions and perceptions that begot them, and from the multiplication of them in many minds – and each mind, mark you, an engine of obscured but unmeasured energy. They are like an explosive: it may slowly yield a steady warmth to living minds, but if suddenly detonated, it might go off with a crash: yes: might produce a disturbance in the real primary world. (SD 228)

Hier haben wir eine mögliche Antwort darauf, wieso Númenor in Oxford auftaucht: Mythen sind im Bewusstsein vorhanden, oder können dort verankert werden; immateriell zwar, aber nicht unwirksam. Da, wo der Mensch ist, sind auch die Mythen. Und umgekehrt: Wo Mythen sind, ist immer auch ein Mensch. Und dadurch haben wir ebenfalls eine Antwortmöglichkeit darauf, was Numenor in Oxford zu suchen hat: Da Númenor verloren ist, will es gesucht werden. Es war einmal Teil einer Entität und will wieder in diese Entität integriert werden.

Hinter beiden Antworten steht ein meta-physisches Fragen. Ich sagte früher, dass Tolkien sich über sein Schreiben klar werden wollte. Eine seiner Grundthematiken scheint das Wesen von Realität zu sein. Das zeigt allein schon seine Schichtung von Realitätsebenen, die er nicht kompliziert genug bauen konnte und die einander ständig relativieren.[9] Aber was ihn dabei konkret interessierte – oder umtrieb –, war das Wesen der ›Anderwelt‹, der verleugneten oder vergessenen oder verlorenen Realität. Dafür fand er immer wieder neue Bilder, neue Geschichten, neue Kompositionstechniken. Und versank tief in die Fragen, wie diese Realität ästhetisch-kompositionell geschaffen werden kann.

---

9 Ich habe hier nur Númenor als manifestierte Realität erwähnt. Aber von Tolkien war dies in den Zeitreiseromanen keineswegs als einzige geplant – er hat eine Unzahl von Zeit- und Raumebenen skizziert, die wohl alle als ineinandergeschachtelt oder als auseinander entstehend gedacht waren.

5 Neue Bezüge der Werke zueinander

5.1 Wie ist die Faërie beschaffen?

In einigen Werken ist die Anderwelt leicht erkennbar – in *Smith of Wootton Major* wird sie Elbland genannt und ist vielleicht eine Tagesreise zu Fuß oder Pferd vom Heimatdorf des Schmieds entfernt. In *Leaf by Niggle* kommt man mit dem Zug dorthin, und das Land ist namenlos.

Interessant zu vergleichen wäre diese kafkaeske Welt in *Leaf by Niggle* im Vergleich zum Elbland des *Smith of Wootton Major*. Der Schmied kann von dem Land fast nichts mehr begreifen, wird sogar des Landes von einer Birke verwiesen. Dies erinnert an das nahezu existentialistische Gedicht *The Seabells* in *The Adventures of Tom Bombadil* (TAB, Chapter 15), wo niemand aus der Faërie mehr zu dem Wandernden spricht und von den Menschen dann auch niemand mehr. Eines der bedrückendsten (und vielleicht besten) Gedichte, die Tolkien je geschrieben hat.

In anderen Werken sind die beiden Welten mehr ineinander verwoben, so in *The Lord of the Rings* vor allem. Die Faërie ist dort fast schon verseucht, aber Hoffnungslosigkeit herrscht dennoch nicht. So auch in den Zeitreiseromanen nicht, wo das Problem aktiv angegangen wird.

Ein Vergleich all dieser ›Anderwelten‹, nach Entstehungszeit gestaffelt, könnte sehr ergiebig für die Frage nach den konzeptionellen Antwortstrategien Tolkiens sein, ist aber hier nicht zu leisten.

5.2 Wie kommt man in die Faërie?

Die Frage ist natürlich literarisch-konzeptionell gemeint. Tolkien hat, wofür die zahllosen Entwürfe ein beredtes Zeugnis abgeben, um literarische Konzepte gerungen. Das schlichte Märchenkonzept – Held gerät ins Märchenland, erschlägt einen Drachen und kommt mit einem Gewinn wieder zurück – hat er stets durchbrochen: das – fiktive – Vorwort zu *Farmer Giles of Ham* (Schmied 20f) erläutert, dass die Geschichte auf absolut unzuverlässigem und fragmentarischem Fabelwerk basiert. Das heißt: Fast alles ist – innerhalb der Fiktion – Erfindung.

Das klingt desillusionierend, ist aber ständig in den Texten Tolkiens anwesend. Auch *The Lord of the Rings*, äußerlich so konsistent und gut-realistisch, entpuppt sich als Fabulierungsgefüge eines tüchtigen Chronisten (weitere Ausführungen dazu vgl. Krüger). Das heißt: Wer das Reich der Faërie kennenlernen will (und zwar das real existierende!) muss es selber erfinden oder selber visualisieren. Eine andere Antwort hat Tolkien nicht zur Verfügung.

Heidi Krüger

5.3 Wanderer zwischen den Welten

Eine der geheimnisvollsten Figuren in Tolkiens Personen-Arsenal ist Ælfwine. Er taucht früh auf (in *The Book of Lost Tales*), geistert durch den ganzen *Silmarillion*-Komplex, lebt ›unter anderem Namen‹ im modernen Oxford der *Notion Club Papers*, im Cornwall der *Lost Road* und ist, auch wenn er nie sich dort outet, verborgen in *The Lord of the Rings*. Er ist der, der die Erzählebenen durchschreiten kann, sich in der Realwelt befindet und in einer der Sekundärwelten seinen richtigen Namen trägt. Manche verwechseln ihn mit Tolkien, weil sie glauben, es sei ja Tolkien, der alle Erzählebenen erfunden hat und also überall Bescheid weiß. Aber das gälte ja für sämtliche Dichter seit Tausenden von Jahren und wäre nichts Besonderes. Ælfwine ist eine *literarische* Figur, war nie mit Edith verheiratet... Ælfwine hat nicht den *Herrn der Ringe* erfunden, sondern hat die Bibliotheken des Auenlandes studiert. Tolkien hat das nie. Tolkien hat nur so getan, als ob. Aber Ælfwine ist der Schlüssel zu Tolkiens Realitätsverständnis, denn er hat eine Doppelnatur. Er kann in beiden Welten leben. In der Faërie und in der Alltagswelt. Ob Tolkien das konnte, ist zu bezweifeln. Aber sein Geschöpf Ælfwine konnte es.

5.4 Buch

Das Buch ist das fast am häufigsten verwendete Motiv in seinem Gesamtwerk. Der *Hobbit*-Bilbo schreibt am Ende seiner Reise ein Buch, und der Erzähler hat es für seinen Roman zur Vorlage. Dass dieses Buch aber niemals fertig wurde, wie wir im *Lord of the Rings* hören, ist wieder eines der Kuriosa, die die Realität aus dem Gefüge bringen.

Man nenne es nicht Nachlässigkeit von Tolkien, denn das Buch-Motiv ist stets von kurioser Art bei ihm und hat Methode. Es ist immer in den Zeiten versteckt, und wenn wir von *Leaf by Niggle* lernen, kann auch Unvollendetes irgendwo vollendet vorhanden sein. – In *The Notion Club Papers* geht es auch um das Suchen nach einem Buch, in dem alle die Geschichten stehen, die ohnehin schon angefangen haben, in die Realität einzudringen.

Ist die Buchrealität nun schon immer da gewesen, und man kann sie nur nicht mehr erreichen? Oder entsteht sie erst während des Entdeckt-werdens?

5.5 Fragment

Alles, was den vielen Erzähler-, Wanderer- und Ælfwine-Figuren zur Kenntnis kommt in Tolkiens Werk, tut es als Fragment. Das – fiktiv – überlieferte Fragment einer Erzählung ist die Grundeinheit, mit der Tolkien seine Geschichten baut. Dieses Kompositionsmittel, in den Zeitreiseromanen überdeutlich, lässt sich in fast jedem Werk nachweisen. Warum tut er das? Warum erzählt er nicht komplett hintereinander Geschichten, ohne dass er an jeder Ecke aufzeigt, dass hier ein »überliefertes Fragment« vorliegt und es damit mit einem Fragezeichen versieht?

Meine Antwort: weil er nolens volens ein moderner Autor ist. Unbedarft ›objektive‹ Geschichten, mit einem objektiven Erzähler, kann man im 20. Jahrhundert nicht mehr erzählen, wenn man aus der Tiefe heraus erzählt – weil es eben keine objektiven Wahrheiten gibt und der moderne Denker das mit jeder Faser spürt. Das Fragment ist die Sprache unserer Zeit. Nichts ist fertig und rund von Haus aus – nur die Phantasie des Menschen macht daraus ein Ganzes: weil er überleben muss.

Was aber bleibt dann? Wo kann Halt gewonnen werden, wenn nichts mehr sicher ist?

5.6 Gesamtintention

Es wurde gezeigt, dass die Imagination – und zwar die geschulte Imagination – in den Zeitreiseromanen der entscheidende Faktor ist, um Zugang zu einer Realität zu bekommen, die meist verborgen, schwer erreichbar, aber auch als entzogene wirksam ist. Ähnliches lässt sich, versuchte ich zu zeigen, auch in anderen Werken Tolkiens vermuten, auch wenn und weil diese verborgene Realität in jedem Werk anders gestaltet wurde.

Mit dieser hohen Bewertung der Imagination macht Tolkien eine Aussage, die – im Keim – eine Lösung bieten könnte für das so schwierige Problem, dass uns einerseits seit geraumer Zeit Wirklichkeit in tausend Splitter zersprungen ist, andererseits diese Wirklichkeit uns dennoch bedroht und also enträtselt werden muss: Wirklichkeit kann geschaffen werden. Falls es stimmt, dass der Stoff, aus dem die Wirklichkeit gewebt ist, die Imagination ist, dann haben wir es in der Hand, die Wirklichkeit umzuschaffen.

Bibliographie

Eco, Umberto. *Zwischen Autor und Text*. München: DTV, 1996

Flieger, Verlyn. *Interrupted Music*. Kent: Kent State University Press, 2005

Krüger, Heidi. »Der Autor als Chronist«. *Das Dritte Zeitalter*. Hg. Thomas Le Blanc und Bettina Twrsnick. Wetzlar: Phantastische Bibliothek, 2006, 68-96

Rateliff, John D. "The Lost Road, The Dark Tower, and the Notion Club Papers". *Tolkien's Legendarium*. Eds. Verlyn Flieger and Carl F. Hostetter. Westport: Greenwood Press, 2000, 199-218

Tolkien, John Ronald Reuel. "The Seabells". *The Adventures of Tom Bombadil*. London: HarperCollins 1990

---, *Letters of J.R.R. Tolkien*. Ed. Humphrey Carpenter. London: HarperCollins, 1981

---, "On Fairy-Stories". *Tree and Leaf*. London: HarperCollins, 2001, 1-81

---, »Der Schmied von Groß-Holzingen«, *Fabelhafte Geschichten*. Stuttgart: Klett-Cotta, 2002, 92-126

'More poetical, less prosaic':
The Convergence of Myth and History in Tolkien's Works

Judith Klinger (Potsdam)

> "They should have sent a poet."
> Time-Traveller Ellie Arroway in the movie *Contact* (1997)

In two unfinished novels, *The Lost Road* (1936) and *The Notion Club Papers* (1945), J.R.R. Tolkien explores the concept of time-travel achieved not by means of fantastic machines but by the visionary power of 'true dreams'. Alongside other features, the two texts share one crucial trait. The protagonists are eventually guided back to the same pivotal event in the history of Arda, the downfall of Númenor. This singular cataclysm triggered a fundamental change in the state of the world: the parting of the 'Straight Road' (to Valinor) from the 'bent roads' that govern mortal experience.

But in *The Notion Club Papers* this tragic disjunction is conceptualized as a 'dividing line' in more than one sense. One of the two time-travellers, Wilfrid Jeremy, speculates:

> Sometimes I have a queer feeling that, if one could go back, one would find not myth dissolving into history, but rather the reverse: real history becoming more mythical – more shapely, simple, discernibly significant, even seen at close quarters. More poetical, and less prosaic, if you like. (SD 227)
>
> Somebody once said, I forget who, that the distinction between history and myth might be meaningless outside the Earth. I think it might at least get a great deal less sharp on the Earth, further back. Perhaps the Atlantis catastrophe was the dividing line?
> (SD 249)

Arda's Númenor – later identified with Earth's Atlantis – divides 'myth' from 'history': two distinct modes of conceptualizing and organizing relevant cultural knowledge. Yet Jeremy also attempts to imagine a type of perception and experience that precedes history: to enter a reality, that is, that may prove to be "more shapely, simple, discernibly significant" and ultimately "more poetical".

This provocative statement must raise questions about the underlying concepts of 'myth' and 'history': How can one experience reality in the mythical mode? Furthermore, how is 'going back' in time related to Jeremy's conjecture? And what are the inherent connections between a disjunction of 'myth' from 'history' to the tranformation of the 'flat' into the 'round world', after Númenor's fall?

These questions concern not only the elementary parameters of space, time, and perception within Arda but also Tolkien's concept of composing a 'mythical history'. On the one hand, "Númenor-Atlantis" (L 186, 206, 303) occupies a critical position *within* the time of Arda, or the textual universe. On the other, the story of Atalante the Fallen also provides a link to European mythology *outside* Tolkien's works, thus establishing a connection to the universe beyond the text.[1] In September 1954, Tolkien wrote to Naomi Mitchison:

> Actually in the imagination of this story we are now living on a physically round Earth. But the whole 'legendarium' contains a transition from a flat world ... to a globe... The particular 'myth' which lies behind this tale, and the mood both of Men and Elves at this time, is the Downfall of Númenor: a special variety of the Atlantis tradition. That seems to me so fundamental to 'mythical history' ... that some version of it would have to come in.
> (L 197f)

Implicit to this statement is the intention to link textual with extra-textual reality. Margaret Hiley discusses the implications of connecting the 'Secondary' to the 'Primary World'. Quoting Tolkien's statements that "Middle-earth is *our* world" (Carpenter 127) and "Middle-earth is not an imaginary world" (L 239), she comments:

> These statements, if taken seriously, place Middle-earth in an uneasy position, somewhere between the imaginary and the real. The actions described in his works take place in the actual world, but Tolkien calls the time in which they take place "a purely imaginary (though not wholly impossible) period of antiquity" (qtd. in Carpenter, *Tolkien* 98). Is the spatial dimension therefore real while the temporal one is not? Questions of this kind quickly highlight the tension between the Primary and the Secondary World – the (again centrally modernist) tension between mimesis and construction – which marks all of Tolkien's work and which he could never overcome, refine his theories as he might. (853)

---

[1] And to Tolkien's own extra-literary experience: In several letters, he mentioned his personal 'Atlantis-haunting', the recurrent, frightful dream of the Great Wave that he shared with his son Michael and which he 'bequeathed to Faramir' (L 213). See also L 232, 347, 361.

This tension concerns the boundaries commonly drawn between 'fiction' and 'history'[2] (or, on a more fundamental level, works of 'imagination'[3] and 'reality') – a distinction that directly pertains to the question how a work of art relates to the real world from and to which it speaks.

Tolkien's apparent hope that his work would be appreciated as a mythology, rather than a corpus of ramified fictions, also involves the claim to present a relevant truth in the mythical mode (cf. Hiley 855). Wilfrid Jeremy's theory of "real history becoming more mythical ... further back", in *The Notion Club Papers*, articulates a closely related view by suggesting that myth can – under certain conditions – be experienced as fully (historically) real. Both propositions necessarily challenge modernist concepts of 'art', 'fiction' and 'history'. Yet Jeremy's statement may provide useful clues not only to the poetics of Tolkien's works but to the interlinked concepts of 'history' and 'myth' and their unfolding within the texts.

In the following, a theoretical approach to the problem – as an issue of semiotics as well as (historically discrepant) epistemologies – will be complemented by a look at the emergence of 'realized myth' in Tolkien's works, in order to identify the parameters that may constitute an immediate experience of 'real myth'.

First and foremost, Jeremy's description of the mythical reality as "more ... discernibly *significant*" points out that a specific mode of signifying must be involved. Theories that describe the semiotics of myth therefore provide the most obvious point of departure. In this context, the concepts developed by Roland Barthes and Owen Barfield (cf. Hiley 855, Flieger, *Light* 35-41, 67-72) may serve to illustrate antithetical poles in the spectrum of 20th-century approaches.

I   Myth theorized: Significations

B arthes defines myth as "a type of speech" and a "second-order semiological system" (Barthes 109, 114). As "the very principle of myth" he describes its capacity to transform history into nature (129). 'Myth', in Barthes' understanding, can achieve such a transformation by drawing on a pre-existing (linguistic) sign, itself constituted by signifier and signified, and depleting it of meaning (cf. 117f). This "regression from meaning to form" does not imply, however, that meaning is fully suppressed, it is merely "impoverished". Myth

---

2   Post-modernist theory questions this distinction and focuses on the specific narrative patterns that shape 'history' (cf. White).

3   In *On Fairy-Stories* (FS 138), Tolkien defines the term 'Imagination' as the human mind's capacity "of forming mental images of things not actually present" – but that does not make them 'imaginary' or fantastical. The same definition seems to apply in *The Notion Club Papers* (cf. SD 253).

holds the primary sign in a state of constant oscillation between form and meaning: "its form is empty but present, its meaning absent but full" (117, 124). The signified to which the mythical signifier refers, is the concept, "a formless, unstable, nebulous condensation, whose unity and coherence are above all due to its function" (119). By presenting the mythical signifier as "an inextricable whole made of meaning and form, ... an ambiguous signification" (128), the signified concept can be made to appear as fact or truth, as 'natural' rather than motivated and historical.

As Hiley explains: "This appearance of naturalness justifies myth's claim to timelessness and universality. It transforms historical reality into a natural, self-justifying image of this reality" (841). The concept behind the myth can thus be presented as an essence, a 'natural' truth.

Like Barthes, Owen Barfield approaches myth as a manner of speech or a form of communication, but beyond this agreement, his theory suggests the opposite mode of operation: Instead of 'naturalizing' signs, myth emerges where signs receive their meanings from 'Nature' (Barfield 102). During the pre-historic stage that Barfield envisions, the connection between signifier and signified is not arbitrary. In fact, the distinction signifier/signified is in this context misleading, as Barfield emphatically focuses on an immediate relationship. The "relations between separate external objects, and between objects and feelings or ideas" are not 'invented': "The language of primitive man reports them as direct perceptual experience. The speaker has observed a unity, and is not therefore himself conscious of a relation" (86).

As a consequence, Barfield also rejects the assumption that a subject/object-split is fundamental and inevitable in all human thinking (cf. 208f). 'Concrete thinking' which articulates the above-mentioned unity is here "defined as 'that which is neither objective nor subjective'" (210). It is in this fashion that the *primary meanings* of words appear as 'natural' givens, experienced but not conceptualized, inseparable from an undifferentiated semantic unity. Myth preserves this inherent unity of concrete thinking (cf. 92) and is directly linked to a worldview and a manner of expression based on real and immediate connections between the 'natural' and the 'supernatural' world, the presence of concrete appearances and their presence in the imagination (cf. Flieger, *Light* 37f). This mode of signification does not objectify the 'things' to which thought or speech refer but articulates their presence within a mesh of living relations.[4]

---

[4] Barfield 85: "you may imply ... that the earliest words in use were 'the names of sensible, material objects' *and nothing more* – only, in that case, you must suppose the 'sensible objects' themselves to have been something more; you must suppose that they were not, as they appear to be at present, isolated, or detached, from thinking and feeling."

Antithetical as Barthes' and Barfield's theories of myth are, they share one further trait which is equally present in *The Notion Club Papers* (and pervades Tolkien's entire works): Myth operates *within* history and is thus in itself a historical phenomenon (cf. Barthes 109, Barfield 93ff).

In this primary sense, history can be understood as temporal progression that brings with it change – including processes that may render myths obsolete or require their adaptation to transformed situations.[5] At the same time, a crucial difference between the two theories can be traced to their discrepant epistemological perspectives.

For 'History', in the second sense, is not a neutral or natural order of things but itself a specific system of interpreting time. Barthes seeks to describe the operation of myth *within* history, that is, under (specifically modern) conditions that define History as the mandatory mode by which real, factual events may be known.[6] Barfield, on the other hand, attempts to re-construct a pre-historic mode of perception (207), and to define a specific experience and articulation of reality *outside* History. Here his concept of myth connects most closely to Wilfrid Jeremy's dictum which also aims at describing a pre-modern, pre-historic conception of reality, and the relation of word and meaning within it. A fundamental difference between the theoretical models here discussed can therefore be addressed as a matter of their discrepant epistemological approaches.

The co-existence of epistemologies – different systems of perception, signification, and knowledge about time and reality – is crucial to Tolkien's work as well and among his central concerns. As a modern author whose thinking is shaped by the paradigm of History, he nonetheless examines its epistemological implications. As it was conceptualized in the late 19th century, History first and foremost involves a 'logical' pattern of succession; temporal continuity is interpreted as a progressive development, shaped by the linearity of cause and effect. But, as Jeremy's speculation about the 'dividing line' between myth and history already shows, Tolkien highlights *discontinuity* both in history and in the conditions of perception and knowledge.

In *The Lost Road* and *The Notion Club Papers*, his modern protagonists confront and negotiate the limitations imposed by the dominant mode of historical thinking: The "desire *to go back*" that drives Alboin Errol in *The Lost Road* provides the central motivation in both novels, but does not imply a simple reversal of linear progression (cf. LR 45). Instead, the underlying concept of time as a 'field of observation' (cf. Flieger, *Time*) as well as the theory of 'true dreaming', so elaborately discussed in *The Notion Club Papers* (SD 175f, cf. Flieger, *Time* 117ff), must challenge the traditional 'historical' perception of reality.

---

5   Hans Blumenberg emphasizes that with his account of the ongoing "work on myth".

6   Barthes' theory is specifically aimed at the operation of myth in French bourgeois culture; it can't (and doesn't pretend to) explain the operation of myth within the epistemologies of other (historical) cultures.

II Myth narrated: Epistemologies

This implicit questioning of History as the organizing principle of perception and knowledge first becomes tangible in Tolkien's framework for the 'story' of *The Notion Club Papers*. In the Foreword, an invented editor, Howard Green, writing in 2014, explains that the Club's meetings supposedly took place in 1980-1990, but at once doubts the very existence of the Club and its members, who may very well be fictitious characters (SD 155f). The following 'Note to the Second Edition' further complicates matters by disclosing that the sheets on which the Club's records were written belong to the 1940s, a paleographic finding corroborated by the "idiom of the dialogues". But these insights raise difficult questions about the Papers' contents, for, as Green observes, the text refers to actual historical events of 1975 and 1987 (SD 157). The editor is ultimately unable to ascertain whether the author/writer of the *Papers* was a man of his own time or of the 1940s, gifted with some form of "prevision" (SD 158).

As the evidence remains ambiguous, no cogent sequence of cause and effect can be established. The complicated textual history framing the Club's *Papers* thus unsettles the interrelated oppositions of linear temporal progression vs. 'prevision', historically documented fact vs. fiction.

The text's proper location in time hinges on the Great Storm in 1987, as it remains unclear whether the storm was a past or future event at the time of the *Papers'* composition. Surrounded by such uncertainty, the textual constitution itself suggests the relativity of temporal/causal sequence. That the Great Storm serves as the temporal anchor for Green's inquiry also lends a deeper irony to this commentary on established methods of ascertaining reality: The story unfolding from the Club's *Papers* portrays the Great Storm as a material (though possibly supernatural) echo of another 'historical' event, after all – the storm preceding the downfall of Númenor. The storm thus manifests the presence of a distant mythical era, bridging a chasm of millennia.

But the Downfall of Númenor not only emerges as the founding event of story, History and text, it also becomes the fulcrum of competing epistemologies when the discovery of the 'myth' is heralded by a 'natural sign' preceding the actual storm. An eagle-shaped cloud that moves in from the west, "eating up the stars", prompts Arry Lowdham to speak first "words in an unknown tongue" and next to cry *"Behold the Eagles of the Lords of the West! They are coming on Númenor!"* (SD 231, cf. LR 38). As a natural sign of powerful wind, the signifier 'great cloud with sable wings' at once refers to the Eagles as the signified (who in turn are heralds of the Valar's wrath), thereby condensing vast distances of time and space.

But, more importantly, the spoken words already manifest the shift to a different system of knowledge: one that apprehends the will of divine powers behind the storm, which modern observers can only interpret as the result of specific weather conditions.

It is certainly possible to interpret the semiotic operation of the 'great cloud' in Barthes' terms: an original sign is usurped by myth, so that the signified concept – a cataclysm initiated by wrathful gods – can be 'naturalized'. Following Barfield, one might also argue that Lowdham, speaking as Nimruzîr/Elendil, articulates 'mythical' or 'concrete thinking' when he sees the power of the Lords of the West in the ominous shape of the cloud.[7]

But the most important aspect is that, rather than merely employing signs, *The Notion Club Papers* reflects the epistemological conditions under which such a signification operates. Rather than suggesting a simple connection between sign and meaning, the text highlights competing epistemologies that materialize within one consciousness when Lowdham, the modern individual, speaks (and experiences the storm) as a Númenórean, while other members of the club perceive only a natural change in the weather and odd behaviour from Lowdham.

The mythical sign here conjoins two historical events, while simultaneously retaining historically discrepant modes of reading signs as well. The mythical history of Númenor thus emerges as a real event within a text which – from its elaborate framework to the layering of different, often contrasting, viewpoints – prods at the limitations of History. Linear progression and causal connections are disrupted when historical discontinuity bursts upon the Notion Club's modern world.

If History relies on a combination of 'succession' and 'analogy' (cf. Foucault: *Order*), succession is stripped away to leave only the analogy of the historical and the mythical storm. Analogy, too, seems to be the pattern motivating time-travel in both *The Lost Road* and *The Notion Club Papers*, where a pair of travellers find themselves re-embodying earlier pairs in various eras, and the connection between them is estblished first and foremost across the similarity of names with (nearly) identical meanings (cf. L 347).

In view of this context, Jeremy's mystifying statement about the convergence of myth and history can now be rephrased: Before the fall of Númenor, history may be known without recourse to History but *as* myth instead. This rephrasing takes into account the *epistemological framing* of the narrated events and of the text itself. It is certainly true, as Hiley observes with regards to *The Lord of the Rings* and *The Silmarillion*, that myth and history 'overlap' in Tolkien's texts. However, her conclusion – "there can be no strict distinction between the two" (Hiley 846) – can now be put in perspective. The framing

---

7   Compare Tolkien's description of the original event in *The Drowning of Anadûnê* (SD 350).

that Tolkien employs sustains a dialogue between discrepant epistemologies: rather than merging into an indiscriminate whole, 'history' and 'myth' depend and reflect on each other.

III Myth experienced: Trajectories

Within the story, the co-existence of competing epistemologies can now be traced to the disjunction of the Straight Road from the mortal world's bent roads. The earlier conception of a 'flat world', as Tolkien points out, belongs to "the *more mythical histories* of the Cosmogony, First, and Second Ages" (L 188; emphasis added), a conception that depends on, and results from, a mythical mode of experience and articulation.

A brief glimpse of the pre-historic perception is contained in one of Ramer's dream-descriptions (which in turn recalls Tolkien's own dream of the Great Wave):

> I saw several times a scene in which a wide plain lay before the feet of a steep ridge on which I stood; the opposing sky was immense, *rising as a vertical wall, not bending to a vault*, ablaze with stars strewn almost regularly over all its expanse. That is an omen or presage of catastrophe. (SD 194; emphasis added)

The vertical sky clearly belongs to a 'flat world', viewed here from the brink of disaster – dangerously close, that is, to the 'dividing line'. The instant knowledge that the blazing, regularly distributed stars announce a catastrophe illustrates an intimate connection between the 'mythic' perception of space and a specific understanding of 'natural signs'. In fact, the ensuing discussion turns at once to semiotic matters.

When Jeremy wonders whether the "Blessed Trees" in Ramer's dream are "religious symbolism", Ramer replies, "No, not more than all things mythical are; not directly" (SD 194). 'All things mythical' bear a relationship to the supernatural sphere that is not directly symbolic; rather they signify in an immediate manner. Sky and stars "presage" – a term that oscillates between sentient activity ('presentiment') and the meaning taken from a passive sign ('omen').

In conjuring the pre-historic 'flat world', this passage also seems to exemplify Barfield's concept of mythical speech that does not differentiate between natural and supernatural, concrete and imagined appearances.

Once flat and round world are interpreted as the constituting elements in successive epistemologies, the co-existence of Straight Road and bent roads in the Third Age of Arda can be identified as spatial manifestations of different *epistemes*[8] that co-exist and occasionally intersect. Elves who, in the Third Age, sail the Straight Road to Eressëa also "pass out of time and history, never to return" (L 198). Considering Tolkien's previously discussed conceptions, the phrase 'pass out of time and history' must be taken literally: The journey across the Sea leads back into a mythical reality and a timeless present.

If the Straight Road thus points to a lingering connection with the 'Old World', it also coincides with a specific mode of perception. Within Tolkien's mythology, Men not only attempt (and fail) to sail to the Immortal Lands, but try to direct their gaze along the Straight Way as well. One of the seven *palantíri* remains in the Tower of Elostirion near the western shore and looks towards Valinor: "Elendil set it there so that he could look back with 'straight sight' and see Eressëa in the vanished West" (LotR A 1079). The memorable image of the tower by the Sea in fact may be said to emblematize the search for 'straight sight' as a specific mode of vision throughout Tolkien's works – including his academic writings.

In *Beowulf: The Monsters and the Critics*, his well-known allegory of the poem as a tower ends with the statement: "But from the top of that tower the man had been able to look out upon the sea" (BMC 8). This concluding sentence is both enigmatic and jarring.

As Verlyn Flieger observes: "There is no allegorical correlative to the sea, and the vision thus suggested cannot be tied to any specific meaning" (*Light* 15). Tolkien's conclusion ruptures allegorical speech (implicitly pointing out its limitations), yet the gaze from the tower signifies in the mythical mode: It is *and* 'represents' vision beyond the modes of insight contained within the allegory.

It is hardly surprising that *The Notion Club Papers*, too, features the image of a tower by the sea as part of Ramer's already quoted 'Númenórean' dream (cf. SD 194). But from Ramer's modern 'point of vision' (SD 190), the sea becomes the backdrop of 'legends' that revolve around the arrival of "strange men of superior knowledge" from the west. The gaze across "the Shoreless Sea, unharvested, untraversed, unplumbed" fathoms a particular significance that resonates across time: "against that background what a prodigious stature other events would acquire!" (SD 229).

Here, Númenor emerges as a 'meta-myth' that roots the various, historically discrepant traditions about gifted strangers sailing out of the west. The gaze across the sea epitomises the origin of these varying myths, a historical perception that recognizes a particular – ultimately mythical – significance

---

8   With the term *episteme*, Michel Foucault conceptualizes the (historically variable) *conditions* of human knowledge and discourse (rather than a conscious system or epistemology; cf. Foucault: *Order*).

(the 'prodigious stature') of the founding event. But, as History frames this perception, the imagined gaze also homes in on the arrival of the Númenórean exiles rather than tracing the Straight Road into the West.

This possibility emerges from a third text. In *The Lord of the Rings*, Frodo's first 'visionary' dream is pervaded by the sound and smell of the Sea and culminates in the sight of "a tall white tower, standing alone on a high ridge. A great desire came over him to climb the tower and see the Sea" (LotR I 123). While the dream ends there, Frodo's vision does not. A short while later, he dreams of the journey to Valinor (LotR I 150), a first glimpse of his later, actual passage across the Sea.

The sequence of dreams, and the movement from dream-vision to actual journey is, in fact, characteristic for the specific constellation of 'history' and 'myth' in *The Lord of the Rings*. As Lionel Basney points out, "the most general movement" of Tolkien's epic is the growth of myth into history (184). In Tolkien's own words: "But they were still living on the borders of myth – or rather this story exhibits 'myth' passing into History or the Dominion of Men" (L 207). This movement becomes particularly tangible in "the hobbits' transformation of oral-mythical legend into formal history", yet the process is complemented by the emergence of a *mythical reality* during the protagonists' travels: "myth merges with experience, or into experience, its wonder intact, but having gained *empirical solidity*" (Basney 188; emphasis added).

As one of the most striking examples for this pattern of "myth-realization", Basney quotes Éomer's exclamation that "dreams and legends spring to life out of the grass" (LotR II 454) and comments on the degree to which such an experience challenges the modern epistemology that relies on a firm distinction of 'legend' from 'reality': "But if this distinction were less clear to the peoples of Middle-earth, their shock and wonder would also be less", he observes (189).

On the hither side of the 'dividing line' – the fall of Númenor – History defines the dominant (mortal) epistemology, and the world has 'become' round, yet a straight path still exists. Frodo's visionary dreams as well as certain other experiences illustrate that travelling such a road is inherently connected to a different mode of perception.

However, realized myth within this framework is not the same as myth superimposed on history, abolishing all distinction: Once again, both reflect each other, charting different modes of knowledge and experience.

IV Myth realized: Poetry

It is no accident that, in his *Beowulf* essay, Tolkien represents a *poem* as the tower that enables an expanded vision. According to Jeremy, when 'real history' becomes more mythical, it is also 'more poetical'. The conception and operation of poetic speech in Tolkien's works must therefore be examined to determine the connections with 'realized' or experienced myth.

The theories of Barthes and Barfield reach an astonishing accord in their understanding of poetic language. It is "the language of poets", Barfield writes, that recaptures the lost perceptual experience of direct relations and "which must *restore* this unity conceptually" (87, cf. 207). Barthes, on the other hand, states that poetic language "tries to transform the sign back into meaning: its ideal, ultimately, would be to reach not the meaning of words, but the meaning of things themselves" – "in the hope of at last reaching something like the transcending quality of the thing, its natural (not human) meaning" (133).

In *The Notion Club Papers*, poetical speech is discussed only in one other – but highly significant – instance. Lowdham remarks that *Éarendel* is "not *only* Anglo-Saxon, but also something else much older" and concludes that this "case of linguistic coincidence, or congruence" may be the "result of a hidden symbol-making process working out to similar ends by different routes. Especially when the result is beautiful and the meaning poetical, as is the case with *Éarendel*" (SD 237). Lowdham then discloses that he has 'heard' the same word "in another language, where it actually means Great Mariner, or literally Friend of the Sea; though it also has, I think, some connexion with the stars" (SD 237).

This passage is interesting for several reasons. Not only does it refer to a central myth in Tolkien's tales of Arda, but it once again points beyond the textual universe and to Tolkien's biographically recorded fascination for the Anglo-Saxon *éarendel* (cf. L 385, Carpenter 92). Like Númenor-Atlantis, the name *éarendel*/Eärendil crosses the boundaries between Primary and Secondary world, between 'history' and 'myth'. The bearer of this name, too, crosses a potent boundary when he sails to Valinor in the First Age, despite the ban of the Valar.

Most importantly, this segment from *The Notion Club Papers* implicitly addresses the issue of poetic signification. Lowdham's description of "a hidden symbol-making process working out to similar ends" suggests two things: symbol-making must be understood as a conscious activity, clearly set apart from Barfield's 'concrete thinking' that experiences living relations.

But, secondly, that the same process may occur in unrelated languages and that it remains 'hidden' points to something beyond an arbitrary connection of signifier and signified. The intimation here seems to be that a lost, real relation is recognized and (perhaps intuitively) restored (cf. SD 300).

The resulting 'poetical meaning' furthermore combines two facets: The translation of *Éarendel* as 'friend of the sea' – which resounds with mythical implications – points to a personal name, but additional meaning emerges from the "connexion with the stars" which remains, in this text, undisclosed. While these two facets may be distinguished as 'linguistic' vs. 'legendary' meaning (cf. SD 301), the larger context of Tolkien's writings counters such a distinction: Eärendil *is* and carries, at the end of his historical journey, the 'brightest of stars'. If Lowdham were able to travel the Straight Road, he might step into a mythical reality and see Eärendil disembark from Vingelot, his ship, after his nightly passage across the sky, thus revealing the immediate connection between 'sea' and 'stars'.

It seems to be this (hidden) perceptual unity that renders the meaning of *Éarendel* specifically 'poetical'. Barfield writes of the 'poetic mood' that it, "like the dreams to which it has so often been compared, is kindled by the passage from one plane of consciousness to the other" (52). It is through 'strangeness' that poetry achieves a change of meaning and thereby expands consciousness (cf. 112, 120, 130f, 170ff).

In *The Lord of the Rings*, the hobbits undergo such a change of consciousness as they encounter the strangeness of living myth. In fact, Sam Gamgee expresses a view reminiscent of Barfield's observation when he tries to describe Galadriel to Faramir:[9] "You should see her indeed you should, sir... I'm not much good at poetry – not at making it: a bit of a comic rhyme, perhaps, now and again, you know, but not real poetry – *so I can't tell you what I mean.* It *ought to be sung.*" (LotR II 706; emphasis added).

Implicit to this comment is the conviction that only real (sung) poetry can convey the meaning that actual seeing would make apparent. The presence of Galadriel, who belongs to the deepest stratum of history in Middle-earth and is herself an example of realized myth, does not lend itself to a 'prosaic' description at all.

The same recognition can be found in Sam's reaction to Cerin Amroth which links direct visual perception to 'poetical' articulation: "It's sunlight and bright day, right enough... I thought that Elves were all for moon and stars: but this is more elvish than anything I ever heard tell of. I feel as if I was inside a song, if you take my meaning" (LotR I 369). The experienced 'strangeness' of Elves and their (temporally segregated) realm of Lórien takes the perceptive visitor *into* 'poetry', rather than requiring that poetry be made.

Frodo's and Sam's perceptions of Cerin Amroth indeed seem to provide the most concrete approximation of a mythical/poetical and 'discernibly significant'

---

9   The term 'poetry' occurs only a few times in *The Lord of the Rings* and is almost exclusively connected to Bilbo and, increasingly, to Sam.

reality. Frodo's experience of this place is equally illuminating (and contains the very 'shapeliness' that Wilfrid Jeremy ascribed to a mythical reality):

> A light was upon it for which his language had no name. All that he saw was shapely, but the shapes seemed at once clear cut, as if they had been first conceived and drawn at the uncovering of his eyes, and ancient as if they had endured for ever. He saw no colour but those he knew, gold and white and blue and green, but they were fresh and poignant, as if he had at that moment first perceived them and made for them names new and wonderful...
> (LotR I 369)

In this perception, the presence of familiar colours rises above the passage of time: it is both instantaneous and eternal. In addition, the described poignancy of sensual impression is inherently connected to a changed meaning of 'names'. This experience doesn't prompt the creation of new appellations for the vibrant colours; instead, the status of 'names' itself begins to oscillate between the known, ordinary function and a richer potential.

In other words, the perceived external reality at once transforms the process of signification, and the former cannot be separated from the latter.

Yet Frodo's experience of Cerin Amroth ultimately reaches beyond visual and linguistic perception. When he lays his hand to a tree, he becomes intensely "aware of the feel and texture of a tree's skin and of the life within it. He felt a delight in wood and the touch of it, neither as forester nor as carpenter; it was the delight of the living tree itself" (LotR I 370).

This deepened, respectful understanding of the living world is integral to Tolkien's conception of poetry as a principle. He describes Tom Bombadil as the embodiment of "pure (real) natural science" *and* poetry, in contrast with the "practicality" of the Entwives and their agricultural skills (L 192, L 179).

While such a conception closely resembles Barfield's theory that poetic diction flows from "an old, concrete, *undivided* meaning" (80), it is important to note that this view does not amount to a 'realist' or 'essentialist' theory of language.

Neither Barfield nor Tolkien imply that the specific shape of a 'name' in any way reflects the ontological essence of the named object. However, the relation between signifier and signified is not arbitrary either; it arises from a connection 'given' in a moment of perception in which no subject/object difference exists (cf. Barfield 209). Cerin Amroth provides an example of this undivided immediacy, grounded in a fullness of perception, thereby suggesting the experience of a 'mythical' and 'poetical' reality.

Another factor is crucial to this experience: It is constituted by the *crossing of a boundary* from historical (mortal) reality into a mythical (immortal) present shaped by an older episteme. As he enters the Naith, Frodo feels that he has "stepped over a bridge of time into a corner of the Elder Days" (LotR I 368). Such a crossing of boundaries is essential to the convergence of myth and history throughout Tolkien's works. The passage across geographic and epistemic boundaries (as in *The Lord of the Rings*), or the breach of cognitive boundaries (as in *The Lost Road* and *The Notion Club Papers*), frames and initiates the discovery of experienced myth. 'Real' poetry – the kind that Sam claims to be incapable of creating – would transport the full meaning experienced in the presence of a mythical reality and thus re-create it under the conditions of rational, historical consciousness (cf. Barfield 88, 112). Only by means of such a *transition* can the mythical reality be known: This essentially dialectic pattern is inherent to the poetics of Tolkien's mythology, to the emergence of poetic diction and the linguistic constellations as well.

In *The Notion Club Papers*, the emergence of poetry – initially in the shape of the Númenórean *Lament*, in Adûnaic and Quenya – is inextricably linked to the transition from one language to another. The final part of this elegy reaches Lowdham as a "lamentation or chant" sung by two voices (one for each language): "I can give you no idea of how moving it was, horribly moving. I still feel the weight of a great loss myself, as if I shall never be really happy on these shores again." The fragmented poem clearly conveys greater meaning – both emotionally and in terms of context – than its (translatable) words say (SD 248), and the *dialogue of languages* appears to be vital for this effect.[10]

Linguistic diversity and the specific aesthetic pleasures derived from contact with strange languages prompt Tolkien, in his essay *English and Welsh*, to exclaim: "*O felix peccatum Babel!*" ('blessed sin of Babel'; EW 194). But beyond aesthetic delight, these linguistic encounters are a source of (poetical) insight.

Once again, Barfield's theory provides illuminating parallels: He reflects that the 'soul' of a word (its fullness of meaning) is revealed in contact with other words, other languages (116f, 171f) and may unfold again poetically through a "sequence of loss and recovery" (116). While the 'ghost-words' from unknown languages that Lowdham hears at times "came through made: sound and sense already conjoined" (SD 240), these sound/sense units reveal their larger meaning when they come into contact with the modern language, under specific historical conditions.

Even more significant than the already quoted example *Éarendel* is, in this context, the name Atalante-Atlantis. Immediately after Jeremy's remark about the dividing line between 'history' and 'myth', Lowdham explains that the

---

10 A dialogue of languages is equally inherent to Tolkien's concept of an inner "native language", developed in the essay *English and Welsh* (190-94).

"Avallonian" (Quenya) word "atalante", in the *Lament*, is derived from the "common base *talat*" ('fall'; SD 249, cf. L 347), suggesting another case of 'linguistic coincidence or congruence'. The name thus encapsulates the discovered mythical event, the *downfall*[11], and provides a link with the known mythologies of the modern world.

But it is also poetic speech in its richest form, as part of a poem and a proper name whose depth of meaning unfolds the mythic tragedy. The linguistic coincidence/congruence of Atalante-Atlantis thus complements the constellation of history and myth, with their diverging epistemologies.

The transitions from one linguistic system to the other – or from one mode of perception and signification to the other – that pervade Tolkien's works are essential to the poetics of his texts and to the emergence of poetry as a principle of experience and expression. When Wilfrid Jeremy speculates about the 'more poetical' reality of myth, the notion itself depends on the existence of a boundary (or dividing line) that brings two fundamentally different epistemologies into contact.

While Tolkien's protagonists as well as his texts often seek to enter the "mythical mode of imagination" (BMC 15), this particular quest is framed and shaped by implicit or explicit examinations of the perceptual conditions: whether it is access to 'vision' or the 'Straight Road' in *The Lord of the Rings*, or the theory of 'true dreams' – yet another mode of experiencing reality beyond linear time – in *The Notion Club Papers*.

Any claim to communicate 'truth' is thus grounded in an indispensable dialectic: 'history' and 'myth' illuminate each other. As a result of these negotiations, poetic expression fills strangeness with meaning, and meaning with strangeness.

---

11 SD 249: "I said 'Atlantis' because Ramer told us that he associated the word Númenor with the Greek name. Well, look! here we learn that Númenor was destroyed; and we end with a lament: *far, far away, now is Atalante*. Atalante is plainly another name for Númenor-Atlantis. But only after its downfall."

Bibliography

Barfield, Owen. *Poetic Diction: A Study in Meaning.* [1928] London: Faber and Faber, 1952

Barthes, Roland. *Mythologies.* Selected and Translated from the French by Annette Lavers. London: Vintage, 2000

Basney, Lionel. "Myth, History, and Time in *The Lord of the Rings*". *Understanding The Lord of the Rings. The Best of Tolkien Criticism.* Eds. Rose A. Zimbardo and Neil D. Isaacs. Boston / New York: Houghton Mifflin, 2004, 183-194

Blumenberg, Hans. *Work on Myth.* Translated by Robert M. Wallace. Cambridge: MIT Press, 1985

Carpenter, Humphrey Ed. *The Letters of J.R.R. Tolkien.* London: Houghton Mifflin, 1995

---, *J.R.R. Tolkien. A Biography.* London: HarperCollins, 2002

Flieger, Verlyn. *A Question of Time. J.R.R. Tolkien's Road to Faërie.* London / Kent (OH): The Kent State University Press, 1997

---, *Splintered Light. Logos and Language in Tolkien's World.* London / Kent (OH): The Kent State University Press, 2002

Foucault, Michel. *The Order of Things: An Archaeology of the Human Sciences.* New York: Vintage, 1970

Hiley, Margaret. "Stolen Language, Cosmic Models: Myth and Mythology in Tolkien". *Modern Fiction Studies* 50 (2004): 838-860

Tolkien, John Ronald Reuel. *The Lord of the Rings (The Fellowship of the Ring. The Two Towers. The Return of the King).* Illustrated by Alan Lee. London: HarperCollins, 1991

---, "Beowulf: The Monsters and the Critics". *The Monsters and the Critics and Other Essays.* London: HarperCollins, 1997, 5-48

---, "On Fairy-Stories". *The Monsters and the Critics and Other Essays.* London: HarperCollins, 1997, 109-161

---, "English and Welsh". *The Monsters and the Critics and Other Essays.* London: HarperCollins, 1997, 162-197

White, Hayden. *The Content of Form. Narrative Discourse and Historical Representation.* Baltimore et al.: John Hopkins University Press, 1987

Raumschiffe und Zeiträume
Wie und warum Tolkien ohne Maschinen reisen wollte
Christian Weichmann (Berlin)

Gegenstand dieses Artikels sind die *The Notion Club Papers* (NCP, SD 143-327), und zwar vornehmlich deren erster Teil (SD 148-222). Die *Notion Club Papers* bilden eine der abgebrochenen Zeitreise-Geschichten Tolkiens. Sie beschreiben einen an die Inklings angelehnten literarischen Club, dessen Mitglieder Tolkien jedoch nicht eindeutig bestimmten Inklings zuordnet (»not to look for their own faces in this mirror«; SD 148f). NCP wurden 1945 und 1946 geschrieben. Dies ergibt sich aus einem Brief an Christopher von Ende 1944, in dem Tolkien von der Idee eines neuen Zeitreiseromans spricht, sowie aus einem Brief an Stanley Unwin, Juni 1946, in dem er über »three parts of another book« schreibt, das Ideen aus *The Lost Road* aufgreife (vgl. 146-148).

Der Text ist angelegt als Bericht eines literarischen Clubs in Oxford in den 1980er Jahren. Tolkien fügt noch die Fiktion eines Herausgebers hinzu, der diese Berichte bearbeitete, nachdem sie 2012 gefunden worden seien. Die Berichte decken eine Reihe von ›Nächten‹ (d.h. Club-Treffen) ab, und zwar von Nr. 54 im November 1986 bis zu Nr. 70 im Oktober 1987.

Eine ›Note to the second Edition‹ (SD 156-158) zweifelt diese Daten aber wegen des Stils und des Papiers der ursprünglichen Texte an: Sie würden eher zu den 40er Jahren als zu den 80ern passen. Deshalb könnte es sein, dass die Berichte umdatiert worden seien. Dafür, dass die Treffen tatsächlich in den 1940ern anzusiedeln seien, sprechen auch die Daten selbst, obwohl das in der ›Note‹ nicht erwähnt wird. Das Datum der ersten überlieferten Nacht (Nr. 54) passt nicht zu den anderen und muss ein Fehler sein.[1] Alle übrigen Daten passen zusammen, waren aber 1987 Freitage, während sie 1947, wie in den Club-Berichten behauptet, tatsächlich Donnerstage waren.

Die NCP bestehen aus zwei Teilen, die von Tolkien auch als solche gekennzeichnet worden sind. Sie unterscheiden sich erheblich voneinander: Der erste Teil besteht hauptsächlich aus den Berichten der Nächte Nr. 60 und 61 vom Februar 1987/47.[2] Der zweite Teil nimmt auf »what little had any value in the

---

1 Tolkien hat diese Nacht erst später hinzugefügt (SD 211, Note 4).
2 Nacht Nr. 54, eine Sitzung mit nur zwei Mitgliedern, dient wohl nur der Auflockerung und der Erzeugung größerer Glaubwürdigkeit für die Club-Berichte. Einziger Inhalt der Sitzung: ein Witz über den missverstandenen Titel des vorgetragenen Gedichtes (Dolbear denkt, es ginge um eine »Mechanical Nightingale« (SD 161)) und eine mögliche Anspielung auf Spensers *Faerie Queene*: Der wirkliche Titel ist *The canticle of Artegall*, und *The Fifth Booke of The Faerie Queene* enthält die *Legend of Artegall, or of Justice* und besteht wie alle Bücher dieses Werkes aus zwölf ›Cantos‹ (Spenser 295-359).

inchoate *Lost Road«* (L 118, No. 105). Er beschreibt eine Traum-Zeitreise und Sprach-Träume[3] von mehreren Notion-Club-Mitgliedern.

In der Nacht Nr. 60 liest das Mitglied namens Ramer einen Text über eine Weltraumreise vor. Dieser Text ist nicht in den NCP enthalten, berichtet wird nur über die anschließende Diskussion. Diese entzündet sich an der Diskrepanz, die einige Club-Mitglieder erkennen, zwischen den Ereignissen auf dem fremden Planeten und der Reise dorthin.

Diese Diskussion hat zwei Ergebnisse:

1. Eine Darstellung unterschiedlicher Ansätze für Raum- und Zeitreisen in der Literatur und ihres jeweiligen literarischen Werts, wobei Tolkiens eigene Position m.E. erkennbar scheint.

2. Die Diskrepanz wird daran festgemacht, dass Ramer diesen Planeten wirklich gesehen hat, ohne aber die Reise dorthin gemacht zu haben. Diese ist nur eine Erfindung, um die eigenen Erlebnisse in einen literarischen Text einzubinden. Das führt dazu, dass Ramer in der nächsten Nacht beschreibt, wie er zu diesen Erlebnissen kam.

Raum- und Zeitreisen als literarische Elemente

Zunächst will ich mich mit dem ersten Ergebnis beschäftigen, denn die Diskussionen hierzu liefern interessante Ansatzpunkte für Tolkiens Literaturkritik. Natürlich ist es nicht angebracht, Tolkiens Einstellung mit der eines der Teilnehmer gleichzusetzen[4] – besonders da er sich selbst nicht mit einem von ihnen identifizieren wollte. Aber der Club kommt doch zu gewissen Übereinstimmungen mit Äußerungen Tolkiens in *On Fairy-Stories*.

Die Kritik an der Geschichte Ramers[5] bzw. allgemein an Science-Fiction-Geschichten wird in der Diskussion in drei Teile zerlegt:

1. Wissenschaftliche Wahrscheinlichkeit – *»scientific probability«* (SD 168)
2. Literarische Glaubwürdigkeit – *»literary credibility«* (SD 168)
3. Literarische Kongruenz

---

3   Also Träume in einer und über eine unbekannte(n) Sprache.
4   Dafür würde sich in erster Linie Nicholas Guildford anbieten, da er der Hauptredner dieser Nacht ist.
5   Man erfährt nur nebenbei, dass ein »intelligent artist get[s] into a contraption by accident« (SD 164) und so wahrscheinlich zum Mars reist, denn dieser Planet wird in der Diskussion ständig als Beispiel verwendet.

Wissenschaftliche Wahrscheinlichkeit

Dass Punkt eins nicht unbedingt notwendig ist, wird zwar von den Club-Mitgliedern anerkannt, aber sie haben durchaus unterschiedliche Meinungen zu dessen Bedeutsamkeit. Denn bemannte Raumfahrt ist in der Fiktion zur Zeit der Diskussion nicht möglich. Speziell die »Great [possibly nuclear] Explosion« von 1975 habe die Versuche dazu zurückgeworfen (vgl. SD 157,167,186).[6] Entsprechend wird die wissenschaftliche Glaubwürdigkeit von Maschinen für Raumreisen (und nebenbei auch Zeitreisen) als zumindest gering eingeschätzt.

Allerdings sind einige Club-Mitglieder der Meinung, dass Glaubwürdigkeit bei einer guten Geschichte auch nicht nötig sei, da die Reise einen bloßen Rahmen darstelle, zwar notwendig, aber nicht so wichtig. So argumentiert z.b. Ramer, als Nicholas Guildford beginnt, seinen Text zu kritisieren (vgl. SD 163).

Laut Guildford ist wissenschaftliche Glaubhaftigkeit nur dann nicht notwendig, wenn man keine Maschinen verwendet um zu reisen. Verwende man aber solche, verdürbe die wissenschaftliche Unglaubwürdigkeit den Einstieg in die Geschichte und zerstöre den Glauben an die Ereignisse. Auf den Einwand, der Autor könne doch seine eigene Welt erschaffen, in der Weltraumreisen problemlos funktionierten, gibt er den Hinweis, dass Weltraumreise-Geschichten in unserer Welt spielen sollten, um den Wunsch des Lesers, selbst zu reisen, zu erfüllen. Deshalb sollten sie auf unserer Welt basieren, Maschinen aus unserer Welt nutzen (wenn überhaupt) und nicht die physikalischen Gesetze unserer Welt überschreiten.

Nun hat Tolkiens ›Vorausschau‹ ihn hier getrogen, und noch zu seinen Lebzeiten waren Menschen im All und auf dem Mond, der nach Meinung des Clubs immerhin ein möglicherweise erreichbares Ziel gewesen wäre. Aber auch da hat Guildford astromedizinische Bedenken zur Funktion des menschlichen Körpers ohne Schwerkraft (vgl. 166). Und in der Realität war zu der Zeit, in der die Club-Sitzungen angesetzt sind, die regelmäßige bemannte Raumfahrt gerade groß im Kommen. Insofern könnte man annehmen, dieser Einwand gegen Raumschiffe sei überholt. Aber wenn man genauer hinschaut, stellt man fest, dass er immer noch einiges an Bedeutung behält. Bemannte Raumfahrt ist bisher wirklich nur in Erdnähe durchgeführt worden. Und alle bisher erreichten oder möglicherweise erreichbaren Ziele haben sich bei den Untersuchungen der Astronomen und Astronauten für Literaturschauplätze als ungeeignet herausgestellt.[7]

---

6 Dies ist eines der Probleme bei der fiktiven Datierung der Geschichte. Das andere ist der Große Sturm von 1987, der Teil der Geschichte ist. Trifft sich der Club tatsächlich 1987, ist die Kenntnis dieser Fakten kein Problem. Finden aber die Treffen 1947 statt, ist dies schwer zu erklären.

7 Speziell da für interessante Geschichten intelligentes Leben wichtig ist, also mit den Worten des Clubs »Hnau« (ein Begriff von Lewis (Lewis 59) für inkarnierte Geister). Dies ist aber nicht vorhanden. Eine Tatsache, die Ramer auch aus seinen Beobachtungen während der Traumreisen schließt (SD 204).

Das Problem der Geschwindigkeit, das Guildford aufbringt (vgl. 167), ist aus wissenschaftlicher Sicht noch ungelöst. Denn möglicherweise interessante Ziele sind so weit entfernt, dass eine Bewegung mit Überlichtgeschwindigkeit notwendig erscheint, um sie mit bemannten Flügen zu erreichen, bevor die Reisenden sterben. Alle Ideen für eine solche Bewegung scheitern bisher daran, dass sie zu unkontrolliert, zu energieintensiv und nur für sehr kleine Massen möglich wären.

Insofern kann man annehmen – auch wenn Tolkien sich dazu meines Wissens nicht weiter geäußert hat, dass Guildford auch am Ende von Tolkiens Leben und selbst heute noch mit leicht veränderter Argumentation behaupten würde, eine Reise mit Raumschiffen sei technisch zu unwahrscheinlich, als dass sie literarische Glaubwürdigkeit verdiene.

Zeitmaschinen werden nur nebenbei angesprochen. Aber da sich sowohl *The Lost Road* als auch der zweite Teil der *Notion Club Papers* (der viele der Ideen von *The Lost Road* übernimmt) mit Zeitreisen beschäftigen, sollte man sie auch betrachten (auch wenn sich deren (Un-)Wahrscheinlichkeit seit Tolkiens Zeiten nicht nennenswert verändert hat).

Literarische Glaubwürdigkeit

Der zweite Punkt, die literarische Glaubwürdigkeit, ist schon schwieriger und im Club umstrittener: Laut Guildford bekämen wissenschaftlich unglaubwürdige Maschinen keine literarische Glaubwürdigkeit. Frankley aber meint, dass die Weltraumreise-Geschichten gerade aus dem unerfüllbaren Wunsch der Raumreise hervorgehen. Das bedeutet also, dass die Überschreitungen der wissenschaftlichen Wahrscheinlichkeit im Ursprung dieser Art von Geschichten begründet ist (vgl. 169).

Hierzu findet der Club keine Einigkeit. Für Guildford ist diese Art von Geschichte »a fairy story – of a debased kind« (vgl. 170). Zumindest im Zusammenhang mit echten Fairy stories würde Tolkien zustimmen, diese verlören Authentizität durch einen solchen Weg zum Ort der Handlung (vgl. FS 116).

Literarische Kongruenz

Guildfords drittes Argument gegen Raumschiffe in Geschichten ist ›literarische Kongruenz‹. Er behauptet: »... if you ... use them [i.e. space-ships] for space-journeys in the flesh, they'll land you in space-ship sort of adventures. If you're spaceship-minded and scientifictitious, or even if you let your character be so, it's likely enough that you'll find things of that order in your new world, or only see sights that interest such folk« (SD 163).

Und später: »... the ›machine‹ used sets the tone. I found space-ships sufficiently credible for a raw taste, until I grew up and wanted to find something more useful on Mars than ray-guns and faster vehicles. Space-ships will take you to that kind of country, no doubt« (167).

Dem stimmen die anderen Club-Mitglieder zu. Aber Frankley meint, das müsse nicht notwendigerweise der Fall sein. Als Beispiel nennt er Lewis' *Out of the silent Planet*, in dem die Hauptperson Ransom in einem Raumschiff entführt wird. Guildford gibt zu, dass dies ein guter Trick ist, aber eben nur ein Trick und daher inkonsequent. Noch mehr lehnt er die Reise in *Perelandra* (Lewis 170-172) ab:

> Half-hearted... It was wilfully inefficient, too: poor Ransom got half toasted, for no sound reason, that I could see. The power that could hurl the coffin to Venus could ... have devised a material that let in light without excessive heat. I found the coffin much less credible than the Eldils, and granted the Eldils, unnecessary... this impossible sort of parcel-post did not appeal to me as a solution of the problem... I should prefer an old-fashioned wave of a wizard's wand. Or a word of power in Old Solar from an Eldil. (SD 168)

Als ein anderes Beispiel für diese Art von Inkonsequenz führt er Lindsays *A Voyage to Arcturus* (SD 164) an. Dort wird die erste Reise nach Arcturus in einem Kristalltorpedo ausgeführt, der mit »back rays« angetrieben und mechanisch gesteuert wird (Lindsay 31-32). Dabei gibt es zwei weitere Reisemöglichkeiten in der Geschichte, die Guildford bevorzugen würde: »the séance connexion; or the suggestion of the dark tower at the end« (SD 164). Und selbst zu Wells' *The Time Machine* gibt er zu: »the landfall was so marvellous that I could have forgiven an even more ridiculous transport« (SD 165), hält aber die Reise für einen echten Schwachpunkt.

Natürlich ist die literarische Kongruenz der schwierigste Punkt in dieser Diskussion. Die einzelnen Club-Mitglieder haben sehr unterschiedliche Auffassungen, was als kongruent oder inkongruent anzusehen sei. Trotzdem stimmen sie überwiegend überein, dass die meisten Lösungen einer Weltraum- oder Zeitreise, die zu einer für sie zufriedenstellenden Geschichte führen, nur Notlösungen sind. Und in den Fällen, in denen die Reise zur Geschichte passt, sei diese nicht wirklich interessant, da sie nur zu demselben Effekt führe wie die Reise selbst: bessere Technik und schnellere Reisemöglichkeiten.

Wie kann man trotzdem reisen?

Am Ende dieser Nacht (Nr. 60) gibt Ramer zu, dass er die von ihm beschriebenen Dinge wirklich gesehen hat. Die Reise dorthin habe er allerdings nur erfunden, um seinen Erlebnissen einen leichter akzeptablen Rahmen zu geben (SD 171-175). Und er berichtet in der nächsten Nacht über seine Experimente mit (nicht-körperlichen) Weltraum- und Zeitreisen.

Er erläutert seine Idee einer telepathischen Verbindung als Möglichkeit, andere Welten zu sehen. Diese Idee stammt aus Stapledons *Last Men in London*: Ein ›Last Man‹ (aus einer zukünftigen menschlichen Rasse) vom Neptun verbindet sich telepathisch mit dem Leben eines ›First Man‹ (ein heutiger Mensch) in London zu Beginn des 20. Jahrhunderts. Die Methode basiert darauf, dass der Reisende sich in Trance versetzt und dann seinen Geist in mehreren Schritten an den Geist der Zielperson anpasst (Stapledon 360-383).

Ramer hält diese Art von Kontakt für sehr gut geeignet für literarische, also erzählte und nicht tatsächliche Reisen. Der größte Nachteil liegt für ihn in der Notwendigkeit intelligenten Lebens am ›other end‹ (SD 175). Tatsächlich ähnelt diese Art zu reisen dem Weg, den Tolkien in seinen Zeitreise-Geschichten, also dem zweiten Teil von NCP (SD 222-327) und *The Lost Road* (LR Part III), benutzt. Aber dies werde ich später genauer untersuchen.

Traumreisen

Eine weitere Möglichkeit ist für Ramer, in Träumen zu reisen. Eine Referenz darauf findet sich auch in *Last Men in London*: Als der Neptunier direkten Kontakt mit seinem ›Gastgeber‹ aufnimmt, empfiehlt er diesem für ein besseres Verständnis ihrer Verbindung die Lektüre von J.W. Dunnes *An Experiment with Time*[8] (Stapledon 554).

Darin beschreibt der Autor Dunne seine Traumerfahrungen, in denen er Eindrücke von zukünftigen Ereignissen sieht. Dunne entwickelt eine spezielle Theorie der Zeit: Ein unendlicher Regress von Beobachtern (die alle eine Person sind) beobachten unterschiedliche Zeitfelder. Und wenn der erste Beobachter (unser alltäglicher Geist) nicht aktiv ist (z.B. wenn er schläft), können der zweite oder höhere Beobachter das gesamte Leben der Person als gleichzeitig in ihrem Zeitfeld wahrnehmen.[9] Um diese Beobachtungen im wachen Leben zu bemerken, muss man eine Erinnerung daran behalten. Dafür braucht man eine Methode, Träume direkt nach dem Erwachen aufzuschreiben, bevor man

---

8   Der mögliche Einfluss dieses Buches auf Tolkien wird genauer bei Flieger *A Question of Time* beschrieben.

9   Vergleichbar einem Flieger, der den gesamten Lauf eines Flusses überblickt, auf dem eine andere Person (der erste Beobachter) mit einem Boot fährt.

Details vergisst. Außerdem ist es notwendig, diese Art von Träumen von »marginalen«[10] Träumen zu unterscheiden, die von den Bedürfnissen des Körpers oder den Erlebnissen des Tages kommen (vgl. Dunne; SD 195).

Solche Erfahrungen macht auch Ramer während seiner Experimente. Dafür kombiniert er verschiedene Methoden, seinen Geist unabhängig vom Körper zu bewegen, wobei er immer ganz bewusst unterscheidet zwischen der geistigen Beweglichkeit im Sinne von Erinnern/Planen und der tatsächlichen Bewegung des Geistes in Zeiten oder an Orte, wo er niemals zuvor gewesen ist. Denn sein Interesse gilt Letzterem (SD 175-176).

Tatsächlich erreicht Ramer sein Ziel nicht mit diesen Methoden, aber er hat sich damit auf die Zeit vorbereitet, in der er plötzlich in der Lage ist, Raum- und Zeitreisen zu machen (jedenfalls bezeichnet er sie selbst als solche). Er beschäftigt sich mit Traumbeobachtung und findet hin und wieder Teile, die er für wichtig hält.

Aber: »... something decisive happened. It seemed to sweep away all other trials and experiments; but I [Ramer] don't think they were really wasted. I think they had a good deal to do with precipitating the, well, catastrophe« (184). Ramer beschreibt das Ereignis als »falling wide asleep« (184): die Umkehrung eines plötzlichen Erwachens, das einen komplexen Traum zerstört und die erwachende Person momentan orientierungslos lässt. Er fällt aus dem Wachzustand in einen Traum, in dem er sich nach einer kurzen Zeit der Desorientierung zu Hause findet.

Neu ist nun, dass seine Träume zusammenhängend sind.[11] Er ist jetzt in der Lage, sich in diesen Träumen (und in einem geringeren Grade auch, wenn er wach ist) an frühere Träume zu erinnern. Sie folgen aufeinander und dauern länger an. So wird sein Traumleben dem wachen Leben ähnlicher, und er führt zwei unabhängige Leben, die sich gegenseitig bewusst wahrnehmen.

Das ist allerdings noch nicht alles. Er behauptet, er sei in der Lage, zu »get on to other vehicles« (195), womit er meint, er nutze andere Geister für Reisen und Erforschungen. Außerdem geschähe das auch andersherum, so dass andere Geister ihn besuchen und er von ihnen lernen könne.

Ramer berichtet, die Reisen seien nicht vollständig unter der Kontrolle des wachen Geistes des Reisenden. So sagt er, er erinnere sich nur an sehr wenige Weltraumreisen (vgl. 205f), weniger als sein wacher Geist sich wünsche. Deshalb spekuliert er, sein Geist sei nicht mutig genug, sie zu unternehmen oder sein wachender Wunsch sei nicht wirklich dominant in seinem Geist.

---

10 Eine Bezeichnung, die auch Ramer benutzt (SD 184-185).
11 Das heißt nicht, dass die zusammenhängenden Träume mit diesem Ereignis beginnen. Es gab sie schon vorher. Ramer sagt: »my dreaming began with the entry of my mind into body and time ... My mind ›asleep‹ had long done that sort of thing« (SD 185). Also enthalten die Erinnerungen, die er nun findet, auch viel frühere Träume und Reisen.

Sein wachender Wunsch könnte aber auch die Folge seiner (nicht vollständig erkannten) Traum-Weltraum-Reisen sein oder von Besuchen weltraumreisender Geister herrühren.

Er berichtet, er sei in der Lage, sich an frühere Reisen zu erinnern und zuvor besuchte Orte erneut aufzusuchen. Aber dies sei kompliziert wegen der vielen Möglichkeiten vom Zurückgehen an denselben Platz als Beobachter bis zum Wiederaufsuchen von Erinnerungen oder zur Fortsetzung der eigenen kreativen Tätigkeit (vgl. 186-187).

Aus Ramers Beschreibungen von Traumreisen ergibt sich also, dass diese
- unbewusst im Schlaf stattfinden.
- durch Raum und Zeit gehen können.
- nur teilweise vom wachenden Geist kontrolliert werden.
- vom schlafenden Geist wahrgenommen werden; allerdings sind sie oft auch nicht von diesem kontrolliert und von Gelegenheiten abhängig.
- bewusst gemacht werden können; aber auch dies ist kein vollständig kontrollierter Vorgang (was jedoch durch spezielles Training, z.B. Traumbeobachtungen, gefördert werden kann).

Zeitreise über Partner

Nach diesem Blick auf die Methoden, mit denen Ramer erfolgreich durch Raum und Zeit reiste, komme ich zurück zur Methode, die Tolkien in seinen Zeitreise-Geschichten benutzt. Er verwendet sie sowohl in *The Lost Road* (LR part III) als auch im zweiten Teil von NCP (SD 222-327). Sie hat einige Ähnlichkeiten mit der »telepathic notion« von Ramer (SD 175) und Stapledon.

Aber da sie auch einige grundlegende Unterschiede aufweist, nenne ich sie ›Zeitreise über Partner‹. Was sind nun die Unterschiede zwischen diesen Reisemethoden und wie funktioniert die Zeitreise über Partner?

Zeitreisen über Partner ähneln insofern telepathischen Reisen, als dass der Reisende seinen eigenen Geist mit dem einer anderen Person[12] in einer anderen Zeit verbindet. Aber während der telepathische Verkehr eine große Auswahl an empfangenden Geistern erlaubt, ist eine Zeitreise über Partner nur unter sehr eingeschränkten Bedingungen möglich. Und während telepathisches Reisen unter der aktiven Kontrolle des Reisenden steht, erscheint das Reisen über Partner als eine Erfahrung, die nicht von der Person selbst beeinflusst werden kann.

---

12 Die ich den ›Partner‹ nenne.

Natürlich entscheidet in *The Lost Road* Alboin Errol aktiv, sich auf die Reise einzulassen. Aber er weiß nicht, wie sie funktioniert und hat über die Stationen seiner Reise keinerlei Kontrolle. Diese scheint Elendil[13] oder eine höhere Macht, als deren Sprecher Elendil auftritt, auszuüben (LR 48-49). Errol kann von sich aus nicht den Geist eines anderen erreichen. In NCP Teil 2 machen Jeremy und Lowdham eine (normale) Reise und einige Übungen, um die Zeitreise zu befördern. Aber diese sind nicht wirklich gezielt und führen dann zu unerwarteten Ergebnissen.

Generell stimmen die beiden Geschichten in der Unmöglichkeit überein, allein zu reisen. Es sind immer Paare von Personen, die reisen und die ihren Geist mit einem anderen Personenpaar verbinden, die in einem entsprechenden Verhältnis stehen. Die Reisenden müssen sich in dem Sinne ergänzen, dass einer von ihnen eine Begabung im Bereich des Sehens haben muss (›das Auge‹, z.B. ein bildender Künstler), während der andere beim Hören talentiert sein sollte (›das Ohr‹, ein Linguist oder Musiker) (vgl. LR 49). Diese Talente werden dann miteinander verbunden und ausgetauscht. (SD 268).

In *The Lost Road* sind es Alboin (Linguist; vgl. LR 43) und Audoin (Künstler; vgl. 46) Errol, Vater und Sohn, deren Partner Elendil und Herendil in Númenor sind. In NCP sind die Angelsachsen Treówine Sohn des Céowulf und Ælfwine Sohn des Éadwine die Partner von Jeremy und Lowdham. (SD 260-282)

Tolkien beschreibt nicht, wie die Reise vor sich geht.[14] Das passt natürlich zu seiner Vorliebe für Magie und Mystik. Wahrscheinlich erschiene ihm eine genauere Beschreibung weniger glaubwürdig und wissenschaftliche Wahrscheinlichkeit[15] sowie literarische Glaubwürdigkeit in diesem Fall nur schwer erreichbar. Er beschränkt sich darauf, das Ergebnis zu beschreiben: in dem einen Fall (*The Lost Road*) auf der Seite des Reiseziels, im anderen Falle berichten die Reisenden in den Nächten Nr. 69 und 70 des Notion Club über die Reise.

In beiden Fällen sind die Geister von Reisendem und Partner in einer bestimmten Art verbunden. Dabei steht immer ein Geist im Vordergrund, während der andere nur beobachtet. Der aktive Teil ist normalerweise der empfangende Geist

---

13 Ist also die Reise nur auf Einladung der Zielperson möglich? Dem ist wohl nicht so, denn zwischen Errol und Elendil liegen einige Schritte, bei denen unklar bleibt, ob die empfangende Person aktiv an der Reise beteiligt ist.

14 Verglichen mit Tolkiens Informationen, ist die Beschreibung von Stapledon, die Ramer als »too vague about the *how*« (SD 175) kritisiert, ein detailliertes Handbuch für telepathische Zeitreisen.

15 Natürlich ist wissenschaftliche Glaubwürdigkeit im besprochenen Sinne hier nicht möglich und nötig (wie der Notion Club und wir festgestellt haben), da es keine ›Maschine‹ gibt. Aber eine detaillierte Beschreibung der zum Reisen verwendeten biologisch/medizinischen oder psychologischen Methoden würde zu ähnlichen Problemen nicht in Bezug auf Physik, sondern auf Medizin, Biologie oder Psychologie führen.

(der Partner). Dies ist auch die einzige Möglichkeit dafür, dass sich die Person in ihrer Umwelt problemlos zurechtfindet.[16] Die Anwesenheit des anderen Geistes zeigt sich vornehmlich dann, wenn dieser sich über die Muttersprache des Empfängers wundert, oder wenn er Handlungen oder Gedanken kommentiert, die ihm seltsam erscheinen.[17] Üblicherweise versteht er, was gesagt wird, aber es erscheint ihm trotzdem fremd.

Dies führt zu einem anderen Punkt, der für diese Art von Reisen notwendig erscheint: Die Person, die das ›Ohr‹ ist, muss zumindest grundlegende Kenntnisse der Sprache des Empfängers erwerben. Das kann auf völlig normalem Weg geschehen, wie im Falle des Angelsächsischen in NCP. Aber meistens lernt die Person, die später reisen soll, die jeweils neue Sprache in ihren Träumen – wobei nicht endgültig klar wird, ob mit der Verbindung der Geister das Verständnis nicht automatisch zustande kommt.

Zusammenfassung

Tolkien kritisiert durch den Notion Club (speziell Nicholas Guildford) moderne Science-Fiction-Geschichten und die darin beschriebenen Reisemethoden.[18] Er hält sie für wissenschaftlich unwahrscheinlich, was zu literarischer Unglaubwürdigkeit führe.

Außerdem meint er, eine Geschichte dieser Art müsse dem Prinzip der literarischen Konsistenz folgen, was bedeute, dass die Form des Transportes dem Ziel entsprechen soll. Ein ›technischer‹ Transport sollte zu ›technischen‹ Abenteuern führen (oder führe sogar automatisch dazu), während Abenteuer der eher ›natürlichen‹, sozialen, linguistischen oder politischen Art durch andere Reisewege eingeführt werden sollten. Dies beruht darauf, dass der Transport beim Leser bestimmte Erwartungen über die Interessen des Autors und der Reisenden weckt. Wenn die Erwartungen des Lesers dabei nicht erfüllt werden, fühlt er sich betrogen, und ihm erscheinen die Charaktere als inkonsistent.

---

16 Das ist einer der Vorteile von Tolkiens Methode gegenüber den meisten anderen (hauptsächlich körperlichem Transport). Er vermeidet mögliche Probleme mit unterschiedlichen Umweltbedingungen, da der Körper, den der Reisende benutzt, an die Umgebung des jeweiligen Ziels angepasst ist. Zusätzlich minimiert er auch die Probleme der kulturellen Unterschiede, auch wenn das von Ramer (SD 202-204) angesprochene Problem der Sprache in einer etwas anderen Weise gelöst wird.

17 Und in NCP natürlich dadurch, dass es die Reisenden sind, die von ihrer Reise berichten.

18 Dabei hebt er C.S. Lewis' *Out of the silent Planet* hervor – das Ergebnis einer Vereinbarung von Lewis und Tolkien, mehr von dem »what we really like in stories« (L 378, no. 294) zu schreiben. Lewis sollte eine Weltraumreisegeschichte schreiben (L 29 no. 24 & 378, no. 294), Tolkien eine Zeitreisegeschichte (die in *The Lost Road* scheiterte). Also schienen sie sich zumindest beim Thema ›Transport‹ nicht darüber einig zu sein, was sie mochten.

Da Tolkien nicht an ›technischen‹ Abenteuern interessiert ist, muss er jede Art von technischem Transport vermeiden, wenn er selbst Weltraum- und Zeitreise-Geschichten schreibt. Dies tut er auf zwei Wegen:
Zunächst entwickelt er, möglicherweise von Stapledon und Dunne beeinflusst, eine sehr komplizierte Methode. In dieser reisen zwei Personen zusammen, indem sie ihre Geister mit denen ähnlicher Personen zu einer anderen Zeit verbinden. Dies ähnelt der telepathischen Reise von Stapledon, ist aber komplexer. Es könnte auf Erbgedächtnis, Rassengeist (Stapledon 348-353) oder Beobachtern höherer Ordnung (Dunne) beruhen. Aber es gibt nicht genug Informationen, um zu entscheiden, welches Konzept zugrunde liegt.

Die zweite Methode sind Traumreisen. Diese sind wahrscheinlich durch Ideen wie die von Dunne beeinflusst. Sie scheinen automatisch, aber unbewusst stattzufinden, und es ist Training nötig, um sich ihrer bewusst zu werden.

Beide Methoden haben Vorteile dabei, mit unterschiedlichen Umgebungen und Kulturen auf der Reise zurechtzukommen.

Tolkien selbst scheint für literarische Zwecke die komplexere Methode zu bevorzugen. Warum das so ist, bleibt offen. Eine mögliche Erklärung wäre: Er fürchtete, in Geschichten, die auf Traumreisen beruhen, könnte eine wichtige Unterscheidung, die er in *On Fairy-Stories* trifft, nicht bemerkt werden. Dann könnte der Traumrahmen die Geschichte genauso verderben wie ein technischer Raumschiff-Rahmen. Dieser Unterschied ist der zwischen einem echten Traum und einer Geschichte, die in (möglicherweise marginalen) Träumen erfunden wird:

> It is true that Dream is not unconnected with Faërie. In dreams strange powers of the mind may be unlocked. In some of them a man may for a space wield the power of Faërie, that power which, even as it conceives the story, causes it to take living form and colour before the eyes. A real dream may indeed sometimes be a fairy story of almost elvish ease and skill – while it is being dreamed. But if a waking writer tells you that his tale is only a thing imagined in his sleep, he cheats deliberately the primal desire at the heart of Faërie: the realisation, independent of the conceiving mind, of imagined wonder. (FS 116)

Natürlich sprechen wir nicht notwendigerweise über fairy stories, wenn wir über Weltraum- und Zeitreisen reden.[19] Aber auch für diese Geschichten muss gefordert werden »that it should be presented as ›true‹« (117). Und eine Verwechslung von echten Träumen mit »strange powers of the mind« und

---

19 Im Gegenteil schließt Tolkien Reiseerzählungen von den fairy stories aus. (FS 115f)

Träumen, die nur als »disfiguring frame« (116) verwendet werden, würde die gesamte Geschichte zumindest für den Leser verderben. Daher wäre das kompliziertere System von ›Reisen durch Partner‹ gegenüber der Gefahr einer Verwechslung zu bevorzugen.

Bibliographie

Carpenter, Humphrey, ed. with the assistance of Christopher Tolkien. *The Letters of J.R.R. Tolkien*. London: HarperCollins, 1995

Dunne, John William. *An Experiment with Time*. Charlottesville: Hampton Roads, 2001

Flieger, Verlyn. *A Question of Time. J.R.R. Tolkien's Road to Faërie*. Kent: The Kent State University Press, 1997

Lewis, Clive Staples. *The Cosmic Trilogy*. London: Pan Books, 1989

Lindsay, David. *A Voyage to Arcturus*. Mineola: Dover, 2005

Spenser, Edmund. "The Faerie Queene". *The Works of Edmund Spenser*. Ed. R. Morris. London: Macmillan, 1918

Stapledon, Olaf. "Last Men in London". *Last and First Men – Last Men in London*. Harmondsworth: Penguin 1972

Tolkien, John Ronald Reuel. "On Fairy-Stories". *The Monsters & the Critics and Other Essays*. Ed. Christopher Tolkien. London: HarperCollins, 1997

Wells, Herbert George. *The Time Machine*. New York: Berkley, 1985

Summaries

Eine Mythologie für England – die Frage nach nationaler Identität in Tolkiens *Legendarium*

Thomas Honegger

Tolkiens Wunsch, seiner geliebten Heimat England eine ›Mythologie‹ zu schenken, wird oftmals als Ausgangspunkt für sein nachschöpferisches Schaffen angesehen. Der Aufsatz untersucht die möglichen Gründe, wieso Tolkien auf keine der existierenden mythologischen Traditionen (namentlich die *matières de Bretagne, de Rome* und *de France*) zurückgreifen konnte bzw. wollte, auch wenn z.b. gerade der trojanische Gründungsmythos Anknüpfungspunkte geboten hätte.

Ferner diskutiert er die unterschiedlichen Methoden, mit denen Tolkien sein *Legendarium* mit England zu verknüpfen suchte. Diese reichen von der Identifikation Tol Eressëas mit England in den frühen Entwürfen und der Verwendung (proto-)englischer Erzählerfiguren (Eriol bzw. Ottor Waefre / Angol und Ælfwine) bis hin zur Postulierung einer genetischen Vererbung des Erinnerungs- und Erzählgutes (*The Lost Road, The Notion Club Papers*).

Dabei ist zu beobachten, dass sich nicht nur die Distanz zwischen Erzählerfigur und dem ›mythischen‹ Geschehen in den verschiedenen Versionen immer mehr vergrößert, sondern auch die ursprüngliche Identifikation der Heimat der Elben mit England aufgegeben und durch indirektere Beziehungen ersetzt wird. Die Rückbindung des *Herrn der Ringe* und, implizit, des *Hobbit*, an England geschieht schließlich nur mehr indirekt durch die anachronistisch-modernen und prototypisch ›englischen‹ Erzählerfiguren der Hobbits.

Damit hat Tolkiens die Idee einer ›Nationalmythologie‹ zumindest für seine publizierten narrativen Werke aufgegeben, aber diese damit gleichzeitig einem umfassenderen Publikum zugänglich gemacht.

Die *Lays of Beleriand* – Epos und Romanze

Allan Turner

Tolkiens *Lays of Beleriand* stellen einen wichtigen Schritt in seiner stilistischen Entwicklung nach dem *Book of Lost Tales* dar. Einerseits sind sie als Fortsetzung einer Tradition zu sehen, wie Dichter im 19. Jahrhundert ihre Vorbilder in der Vergangenheit suchten, hauptsächlich in der alten lateinischen und griechischen Literatur, aber zunehmend auch in den wiederentdeckten Literaturen des europäischen Mittelalters. Andererseits zeigen sie den bedeutenden Einfluss von Tolkiens neuer beruflicher Tätigkeit als Philologe: Indem er eine literarische Tradition nach dem mittelalterlichen europäischen Muster für seine fiktive Welt schafft, greift er jetzt unmittelbar auf die Formen der altenglischen Epik und der mittelenglischen Versromandichtung zurück.

Zum ersten Mal nimmt Tolkien hier den Stoff für seine Gedichte direkt aus seiner sich langsam entwickelnden Mythologie, anstatt wie früher seine ursprünglich rein lyrischen Impulse in die motivische Welt seiner Prosaerzählung nachträglich zu integrieren. Er gibt auch die bekannteren Versmaße des viktorianischen Zeitalters auf zugunsten mittelalterlicher Modelle, der achtsilbigen Zeile des Versromans und der alliterativen Langzeile des altenglischen Epos *Beowulf*. Am bedeutendsten sind seine Versuche mit dem Stabreim, der spätestens seit dem frühen 16. Jahrhundert nicht mehr im literarischen Gebrauch war, so dass seine Wiedereinführung eine bewusste Herausforderung sowohl für den Dichter als auch für die Leserschaft bedeutet.

Das *Lay of the Children of Húrin* verwendet eine strenge Form der alliterativen Langzeile, wie sie vom deutschen Philologen Eduard Sievers kategorisiert wurde. Dieser langsamere, schwerfälligere Rhythmus klingt ungewohnt für das moderne Ohr und wird oft als ungeeignet für eine schnelle, spannende Handlung betrachtet. Trotzdem ist es Tolkien an vielen Stellen gelungen, fein abgewogene und wirkungsvolle Verse zu komponieren. Obwohl er diesen Versuch einer dichterischen Archäologie jäh abbrach, dichtete er auch weiterhin im Stabreim, vornehmlich in den Fragmenten der rohirrischen Dichtkunst im *Herrn der Ringe*, wo die Gleichsetzung der Reiter mit einer idealisierten frühenglischen Gesellschaft einen angemesseneren kulturellen Rahmen für archaischen Effekt des Versmaßes schafft.

The Increasing Presence of Philosophy and Theology
Thomas Fornet-Ponse

In the development of his *Legendarium*, Tolkien's philosophical and theological reflections became more and more relevant to the background and narrative of his mythology, causing incompatibilities of tone and leading to a complete revision of the main narrative and the fundamental characteristics of the nature of Arda and its inhabitants.

This article deals with this development in two ways – a diachronous one and a synchronous one: First, it analyses the change in the depiction of the

Ainur from the earliest to the last writings. Whereas in *The Lost Tales* and the earliest texts the Ainur are described as gods of a polytheistic mythology like the Norse or the Greek ones, in the latest writings and many letters they appear as 'angelic beings' which are appointed to the government of the world by the one God, Eru. Compared with some fundamental characteristics of a Jewish-Christian angelology, we can see important similarities concerning their nature and function, e.g. their participation in the making of Arda, their care for the Children of Ilúvatar, etc.

Second, the later phase of Tolkien's *Legendarium* (since ca. 1950), mainly *The Laws and Customs among the Eldar*, the *Athrabeth Finrod ah Andreth*, *Myth Transformed*, and *Late Writings*, is analyzed regarding their basic philosophical and theological questions. Therein, the point of view (whether Elvish or Mannish) is of great significance, for the Elves are regarded as representing a higher level of knowledge.

In all these texts, anthropological questions concerning death, immortality, rebirth, and reincarnation or the relationship of body (hröa) and soul (fëa) are very evident. The latter clearly resembles the philosophical concept of *anima-forma-corporis*. Another important topic in these texts is Tolkien's reflection on the nature of Evil, its overcoming and the eschatological hope on a New World.

Since Tolkien was aware of epistemological questions like the plausibility of the main cosmological elements of his mythology to a modern reader, he tried to rearrange them as well as the narrative. These intended adaptations can be regarded as a hint at the increasing importance philosophical and theological convictions and reflections had for Tolkien and the shaping of his mythology.

From Wilderland to Middle-earth

Christian Schröder

This article primarily wants to answer three questions. Which parts of Tolkien's oeuvre were used as conceptual background for his major work *The Lord of the Rings*? Which biographical circumstances and crucial incidents led Tolkien to begin writing it? And which obstacles arose during this writing?

The article shows that the sufficiently well-known connection between the narratives *The Hobbit* and *Quenta Noldorinwa* were, by far, not the only sources Tolkien used for *The Lord of the Rings*. It then discusses the writing of two other narratives, *The Lost Road* and *The Fall of Númenor*, along with analyses of their impact on *The Lord of the Rings*.

Before Tolkien could take on *The Lord of the Rings*, he had to solve three major problems. He had to find the will to abandon his long-nursed pseudo-geographical relation between the imaginative lands of his stories and the real England. He also had to find a narrative way to cope with his own demands as expressed in his essay *On Fairy-Stories*. Finally, he had to find a plausible connection between *The Hobbit* and the *Silmarillion*, which turned out to be the Ring.

The article provides an in-depth discussion about crucial events in late 1937 and their marked consequences for the further development of Tolkien's literary work. It ends with an extensive description of the first year of the conception of *The Lord of the Rings*.

The Heritage of the Drafts – Unplanned Quality in *The Lord of the Rings*

Michaela Zehetner

The article traces certain textual features (concepts and pieces of text) of *The Lord of the Rings*, which would not be part of the narrative but for the existence of earlier versions of the story. During the process of Tolkien's revising of the story, they lost their original purpose, but for some reason or other they survived in the published text – as "heritage of the drafts".

The items found have been divided into three categories, as per their effect on the reader:

First – features that appear contradictory, some of which were probably caused by Tolkien's failure to bring different versions into account: The attentive reader is going to notice them, but cannot find a reconciliatory explanation, e.g. Merry's nightmare about being drowned – something that happened to Frodo at the Withywindle.

Second – features that have lost their original meaning, but have taken on a completely new sense in so perfect a way that the casual reader will not notice the change without knowledge of *The History of the Lord of the Rings*, e.g. the shift of meaning in the phrase "galloping from the East", which once meant Barrow-wights attacking Bombadil's house from their hill but now refers to Black Riders from Mordor crossing the river Isen.

And third – features that may confuse the reader at first, but are open to reconciliatory explanations due to the tight web of interrelating elements within the story as a whole. Often, these confusing statements have lost a corresponding (explaining) element and now stand isolated within the text, e.g. the phrase connected with Frodo's notion at Minas Morgul that he could not face the Morgul-king: "not yet", though he never meets the Morgul-king again.

As a concept left behind and standing above categorization, Gollum's hobbit nature is also discussed: It was originally devised as a possible solution to intricate problems of psychological plot consistency; it later lost its necessity as such, but took on essential significance for the work's dramatic and philosophical core.

The author concludes that all of these remaining features add to the complexity and therefore the literary quality of the final text, and that the idiosyncratic way in which Tolkien created *The Lord of the Rings* cannot be seen as a writer's flaw but as entirely necessary for the work as a whole.

"Who is Trotter?" – Remarks on J.R.R. Tolkien's creative Process

Petra Zimmermann

When Tolkien wrote *The Lord of the Rings*, he was uncertain about the identity of one of the novel's main characters, Aragorn, for a long time and kept asking himself in the drafts who Trotter (Aragorn's nickname in the first stages of writing) was. The answer to this question was not found by deliberately inventing or constructing the character, but (in Tolkien's own words in his letters) by discovering "what was already there".

A close analysis of the drafts and the final version reveals that only minor changes were necessary in order to perform a complete change in Aragorn's character. Above all, details of conversation were left nearly unchanged during the various stages of writing. It seems that the potential of Aragorn as we know him had already been laid out in the first sketches. Tolkien only had to listen to his own creative product to let the ranger materialize.

In the final version, we still find traces of the way Tolkien created his fiction. The process of discovery Tolkien underwent while creating his story is duplicated in the story itself: Thus, Tolkien's uncertainty in regard to Aragorn's identity survives into the final version by presenting Aragorn as a mystery that is only gradually being unveiled. The companions' journey also represents an expedition on the part of the author: Tolkien includes himself in the story as the 10th member of the Fellowship of the Ring.

In this context, the *Old Walking Song* functions as an allegory of Tolkien's creative writing: Just as the song tells us, the writing process is a journey without a predetermined itinerary, with unexpected turns and interconnected threads. Thus, the song as well as the novel as a whole reflect Tolkien's way of writing a story: not inventing it, but discovering the truth en-route.

Arbeiten mit der HoMe: Ihr Nutzen bei der Erforschung der Auenland-Ortsnamen

Rainer Nagel

Dieser Artikel steht in Zusammenhang mit der Entstehung der Monographie *Hobbit Place-names. A Linguistical Excursion through the Shire*. Beim Zusammenstellen der Materialien und Quellen für dieses Buch leisteten jene Bände der HoMe, die sich mit der Entstehung des *Herrn der Ringe* befassen, einen nicht zu unterschätzenden Beitrag für die etymologischen Untersuchungen, da sie Einblick gewähren in die allmähliche Entstehung des Konzepts des Auenlands. Hierzu zählen zum einen die Entwicklung des Kartenmaterials, zum anderen die Erschaffung der einzelnen Ortsnamen – einschließlich der Veränderungen während der Genese des Werks. Die verschiedenen Versionen der Auenlandkarte erlauben es uns, die Entwicklung des Auenlands auch von der etymologischen Seite nachzuvollziehen: Wir können sehen, wie die Namen erschaffen wurden und wie sie sich im Laufe der Entwicklung der Geschichte änderten, als sich Tolkiens Vorstellungen des Auenlands änderten.

Wie schon Lewis/Currie in *The Uncharted Realms of Tolkien* feststellen, lässt sich der Wechsel von einer direkten *Hobbit*-Fortsetzung zu einer eigenständigen, größeren Geschichte gut an den Namen festmachen. Es wird deutlich, wie Tolkien sich an realweltlichen Prinzipien der Ortsnamensgebung anlehnte, um seine Siedlungsgeschichte des Auenlands in der Namensgebung zu verankern, bis hin zum »keltischen« Substratum im Bockland, das auf die ursprünglichen Bewohner dieses Landstrichs verweist. Die frühen Entwürfe zeigen, dass die dichte inhaltliche Konsistenz des Endwerkes lange Zeit nicht erreicht war und die frühen Ortsnamen, die über die des *Hobbit* hinausgingen, teils willkürlich entwickelt, teils (nicht zuletzt auch durch Einfluss des damals noch nicht sprachwissenschaftlich geschulten Christopher Tolkien) aus realweltlichen Landkarten übernommen wurden, einfach weil sie »interessant« klangen.

Weiterführendes Material, das in der HoMe nicht berücksichtigt wurde bzw. zum Erscheinungszeitpunkt noch nicht verfügbar war (in erster Linie Hammond/Sculls *Reader's Companion*), rundet die Ergebnisse ab.

Longevity, Immortality and Rebirth in Tolkien's Middle-earth

Friedhelm Schneidewind

One of the most disputed aspects of Peter Jackson's interpretation of *The Lord of the Rings* are the fact that and the circumstances under which Arwen gives up her 'immortality' for Aragorn. Firsthand explanations of this topic given by Tolkien in the works published in his day are scarce. And yet, it is all right there in *The Lord of the Rings* – we just have to take a close look at the appendices. The same is not true for Tolkien's beliefs about body, soul and rebirth (in relation to Middle-earth), though. On this topic, we can find next to nothing in Tolkien's published works. This is not astonishing since during Tolkien's life there were numerous radical changes and contradictions especially regarding his view on rebirth.

"[T]he immortality within the life of the world" (LotR A) of the Elves is no real immortality but longevity co-extensive with the life of Arda" (L 212, 1958); Elves do age (very slowly), but they only die through force and of world-weariness. The sole exception to this was Luthien: "Lúthien Tinúviel alone of the Elf-kindred has died indeed and left the world" (LotR I). There is no dependency between giving up 'immortality' and mating with mortal men! The Half-Elves Elrond and Elros, as well as their offspring, have the right, but also the duty, to make an "(irrevocable) choice, which may be delayed but not permanently, which kin's fate they will share" (L 153, 1954). Arwen makes her choice after Aragorn's death – and it is not Luthien's choice!

The *Lord of the Rings* states that the dwarves believed in the repeated rebirthing of their primal ancestor and king, Durin (LotR A). There are interpretations of Gandalf's remark on Glorfindel stating that they indicate Glorfindel has been reborn – although Tolkien assumed the existence of two Glorfindels when working on *Lord of the Rings*. In fact, Tolkien's ideas on rebirth changed several times over his lifetime.

In the *Music of the Ainur* (1918/20) elves are reborn in their children without exception. For many years, Tolkien changed only minor details of this concept. But around the year 1948, the situation is that only few Elves are reborn at all, and usually not in their children: "often they return and are reborn among their children" (*Ainulindalë* D).

As late as in the early 1950s, Tolkien developed a concept of some clarity: the *fëa* of the Elves stems directly from Eru, the point being that it originates from outside of Ea. It is indestructible and arrives at the Halls of Mandos after the *hröa* is destroyed. Therefore the *fëa can* be reborn to another *hröa* – but only voluntarily and only after a certain time, determined by the will of the

Valar, and only with the explicit allowance of Eru. In his last year, Tolkien made a note that the return of the several Durins were true rebirthings, and that Glorfindel was in fact also a rebirth of the person from Gondolin.

Whether and to what extent we refer to Tolkien's later writings (the concept of rebirth was never mentioned in the published works!) for our understanding of Middle-earth is a choice each and every reader has to make by himself.

The *Athrabeth Finrod ah Andreth* or Mankind in Tolkien's Mythology

Alexandra Wolf

The intention of this paper is to investigate the *Athrabeth Finrod ah Andreth*, an intended part of Tolkien's mythology, in regard to the underlying picture of Mankind. Another aim is to examine whether the text corresponds to Tolkien's personal attitude towards Humanity.

At first, the most important statements about Mankind are extracted from the individual parts of this major work. They are then connected to remarks made in other works of Tolkien's. We will see that Men were created as good creatures. It was their task to heal Arda of the Marring of Melkor, and they were to join the Second Music of the Ainur to help to create an Arda Remade.

Nonetheless, they were not conceived to be immortal because Arda is not their fëar's home. This can be seen in the way men look at things in Arda and in the low amount of control their fëar has over their hröar. This low control is one reason why Men were seduced by Melkor early in their history. Consequently, Eru changed their fate. The lies and the evil that Melkor had sown have been a part of Mankind since their fall. The Marring of Men and Arda can only be healed by Eru himself.

In the next part of this paper, some of Tolkien's statements are collected in order to investigate his personal attitude towards Humanity. Tolkien believes that evil is a part of human nature, but he also thinks that this is not Man's fault. One weakness of Men he sees in their quick satiety with good. But he also thinks that good is a part of Humanity as well. And yet, Tolkien believes that the morals and intelligence of Men are ever declining.

In conclusion, we see that there are many similarities between Tolkien's personal statements and the picture he draws in his mythology. Tolkien himself often declared that some of his convictions entered into his works.

'Ainulindalen'

Thomas Gießl

This article is about the structure and genesis of the *Ainulindalë* – the title is an artificial German plural form - chosen to mark the difference between the various versions (and a rather odd preference of mine of the spoken German word 'Ainulindalen' over the English word 'Ainulindales').

There are six versions of the text: *The Music of the Ainur Version A* (pencil; not published), *The Music of the Ainur B* (ink manuscript; published in LT 1), *Ainulindalë A* (not published), *Ainulindalë B* (published in LR), *Ainulindalë C** (round-world version, referred to in MR), *Ainulindalë C* (flat-world version, given full in MR), and *Ainulindalë D* (last version, referred to in MR).

There have been no grave corrections during the decades, except for the cosmological changes in **C***.

The relationship between Melkor and Eru Ilúvatar stands in the focus of this article. In the early drafts, the reason for Melkor's rebellion is explained by his eagerness to create life himself, and by his corruption through the Outer Darkness, i.e. the Void. He searches for the Flame Imperishable and thus starts to think other thoughts than his brethren do.

This point is abandoned in the later versions. Melkor still searches for the Flame Imperishable in the Void, and he starts to think other thoughts than his fellow Ainur do, but there is no corruption by the Void any more. The Void is no longer a kind of antagonist of Eru Ilúvatar, 'whither Ilúvatar had not yet turned the light of his face', but nothing more as void place, untouched by creation.

I assume that this abandonment accounts for some subtle incoherencies. With Eru Ilúvatar as – more or less – omnipotent creator, there is no need for a Void. Also it is diffuse and unclear *why and how* Melkor should be able to create sounds that are not in harmony with Ilúvatar's Great Theme.

There are some answers: The Great Theme is not as all-embracing as we might assume – meaning that there are thoughts of Ilúvatar's that should not be part of Ea, but thoughts which have become part of Melkor as he is, like any Ainu, the offspring of Ilúvatar's thoughts.

In the end, the matter cannot be solved easily. But I hope I was at least able to cast some light on the existence of a most over-subtle question. The discussion remains open.

Summaries

The Novel Fragments *The Lost Road* and *The Notion Club Papers*

Some Points of View on their literary and conceptual Positions of within Tolkien's complete fictional Works

Heidi Krüger

The Lost Road (c 1937) and *The Notion Club Papers* (c 1945) take up a special position within the literary work of JRR Tolkien and also within *The History of Middle-earth* because besides *The Lord of the Rings* and the *Silmarillion*, they represent a third literary genre and broach the issue of the modern time travel novel.

As regards contents, the texts nevertheless belong at least partially to the "Middle-earth complex", as the "time travels" they describe – although set in 20th century England – lead, among other things, to Second-Age Númenor of the fictitious history of Middle-earth.

This twofold appearance of the two unfinished novels is the starting point of my investigation. I deal with the following questions:
- What could the literary intention, the literary concept of the two novel fragments, have been?
- In regard to this: how do they correspond to *The Lord of the Rings* and where are the differences?
- Which – preliminary – consequences for the entire intention of Tolkien's literary work until 1945 may be deduced from this?

One of the results of my study is: these two novels – together with several of Tolkien's essays – form a kind of integration point for the entire work and enable insights into a very unusual literary theory as developed by Tolkien.

Another result is the fact that, in Tolkien's work, at least two "realities" face one another almost continuously, and that through the confrontation of these realities the importance of imagination and constructiveness receives a powerful relevance.

›More poetical, less prosaic‹: Die Konvergenz von Mythos und Geschichte in Tolkien's Werk

Judith Klinger

In den *Notion Club Papers* formuliert einer der Zeitreisenden das Konzept eines gewaltigen historischen Umbruchs mit dem Untergang von Númenor, der ›Mythos‹ von ›Geschichte‹ und ›flache‹ von ›runder‹ Welt scheidet. Spekuliert wird aber auch über die Möglichkeit, eine ›mythische‹ (und deutlicher ›poetische‹) Realität konkret zu erfahren. Zudem schafft Tolkien mit der Überlagerung von Númenor und Atlantis Verbindungen zur außertextlichen Wirklichkeit und transformiert den alteuropäischen Mythos in ein historisches Ereignis der ›Sekundärwelt‹.

Der Beitrag untersucht die konzeptionellen und poetologischen Implikationen der Konvergenzen von ›Mythos‹ und ›Geschichte‹, die Tolkiens Werk durchgängig prägen, und fragt nach der Möglichkeit, eine mythische Realität zu erleben.

Mit Bezug auf die Mythostheorien von Roland Barthes und Owen Barfield werden die spezifischen Konstellationen von Zeichen und Bedeutung sowie die unterschiedlichen erkenntnistheoretischen Bedingungen beschrieben, die für ›Mythos‹ und ›Geschichte‹ zu veranschlagen sind.

Dabei zeigt sich, dass die dialektische Konstellation unterschiedlicher Epistemologien ein zentrales Element in Tolkiens Werk bildet. In diesen Zusammenhang reihen sich auch die einander ablösenden Welt-Vorstellungen in den Geschichten von Mittelerde ein: als Manifestation konkurrierender Erkenntnissysteme, wobei sich die ›flache‹ Welt einer mythischen Wahrnehmungsform zuordnet.

Im *Herrn der Ringe* ist die ›Realisierung‹ von Mythen zudem konstitutiv mit der Überschreitung von (Wahrnehmungs-)Grenzen verknüpft, die ihrerseits poetische Artikulation hervorbringt. Insgesamt bringt Tolkien ›Mythos‹ und ›Geschichte‹ in ein unauflösliches Wechselverhältnis: Grenzüberschreitungen in Zeit, Raum und Erkenntnis schaffen die Grundlage, um die jeweiligen Konditionen der Welt- und Realitätswahrnehmung reflektieren zu können.

In diesem Kontext leistet poetische Sprache den Transfer des ›erlebten Mythos‹ in die historische Wirklichkeit, was im *Herrn der Ringe* und auch in den *Notion Club Papers* von Bedeutung ist. Poesie speist sich dabei wesentlich aus dem Kontakt unterschiedlicher Sprachen und wird so Teil eines (ebenfalls dialektischen) Übersetzungsprozesses.

Tolkiens Entwurf einer Mythologie enthält insgesamt den Versuch, den Übergang in eine andere Wahrnehmungsform zu inszenieren und auf diesem Wege Verbindungen zur ›Primärwelt‹ herzustellen.

Summaries

Spaceships and Dreams of Time

Christian Weichmann

The *Notion Club Papers* contain a discussion of the worth of various methods of literary space and time travel. Three major points emerge:
1. Scientific probability – the machines used to facilitate the journey need to be functional and have to conform to the current state of technology. 2. Literary credibility – the reader needs to find the means of transport believable. 3. Literary congruency – the means of transport needs to fit the adventures waiting at the end of the journey.

Re: 1) The Club does not regard time travel by machines as feasible. This is due to the technological level of the time at which the story was written (1945/46). However, even nowadays scientific progress has not advanced sufficiently to allow travel through space or time which would satisfy such literary interest.

Re: 2) Scientific probability can only be relevant as long as machines are used. However, the criterion may influence the second point. And yet, this criterion is highly debated within the Club. Then again, Tolkien argues along the same lines in *On Fairy-Stories*.

Re: 3) According to Guildford, transport by means of technology needs to lead into technically oriented adventures to remain congruent. Other Club members agree at least to the extent that while this is indeed often the case, it need not be necessarily so.

The *Papers* also contain Michael Ramer's method of travel by dreams, as inspired by J.W. Dunne.

Since Tolkien is not able to describe time travel by machine with any hope of scientific probability, he needs to find a different method for his time-travel story. He could have used the means of travel by dreams. And yet, he chooses a more complicated one: I call it 'time travel by proxy.'

This is some means of travel by telepathy. Two persons need to travel together, in a process that requires protracted preparation. At the end of the journey, the spirits of the two travellers merge with those of two proxies. Due to the problems of scientific probability and literary credibility, Tolkien gives only scant descriptions of the actual journey.

The advantage of this means of travel, shared by the simpler method of travelling by dreams, is that it avoids all problems of adjustment to the journey's goal by employing proxies. Why Tolkien uses the more complicated method has not become clear yet. It may be, though, that he is afraid that differentiating between a real dream-journey story and a story with an invented dream frame poses problems to his readers, much as he criticized in *On Fairy-Stories*.

Projektvorstellung: »Altenglisch für Tolkienfans«

Eine Grammatik des Altenglischen für Leser des *Herrn der Ringe* sowie für deutschsprachige Studierende

Rainer Nagel und Alexandra Velten (Mainz)

Das geplante Buch versucht, eine zweifache Lücke zu schließen: zum einen in der verfügbaren Sekundärliteratur zu J.R.R. Tolkiens Rohirrisch, zum anderen in der für deutsche Studierende verfügbaren Literatur zum Altenglischen. Tolkiens Verwendung verschiedener Sprachen im *Herrn der Ringe* erfreut sich bei vielen Lesern immer stärker ansteigender Beliebtheit. Beweis hierfür sind nicht zuletzt die beiden jüngst bei Bastei Lübbe erschienenen Elbisch-Wörterbücher und -Grammatiken von Helmut W. Pesch. Andere Sprachen hingegen werden wenig bis gar nicht abgedeckt.

Dass es bei den Lesern Bedarf für eine Einführung in das Rohirrische gibt, belegt sich aus Erfahrungen der Autoren im Laufe der letzten drei Ring*Cons (mit jeweils mehreren tausend Teilnehmern die bundesweit größten Treffen von Tolkienfans): Einführende Vorträge in das Rohirrische sowie Vorträge über Sprache und Dichtkunst zogen Hunderte von Besuchern an, und auch in den anschließenden Fragen und durch weitere Gespräche mit Fans wurde klar, dass hier Handlungsbedarf besteht.

Ebenso die immer wieder in unseren Sprechstunden an der Universität gestellte Frage, ob es denn nicht eine gute deutsche Einführung ins Altenglische gibt.

Tolkien gestaltete das Rohirrische auf Grundlage eines der Dialekte des Altenglischen: des Mercischen, das in den englischen Midlands gesprochen wurde – jener Landstrich, in dem Tolkien sich am heimischsten fühlte und nach dem er auch seine Beschreibung des Auenlands ausrichtete. Insofern bietet es sich an, den Studierenden das Buch zugleich als allgemeine Einführung in das Altenglische zugänglich zu machen, die sich nicht ausschließlich auf das Mercische als das ›eigentliche‹ Rohirrisch stützt, sondern auch auf die anderen altenglischen Dialekte eingeht.

Modernen didaktischen Kriterien entsprechende Einführungen in das Altenglische sind im englischen Sprachraum gang und gäbe (neben dem immer wieder aufgelegten »Klassiker« von Mitchell/Robinson sei hier verwiesen auf McCully/Hilles bzw., im Kontext der Gesamtentwicklung der englischen Sprache, auf die aktuelle Zweitauflage von Freeborn sowie Millward und Graddol et al.; Pollington hingegen führt auf Basis einfacher Alltagskonversation in das Altenglische ein).

In deutschsprachigen Werken sind solche Kriterien allerdings immer noch nicht vorhanden. Oftmals findet die Altenglisch-Ausbildung an deutschen Universitäten immer noch mit Lehnert statt, der seit seiner Erstauflage von 1954 nahezu unverändert wieder aufgelegt wird und sich weitestgehend darin erschöpft, das Altenglische aus dem Indogermanischen herzuleiten und didaktische Kriterien außen vor lässt – eine ideale Einführung also nur dann, wenn man das Studium des Altenglischen als möglichst unattraktiv und altmodisch erscheinen lassen will.

Weimann bemüht sich zwar um den Brückenschlag zum Neuenglischen, verliert sich aber in den Untiefen grammatischer Beschreibung in einem wenig attraktiven Layout der Beispieltexte. Auch ›neuere‹ Werke wie Bähr fallen noch einer zu trockenen Darstellung in unaufgelockerter Tabellenform zum Opfer. Als Beispiel, wie man ein sprachgeschichtliches Lehrbuch sowohl unterhaltsam als auch fachlich korrekt aufziehen und zudem neben der Sprache auch noch den geschichtlichen und sozialen Kontext der behandelten Zeit abdecken kann, mag allenfalls im Bereich des Mittelenglischen Markus gelten.

In diese Lücken soll unser Buch stoßen. Dabei ergibt sich aus der Verknüpfung von Altenglisch-Lehrbuch und Tolkien-Sekundärwerk ein ganz besonderes Problem: Da die meisten uns erhaltenen Textquellen des Altenglischen aus Südengland (dem Einzugsbereich des Westsächsischen) stammen, beziehen sich Altenglisch-Lehrbücher in der Regel auf diesen Dialekt, der als Quasi-Standard gehandelt wird. Diese Praxis halten wir für beizubehalten. Tolkiens Rohirrim hingegen benutzen das Mercische, eine Untergruppe des Anglischen, das sich in einigen wichtigen Punkten, insbesondere phonologisch, vom Westsächsischen unterscheidet. Ausgewählte, aus dem *Herrn der Ringe* entlehnte Namensbeispiele sollen einige der wichtigeren Unterschiede illustrieren (ws. = die westsächsische Form, angl. = die anglische, also mercische Form):

Aldor	Der Alte	Ws. *eald*, Angl. *ald* + -*or*
Baldor	Der Kühne	Ws. *beald*, Angl. *bald* + -*or*
Erkenbrand	Edle Flamme	Ws. *eorcen*, Angl. *ercen*
Harding	Der Harte	Ws. *heard*, Angl. *hard* + -*ing*
Scatha	Übeltäter, Feind	Ws. *scēaðian*, Angl. *scāðian* + -*a*
Saruman	Kluger Mann	Ws. *searu*, Angl. *saru*
Walda	Walter	Ws. *weald*, Angl. *wald* »Macht«
Breredon	briars	Ws. *brǣr*, Angl. *brēr*
Deephallow	nook, corner of land	Ws. *healh*, Angl. *halh*
Grindwall	wall	Ws. *weall*, Angl. *wall*
Needlehole	need (less)	Ws. *nīed*, Angl. *nēd*
Willowbottom	willow	Ws. *welig*, Angl. *wilig*

Als weiteres Beispiel für die (realweltlichen) Unterschiede zwischen den altenglischen Dialekten sei *Cædmon's Hymn* (zitiert nach Crystal, 29) in unserer Übersetzung aufgeführt:

Westsächsisch

Nu we scelan herigean	heofonrices weard,
metodes mihte	and his modgeþanc,
wera wuldorfæder,	swa he wuldres gehwæs,
ece drihten,	ord onstealde.
He ærest gescop	eorðan bearnum,
heofon to rofe,	halig scyppend;
Þa middangeard	moncynnes weard,
ece drihten,	æfter teode,
firum foldan,	frea ælmihtig

Anglisch (Nordhumbrisch; vom Mercischen also etwas abweichend)

Nu scylun hergan	hefaenrices uard,
metudæs maecti	end his modgidanc,
uerc uuldurfadur,	sue he uundra gihuaes,
eci dryctin,	or astelidæ.
He aerist scop	aelda barnum
heben til hrofe,	haleg scepen;
tha middungeard	moncynnes uard,
eci dryctin,	æfter tiadæ,
firum foldu,	frea allmectig.

Nun wollen wir preisen	des Himmelreiches Wächter,
des Herren Macht	und seine Vorstellungskraft,
der Menschen ruhmreicher Vater,	als er von allen Wunderdingen
der Ewige Fürst,	den Anfang schuf.
Zuerst schuf er	für der Erde Kinder,
den Himmel zum Dach,	der heilige Schöpfer;
dann die Mittelerde	der Wächter der Menschheit,
der Ewige Fürst,	danach schuf,
der Lebenden Land,	der allmächtige Lehnsherr.

Aus diesem Grunde bietet sich eine grundlegende Zweiteilung des Buches an: Die jeweils zu erklärenden grammatischen Phänomene werden auf gegenüberliegenden Doppelseiten dargestellt: auf der einen Seite die den Tolkienfan ansprechende mercische Form, auf der anderen Seite die für den Studierenden des Altenglischen eher relevante westsächsische Form. Insbesondere relevant ist dies bei den Schreibvarianten, den Lautgesetzen (in erster Linie Brechung,

Palatalumlaut und Velarumlaut) sowie beim Vokabular (stärkerer skandinavischer Einfluss im Anglischen, so auch bei Tolkien sichtbar, insbesondere bei den rohirrischen Königsnamen).

Dort, wo durch diese Vorgehensweise ein Ungleichgewicht der Seiteninhalte entsteht, wird dies, ähnlich wie bei David Crystals *Cambridge Encyclopedia of the English Language*, mit ans Thema angepassten Rahmentexten ausgeglichen. So bleibt die direkte Gegenüberstellung gewahrt. Bei diesen Rahmentexten kann es sich um kurze Literaturbeispiele handeln, historische Einschübe oder Hinweise auf entsprechende Entwicklungen in anderen Dialekten (Kentisch, Nordhumbrisch). Hier ein Beispiel für einen solchen Einschub (ein Rätsel aus dem *Exeter Book* in unserer Übersetzung):

> Wiht cwōm gongan þǣr weras sǣton
> monige on mæðle, mōde snottre;
> hæfde ān ēage ond ēaran twā,
> ond ii fēt, xii hund hēafda,
> hrycg ond wombe ond honda twā,
> ēarmas ond eaxle, ānne swīeran
> ond sīdan twā. Saga hwæt ic hātte.

> Ein Mann kam gegangen wo Männer saßen
> viele in Beratung, von klugem Verstand;
> er hatte ein Auge und der Ohren zwei
> und zwei Füße, 1200 Köpfe,
> Rückgrat und Bauch und zwei Hände,
> Arme und Schultern, einen Hals
> und zwei Seiten. Sage, wie ich heiße!

Möglich wären zudem »anekdotale« Einschübe, die über Tolkiens Werke Besonderheiten des Altenglischen erschließen lassen, z.B. die Etymologie des englischen Wortes *daisy* (Gänseblümchen) aus altenglisch *dæges ēage* »day's eye« (Tagesauge), mit dem sich Bilbos zweites Rätsel im *Hobbit* beschäftigt. Dieses Phänomen, das man ›verdunkeltes Kompositum‹ nennt (siehe Faiß), da man im heutigen Englisch nicht mehr erkennen kann, dass es sich früher einmal um ein Lexem aus zwei freien Morphemen gehandelt hat, führte zumindest bei Englisch-Studierenden an der Universität immer wieder zu Aha-Erlebnissen und weckte das Interesse am Altenglischen.

Dem Buch vorangestellt soll eine doppelte Einführung sein: ein Überblick über die Entwicklung des Altenglischen und seiner Dialekte bis hin zum Ende der altenglischen Sprachperiode sowie eine Übersicht über Tolkiens Entwicklung der Rohirrim und eine Abhandlung darüber, ob es sich bei ihnen tatsächlich um »Angelsachsen mit Pferden« handelt.

Beispiele sollen nach Möglichkeit aus dem Tolkien'schen Fundus genommen werden – natürlich im Einklang mit dem Urheberrechtsgesetz und der aktuellen Rechtelage. Leider sind im *Herrn der Ringe* kaum tatsächliche altenglische Äußerungen enthalten – wohl aber an vielen Orten in der *History of Middle-earth*, insbesondere in den früheren Manuskripten des Romans gemäß TI und WR, aber auch an anderen Stellen (z.B. den altenglischen *Annals of Valinor and Beleriand* in SM). Hier zwei Beispiele.

Ein früher Entwurf des Kapitels *The King of the Golden Hall* (zit. nach TI 442f):

> ... they came at last to the wide windswept walls and the gates of Eodoras. There sat men in bright mail upon proud steeds, who spoke to them in a strange tongue. 'Abidath cuman uncuthe! [*Rejected at the time of writing:* Hwæt sindon ge, lathe oththe leofe, the thus seldlice gewerede ridan cwomon to thisse burge gatum? No her inn gan moton ne wædla ne wæpned mon, nefne we his naman witen. Nu ge feorrancumene gecythath us on ofste: hu hatton ge? Hwæt sindon eower ærende to Theoden urum hlaforde?' Aragorn understood these words] asking their names and errand. These words Aragorn understood and answered.

In Christopher Tolkiens Übersetzung bedeutet dies (TI 449 = Fußnote 5):

> Stay, strangers unknown! Who are ye, friends or foes, that have come thus strangely clad riding to the gates of this town? None may here enter in, neither beggarman nor warrior, if we know not his name. Now, ye comers from afar, declare to us in haste: what are ye called? What is your errand to Theoden our lord?

Zu diskutieren wäre bei Aufnahme dieser Zitatstelle zudem die Anlehnung an die Begrüßung Beowulfs durch Unferth im altenglischen Gedicht *Beowulf*, dessen Einfluss auf den *Herrn der Ringe* bekanntlich deutlich ist (hier die Zeilen 237 bis 257). Weitere Konstruktionsparallelen und Konzeptübernahmen aus dem *Beowulf* wären ebenfalls herauszuarbeiten und böten sich wiederum für anekdotale Einschübe an.

Ein Beispiel aus der altenglischen Fassung der *Annals of Valinor and Beleriand* (SM p. 285):

> On frumsceafte Ilúuvatar, þæt is Ealfæder, gesceóp eal þing, 7 þá Valar, þæt is þá Mihtigan (þe sume menn siþþan for godu héoldon) cómon on þás worolde. Híe sindon nigon: Manwe, Ulmo, Aule,

Orome, Tulkas, Mandos, Lórien, Melko. Þára wæron Manwe / Melko his bróþor ealra mihtigoste, ac Manwe wæs se yldra, / wæs Valar-hláford / hálig, 7 Melko béah to firenlustum and úpahæfennesse and ófermettum and wearþ yfel and unmæðlic, and his nama is awergod and unasprecenlic, ac man nemneð hine Morgoð in Noldelfisc-gereorde. Þá Valacwéne hátton swá: Varda / Geauanna, þe gesweostor wæron, Manwes cwén and Aules cwén; / Vana Oromes cwén; / Nessa Tulkases cwén; (séo wæs Oromes sweostor); / Uinen, merecwén, Osses wíf; / Vaire Mandosses cwén; 7 Este Lóriendes cwén. Ac Ulmo 7 Melko næfdon cwéne, 7 Nienna séo geómore næfde wer.

Mid þissum gefrérum cómon micel héap læsra gesceafta, Valabearn, oþþe gæstas Valacynnes þe læsse mægen hæfdon. Þás wæron Valarindi.

In unserer Übersetzung (mit leicht regularisierter Satzstellung):

Am Anfang schuf Ilúvatar, das ist der Allvater, alle Dinge, und die Valar, das sind die Mächtigen (die manche Menschen seitdem für Götter halten), kamen in diese Welt. Sie sind neun: Manwe, Ulmo, Aule, Orome, Tulkas, Mandos, Lórien, Melko. Ihrer waren Manwe und sein Bruder Melko von allen die mächtigsten, doch Manwe war der Ältere und war Fürst der Valar und heilig, und Melko wandte sich zur Lust und zur Überheblichkeit und zum Übermut und wurde böse und maßlos, und sein Name ist verflucht und unaussprechlich, doch die Menschen nennen ihn Morgoth in der Noldorelben-Sprache. Die Valafrauen hießen so: Varda und Yavanna, die Geschwister waren, Manwes Frau and Aules Frau; und Vana, Oromes Frau; und Nessa, Tulkas' Frau; (sie war Oromes Schwester); und Uinen, Meeresfrau, Osses Gemahlin; und Vaire, Mandos' Frau; und Este, Lóriendes Frau. Doch Ulmo und Melko hatten keine Frauen, und Nienna die Trauernde hatte keinen Mann.

Auffällig ist hier die Verwendung des westsächsischen Dialekts, der darin begründet ist, dass Tolkien diese Passagen gleichsam zur nachträglichen Aufnahme in die *Anglo-Saxon Chronicle*, das Hauptzeugnis zur Geschichte der Angelsachsen, abfasste (was auch die Verwendung des alten Runenzeichens »7« für »und« erklärt).

Ebenfalls eine Überprüfung wert wäre letztlich die Möglichkeit, Zitate aus den Filmen von Peter Jackson zu verwenden, die einige eigens für die Filme geschriebene Altenglisch-Sequenzen enthalten (insbesondere in der Special Extended Edition von *Die zwei Türme*). An herausragender Stelle steht hier »Éowyns Totenklage«, die allerdings den Nachteil hat, nicht im mercischen, sondern im westsächsischen Dialekt abgefasst zu sein:

> Bealocwealm hafað *f*reone *f*recan *f*orth onsended
> *g*iedd sculon *s*ingan *g*leomenn *s*orgiende
> on *M*eduselde þæt he *m*a no wære
> his *d*ryhtne *d*yrest and mæga *d*eorost.
> Bealo...

In unserer Übersetzung:

> Ein böser Tod hat den edlen Krieger fortgeschickt
> Ein Lied sollen singen die trauernden Sänger
> in Meduseld, dass er nicht mehr ist,
> seinem liebsten Herrn und meist geliebten Verwandten.
> Ein böser Tod.

Diese Passage bietet sich zu einer Abhandlung zur altenglischen Versform des Stabreims an (miteinander »stabende«, also die Alliteration tragende, Laute sind kursiv gedruckt).

Das Endprodukt soll eine Gesamtlänge von 200 Seiten in großzügigem Layout nicht überschreiten, da es sich als Einführung in ein interessantes Themengebiet versteht, keinesfalls aber als umfassende Abhandlung.

Bibliographie

Bähr, Dieter. *Spätaltenglisch*. Berlin: Lexikographisches Institut, 1995

Crystal, David. *The Cambridge Encyclopedia of the English Language*. Cambridge, etc.: Cambridge University Press, 1995

Faiß, Klaus. *Verdunkelte Compounds im Englischen*. Tübingen: Narr, 1978

Freeborn, Dennis. *From Old English to Standard English. A Course Book in Language Variation across Time*. Houndmills / New York: Palgrave, [2]1998

Graddol, David, Leith, Dick & Joan Swann. *English History, Diversity and Change*. London: Routledge, 1996

Lehnert, Martin. *Altenglisches Elementarbuch. Einführung, Grammatik, Texte mit Übersetzung und Wörterbuch*. Berlin / New York: deGruyter, [9]1978

Markus, Manfred. *Mittelenglisches Studienbuch*. Tübingen: Francke, 1990

McCully, Chris and Sharon Hilles. *The Earliest English. An Introduction to Old English Language* (Harlow, etc.: Pearson), 2004

Millward, C.M. *A Biography of the English Language*. o.O: ThomsonHeinle, [2]1996

Mitchell, Bruce and Fred C. Robinson. *A Guide to Old English* (Oxford, UK / Cambridge, US: Blackwell), [5]2002

Pollington, Stephen. *First Steps in Old English*. Hockwold-cum-Wilton: Anglo-Saxon Books, revised edition 2004

Weimann, Klaus. *Einführung ins Altenglische*. Heidelberg: Quelle & Meyer, [3]1994

Summary
Old English for Tolkien Fans

Rainer Nagel, Alexandra Velten

This paper deals with the initial work as well as the conception of a German-language introductory grammar of Old English. As opposed to the introductions into Old English currently used at English and American universities, German introductions still conform to outdated didactic principles dating back to the 1970s and are somewhat lacking in a contemporary didactic approach that expresses the notion that Old English is not just a musty, dead language that students need to learn, but that it is indeed a fascinating and fun subject. Another element of this unique project is that it wants to address two only partially overlapping audiences: introductory-level students of Old English, and fans of *The Lord of the Rings* who want to learn more about the language spoken by the Rohirrim, which happens to be Old English, too.

This leads to the problem of having to implement a two-fold approach: Text books on Old English usually place their emphasis on the West Saxon dialect as spoken in the south of England, which is the best-preserved one as far as available contemporary documents go, but which is not the dialect Present-day English is based on. The speech of Tolkien's Rohirrim, on the other hand, is represented by the Mercian dialect as spoken in the English Midlands, a dialect that is usually regarded as the source of modern English, although there is much less source material. Since the differences between the dialects are often remarkable, both target groups need to be addressed individually; the solution to this is to treat each phenomenon in question on a double page, with the West Saxon version on one page and the Mercian one on the other.

A final point of consideration is the use of material found in Tolkien's works beyond *The Lord of the Rings*, since in the novel as published, examples of Old English are somewhat rare. There is much more material to be found in HoMe (e.g., the early versions of some dialogues in TI and WR, or even the Old English versions of *The Annals of Valinor and Beleriand* in SM) as well as the recent film trilogy by Peter Jackson (e.g., Éowyn's dirge in *The Two Towers*). This, however, has legal issues that need to be resolved.

Eine Anmerkung zur Übersetzung von *hill*

Rainer Nagel (Mainz)

In seiner Rezension zu Wolfgang Kreges *Elbischem Wörterbuch* klagt Thorsten Renk (Renk 258) u.a. über »die schlechte Übersetzung vieler Wörter – z.B. **amon**, in Tolkiens Original als ›hill‹ bezeichnet, wird bei Krege zum ›Berg‹«. Ich vermute, dem Rezensenten ist hier nach »Hügel« zumute.

Doch während ein Großteil seiner Kritik an Kreges Buch berechtigt ist, geht diese am Problem vorbei: Krege folgt hier nur seiner eigenen Übersetzung des *Lord of the Rings*, und diese wiederum folgt in zumindest diesem Punkt der Carroux-Übersetzung.

Die englische Ausgangslage

Das englische Wort *hill* (aus altenglisch *hyll*) ist in seiner Handhabung in Ortsnamen durchaus etwas problematischer, als dies auf den ersten Blick scheinen mag. Innerhalb der ›Hierarchie‹ englischer topographischer Bezeichnungen für Erhöhungen nimmt es eine ›Mittelposition‹ ein:

> This word occupies a position among hill-terms resembling that of **halh** and **weg** among valley- and road-terms. It appears to be used for hills which do not have the clearly defined characteristics of those called **beorg** or **dūn**. There are no occurrences of *hyll* in names recorded by *c*.730, and it may, on the whole, belong to the later stages of Old English name-formation, perhaps coming into more frequent use as the precision of the earliest topographical vocabulary weakened. (Gelling/Cole 192)

Nach der englischen Definition schiede also die Übersetzung »Berg« tatsächlich aus. Allerdings gibt es gerade in der Umgebung des Auenlandes nur *hills*, aber keine *mountains* – und doch hat es dort Erhebungen von teilweise großer Höhe (z.B. die Tower Hills). Gleichzeitig gibt es niedrigere Höhenzüge, die dann als *downs* bezeichnet werden (*Far Downs*, *White Downs*).

Zum Thema *downs* sagen Gelling/Cole (164f):

> The distribution of *dūn* names is covered by geography. It is most common as generic in village names in regions where there are clusters of level-topped hills suitable for settlement-sites. The most

notable stretch of *dūn* country is a fairly compact one in the south midlands comprising east OXF and BUC north of the Icknield Way... Another important cluster, which includes Basildon, occurs in south central ESX. There is a smaller concentration in north-east WLT, and *dūn* is represented well in WAR and in NTB and DRH. Settlement names in *dūn* are rare in SSX, HMP and BRK, perhaps because of the absence of water supplies on chalk hills.

Die Abkürzungen bedeuten (in Reihenfolge ihres Auftretens): OXF = Oxfordshire; BUC = Buckinghamshire; ESX = Essex; WLT = Wiltshire; WAR = Warwickshire; NTB = Northumberland; DRH = Durham; SSX = Sussex; HMP = Hampshire; BRK = Berkshire.

Dies bedeutet, dass die Bildungen mit *dūn* im realweltlichen England in Gebieten zu finden sind, in denen Tolkien beheimatet war und die sich prägend auf die Namensgebung und die Gestaltung gerade des Auenlandes ausgewirkt haben (s. Shippey ch. 4 sowie Nagel, *Hobbit*).

Ein Grund für die Benutzung von *hill* könnte zumindest bei den Hobbits darin liegen, dass sie jedes topographische Merkmal ab einer bestimmten Höhe einfach, analog zu *The Hill* als ideellem Zentrum des Auenlandes (vgl. die »perspective of Hobbiton-cum-Bywater« in Ellison 61), *hill* nannten, während *downs* (d.h. *dūn*) für zusammenhängende, flachere Hügelketten benutzt wurde.

Die einzige Ausnahme hierzu scheinen die *Hills of Scary* zu sein, die allerdings wohl weniger ein zusammenhängendes Hochland als eher einige eng beieinander stehende Hügel darstellen – ein dermaßen zerklüftetes Gelände, das man nicht mehr guten Gewissens als *downs* bezeichnen konnte.

Die Übersetzungslage

Margaret Carroux' Übersetzung als »Berg« führt uns in die Tiefen und Unwägbarkeiten des semantischen Felds für Höhenbezeichnungen im Deutschen. Dessen einzelne Begriffe und Abstufungen decken sich leider trotz gleicher etymologischer Quelle und laut Wörterbuch direkter Entsprechung nicht immer mit denen des Englischen.

Margaret Carroux übersetzt *hill* (fast) ausnahmslos mit »Berg«. *Mountains* hingegen übersetzt sie in der Regel mit »Gebirge« (wie »Graues Gebirge« für *Grey Mountains*, »Nebelgebirge« für *Misty Mountains* oder »Weißes Gebirge« für *White Mountains*; seltener ist »Berge« wie »Blaue Berge« für *Blue Mountains*), da sich dies mit ihrer Behandlung von »Hügel« überschneidet. Dies hat mit dem ›Zwischenstatus‹ von *hill* sowie der Bedeutungsspanne des deutschen »Hügel« zu tun.

»Hügel« bedeutete ursprünglich »kleine Anhöhe«. Das Wort fand erst im 16. Jahrhundert Eingang in die deutsche Sprache, was hauptsächlich an Martin Luthers Sprachgebrauch lag (s. Kluge 425). Zu dieser Zeit gab es im Deutschen bereits »Gipfel« und »Bühel« in vergleichbaren Bedeutungen.

Was nun genau als »Hügel« gilt, ist von (deutscher) Region zu Region unterschiedlich, aber in der Regel von niedrigerer Höhe als ein *hill*. Aus diesem Grund entschied sich Margaret Carroux wohl für das *beorg*-Äquivalent aus dem ersten Gelling/Cole-Zitat (in den meisten einsprachigen Wörterbüchern und Enzyklopädien des Deutschen wird »Hügel« heutzutage als »kleiner Berg« definiert). Aus der erwähnten Hobbit-Perspektive, aus der Erhebungen nun einmal größer wirken als für Menschen, ergibt dies auch einen gewissen Sinn.

Dass dies dann auch für *hills* zutrifft, die nicht im Auenland liegen, hat nicht nur mit der notwendigen Vereinheitlichung geographischer und topographischer Termini zu tun, sondern auch damit, dass die gesamte Handlung des Romans aus der Sicht der Hobbits geschildert wird und deren Wahrnehmung somit die Grundlage für die Identifikation des Lesers bietet (vgl. Turner 15).

Bei Margaret Carroux ist diese Übersetzungsweise (mit einer systematischen Ausnahme; s.u.) konsequent durchgehalten. Wolfgang Krege hingegen lässt zudem eine nicht-systematische Ausnahme zu. Bei dieser handelt es sich um die *Hills of Scary*, die bei Carroux als »Berge von Schären« (etymologisch mit *scary* im Sinne von »felsiger Klippe« verwandt; vgl. Kluge 793f) erscheinen. Krege, der *scary* mit »Bangen« überträgt (seiner Tendenz entsprechend, die Hobbits als liebenswerte kleine Trottel darzustellen; vgl. Nagel, *Interpretations*), wählt das Bild mehrerer allein stehender Hügel und ignoriert den Unterschied in der relativen Höhe: »Bangener Hügel« – wobei die Idee der Genitivbildung an sich eine durchaus gelungene ist.

Die deutsche Übersetzung der Zweitauflage von Karen Wynn Fonstads *Historischem Atlas von Mittelerde* verwendet interessanterweise eine kuriose Mischform der beiden Übersetzungen, die nirgendwo sonst abgedeckt ist: »Schärenhügel«. Ungeachtet der gelegentlich an Carroux' »Schären« geäußerten Kritik (z.B. in völliger Unkenntnis der etymologischen Verhältnisse in Schowalter (29) zu den Namen gehörig, die »in Tolkiens Fantasiewelt irritieren«) halte ich dies für die gelungenste Übersetzung. Denn sie zeigt, wie »Schären« auch abseits der Meeresklippenassoziation sinnvoll in eine anders geartete Landschaftsmorphologie eingebaut werden kann.

Aus den *downs* macht Carroux ebenfalls nicht »Hügel«, sondern bedient sich eines deutschen Ausdrucks für ein zwar hügeliges, aber doch offeneres Gelände, nämlich »Höhen«.

Die o.e. systematische Ausnahme bei Margaret Carroux ist die Übertragung von *hill* mit »Bühl«: in den Namen *The Hill* und *Overhill* sowie von *Underhill* in seiner Funktion als Bilbos und Frodos Postanschrift (nicht als Frodos Tarnname). Carroux erkennt richtig, dass *The Hill* zu niedrig für einen »Berg« ist, aber zugleich dem Wort »Hügel« das Spezifische fehlt (im Englischen durch die Großschreibung ausgedrückt), das für den Wohnsitz der Hauptfiguren von *The Hobbit* und *The Lord of the Rings* nötig ist. Daher wählt sie ein älteres deutsches Wort aus, das ebenfalls die Bedeutung »kleiner Berg« hat, aber archaischer wirkt als »Hügel«: »Bühl« (althochdeutsch *buhil*, mittelhochdeutsch *bühel*).

Im deutschen Sprachraum ist es auch heute noch dialektal in Süddeutschland, Österreich und der Schweiz in Gebrauch (vgl. Kluge 159). Auch liegt das Wort in der Bedeutung »Ort an/auf einem Bühl« in Ortsnamen vor (z.B. Bühl im Schwarzwald – und in dieser Bedeutung dann später von Margareta-Ebba von Freymann für »Dornbühl« als *Breredon* in ihrer Übersetzung von *The Adventures of Tom Bombadil* verwendet, was nichts mehr mit der Carroux'schen Systematik zu tun hat, da von Freymann Carroux' Übersetzung größtenteils ignorierte). Als von Carroux nur für die unmittelbare Umgebung von Hobbingen benutztes Wort verleiht diese Wahl jenem Teil des Auenlandes sein ganz eigenes Flair.

Für *Underhill* als Postadresse bleibt Carroux der eingeschlagenen Linie treu und verwendet »Unterbühl«. Der als Frodos Tarnidentität dienende Familienname hingegen fällt wieder in das ›Hauptmuster‹ der Übersetzungen für *hill* und wird zu »Unterberg«. Dies muss Carroux aufgrund der Wahl von »Bühl« tun, da sonst Frodos Tarnidentität keine mehr ist – wenn »Bühl« nur in einem ganz bestimmten Teil des Auenlandes benutzt wird, ergibt es keinerlei Sinn, wenn der angeblich zu einer Familie aus einem völlig anderen Ort gehörende Tarnname direkt auf jene Region weist. Dadurch geht natürlich ein wenig der Tolkien'sche Wortwitz verloren – ganz abgesehen von der Tatsache, dass »Underberg« ein bekannter deutscher Magenbitter ist, was gerade im Kino nicht selten zu – sicherlich ungewollten – Missverständnissen führt.

In der Übersetzung des *Hobbit* von Walter Scherf findet sich übrigens die »Berg«-Strategie durchgehend: Scherf übersetzt *The Hill* mit »der Berg« und macht entsprechend aus Bilbos Postanschrift »unter dem Berg«. Diese ›Diskrepanz‹ zur deutschen Ausgabe des *Herrn der Ringe* hat selbst über die Anpassung des deutschen *Hobbit* an die Carroux-Übersetzung von 1971 hinaus noch heute Bestand (vgl. Smith – wobei Smith fälschlicherweise davon ausgeht, dass Carroux Namen von Scherf übernommen habe; Smiths Auflistung der Unterschiede nach der Überarbeitung ist aber vollständig). Erst in Wolfgang Kreges Neuübersetzung des *Hobbit* (1998) wird aus *The Hill* »der Bühl«.

Bibliographie

Ellison, John A. "Tolkien's Mythology of England. The Shire as 'Local Community'". *Tolkien, A Mythology for England? The 13th Tolkien Society Seminar.* Ed. Richard Crawshaw. Telford: The Tolkien Society, 2000, 59-70

Fonstad, Karen Wynn. *Historischer Atlas von Mittelerde.* Vollständig überarbeitete Auflage. Stuttgart: Klett-Cotta, 1994

Gelling, Margaret and Ann Cole. *The Landscape of Place-Names.* Stamford: Shaun Tyas, 2000. Reprinted, with corrections, in 2003

Kluge, Friedrich. *Etymologisches Wörterbuch der deutschen Sprache.* Berlin & New York: deGruyter, ²⁴2002

Nagel, Rainer. "'The New One wants to Assimilate the Alien'. Different Interpretations of a Source Text as a Reason for Controversy: The 'Old' and the 'New' German Translation of *The Lord of the Rings*". *Translating Tolkien: Text and Film.* Ed. Thomas Honegger. Zollikofen: Walking Tree Publishers, 2004, 21-52

Nagel, Rainer. *Hobbit Place-names. A Linguistic Excursion through the Shire.* Zurich & Berne: Walking Tree Publishers, i.V.

Renk, Thorsten. »Wörter- und Lernbücher Elbisch«. *Hither Shore* 2 (2005): 257-261

Schowalter, Christine. »Eigennamen in der literarischen Übersetzung. Am Beispiel von J.R.R. Tolkiens *The Lord of the Rings*«. *Beiträge zur Fremdsprachenvermittlung* 41, 2003, 17-35

Shippey, T. A. *The Road to Middle-earth. How J.R.R. Tolkien created a new mythology.* London: HarperCollins, ³2003.

Smith, Arden R. "Transitions in Translations". *Vinyar Tengwar* 28 (1993): 35-38

Turner, Allan. *Translating Tolkien. Philological Elements in* The Lord of the Rings. Duisburger Arbeiten zu Sprach- und Kulturwissenschaft/Duisburg Papers on Research in Language and Culture 59. Frankfurt etc.: Lang, 2005

Friedhelm Schneidewind

Erbgedächtnis und angeborene Sprache
Friedhelm Schneidewind (Hemsbach)

Beim Tolkien Seminar 2006 wurde wie im Jahr zuvor mehrfach auf Tolkiens Vorstellungen von Erbgedächtnis und angeborener Sprache hingewiesen (*native language*, »Heimatsprache«).[1] Ich fasse hier die derzeit in der wissenschaftlichen Gemeinschaft diskutierten Vorstellungen zu diesen Themen zusammen.

»Erbgedächtnis«

In Wissenschaft und Literatur des 19. und frühen 20. Jahrhunderts war die Idee eines Erbgedächtnisses, wie sie auch bei Tolkien auftaucht, weit verbreitet[2]: Ein Mensch erinnert sich an Ereignisse aus dem Leben eines oder mehrerer Vorfahren.[3] Dies gilt heute als unmöglich.[4]

Nicht verwechseln darf man dieses Erbgedächtnis mit der seit einiger Zeit wieder diskutierten Möglichkeit, dass die Umwelt Einfluss auf das Erbgut und indirekt evtl. gar auf die Veranlagungen der Nachkommen haben könne. Seit der Mitte des 20. Jahrhunderts gilt die Vererbbarkeit erworbener Eigenschaften (Lamarckismus[5]) als widerlegt.

Neue Möglichkeiten hierzu zeigt jedoch seit knapp zehn Jahren die Epigenetik[6] auf: Diese »vergleichsweise neue Wissenschaft, die sich mit der vererblichen Veränderung der Genexpression beispielsweise durch Umwelteinflüsse wie veränderte Ernährung des Vaters beschäftigt«, untersucht die »vererbbaren Änderungen der Expression von Genen, die nicht durch Änderungen der

---

1 Eine ausführliche Darstellung findet sich in Bachmann/Honegger.
2 Sie spielt u.a. eine zentrale Rolle bei Jack London und Leonard Cline und immer wieder in Werken von Arthur Conan Doyle, Edgar Allan Poe und H. P. Lovecraft, heute u.a. bei Frank W. Haubold.
3 Das »Erbgedächtnis«, wie man es in der Tierzucht findet, hat damit nichts zu tun; es ist ein unwissenschaftlicher Begriff für vererbte Verhaltensdispositionen oder allgemein das Erbgut/Genom. Beispiele: »Instinkte sind angeborene, im Erbgedächtnis fest verankerte Verhaltensweisen« (http://www.hundefreunde-waldblick.de/sites/lexikon_instinkt.htm 23.06.2006). »Würde man es zulassen, würden sie Tag und Nacht weiterfressen. Ihr Erbgedächtnis ist nicht so schnell, das kann man von der Evolution nicht verlangen« (http://www.eselfreunde.ch/EselA-Z/P/PferdundEsel.html 23.06.2006).
4 Es sei denn, man zieht parapsychologische oder spiritistische Erklärungen heran, die aber nicht als wissenschaftlich gelten.
5 Vgl. Schneidewind 50
6 »aufsetzend auf Genetik, überlagerte Genetik«: im weiteren Sinne alle Vorgänge, die dazu führen, dass die in einem Gen festgelegte (kodierte) Information auch realisiert wird.

DNA-Sequenz verursacht werden«[7]. Dabei geht es um Einflüsse der Umwelt, die das *Aktivitätsmuster des Genoms* durch drei Mechanismen generationenübergreifend beeinflussen, sie »prägen«: die DNA-Methylierung; die Modifizierung von Histonen (Eiweißmolekülen); die Stilllegung von Genen durch kleine RNA-Moleküle.

Manche erblichen Syndrome und einige Krebsarten werden durch Fehler bei der genomischen Prägung ausgelöst. Diese kann aber weder erworbenes Verhalten noch ein »Erbgedächtnis« weitergeben![8]

Viele wissenschaftliche Disziplinen beschäftigen sich damit, ob und wieweit die Menschen von arttypischen unbewussten Strukturen gesteuert oder geprägt werden, u.a. Anthropologie, Ethologie, Evolutionspsychologie, Gehirnforschung, Kognitionspsychologie, Linguistik, Populationsgenetik, Psychiatrie, Soziobiologie und Traumforschung. Für solche Strukturen wurden Begriffe geprägt wie angeborene Auslösemechanismen, Archetypen/archetypische Strukturen, arttypische Programme, Darwin'sche Algorithmen, epigenetische Regeln, Grundassoziationen, Instinkte, mentale Organe, psychobiologische Reaktionsmuster, tief homologe neurale Strukturen, Tiefenstrukturen und Verhaltenssysteme.

In der analytischen Psychologie gibt es das Konzept des kollektiven Unbewussten, in einigen Disziplinen, u.a. den Geschichts- und Kulturwissenschaften, wird ein kollektives Gedächtnis als gemeinsame Gedächtnisleistung einer Gruppe unterstellt.

Bei all diesen Mechanismen geht es um Einstellungen, Dispositionen u.ä., etwa die Angst vor dem Dunkel, die biologisch, kulturell oder auf anderem Wege über die Generationen entwickelt oder übertragen werden sollen (Vollmer 91ff). Niemals aber geht es um eine biologische Übertragung von Gedächtnisinhalten einzelner Personen an Nachfahren, also ein »Erbgedächtnis« im Sinne Tolkiens. Dieses ist nach aktuellem Kenntnisstand so wenig möglich wie die Vererbung erworbener Eigenschaften (Mayr 339).

»Native Language«

Ob die »Sprache« mancher Tiere (Schimpansen, Bienen ...) als solche zu bezeichnen und eine Sprache wie die der Menschen sei, ist ebenso umstritten[9] wie der Zeitpunkt, seit dem Menschen bzw. ihre Vorfahren die

---

7 http://www.neuro24.de/glossare.htm 23.06.2006
8 Auch für Laien verständliche Informationen unter:
http://www.3sat.de/3sat.php?http://www.3sat.de/nano/bstuecke/27746/index.html
http://www.aerztezeitung.de/docs/2004/08/26/151a1101.asp
http://www.wissenschaft.de/wissen/hintergrund/228254.html
http://www.uni-saarland.de/fak8/genetik/dfg/html/uberblick.html
http://www.erbschaftsforschung.de
9 Es hängt stark von der Definition von Sprache ab (Herrmann 47f).

Fähigkeit zum Sprechen besitzen. Die Hypothesen reichen von 30.000 Jahren bis zu »mindestens fünf bis sieben Millionen Jahre« (Niemitz 322).

Seit Jahrhunderten sucht man vergeblich nach einer »Ursprache«. Um 1900 stellte Berthold Delbrück fest: »Ob es eine Ursprache des Menschengeschlechts gegeben hat, wissen wir nicht; das aber wissen wir sicher, daß wir sie durch Vergleichung nicht wiederherstellen können« (Pinker 25).

Zum Erwerb von Sprache stehen sich zwei Positionen gegenüber. Die nativistische Auffassung geht davon aus, dass wesentliche strukturelle Aspekte der Sprache angeboren sind und dass Sprache anatomisch autonom repräsentiert ist, Stichwort Universalgrammatik. Wesentliche Vertreter sind Noam Chomsky und Steven Pinker.

Die Auffassung der Epigenese, basierend auf Arbeiten von Jean Piaget und Conrad Hal Waddington, sieht Sprache »als Resultat dynamischer Interaktionen zwischen genetisch enkodierten Informationen, neuronalen Veränderungen und äußerer Umwelt« (Szagun 5).

So wichtig und spannend diese Kontroverse ist, bei der es vor allem um Nuancen in der evolutionären Einschätzung geht (Dennett 340ff), so ist sich doch die Fachwelt in einem einig: »Die zutreffendste Behauptung ist wohl, dass die Möglichkeit, Sprache zu erlernen, vererbt wird, während die Fähigkeit, tatsächlich Sprache zu verwenden, erlernt werden muss« (Herrmann 60).[10] »Sprache ist also die im geschichtlichen kulturellen Lernprozeß erstellte Ausformung der anlagemäßigen Sprachfähigkeit« (Oeser 81). Einig ist man sich auch: »Ein Kind erlernt jede beliebige Sprache gleich gut« (Herrmann 60) und »als **wissenschaftlich irrig** gelten die Behauptungen«, Ethnien, sog. Rassen, klimatische oder gesellschaftliche Zuständen »könnten den Sprachtypus gesetzmäßig bestimmen« (Vollmer 151, Herv. FS).

Die These von einer *native language*, einer »Heimatsprache« im Sinne Tolkiens kann heute als widerlegt betrachtet werden.

---

10 Bestätigt wird die genetische Determiniertheit von Sprachfähigkeit u.a. durch die Entdeckung von Genen für Sprachstörungen (inkl. Dyslexie/Legasthenie) und Untersuchungen, wonach »Frauen bei Aufgaben zur Sprachflüssigkeit, zum verbalen Gedächtnis, zur Artikulationsgeschwindigkeit und zur Verwendung der Grammatik den Männern überlegen sind« (Hermann 64f).

Bibliographie

Bachmann, Dieter und Thomas Honegger. »Ein Mythos für das 20. Jahrhundert. Blut, Rasse und Erbgedächtnis bei Tolkien«. *Hither Shore 2* (2005): 13-39

Cline, Leonard. *Die dunkle Kammer*. Almersbach: Festa, 2001 (*The Dark Chamber*, 1927)

Dennett, Daniel C. *Darwins gefährliches Erbe. Die Evolution und der Sinn des Lebens.* Hamburg: Hoffmann und Campe, 1997

Halbwachs. Maurice: *Das kollektive Gedächtnis*: Frankfurt/M.: Fischer 1985 (*La mémoire collective*, Paris 1939)

Hermann, Christoph und Christian Fiebach. *Gehirn und Sprache.* Frankfurt/M.: Fischer, 2004

Kuckenburg, Martin. *... und sprachen das erste Wort? Eine Kulturgeschichte der menschlichen Verständigung. Die Entstehung von Sprache und Schrift.* Düsseldorf: Econ, 1996

---, *Wer sprach das erste Wort? Die Entwicklung von Sprache und Schrift.* Stuttgart: Theiss, 2004

London, Jack. *Vor Adam.* Erkrath: Fantasy Productions, 2005 (*Before Adam*, 1906)

Mayr, Ernst. *Das ist Evolution.* München: Bertelsmann, 2003

Niemitz, Carsten. »Evolution und Sprache«. *Sprache denken. Positionen aktueller Sprachphilosophie.* Hg. Jürgen Trabant. Frankfurt/M.: Fischer, 1995, 298-327

Oeser, Erhard und Franz Seitelberger. *Gehirn, Bewußtsein und Erkenntnis.* Dimensionen der modernen Biologie, Band 2, Hg. Walter Nagel und Franz M. Wuketits. Darmstadt: WBG, ²1995

Pinker, Steven. *Der Sprachinstinkt. Wie der Geist die Sprache bildet.* München: Kindler, 1996

Riedl, Rupert. *Wahrheit und Wahrscheinlichkeit. Biologische Grundlagen des Für-Wahr-Nehmens.* Berlin und Hamburg: Paul Parey, 1992

Schneidewind, Friedhelm. »Biologie, Genetik und Evolution in Mittelerde«. *Hither Shore 2* (2005): 41-66

Szagun, Gisela. *Wie Sprache entsteht. Spracherwerb bei Kindern mit beeinträchtigtem und normalem Hören.* Weinheim: Beltz, 2001

Vollmer, Gerhard. *Evolutionäre Erkenntnistheorie.* Stuttgart: Hirzel, ⁵1990

Éowyns ›Leiden‹ – Ein Nachtrag

Patrick Brückner (Potsdam)

Im *Hither Shore* Band 2 habe ich in meinem Beitrag u.a. gezeigt, dass Éowyns Transformation in Dernhelm über das, was gemeinhin mit Verkleidung beschrieben werden kann, hinausgeht. Éowyn wird zu Dernhelm (einem Mann) mit allen sich daraus ergebenden Konsequenzen und muss danach (und vielleicht im Text zum ersten Mal) als Frau konstruiert werden (vgl. Brückner 67f). In einigen Diskussionen zu diesem Beitrag kam immer wieder die Frage nach der Art der ›Krankheit‹ Éowyns und deren Heilung auf. Dies ist der Versuch einer Antwort.

In den Häusern der Heilung sagt Aragorn: »Her [Éowyns] malady begins far back before this day« (LotR 848). Den Grund dafür erklärt Gandalf: »you [Éomer] had horses, and deeds of arms, and the free fields; but she, born in the body of a maid ... was doomed to wait upon an old man« (ebd). Gandalf (und wohl auch die meisten Leser) halten es für nicht ungewöhnlich, dass Éowyn allein diesem ›doom‹ unterworfen ist. Der Grund, die Pflegerin ihres Onkels zu sein, ist für Éowyn laut Gandalf die Liebe (»whom she loved as a father«, LotR 849). Nach dieser Logik müsste nun aber auch Éomer sich der Pflege des Königs widmen. Doch er kümmert sich um die Sicherung Rohans vor Sarumans Orcs (vgl. LotR 421f). Die Frage nach der Ordnung, der diese Aufteilung folgt, führt auch auf die Spur von Éowyns Leiden.

Judith Butler weist darauf hin, dass »dem Zum-Vorschein-Kommen des Menschen ... die Matrix der geschlechtsspezifischen Beziehungen« (Körper 29) vorausgehe. »Éowyn sister-daughter« (LotR 504) ist die erste Nennung ihres Namens im Text – die Kennzeichnung eines Verwandtschaftsgrades, aber eben auch die Benennung als Frau.[1] Butler sagt, »durch die Anrufung[2]

---

1 Es ist mir bewusst, dass fiktionale Figuren nicht im eigentlichen Sinne Subjektstatus erlangen. Dennoch ist dies in diesem Text eine Strategie, die seinen Akteuren kohärentes Handeln erlaubt. Deshalb halte ich die angewandte Methode für fruchtbringend.

2 Butler benutzt hier Althussers Konzept der Interpellation. Nach Althusser existiert Ideologie nur durch und für ein Subjekt, und ihre Bestimmung ist nur durch eine konkrete Kategorisierung des Subjekts möglich. So wie die Kategorie des Subjekts konstitutiv für die Ideologie ist, so ist es die Funktion der Ideologie, »das konkrete Individuum als Subjekt zu konstituieren« (vgl. 140). Subjekt und Ideologie bedingen sich also gegenseitig, wobei Ideologie selbst materielle Existenz besitzt (vgl. 133f). Dies ist als Prozess zu denken, in dem die Ideologie das Individuum als Subjekt anruft und konstruiert. Althusser vergleicht dies mit dem Ruf eines Polizisten auf der Straße: »He, Sie da!« Indem das Individuum sich der Anrufung zuwendet, erkennt es an, dass die Interpellation genau ihm gilt, und anerkennt die ihm zugewiesene Subjektposition. Das Individuum wird zum Subjekt, indem es sich der Unterwerfung fügt und die ihm zugewiesene Position in der Ideologie (z.B. dem Parameter Geschlecht oder Gender usw.) als seine eigene erkennt (vgl. 141f).

des sozialen Geschlechts [gelangt das Mädchen] in den Bereich von Sprache und Verwandtschaft« (Körper 29). Die Sprache, also die symbolische Ordnung, entfaltet gleichzeitig mit der Anrufung ein Feld des Diskurses und der Macht, das sich durch Abgrenzung und Verbot definiert (vgl. Körper 30/Psyche 79).

Mädchen/Frau sein definiert sich gerade in der Abgrenzung zu ›Abnormalität‹. Dabei wird die Anrufung selbst »Aufforderung, sich dem Gesetz anzuschließen ... und Eintritt in die Sprache der Selbstzuschreibung« (Psyche 101). Durch die Hinwendung zu diesem Ruf und die Unterwerfung unter die Norm/das juridische Gesetz erhält das Individuum Handlungsfähigkeit und Subjektstatus (vgl. ebd. 81). Éowyns (textliche) Subjektwerdung wird also an die Hinwendung an den Ruf ›daughter‹ = Frau = Pflegerin gebunden vorgeführt. Dem Subjekt Éowyn wird (wie allen Subjekten) in einem nach normativen und normalisierenden Idealen geformten und geschulten Körper Gestalt gegeben. Diese Unterwerfung unter die Anrufung (also das juridische Gesetz) ist einerseits Verletzung, indem sie sich gegen den Körper selbst wendet, andererseits ist sie eine Sicherstellung und Verortung des Subjekts – eine Subjektivation (vgl. Psyche 87).

Der Text konstruiert dem folgend Éowyn als Subjekt, indem ihr biologisches Geschlecht in einem Zirkelschluss den normativen Zuschreibungen folgt. Sie ist weiblich, also pflegt sie ihren Onkel, also ist sie eine Frau. Das ist der Mechanismus, der ihr ›doom‹ bestimmt. Der Beginn des Leidens Éowyns könnte als Effekt der ›Wendung gegen sich selbst‹ gedeutet werden. Das Begehren nach dem Konzept ›shieldmaiden‹ = Gewaltfähigkeit wird zugunsten der ›häuslichen Pflichten‹ (einer verletzenden Anrufung) verworfen. So wird Éowyn Subjekt, doch mit einer verletzten Identität.[3]

Nun weist Butler darauf hin, dass Interpellation mehr als ein Ereignis sei, sondern »eine bestimmte *Inszenierung des Rufes*, wobei der Ruf als inszenierter Verlauf seiner Exposition ... seine buchstäbliche Bedeutung verliert. Der Ruf selbst wird ... Aufforderung, sich dem Gesetz anzuschließen ... und Eintritt in die Sprache der Selbstzuschreibung« (Psyche 101). Im Gegensatz zu Althusser, der Subjektivierung als einmalige quasi göttliche Performanz der vollständigen Konstruktion des Benannten beschreibt (vgl. Althusser 145f), ruft laut Butler die Interpellation nur in zitathaften Reihungen von sedimentierten symbolischen Ordnungen, Bedeutungen und Konventionen an (vgl. Psyche 81f). Ein einmal konstituiertes Subjekt besitzt keinen festen Kern, sondern muss sich durch andauernde performative Akte immer wieder unterwerfen und so konstituieren.

---

3 So lässt sich auch erklären, warum Éomer nicht die Pflege seines Onkels, sondern die ›Pflege‹ des Königs übernimmt. Indem er die geschwächte Herrschaft verteidigt, sichert er in der Logik der Anrufung Mann = Krieger den Fortbestand der Herrschaft in Liebe zu seinem König.

Nun ändern sich mit der Ankunft Aragorns und der Heilung des Königs die Vorzeichen. Während Éomer und die Krieger der Rohirrim durch den nun vom König beschlossenen einsetzenden Krieg gegen Saruman ihren fragwürdigen Subjektstatus konsolidieren (Éomer hört auf, Häftling zu sein, die Rohirrim verlieren ihre Verunsicherung über den Zustand ihres Königs und damit des Königreichs), verliert Éowyn hingegen in diesem Augenblick die Möglichkeit einer (wenn auch verletzenden) Subjektivation.[4]

Butler bemerkt, dass »jedes Streben Streben nach dem Beharren im eigenen Sein [soziales Sein]« (Psyche 31) sei. Doch nur durch Interpellation und die daraus resultierende freiwillige Unterwerfung (Hinwendung) kann ein Individuum Subjektstatus und damit Handlungsvermögen erlangen, eben (und ausschließlich) durch seine Einbezogenheit in Machtbeziehungen (vgl. Psyche 81f). Théodens »Go Éowyn... The time for fear is past.« (LotR 504) kann als endgültiger Ausschluss aus der symbolischen Ordnung/der Macht verstanden werden.

Es ist kein Zufall, dass darauf ein Gespräch Théodens mit Gandalf folgt, das politischer Natur ist. Es dient dazu, die Königsmacht zu (re)installieren, und führt zu der An(aus-)rufung Krieg (vgl. LotR 504f), die den Männern zur Subjektwerdung verhilft. Éowyn – der Frau – gilt diese Anrufung nicht. Éomers Schlachtruf auf den Pelennor-Feldern »women than shall weep. War now call us!« (LotR 825) macht dies noch einmal deutlich. Männer definieren sich als Krieger in Abgrenzung zu Frauen, die eben hier ausdrücklich nicht (an)gerufen werden.

Dass die fehlende Möglichkeit zur Subjektivierung, also des In-Beziehung-zur-Macht-Setzens eine Vernichtung der sozialen und letztlich der gesamten Existenz zur Folge hat, lässt sich unschwer daran erkennen, dass *The Lord of the Rings* (aber auch die Geschichtsschreibung) voller ›impliziter‹ Frauen ist. Da fast alle Interpellationen, die im Text erfolgen, im Feld des Diskurses den Mann konstituieren, bringt *The Lord of the Rings* (mit nur wenigen Ausnahmen) männliche Subjekte hervor. Éowyn droht an dieser Stelle das ›Verschwinden‹. Es wundert also nicht, wenn Éomer die Ankunft Aragorns als Beginn des ›Leidens‹ Éowyns angibt (vgl. LotR 848).

Dass Éowyn (zunächst) weiter im Text existiert, verdankt sie ihrem Versuch, das Feld des Diskurses/der Machtbeziehungen zu erweitern. Da das »Symbolische ... als eine Abfolge normativierender Einschränkungen gedacht werden [muss], mit denen die Grenzen des biologischen Geschlechts durch die Androhung [von] Verworfenheit gesichert werden. ... [kann] dieses ›Gesetz‹ nur in dem Maße ein Gesetz bleiben ..., in dem es die differenzierten Zitierungen und Annäherungen erzwingt, die ›weiblich‹ und ›männlich‹ genannt werden« (Körper

---

4 Letztlich ist jede Subjektivation an eine Wendung gegen sich selbst gekoppelt und damit nach Butler immer (in verschiedenen Graden) verletzend. Dem soll jedoch bei den Rohan'schen Männern hier nicht weiter nachgegangen werden.

39). Éowyn versucht, dem Symbolischen eine neue[5] Benennung hinzuzufügen: ›shieldmaiden‹ (LotR 767).

Aragorn argumentiert in Dunharg mit seiner und Éowyns Pflicht: »Because I must ... Only so can I see any hope of doing my part in the war ... Were I to go where my heart dwells ... I would now be wandering in the fair valley of Rivendell« (LotR 766). Aragorns Subjekt konstituiert sich, wie er hier betont, eben dadurch, dass er alle Eigenschaften demonstriert, welche die Norm hier verlangt: Heldenmut, Todesverachtung, Pflichterfüllung auf Kosten der eigenen Interessen. Éowyn erhält (gesprochen von Aragorn) eine Anrufung: »Therefore I [Aragorn] say to you, lady: Stay! For you have no errand to the South« (LotR 767). Shieldmaiden kann in der symbolischen Ordnung keinen Bestand haben, offensichtlich eröffnet es kein diskursives Feld (mehr).

Éowyn verzweifelt daran, ›choosen‹ (ebd.) zu sein, denn die Hinwendung zu dieser Erwählung (bzw. Anrufung) enthält das Paradox der Zustimmung und kann nur das freiwillige Verschwinden aus der Geschichte und dem Text bedeuten. Verletzender kann eine Anrufung nicht sein.

Éowyn verschwindet, Dernhelm erscheint auf dem Schlachtfeld. Dass der Mann Dernhelm eine andere Person und ein anderes Subjekt darstellt als die Frau Éowyn, wurde in *Verkleidung und Essenz* erklärt (vgl. Brückner 76f). Hier soll nur der Augenblick interessieren, als Éowyn wieder erscheint.

Es ist ein irritierender Fakt zu konstatieren: Kaum hat der Hexenkönig sein unheilverkündendes »No living man may hinder me!« (LotR 823) gesprochen, hört Merry (und mit ihm erfährt es der Leser) »of all sounds in that hour the strangest. It seemed that Dernhelm laughed« (ebd.). Warum lacht Dernhelm an dieser Stelle?

Hans Robert Jauss sagt über den komischen Helden, dieser sei »nicht an sich selbst, sondern vor einem Horizont bestimmter Erwartungen, mithin im Hinblick darauf komisch, daß er diese Erwartungen oder Normen negiert« (Jauss 105). Nun erscheint dem Leser der Nazgûl sicherlich nicht als ein komischer Held, und das Gelächter bleibt auch im Text auf Dernhelm beschränkt. Er ist der Einzige, der wissen kann, dass er die Negation der Erwartungen des Hexenkönigs sein muss.

Um dies deutlicher zu machen, zurück zu Butler: Diese sagt, dass das »Außen [kein] ontologisches Dortsein, welches die Grenzen des Diskurses hinter sich läßt [ist, sondern] ein konstitutives ›Außen‹ ... was überhaupt nur in Bezug auf diesen Diskurs gedacht werden kann, an dessen dünnsten Rändern« (Körper 30). Alles also, was gedacht und gesagt werden kann, befindet sich (auch wenn es verworfen wurde) innerhalb der symbolischen Ordnung/der Sprache. Jedes Individuum, das sich innerhalb der symbolischen Ordnung befindet, muss sich

---

5 Bzw. eine vergessene (vgl. Brückner 81f).

zu dieser in Beziehung setzen und subjektiviert sich. Der Nazgûl muss davon ausgehen, dass wer immer ihm auf dem Schlachtfeld begegnet, in jedem Fall einen Subjektstatus besitzen muss. Diese berechtigte Erwartung kollidiert nun mit Dernhelm/Éowyn und dessen/deren Erwartungen.

Handlungsfähigkeit ist, folgt man Althusser und Butler, immer an ein Subjekt gebunden. An dieser Stelle wird nun gerade dieses negiert. ›No living man‹ kann kein Subjekt, sondern nur Objekt sein. Die Komik (und diese ist nur für Dernhelm/Éowyn erkennbar) liegt also darin, dass er/sie den Zustand, nur Subjektivation verleiht Handlungsfähigkeit, negiert, gerade dadurch, dass er/sie mit der Konstitution Dernhelms versucht hat, einen Subjektstatus zu erhalten. Dernhelm allein wäre vermutlich ein lebender Mann. Was Merry sieht, »Éowyn ... and Dernhelm also« (LotR 823), ist nicht mehr benennbar (bzw. nur durch unscharfe Hilfskonstruktionen), also nicht in der symbolischen Ordnung fassbar und demzufolge trotz seiner Materialität nicht existent.[6]

Damit nicht genug: Der Hexenkönig stellt eine Figur dar, die mit der bisher besprochenen Subjektivationsstrategie nicht zu fassen ist. Besitzt Dernhelm/Éowyn Materialität ohne eigentliche Existenz, scheint bei ihm das Gegenteil der Fall zu sein. Tom Shippey stellt zum Hexenkönig fest: »... er müsste demnach tot sein, ist aber in mancher Hinsicht eindeutig lebendig; also in einem Zustand genau zwischen den beiden vom [Oxford English Dictionary] angegebenen Bedeutungen [für wraith]« (Shippey 171). Ebenso scheint er materiell zu sein, ohne Materie zu besitzen (vgl. ebd.). Tolkiens ›wraiths‹ befinden sich außerhalb des Benennbaren, der symbolischen Ordnung und können (zumindest in einer menschlichen Sprache) keinen Subjektstatus besitzen. Es ist also die Entsprechung, die Dernhelm/Éowyn dazu befähigt, den Hexenkönig aufzuhalten.

Dieser Befund führt zu der Frage nach dem ›Black Shadow‹. Allein die Anwesenheit der Nazgûl bewirkt, dass »the stout-hearted would fling themselves to the ground as the hidden menace passed over them, or they would stand, letting their weapons fall from nerveless hands while into their minds a blackness came, and they thought ... of death« (LotR 805). Der vom ›Shadow‹ Befallene »fell slowly into an ever deeper dream, and then passed to silence and a deadly cold, and so died« (LotR 842). Beides deutet darauf hin, dass der ›Black Shadow‹ eine Auflösung des Subjektstatus des Befallenen zur Folge hat. Eine These, die dadurch zu stützen wäre, dass die Nazgûl (deren Subjektstatus wie gezeigt höchst fragwürdig ist) selbst »shadows under his great Shadow« (LotR 50) sind.

Wenn der ›Shadow‹ eine Störung des Subjektstatus darstellt, wird zweierlei klar: Die heilenden Fähigkeiten des Königs (vgl. LotR 847) können als Anrufung

---
6 Hier liegt der Grund, warum für Merry ebenso wie für den Leser das Lachen ›strange‹ sein muss, da wir (und bei Merry ist wohl gleiches anzunehmen) handelnde Individuen nur als Subjekt imaginieren können.

des juridischen Gesetzes (repräsentiert durch den rechtmäßigen Herrscher) an das sich in Auflösung befindliche Subjekt verstanden werden. Was geschieht bei der Heilung Faramirs? Aragorn »called the name of Faramir« (LotR 847) und dessen erste Worte nach der Heilung sind: »My, Lord, you called me. I come« (LotR 848). Merry, der ebenfalls ausdrücklich zurückgerufen wird (vgl. LotR 850), antwortet mit »I am hungry« (LotR 851). Beide positionieren sich zur Anrufung, wie es ihr jeweiliges Diskursfeld erwarten lässt: Faramir als in Lehnsverpflichtungen gebundener Ritter; Merry als Hobbit, für den regelmäßiges (gemeinsames) Essen konstituierend ist.

Nun wird auch klar, warum Aragorn Éowyn nicht heilen kann. Éowyns ›Leiden‹ ist dem ›Black Shadow‹ zwar ähnlich – beides könnte als Störung der Subjektivation gelesen werden. Doch während Aragorn Merry und besonders Faramir in ein Machtgefüge ruft, das identitätsstiftend ist, ist es bezeichnend, dass die Anrufung Éowyns durch Aragorn sinngemäß dieselbe wie bei ihrer ersten Benennung ist: »Éowyn Éomund's daughter, awake« (LotR 849).

Erneut also die verletzende Anrufung: Es ist ein Mädchen! Dies könnte als performative Wiederholung gedeutet werden, die, wie schon erwähnt, ein stabilisiertes Subjekt hervorbringen soll. Die Heilung durch Aragorn scheitert aus zwei Gründen: Mit der Hinwendung zur Anrufung tritt Éowyn wieder in die symbolische Ordnung ein, damit einher geht jedoch gleichzeitig ihr Verschwinden.

Mit der Tötung des Nazgûl besteht die Möglichkeit, dass das Konzept ›shieldmaiden‹ nun ein Diskursfeld eröffnen könnte, das ebenfalls Subjektstatus verspricht. Éowyns Forderung, erneut in den Krieg zu ziehen (vgl. LotR 850), ist ebenfalls ein performativer Akt, der eine stabilisierte Identität hervorbringen könnte. Beide Anrufungen (Frau vs. Krieger) erzeugen kollidierende diskursive Felder und schließen sich so gegenseitig aus. Éowyns ›Leiden‹ setzt sich fort (genau genommen beginnt es erneut).

Bliebe noch die Frage nach den Fähigkeiten, mit denen Faramir das vollbringt, woran Aragorn gescheitert ist. Durch Aragorn ist Éowyn wieder in den Bereich des Benennbaren geholt. Faramir setzt, wie schon in *Verkleidung und Essenz* gezeigt, die Anrufung Frau fort (vgl. Brückner 82f). Zusätzlich jedoch schickt er nach Merry »and while that day lasted they talked long together, and Faramir learned much ... and he thought that he understood now something of the grief and unrest of Éowyn« (LotR 940). Was kann Merry über Éowyn erzählen? Wohl eher wenig, viel jedoch über Dernhelm.

Damit wiederum stellt sich die Frage: Wen liebt Faramir? Éowyn, Dernhelm oder beide? Es liegt nahe, dass Faramir mit diesem unnormierten Begehren und dem daraus resultierenden Wissen (im Gegensatz zu Aragorn) eine Anrufung initiieren kann, die es Éowyn erlaubt, einen Subjektstatus zu konstituieren, der das diskursive Feld, in dem sie sich bewegt, so weit wie möglich fasst: »You

[Éowyn] are a lady high and valiant and have yourself won renown that shall not be forgotten; and you are a lady beautiful, I deem, beyond even the words of the Elven-tongue to tell. ... were you the blissful Queen of Gondor, still I would love you« (LotR 943).

In der Anrufung Éowyns als Frau ist hier erstmals die Anerkennung des zuvor Ausgeschlossenen enthalten: »renown that shall not be forgotten«. Ebenso wird das bisher verworfene Konzept ›shieldmaiden‹ (zwar durch die Hintertür, aber doch) anerkannt. Faramir will derjenige sein, der »tamed a shieldmaiden« (LotR 944). Éowyn muss also ein ›shieldmaiden‹ sein. Letztlich erklärt Faramir, dass es ihm gleichgültig ist, wer Éowyn sei (was ihren Subjektstatus betrifft). Éowyn kann eine Identität, einen Subjektstatus erlangen, ohne sich gegen sich selbst zu wenden und Verletzungen hinzunehmen. Sie ist von ihrem ›Leiden geheilt‹.

Bibliographie

Althusser, Louis. *Ideologie und ideologische Staatsapparate*. Hamburg und Berlin: VSA, 1977

Brückner, Patrick. »Verkleidung und Essenz, Tod und Begehren. Zur Konstruktion ›richtiger‹ Weiblichkeit in J.R.R. Tolkiens *The Lord of the Rings*«. *Hither Shore 2* (2006): 67-88

Butler, Judith. *Körper von Gewicht. Die diskursiven Grenzen des Geschlechts*. Frankfurt: Suhrkamp, 1995

---, *Psyche der Macht. Das Subjekt der Unterwerfung*. Frankfurt: Suhrkamp, 2001

Jauss, Hans Robert. »Über den Grund des Vergnügens am komischen Helden«. *Das Komische*. München: Wilhelm Fink Verlag 1976, 103-132 (Poetik und Hermeneutik VII.)

Shippey, Tom. *J.R.R. Tolkien. Autor des Jahrhunderts*. Stuttgart: Klett-Cotta, 2002

Tolkien, J.R.R. *The Lord of the Rings*. One Volume Paperback Edition. London: HarperCollins, 1995

Lieder und Poesie als Teil der kulturellen Kommunikation Mittelerdes

Julian Tim Morton Eilmann (Aachen)

Durch den hingebungsvollen Vortrag und Genuss von Liedern und Poesie ist es den Bewohnern von Tolkiens Mittelerde möglich, in ein Verhältnis zur Schöpfung treten, eine entgrenzende Erfahrung, mitunter gar eine transzendente Erfahrung zu machen. Diese Schlussfolgerung stand am Ende meiner Studie zur zentralen Rolle von Liedern, Poesie und Musik in J. R. R. Tolkiens Mittelerde in *Hither Shore 2*. Die transzendierende Qualität der Poesie in Tolkiens mythologischem Weltentwurf, die Möglichkeit empfindsamer Gemüter, durch den Kunstgenuss eine Ahnung von der eigentlichen Struktur des Kosmos zu erlangen, steht in einem engen Wechselverhältnis mit der Funktion, die Lieder und Poesie in der alltäglichen, gesellschaftlichen und politischen Kommunikation Mittelerdes einnehmen.

Ziel dieses Aufsatzes ist es, verschiedene Formen des Liedgebrauchs in Mittelerde näher zu analysieren und deutlich zu machen, dass es für Tolkiens Geschöpfe eine natürliche und unerlässliche Ausdrucksform darstellt, durch Lieder und Poesie zu sprechen.

In Liedern sprechen

Eines der charakteristischen Elemente bei der Verwendung von Liedern und Gedichten im *Herrn der Ringe* ist, dass Verse größtenteils in eine Gesprächssituation eingebunden sind (vgl. Eilmann 107). So werden nahezu alle Verse von einem Protagonisten des Romans vorgetragen und nicht vom Erzähler. Sie sind also unmittelbarer Bestandteil der mündlichen Kommunikation. Dieser Aspekt der Lyrik in Tolkiens Mittelerde-Mythologie ist durch die Beiträge Mary Quella Kellys und Joanna Kokots sehr gut erfasst. Insbesondere Joanna Kokot konnte zahlreiche Funktionen der Verse im *Herrn der Ringe* aufzeigen: Im Gesellschaftsgefüge Mittelerdes herrscht eine orale Kultur- und Wissensvermittlung vor. Für eine annähernd mittelalterliche Welt wie Mittelerde, in der Schriftlichkeit in der Alltagskultur wenig ausgeprägt ist, scheinen Lieder und Gedichte (u. a. weil die Versform das Memorieren erleichtert) die vorherrschende und geeignete Überlieferungsform zu sein – trotz des Vorhandenseins von Orten wie Imladris oder Minas Tirith, die sich der Bewahrung von Wissen verschrieben haben.

Aragorns Bemerkung über die vorwiegend mündliche Geschichtstradition der Rohirrim (»writing no books, but singing many songs, after the manner of the children of Men before the dark years«; LotR 420) scheint auf die Mehrzahl der Kulturen Mittelerdes übertragbar: Sie erlangen ihr Wissen über Vergangenheit und Gegenwart in erster Linie durch mündliche Überlieferung, genauer gesagt durch eine poetisch-orale Überlieferung, d. h. durch Lieder und Gedichte.

Dieser Befund zieht eine weitere Schlussfolgerung nach sich. Durch die Übersetzung von historischem Geschehen in Gesang und Lied wird die Vergangenheit poetisiert, wird die Geschichte zur Poesie, wie sich am Gesang des Barden zum Tode Théodens aufzeigen lässt (LotR 954): *Story* und *history*, Geschichte und Geschichten sind an diesem Punkt nicht mehr qualitativ voneinander unterscheidbar.

Poetische Kommunikation bezieht sich auf spezifisch historisch-mythologische Begebenheiten, die den Protagonisten dabei helfen können, ihre eigene Situation besser einzuschätzen und aus den Liedern Handlungsanweisungen abzuleiten. Dabei steht jedoch nicht eine vorwiegend historische Erkenntnis, d. h. die Erweiterung des eigenen geschichtlichen Wissens im Vordergrund. Vielmehr offenbaren die meisten Verse allgemeine Wahrheiten, die auf die aktuelle Situation der Sprecher angewandt werden können und angewandt sein wollen (vgl. Kokot 192). Indem ein Charakter sie rezitiert, wird durch den situativen Kontext explizit deutlich, dass sich die zitierten Verse auf die aktuelle Gegebenheit und nur auf diese beziehen, so als ob sie nie für einen anderen Zweck geschaffen worden wären.

Dies wird sehr anschaulich an den »rhymes of old days« (LotR 847), die der Kräutermeister in den Häusern der Heilung während seines Disputes mit Aragorn über das gesuchte Kraut Athelas zitiert. Er erwähnt einige überlieferte Reime aus alter Zeit, deren Bedeutung unverständlich geworden ist, und die nur noch von Greisen ohne eigentliches Verständnis wiederholt werden:

> When the black breath blows
> and death's shadow grows
> and all lights pass,
> come athelas! come athelas!
> Life to the dying
> In the king's hand lying! (LotR 847)

Der Kräutermeister kann aufgrund seines fehlenden Überblicks über das bisherige Geschehen keine Verbindung zwischen den überlieferten Versen und den Ereignissen herstellen, die sich vor seinen Augen abspielen. Aber dem aufmerksamen Leser erschließen sich die Zusammenhänge unmittelbar. Und spätestens wenn sich der rechtmäßige König durch die Verwendung des Königskrautes Athelas als legitimer Monarch zu erkennen gibt, wird offensichtlich, dass der Wortlaut des schlichten Knittelverses gegenwärtiges Geschehen kommentiert und Ereignisse der nahen Zukunft antizipiert. Es entsteht der Eindruck, als ob die poetischen Worte einer vergangenen Zeit allein für diesen Moment verfasst wurden.

Eine ebensolche Rolle spielen Verse der Überlieferung auch im Kapitel »The Palantír«. Von Isengart aus, wo den Gefährten ein Palantír in die Hände gefallen ist, bricht Gandalf mit Pippin zu einem Ritt nach Minas Tirith auf und nimmt den Stein mit. Während der Reise murmelt und singt der Zauberer einige Verse uralten Wissens (»Rhymes of Lore« LotR 583). Wichtig ist hier, dass die Gedichtverse in der ihnen angemessenen Form vorgetragen werden: im Gesang. Ähnlich wie bei der Berufung auf alte Sinnsprüche in den Häusern der Heilung, handelt es sich auch bei den Palantír-Versen um poetische Worte einer vergangenen Zeit, die im Augenblick des Zitierens erneut oder zum ersten Mal Relevanz erlangen:

> Tall ships and tall kings
> Three times three,
> What brought they from the foundered land
> Over the flowing sea?
> Seven stars and seven stones
> And one white tree. (LotR 583)

Der Kontext der Situation – die Auffindung des Palantírs und Gandalfs Besorgnis über die möglichen Folgen von Pippins Tun – sowie der Wortlaut der Textpassage legen nahe, dass der Zauberer sein Gedächtnis explizit nach der alten poetischen Überlieferung befragt, um das gegenwärtige Geschehen zu deuten: Den Gedichten wollen Handlungsanweisungen abgewonnen werden.

Entscheidend für unsere Fragestellung ist, dass das gelehrte Wissen Mittelerdes in erster Linie in Form von Versen formuliert und überliefert wird. Zwar muss Gandalf dem unwissenden Pippin die Verse erst erläutern und verständlich machen – für den Weisen ist in ihnen jedoch bereits der Kern der Kunde aufgehoben und in Gedichtform zum ständigen Gebrauch bewahrt.

Joanna Kokot bemerkt in diesem Zusammenhang zutreffend, dass Verse den Freien Völkern Mittelerdes keine falschen Informationen vermitteln (vgl. Kokot 193). Offenbar bürgt die Tatsache, dass es sich um »Verse aus alter Zeit« (HdR III 256), um einen poetischen Text, im weiteren Sinne also um ein Kunstprodukt handelt, für die Verlässlichkeit und den Wahrheitsgehalt des Textes. Keiner der Protagonisten des *Herrn der Ringe* wird durch Verse oder Gedichte getäuscht oder in die Irre geleitet. Immer dienen sie dazu, eine Gegebenheit zu klären und zu erhellen. Immer sind sie im rechten Augenblick zur Hand.

Bis auf wenige Ausnahmen – u. a. das Lied *There is an inn* (LotR 155f), das Frodo im Gasthof in Bree allein zur Unterhaltung und Ablenkung zum Besten gibt – setzt der jeweilige Sprecher sich selbst in einen Bezug zum rezitierten Lied oder Gedicht, d. h. die Inhalte des poetischen Textes vermitteln, kommentieren das gegenwärtige Geschehen, schaffen Sinnbezüge oder geben Handlungsanweisung. Auf diese Weise wird eine Beziehung von inner- und extratextueller Realität hergestellt (vgl. Kokot 192).

Wenn Aragorn das Lúthien-Lied anstimmt, so handelt es sich nicht nur um einen gekonnten Liedvortrag mit dem rein pragmatischen Ziel, die Dunkelheit der Nacht weniger bedrückend erscheinen zu lassen. Indem der gondorische Thronfolger von der tragischen Liebe zwischen einem Sterblichen und einer Elbin singt, erzählt er nicht nur auf Sams Wunsch hin eine »Geschichte aus den alten Tagen« (HdR I 237), sondern reflektiert die Geschichte seines eigenen Geschlechts und seiner eigenen Person – auch wenn die Hobbits und der Leser das zu diesem Zeitpunkt noch nicht erahnen können.

Wichtig ist an dieser Stelle ebenfalls: Aragorn erzählt hier zwar eine »Geschichte aus den alten Tagen«, das Verhältnis von *story* und *history* ist jedoch nicht eindeutig zu bestimmen. Es handelt sich um ein historisches Ereignis, das gleichzeitig eine »tale«, eine poetische Geschichte, ist. Für eine Zuhörerschaft wie die Hobbits oder den Leser, die nur über fragmentarische Kenntnis der Historie Mittelerdes verfügen, muss sich das Erzählte wie eine fiktive Geschichte, eine Wundererzählung oder wie ein Märchen ausnehmen. Und erst durch die erläuternden Worte Aragorns werden Aspekte der genealogischen Verbindungen von Lied und Gegenwart deutlich (LotR 189). Aragorn spricht denn auch von einer »fair tale« (ebd. 187), einer schönen Geschichte, und weckt durch diese Wortwahl angemessen Assoziationen an den Märchencharakter des Lúthien-Liedes. Die historische Vergangenheit Mittelerdes wird nicht durch historische Quellen, Dokumente oder Geschichtsschreibung ins Bewusstsein gerufen, sondern anhand eines Liedes.

Dass Aragorn die Verse nicht einfach spricht sondern singt, wird vom Text explizit erwähnt (ebd.). Die Vermittlung historischer Informationen ist eine Funktion der Poesie. Eine andere Konsequenz des Liedvortrags besteht darin, dass die Wirklichkeit der Charaktere hierdurch selbst die ästhetische Qualität einer fiktionalen Erzählung, einer »fair tale« erhält. Wie alle Geschichten Mittelerdes ist das Lúthien-Lied gleichzeitig Märchen und historisches Gesehen.

Sam wird an späterer Stelle des Romans ausführlicher über das Verhältnis von *story* und *history* reflektieren und zu der Feststellung gelangen, dass letztlich kein Unterschied zwischen ihnen besteht, dass beide eins sind (vgl. ebd. 696f).

Die gesellschaftliche Funktion von Liedern und Gesang in Tolkiens Werk kann an vielen Stellen nachgewiesen werden. Besonders wenn große Veränderungen und Entwicklungen bevorstehen oder im Vollzug sind, fühlen sich die Betroffenen häufig dazu aufgefordert, diesen Veränderungen in Form von Poesie und Gesang Ausdruck zu verleihen. Solche Lieder, insbesondere die Schlachtrufe und -gesänge verfügen über eine am Text nachweisbare performative Kraft, sie bewirken eine Veränderung in der Einstellung der Zuhörer, die in diesem Falle auch den exklusiven Adressatenkreis darstellen.

Wenn Théoden nach der Zusprache Gandalfs eine innere Wandlung erfährt und sich für den Krieg gegen Saruman und für seinen wahrscheinlichen Tod entscheidet, dann markiert der Herrscher der Rohirrim diesen Gesinnungswandel durch einen gesungenen Aufruf zu den Waffen:

> Arise now, arise, Riders of Théoden!
> Dire dees awake, dark is it eastward.
> Let horse be bridled, horn be sounded!
> Forth Eorlingas! (ebd. 506)

Es handelt sich hier um Rhetorik im Sinne des Wortes: Durch eine entsprechende Wortwahl soll bei den Zuhörern eine Bewusstseinsveränderung gemäß den Absichten des Sprechers bewirkt werden. Die Reaktion der Zuhörer auf die persuasive Kraft von Théodens rhetorischem Erweckungsruf, der eben nicht einfach gesprochen sondern gesungen wird, ist im Text sehr genau geschildert: »The guards, thinking that they were summoned, sprang up the stair. They looked at their lord in amazement, and then as one man they drew their swords and laid them at his feet. ›Command us!‹ they said« (ebd.).

Der Eindruck der Krieger, gerufen worden zu sein, ist berechtigt. Sie sind gerufen worden. Ihre zustimmende und wie aus einem Mund vorgetragene Antwort stellt die einzig passende Reaktion im Rahmen dieser politisch-militärischen Handlung dar. Der Wandel ihres Herrn in einen Kriegerkönig ist damit öffentlich markiert und anerkannt.

Auch an anderen Stellen des Romans bedienen sich die Rohirrim dieser Form von öffentlicher Kommunikation mittels Gesang, insbesondere in Momenten des Umbruchs oder zu Beginn von entscheidenden Schlachten. Kurz vor der Schlacht auf den Pelennor-Feldern, also wenn er seine Gefolgschaft zu einer Kämpfergemeinschaft zusammenschweißen muss, stimmt Théoden einen Schlachtruf an, der demjenigen vor den Toren der Goldenen Halle von Edoras stark ähnelt:

> Arise, arise, Riders of Théoden!
> Fell deeds awake: fire and slaughter!
> spear shall be shaken, shield be splintered,
> a sword-day, a red day, ere the sun rises!
> Ride now, ride now! Ride to Gondor! (ebd. 820)

Beide Male steht das »Arise« (ebd.), die Erweckung im Vordergrund. Es handelt sich demnach um eine Form des poetischen Erweckungsrufes, und obwohl eine in Prosa vorgebrachte Ansprache an die Krieger möglicherweise dieselben Informationen vermitteln würde, kann die beabsichtigte Reaktion – die bedingungslose Unterordnung und Opferung des eigenen Lebens für eine als notwenig und gerecht angesehene Sache – nur in Form des feierlichen Gesangs bewirkt werden. So gelingt es Théoden wie schon bei der Erweckung des Volkes in Edoras, seine Gefolgschaft vor den Toren von Minas Tirith zu einer geschlossenen Kriegergemeinschaft zu vereinen. In diesem Falle hat der poetische Erweckungsruf sogar eine solch große Wirkung gezeigt, dass das Heer der Rohirrim sich selbst in eine singende Schlachtenformation wandelt: »And then all the host of Rohan burst into song, and they sang as they slew, for the joy of battle was on them, and the sound of their singing that was fair and terrible came even to the City« (ebd. 820).

Es scheint, dass die Krieger, die sich nicht nur durch die Worte ihres Heerführers, sondern auch durch den Anblick der überwältigenden feindlichen Übermacht als Todgeweihte ansehen mögen, ihrem Auftrag durch das Anstimmen eines gemeinsam gesungenen Liedes Sinn abgewinnen können. Die Handelnden selbst verleihen ihren Taten hier den Charakter eines Liedes, d. h. das Geschehen wird während seines Vollzugs objektiviert, poetisiert und aus der ästhetischen Distanz späterer Generationen betrachtet.

Wie wir sehen, kann die gesellschaftlich kommunikative Funktion der Lieder im *Herrn der Ringe* gerade am Beispiel der Rohirrim sehr deutlich gemacht werden, da in diesem Falle die Gleichzeitigkeit von Handlung und Liedvortrag den Charakter eines Rituals erhält (vgl. Kokot 197). Die lyrische Form eines solchen Sprechaktes stellt dabei keine bloße Ausschmückung, kein »Ornatus« in der rhetorischen Terminologie dar, sondern ist für das Vollziehen der Handlung selbst unerlässlich. Der künstlerische Vortrag stellt eine unverzichtbare Qualität der außerordentlichen Kommunikation dar.

Es wurde schon darauf hingewiesen, dass Lieder und Gedichte die vorherrschende Form der kulturellen und historischen Überlieferung darstellen und dem Einzelnen einen Fundus von Geschichten, Sagen, Versen, Melodien, Stoffen und Sinnsprüchen zur Verfügung stellen, aus denen sich sein Weltbild maßgeblich zusammensetzt.[1] Aber die Überlieferung von poetischen Texten ist nicht nur für die Ausbildung des jeweiligen kulturellen Weltbildes verantwortlich.

Dem einzelnen Vertreter eines jeden Volkes wird hierdurch auch möglich, aus der kollektiven Liedtradition für den persönlichen Gebrauch zu schöpfen.

---

1 Man denke nur an das Erstaunen der Rohirrim über die tatsächliche Existenz von Hobbits. Hier stößt ein Weltbild, das sich gleichermaßen aus historischer und mythologischer Überlieferung zusammensetzt, auf die empirische Wirklichkeit, mit der Konsequenz, dass die Liedtradition korrigiert werden muss (LotR 424, 544). Auch Baumbart muss nach seiner Begegnung mit den Hobbits hergebrachtes Wissen überarbeiten und an die Realität anpassen (ebd. 453f).

Es erstaunt zunächst, wie leicht die Charaktere des *Herrn der Ringe* bei vielfältigen Gelegenheiten so rasch und scheinbar mühelos in lyrisches Sprechen verfallen.

Werfen wir deshalb noch einmal einen Blick auf den Umgang der Rohirrim mit Poesie vor und während der Schlacht auf den Pelennor-Feldern. Denn hier stellt sich offenkundig die Frage nach dem Urheber der zitierten und gesungenen Verse. Wenn Théoden seine Mannen mit den oben zitierten Erweckungsversen in eine geschlossene Kriegergemeinschaft verwandelt, oder Éomer beim Tod seines Onkels eine dreizeilige Totenklage spricht, dann lässt es die Textstelle offen, ob der Vortragende hier aus dem tradierten Fundus des jeweiligen Volkes schöpft, oder ob er den Text für den jeweiligen Kontext im Erleben selbst anfertigt, d. h. ob er selbst der eigentliche Autor ist.

Der Erzähler informiert uns, Éomer fühle sich während der Schlacht um Minas Tirith in eine Stimmung versetzt, Heldentaten zu vollbringen, die besungen werden sollen, auch wenn kein Mann des Westens überleben sollte, um sich des letzten Königs der Mark zu erinnern (LotR 829). Dieser Mischung aus Verzweiflung und Kühnheit verleiht er mit einigen Versen Ausdruck, die keinen anderen Schluss zulassen, als dass Éomer hier als Individuum von sich selbst spricht. Denn jeder Leser wird die Worte dieses kleinen Gedichtes durch die Kenntnis der bisherigen Handlung unmittelbar auf den Vortragenden beziehen:

> Out of doubt, out of dark to the day's rising
> I came singing in the sun, sword unsheathing.
> To hope's end I rode and to heart's breaking:
> Now for wrath, now for ruin and a red nightfall!   (ebd.)

Der Inhalt der Verse gibt die Erlebnisse der Rohirrim in der Schlacht in poetisch überhöhter Form wieder. Dabei wird eine Bildlichkeit verwendet, die schon die ästhetisierte Sprache einer späteren dichterischen Bearbeitung antizipiert, eine Übersetzung des Geschehens in Kunst, wie es am Ende des Kapitels im Lied des Rohan-Barden wiedergegeben ist.

Obwohl der poetische Gestus dieser Verse, der Grad der Ästhetisierung, eine gewisse Form der Außenperspektive impliziert, besteht doch eine vollkommene Identifikation zwischen Sprecher und lyrischem Ich. Wer anders als Éomer selbst könnte mit dem Ich der Verse gemeint sein? Durch den dreifachen Appell in der letzten Zeile (»Now for wrath, now for ruin and a red nightfall!«; ebd.) fungieren die Verse als Mittel der Selbstdeutung in einer hoffnungslosen Situation und gleichzeitig als Aufforderung an sich und die Krieger zu letzten entschlossenen Taten.

Der Entschluss, alle Kräfte wider alle Hoffnung zu mobilisieren, steht dabei unter dem Vorzeichen, durch eben diese Taten in den Lied- und Sagenfundus des eigenen Volkes einzugehen. Wenn das Kapitel »The Battle of the Pelennor Fields« mit dem Lied eines Rohan-Dichters aus späterer Zeit endet, wird deutlich, dass der Übergang von *history* in *story*, von Geschichte in Sage sich tatsächlich vollziehen wird. Théodens und Éomers Hoffnung, sich ihrer Ahnen würdig zu erweisen, wird sich erfüllen.

Identifiziert sich Éomer mit dem lyrischen Ich der von ihm gesprochenen Verse, so bleibt doch weiterhin die Frage: Dichtet der Krieger diese Verse während des Vortrags eigenständig für das aktuelle Geschehen, ist er selbst Urheber der Verse? Oder hat Éomer einige ihm bekannte Verse des kollektiven Liedgutes für die gegenwärtige Situation adaptiert?

Diese Frage ist nicht eindeutig zu beantworten. Allerdings gibt es einen Hinweis darauf, dass Éomer für seine Selbstdeutung in Versform auf ältere dichterische Quellen zurückgreift, denn seine Verse werden in nur leicht abgewandelter Form von Rohans Rittern bei Théodens Begräbnis gesungen:

> Out of doubt, out of dark, to the day's rising,
> he rode singing in the sun, sword unsheathing.
> Hope he rekindled, and in hope ended;
> over death, over dread, over doom lifted
> out of loss, out of life, unto long glory. (ebd. 954)

Der Erzähler erwähnt, dass dieses Lied vom Sänger des Königs als seine letzte Dichtung verfasst wurde. In welchem Abhängigkeitsverhältnis stehen nun die Verse von Théodens Hofdichter mit denjenigen Éomers? Die zahlreichen Übereinstimmungen im Wortlaut und vor allem die Aktualisierung des Inhalts (Verzweiflung durch Hoffnung ersetzen) legen nahe, dass der Dichter sich hier unmittelbar auf Éomers Verse bezieht, sie aber der gewandelten Situation anpasst. Möglicherweise gehen beide Fassungen aber auch auf eine sehr viel ältere Dichtungstradition zurück. Allerdings ist die Metaphorik der ersten zwei Zeilen so stark auf die Ereignisse auf den Pelennor-Feldern abgestimmt, dass es schwer fällt, sich diese Verse in einem anderen Kontext vorzustellen.

Volkslieder und Gelegenheitsdichtung in Mittelerde

Das Verhältnis von Vortragendem und eigentlichem Urheber der Lieder im *Herrn der Ringe* ist, wie zu sehen war, überaus vielschichtig. Es scheint, dass hier Verfahren der lyrischen Produktion angewendet werden, die von der Literaturwissenschaft mit den Begriffen ›Volkspoesie‹ und ›Gelegenheitsdichtung‹ beschrieben werden. Wie sind diese Begriffe in Bezug auf Mittelerde zu verstehen, und wie können sie zur Erhellung des oben beschriebenen Lyrikgebrauchs dienen?

Unter Volkspoesie versteht die Forschung eine vorwiegend anonyme Kunstschöpfung, die sich durch Langlebigkeit und Alter, Anonymität des Autors, eine zunächst nicht schriftliche Überlieferung und die daraus resultierende Veränderlichkeit von Text und Melodie, durch die Spontaneität ihres Gebrauchs sowie eine Gebundenheit an Gruppen oder Gemeinschaften auszeichnet (vgl. Trost 171f, Schulz 794 u. Weidhase 492). Ohne auf die vielfältige Begriffsgeschichte und die historische Problematik des Volksbegriffes eingehen zu wollen, ist es doch unverkennbar, dass zahlreiche Charakteristika einer solchen anonymen Kunstproduktion auf die Lieder im *Herrn der Ringe* zutreffen. An einigen Textbeispielen soll dies anschaulich gemacht werden.

Das offensichtlichste Beispiel für ein Volkslied dürfte das von Frodo vorgetragene Hobbitlied sein, mit dem er die Gäste im Tänzelnden Pony von Pippins Unachtsamkeit abzulenken versucht (LotR 155f). Dem Charakter des Volksliedes entsprechend sind sein Ton und Inhalt eher einfach und humoristisch, während Melodie und Reimschema anspruchslos und einprägsam genug sind, dass die Zuhörer nach dem ersten Vortrag in den Gesang einstimmen können. Der Erzähler informiert uns weiterhin, dass das Lied auf einer wohlbekannten Melodie beruht, die Bilbo dem in Bree vorgetragenen Text hinzugefügt hatte (ebd. 154 u. 157), ein eindeutiges Kennzeichen für den Umgang mit Volksliedern.

Die erwähnten Charakteristika des Volksliedes treffen demnach allesamt auf das vom Erzähler als lächerlich eingestufte Lied zu (ebd. 154). Dies ist ein Beispiel für die auf Mündlichkeit beruhende Liedtradition Mittelerdes und das Vorhandensein einer Volkskultur (vgl. Kaschuba u. Zumthor), die sich deutlich von einer elitäreren Kunstproduktion unterscheidet, wie sie etwa in Imladris betrieben wird. Dort steht der künstlerische Genuss im Vordergrund, es herrscht eine Form der Kunstrezeption vor, die auf ästhetisches und mitunter gar transzendentes Erleben ausgerichtet ist.

Es lohnt sich, den Volksliedbegriff um den Aspekt der Gelegenheits- oder Gebrauchslyrik zu erweitern (vgl. Weidhase 492f), um Mechanismen deutlicher zu erkennen, die der Produktion und Verwendung von Poesie im *Herrn der Ringe* zugrunde liegen.

Schon Frodos Darbietung des unterhaltsamen Liedes in Bree zeigt, dass die Bewohner Mittelerdes bei der gesellschaftlichen Verwendung von Liedern und Poesie vor der Herausforderung stehen, das richtige Lied für die richtige Gelegenheit auszuwählen. Dabei steht es dem potentiellen Sänger frei, für den vorgesehenen Anlass aus dem ihm bekannten Liedfundus zu schöpfen, selbstständig dichterisch tätig zu werden oder beide Verfahren zu kombinieren (wie es Bilbo so häufig getan hat).

So wünscht sich Pippin, als er in Imladris dem genesenen Frodo begegnet, ein Lied anstimmen zu können, das dieser besonderen Situation angemessenen wäre: »I feel I could sing, if I knew the right song for the occasion« (LotR 220). Nur ein Lied – genauer gesagt: nur das richtige Lied kann der Freude dieses Momentes Ausdruck verleihen.

Beispiele für den Gebrauch von Gelegenheitsdichtung ohne künstlerischen Anspruch stellen in erster Linie die Hobbitlieder dar, die zu allen möglichen Anlässen angestimmt werden. Sehr deutlich wird diese Form der bescheidenen dichterischen Tätigkeit an einem Lied, das Merry und Pippin explizit für den Anlass des bevorstehenden Aufbruchs von Krickloch vorbereitet haben (vgl. LotR 104).

Wie schon bei Frodos Gesangsdarbietung in Bree beruht auch dieses Lied auf einer bereits vorliegenden Melodie, die von den Sängern nur noch an die aktuelle Vortragssituation angepasst werden muss. Die Literaturwissenschaft spricht in solchen Fällen von Kontrafakturen, d. h. der Übernahme beliebter Melodien für neue Liedtexte. Das Volkslied steht jedem, der sich seiner bedienen möchte zur freien Verfügung. So erhalten beispielsweise Bilbos Lieder im Auenland schon zu seinen Lebzeiten den Status von Volksliedern und werden gesellschaftliches Allgemeingut.

Die eigentliche kreative Tätigkeit des Vortragenden besteht in einem solchen Falle darin, in erster Linie den Liedtext dem gegebenen Anlass anzupassen. Es handelt sich also um eine stark kontextgebundene Dichtung, um ein Lied, das letztlich nur zu diesem einen Anlass gesungen werden kann. Danach hat es seinen Zweck erfüllt. Das Eingebundensein der Melodie in eine kollektiv genutzte Liedtradition macht es jedoch möglich, es zu einem späteren Zeitpunkt an die veränderten Vortragsumstände anzupassen und so erneut zu verwenden.

Weiterhin typisch für die Funktion von Gebrauchslyrik ist, dass der Vortragende und die Zuhörer bzw. die Mitsingenden sich mit dem lyrischen Ich oder den Protagonisten der Dichtung identifizieren können. Diesem Prinzip folgen die Hobbits um Frodo bei nahezu allen ihren Lieddarbietungen. Immer sind ihre Verse unmittelbarer Ausdruck von Wünschen und Befindlichkeiten. So spricht sich im Lied *Ho! Ho! Ho! To the bottle I go* (ebd. 88) das Bedürfnis der müden Hobbits nach Behaglichkeit und Trinkgenuss aus. Bei dem Wanderlied, das sie kurz vor ihrer ersten Begegnung mit dem Schwarzen Reiter summen, handelt es sich um ein Volkslied, dessen Melodie nach Angaben des Erzählers so alt wie die Hügel ist, und dem Bilbo, dem Prinzip der Kontrafaktur folgend, einen neuen Text hinzugefügt hatte. Auch hier besteht Übereinstimmung zwischen dem Inhalt des Liedes (»Home is behind, the world ahead«; ebd. 76) und der Reise der Vortragenden, wahrscheinlich sogar mehr, als diese es zu diesem Zeitpunkt selbst erahnen können. Insbesondere Frodo könnte in der Passage von dem geheimen Pfad, der den Wanderer jenseits von Mond und Sonne führt, seine eigene spätere Fahrt ins Segensreich Valinor antizipiert sehen.[2]

Ein letztes, wenn auch herausragendes Beispiel für die Verwurzelung der Charaktere in einer oralen Volksliedtradition stellt die Rettung Frodos durch seinen Begleiter Sam im Turm von Cirith Ungol dar. Hier offenbart sich sowohl die Relevanz von Dichtung für den Handlungsrahmen der Bewohner Mittelerdes als auch die Fähigkeit der Poesie, dem Sänger und Zuhörer Zuversicht und Kraft zu spenden. In einer mehr als aussichtslosen Situation, in der alle Hoffnung geschwunden zu sein scheint, erinnert sich Sam an alte Melodien seiner Heimat (LotR 888). Auch ist es kein Zufall, dass gerade die Auenlandpoesie hier stellvertretend steht für den Wert von all dem, zu dessen Rettung sich Sam aufgemacht hat.

Für unsere Fragestellung ist jedoch entscheidend, dass Sam sich nicht nur an alte Verse der Volksüberlieferung erinnert, sondern selbst Verse erfindet und sich auf diese Weise, aber zu seiner eigenen Überraschung, selbst als Dichter betätigt (vgl. ebd.). Nicht nur geht er hier auf die gängige Weise mit Volkspoesie um, wichtig ist, dass die Verse seine eigene Lage und sein Innenleben reflektieren. Wie schon im Falle Éomers erstaunt es, dass die Bewohner Mittelerdes offenbar in der Lage sind, im Handlungsvollzug – aus dem Stegreif heraus – Verse zu dichten und ihre Lage auf diese Weise zu ästhetisieren und zu meistern.[3]

Dieser Frage kann hier nicht weiter nachgegangen werden, nur so viel: Dass sich die Verse zu Sams Überraschung ungebeten einstellen, legt nahe, dass hier dieselben wohlwollenden Kräfte am Werk sind, die nach Gandalfs Einschätzung auch dafür verantwortlich zeichnen, dass Bilbo den Meisterring fand. Zwar hat die Poesie in diesem Falle keinerlei magische Wirkung, d. h. sie bewirkt keine direkte Veränderung der Umwelt, wohl aber wird dem Sänger Sam und dem Zuhörer Frodo Zuversicht gespendet. Dass Frodo als Hauptfigur des Romans schließlich durch ein Lied gefunden und gerettet wird, ist ein subtiler Hinweis auf den Stellenwert von Poesie und Gesang in Tolkiens Weltentwurf.

---

2   Eins der zentralen Gedichte des *Herrn der Ringe* stellt der *Old Walking Song* dar, da es in kunstvoller Weise die Handlung und das Reisemotiv des Romans reflektiert. Siehe dazu ausführlich Shippey 240-243. Hier sei nur erwähnt, dass auch dieses Lied von den Vortragenden wie Gelegenheitslyrik verwendet wird, indem der Sänger den Text seiner gegenwärtigen Stimmung anpasst. So wird deutlich, dass der Sprecher explizit von sich singt, wenn auch in der verfremdeten Form eines lyrischen Ich.

3   Auch bei anderen Passagen des *Herrn der Ringe* fällt auf, wie leicht die Protagonisten in lyrisches Sprechen verfallen: etwa Aragorn, als er den Ered Nimrais wiedersieht (LotR 412f), oder die drei Jäger mit ihrer Totenklage für Boromir in komplexer metrischer Struktur. Bei dem eindeutigen Situationsbezug dieses Liedes ist es umso verwunderlicher, dass die Gefährten zu einer solchen Kunstproduktion in der Lage sind.

Julian Eilmann

Zusammenfassung

Liedern und Poesie kommt im gesellschaftlichen, politischen und alltäglichen Leben der Bewohner Mittelerdes eine signifikante Funktion zu. Nahezu alle freien Völker und alle gesellschaftlichen Schichten treten als Liedschöpfer oder Vortragende in Erscheinung und zeigen sich als vorwiegend auf Mündlichkeit beruhende Gesellschaften, deren Repräsentanten auf den lyrischen Ausdruck angewiesen sind, um sich in der Alltagskommunikation zu behaupten. Insbesondere Kulturen mit einer oralen Überlieferungstradition wie die Rohirrim markieren öffentliche Entscheidungen unter Zuhilfenahme von Poesie und Liedgut. Indem das lyrische Sprechen und der Gesang integraler Bestandteil der Handlung selbst sind, verleihen die Protagonisten des Romans den Ereignissen, während sie geschehen, den Charakter eines Liedes, übersetzen das gegenwärtige Geschehen in Kunst und verweisen so auf die Ästhetisierung historischen Geschehens durch die Nachwelt.

Auf den Liedgebrauch in Mittelerede treffen die Charakteristika von Volkslied und Gelegenheitsdichtung zu. Es besteht eine wechselseitige Beziehung von kollektiver Liedtradition und individuellem Gebrauch, u. a. unter Verwendung des Prinzips der Kontrakfaktur.

Dass Tolkiens Geschöpfe in der Lage sind, selbstständig und mitunter äußerst kunstvoll dichterisch tätig zu werden und unter Rückgriff auf tradierte Melodien ihre eigene Lage poetisch zu deuten, verwundert nur auf den ersten Blick. Denn in einer Welt, die laut Schöpfungsmythos aus Musik geschaffen wurde, stellt es eine natürliche Daseinsgrundlage der Kinder Illúvatars dar, in Liedern zu sprechen, um sich angemessen auszudrücken.

Bibliographie

Eilmann, Julian. »Das Lied bin ich. Lieder, Poesie und Musik in J. R. R. Tolkiens Mittelerde-Mythologie«. *Hither Shore 2* (2005): 105-135

Kaschuba, Wolfgang. »Volkskultur«. *Reallexikon der deutschen Literaturwissenschaft*. Bd. 3. Hg. Jan-Dirk Müller u. a. Berlin: Walter de Gruyter 2003, 791-794

Kokot, Joanna. "Cultural functions motivating art. Poems and their contexts in *The Lord of the Rings*." *Inklings* 10 (1992): 191-207

Quella Kelly, Mary. "The Poetry of Fantasy. Verse in *The Lord of the Rings*." *Tolkien and the critics*. Eds. Isaacs, Neil and Rose Zimbardo. Notre Dame: Notre Dame University Press, 1972, 170-200

Schulz, Armin. »Volkslied«. *Reallexikon der deutschen Literaturwissenschaft*. Bd. 3. Hg. Jan-Dirk Müller u. a. Berlin: Walter de Gruyter 2003, 794-797

Shippey, Tom. *J. R. R. Tolkien. Autor des Jahrhunderts*. Übers. Wolfgang Krege. Stuttgart: Klett-Cotta, 2002

Tolkien, J. R. R.. *Der Herr der Ringe*. Übers. Margaret Carroux. Gedichtübertragung E. M. Freymann. 3 Bde. Stuttgart: Klett-Cotta, 1990

---, *The Lord of the Rings*. London: HarperCollins, 1995

Trost, Karl. »Gelegenheitsdichtung«. *Metzler Literatur Lexikon. Begriffe und Definitionen*. Hg. Günther u. Irmgard Schweikle. Stuttgart: Metzler, ²1990: 171f

Weidhase, Helmut. »Volkslied«. *Metzler Literatur Lexikon. Begriffe und Definitionen*. Hg. Günther u. Irmgard Schweikle. Stuttgart: Metzler, ²1990: 492f

Zumthor, Paul. »Mündlichkeit/Oralität«. Übers. Gerda Schattenberg-Rincón. *Ästhetische Grundbegriffe*. Bd. 4. Hg. Karlheinz Barck, Martin Fontius, Dieter Schlenstedt u. a. Stuttgart: Metzler, 2002, 234-256

Summary

An essential aspect of Tolkien's literary mythology is the fact that poetry and song allow the inhabitants of Middle-earth to have a transcendent experience. The ability of some characters – especially the Elves – to evoke living images and ideas in the recipient's mind, the "power of Faerie" (FS 133) to enchant an audience through art corresponds to Tolkien's poetologic concept of subcreation.

This essay explicates that the transcendent quality of poetry and song in Tolkien's cosmos is in accordance with the basic functions song and poetry have in the everyday, social and political communication in Middle-earth. By analysing the different contexts in which Tolkien's beings use song and poetry, the essay clarifies that this usage is a natural and indispensable mode of expression for Middle-earth inhabitants.

The people of Middle-earth attain their knowledge of past and present with a mode of poetic speech based on songs and verses that refer to specific historical-mythological events. By reciting songs of the oral tradition that function as "[r]hymes of Lore" (LotR 583), a protagonist is enabled to understand his own situation more clearly and to gain instructions for his own actions.

Furthermore, poetry and songs are an integral part of the social and political communication within and between Middle-earth cultures. Especially in view of forthcoming events that are going to cause a change, the people involved feel the need to comment on these events in poems and songs. Decisions with a political and public relevance, like the decision of a people to go to war, can be made by means of festive singing alone.

Therefore, poetic recitation is not only a crucial part of the action itself, but also has the ability to transform an action into poetry while it is carried out and thus perceive the moment from the aesthetic distance of a future generation.

Over and above this, the Middle-earth song culture can be better understood with the help of the academic term of "folk poetry". The characteristics of folk songs (their age and long life, the authors' anonymity, a non-written tradition and the resulting changeability of text and melody, the spontaneity of their use, their dependence on groups or societies) are applicable to a folk song tradition in *The Lord of the Rings*.

Rezensionen

Peter Gilliver, Jeremy Marshall, Edmund Weiner: The Ring of Words. Tolkien and the *Oxford English Dictionary*

New York: Oxford University Press, 2006, 256 pp., Hardcover

This rather slim volume nevertheless contains comprehensive information about Tolkien's involvement as a lexicographer with the *Oxford English Dictionary* (OED), and how this is reflected in his work as a fantasy author. The authors are all editors working for the revised edition of the OED today and thus are in a unique position of having both private, as Tolkien scholars, as well as professional ties with Tolkien.

The volume is divided into three parts, i.e. the history of Tolkien's work for the OED; Tolkien as 'wordsmith', as a creator of words; and the largest part, 'Word Studies', devoting over a hundred subchapters to lexemes Tolkien used in a special way or that he invented, delineating their connection with the OED as well.

The authors cite the love of words as an inspiration for both lexicographers and authors, and "contemplating individual words" (viii) as a basis for Tolkien's literary works as well as the work of a lexicographer, and "to examine Tolkien's word-hoard with a lexicographer's eye" is the ultimate goal for their book. The intended readership for this volume is lay linguists and Tolkien fans, but even professional linguists will find it interesting.

The first chapter not only details Tolkien's involvement with the OED, but also the process of compiling the original dictionary in general, which was completed in 1928. Tolkien started his work as an assistant on the OED after World War I. The authors themselves work on the third edition of the OED, which will include some of the comments Tolkien made for the original edition but which were not included at the time – something that would obviously please Tolkien.

The steps of his work are explained for laymen, and as his work was on that part of the corpus for the letter <w>, a facsimile of a note card, detailing the lexeme 'warm', has been included as a sample (10). The illustrations in this volume are not very numerous, but highly illuminating.

The rather technical descriptions of working for the great dictionary are interspersed with anecdotes, which make for easy reading for the amateur, but also serve to amuse the professional. Naturally, as Tolkien only worked for the OED until 1920, the material is not that comprehensive. Even during this short time, the authors state that Tolkien's way of turning simple things into extremely elaborated treatises, sometimes getting lost in details, can already be observed – a trait that left his traces in all of his literary work.

One such example that is given here is the task of creating a glossary for Kenneth Sisam's *14th Century Verse*, which finally turned into Tolkien's *A Middle English Vocabulary*, as he had far exceeded the original task. This chapter also gives a complete overview of the entries that Tolkien worked on, all starting with <w>.

The second chapter, about Tolkien as a "wordwright", also gives a more general introduction into the field of philology, seeing etymology as "the unlocking of a word-hoard" (49). The authors also explain that Tolkien used the methods he had learned during his work on the dictionary later on in his 'Etymologies' in HoMe V (52).

We learn that Tolkien's love for individual words led to practically reanimating words that were lost during the history of the English language, such as 'ent' (58), which was hitherto just a footnote in English language history. Tolkien also constructed fictitious historical developments for his words, such as the well-known 'hobbit' from a fictitious form 'holbytla' in Old English. Tolkien's use of dialects as a source for his words is explained. And we hear that his use of compound words stems from the preference of Old English for this type of word-formation, a fact that is well-known to any scholar of Old English ('word-hoard' would be such an example, as opposed to today's 'lexicon', which is of a much later origin and, obviously, from the Greek).

The third, and, by far, longest chapter deals with individual words Tolkien used. We find seemingly simple entries such as 'amidmost' or 'Easterling', but also elaborately created lexemes with a longer history, such as 'Arkenstone', which Tolkien derived from an Old English form *eorcnanstan*, meaning 'gem, precious stone' (90), that did not survive into Present-Day English. The two terms 'dingle' and 'dern', always a pitfall for translators of LotR, also warrant an entry.

Interestingly, an entry in the OED on 'smile', relating to Tolkien's 'smial', was not included by the authors, but that was the only instance where the professional linguist nitpicker that is the author of this review found something missing.

A phenomenon that the authors explain in detail is the plural form *dwarves* compared to the usual plural *dwarfs*; which is one of the examples where we can see Tolkien's influence on general language – today, the form with <v> is the preferred one. Tolkien basically used the more "original" form of the plural construction that we can also witness in the plurals of *knife, wife,* or *thief.*

Space does not permit to go into further details, but the collection of entries is both broad as well as enlightening. Suffice it to say that the entry for 'hobbit' is one of the most comprehensive collections of sources I have ever encountered.

Widening the scope of terms the authors examine, the lexemes 'Tolkienian' and 'Tolkienesque' both found entry in the 1986 supplement of the OED. And, on a lighter note, the authors even quote role-playing games as a "lexical melting pot" (226) for such creations as Tolkien has presented us with – a notion that both Rainer Nagel with his 1993 monograph *Die Fachsprache der Fantasy-Rollenspiele* as well as the author of this review (in an unpublished paper from 1994) have expounded.

Alexandra Velten

Mark T. Hooker: A Tolkienian Mathomium

Lulu.com, 2006, 291 pp., Paperback

The book bears the subtitle "A Collection of Articles about J.R.R. Tolkien and His Legendarium" and contains a total of 26 articles dealing with lesser known or as yet unexplored minutiae of Tolkien's works. The majority of these have already been published, but usually in nowadays out-of-print or hard-to-get publications (a list of which is available upon request). Also, there is a lot of new and original material (11 new articles to 15 revised old ones). It's a lot like "Hooker's shorter works on Tolkien at a glance" – and a very welcome idea that is.

Quite a few of these articles deal with what Hooker calls "Tolkienymics", i.e. the study of the names created and/or used by Tolkien. Two of the best pieces of the collection deal with the names of Bree (a slightly edited reprint from *Beyond Bree*) and the "Linguistic Landscape of the Shire". Others cover the Water, Stock, Esgaroth, the Carrock, the River Lune, and the name Bracegirdle as well as the concept of the Bounders.

These articles, of which the one about Shire place-names is by far the longest in the entire book, deal with their respective topics in great detail and manage to collect etymological, historical, and geographical information on the names in question all in one place. They are a treasure trove of information for those interested in Tolkien's names.

The topics of the remaining articles are quite varied: they range from a note on distances (nicely titled, "In League with Miles") to remarks about spitting, from Tolkien's use of the word "Garn!" to a tale of Tolkien's woods, and to a thesis review on Tolkien in Chinese. In between are three articles comparing Tolkien to Haggard (and one on similarities between *The Lord of the Rings* and Charles Dickens's *Pickwick Papers*), not to forget something about real-life pit dwellings in Great Britain.

In brief: there is something here for everyone with even a passing interest in Tolkien. All of the articles are well researched, insightful, and highly informative. Since the diversity of topics makes simple browsing a bit unwieldy, an excellent index has been provided.

The *Mathomium*'s only drawback is that it is somewhat hard to get. It is available through the Tolkien Shop (www.tolkienwinkel.nl/index.html?lang=nl&target=d30_03.html) and may also be ordered directly through www.lulu.com/Llyfrawr. At about 12 € (14.99 $), this is well worth the price.

Rainer Nagel

Tolkien Studies: An Annual Scholarly Review. Volume III, 2006

Herausgeber: Douglas A. Anderson, Michael C. Drout, Verlyn Flieger. Morgantown: West Virginia University Press. 278 Seiten, Hardcover

Das Flaggschiff der akademischen Tolkienforschung setzt mit *Tolkien Studies 3* den Kurs fort, der (vor allem) durch den zweiten Band eingeschlagen wurde – mit kleineren Korrekturen. Monierte ich für *Tolkien Studies 2* das *de-facto*-Monopol der nordamerikanischen Beiträger, so bietet Ausgabe 3 nun eine erfreuliche Bandbreite von Tolkienforschern aus aller Welt (Spanien, Ungarn, Südafrika, Nordamerika).

Die sieben Aufsätze der Studien-Sektion sind beinahe durchweg von hoher Qualität. Besonders lobend hervorzuheben ist Ross Smiths Artikel zu Tolkiens Sprachästhetik und seinen Ideen der gegenseitigen Bedingtheit von Wortform und Wortinhalt. Zwar widersprachen Tolkiens Auffassungen der vorherrschenden Lehrmeinung, jedoch stand er, wie Smith sehr schön aufzeigt, nicht als einziger Sprachforscher der Lehre Saussures kritisch gegenüber. Smiths Aufsatz ist klar und luzide geschrieben und auch für den ›Akademiker von der Straße‹ ohne weiteres verständlich.

Dies gilt leider nicht für Gergely Nagys Essay über ›subjectivity‹, ›subjectedness‹, Sprache und den Machtdiskurs – mit besonderer Berücksichtigung der Figur Gollums. Der theoretische Jargon dieses sehr interessanten Beitrags unterwirft den Leser manchmal zu sehr seinem eigenen ›Machtdiskurs‹.

In einem wiederum einfacher zu lesenden Artikel untersucht Maria Prozesky Elemente der ›oral formulaic composition‹ und inwiefern sie sich im HdR wiederfinden. Sie liefert einen soliden Beitrag zu einem bisher nicht beachteten Aspekt.

Ein ebenfalls lange vernachlässigtes Thema behandelt Amy Amendt-Raduege: Die detaillierte Untersuchung der Funktion und die Interpretation der Träume und Visionen im HdR war seit langem ein Desideratum der Forschung. Amendt-Raduege versucht, die Träume und Visionen mit den mittelalterlichen Traum-Kategorisierungen in Einklang zu bringen. Dies gelingt ihr zwar vereinzelt, und sie kann auch gewisse allgemeingültige Tendenzen aufzeigen. Aber die Studie als Ganzes scheint mir keine befriedigende Antwort geben zu können.

Einen für viele Fragen der literarischen Beeinflussung klärenden und stimulierenden Ansatz stellt Martin Simonson vor. Sein Konzept des ›intertraditional dialogue‹ (siehe auch seinen Beitrag in *Reconsidering Tolkien* 2005) versucht, im Gegensatz zu den meist partikularisierenden ›sources-and-analogues‹-Studien, das Zusammenspiel und die Konkurrenz der einzelnen literarischen Traditionen in Tolkiens Werk zu beschreiben. Damit liefert er ein Modell, das über die simple Feststellung eines Einflusses hinausgeht und von anderen Forschern fruchtbar angewendet werden kann.

Die Bedeutung eines solchen Modells, wie es Simonson entwirft, wird spätestens beim Beitrag von James Obertino (wohl unabsichtlich) klar. Obertino, in klassischer ›sources-and-analogues‹-Manier, diskutiert die Parallelen zwischen Tacitus (vor allem seiner Beschreibung der germanischen Stämme in *Germania*, aber auch von Germanicus' Expedition in den Teutoburger Wald in den *Annales*) und Tolkiens Charakterisierung der verschiedenen Völker Mittelerdes und seiner Schilderung der Reise durch Moria. Leider kommt der Artikel nicht über eine positivistische Beschreibung dieser möglichen Parallelen hinaus, die man (was die Beschreibung der Völker betrifft) wohl in den meisten ›ethnographischen‹ Berichten griechischer oder römischer Schriftsteller findet. Die prominenteste Innovationsleistung dieses Artikels scheint mir die Entdeckung eines neuen Elbenstammes zu sein, die ›thems Elves‹ (S. 120, 123, 125 – Tippfehler für ›themselves‹).

In seiner Studie einer offensichtlichen Vorlage (Beowulfs Ankunft am Hof des Dänenkönigs) für Tolkiens Kapitel zu Rohan im HdR zeigt Richard W. Fehrenbacher, was ›Quellenstudien‹ auch leisten können. Er interpretiert Tolkiens Kapitel überzeugend als ›eucatastrophic rewrite‹ von *Beowulf* mit einem glücklichen Ausgang. Dank der Aufhebung von Sarumans ›magic‹ und dem ›re-enchantment‹ Theodens, hervorgerufen durch die Ankunft der Gefährten in Edoras, werden die Rohirrim wieder fähig, das Wunder der Welt zu sehen und eigenständig zu handeln.

Dass traditionelle ›Quellenforschung‹ durchaus ihre Berechtigung hat, illustrieren auch die beiden Kurzbeiträge von Douglas A. Anderson und James I. McNelis III in der ›Notes‹-Sektion. Anderson schreibt über R.W. Chambers' Einfluss auf die Entstehung des *Hobbit* (insbesondere auf die Figur des Beorn) und vermittelt eine Anzahl von interessanten neuen Erkenntnissen, die er aus unpublizierten Dokumenten gewinnt. McNelis identifiziert eine mögliche Quelle für die Ents in den lebenden und intelligenten Bäumen in Ludvig Holbergs *Journey of Niels Klim to the World Underground*. Die ›Notes‹ enthalten auch einen kurzen Beitrag der kürzlich verstorbenen Karen Wynn Fonstad über die Herstellung der Karten zu Tolkiens Werken sowie Michael C. Drouts ›Detektivarbeit‹ zur Herkunft einer durch Tolkien generierten altenglischen Zeile.

Buchrezensionen und eine (thematisch-systematische) Bibliographie der Veröffentlichungen zu Tolkien runden diesen sehr schönen Band ab – der bestätigt, dass die *Tolkien Studies* die hohen Erwartungen, die mit ihrer Gründung verknüpft waren, nun im dritten Jahr erfüllen konnten und in der akademischen Welt ihren festen Platz gefunden haben.

Thomas Honegger

Karen Armstrong: Eine kurze Geschichte des Mythos

Berlin: Berlin Verlag, 2005, 144 Seiten, gebunden

Karen Armstrongs Eine kurze Geschichte des Mythos ist ein Buch, das weder Tolkien noch die Fantasy überhaupt erwähnt. Dass diese Geschichte des Mythos keine Pflichtlektüre ist, liegt allerdings nur daran, dass ›Pflicht‹ hier das falsche Wort wäre. Denn die Lektüre stellt ein Vergnügen dar, zu dem jeder und jedem an Fantasy und an Tolkien Interessierten nur dringend geraten werden kann.

Karen Armstrongs Großessay ist die fulminante Einleitung einer Reihe, in der die bedeutendsten mythischen Erzählungen der Menschheit in »ganz eigenen Versionen« (Klappentext) von zeitgenössischen Schriftstellern neu erzählt werden. Auf rd. 140 Seiten behandelt die Religionswissenschaftlerin vordergründig die Geschichte menschlichen mythischen Denkens. Doch eigentlich nutzt sie die dargestellte Entwicklungslinie für eine interpretierende Würdigung des Mythos in seiner Rolle gegenüber dem Logos – wobei ›gegenüber stehend‹ im Grunde eine falsche Relation beschreibt, die sich dennoch im westlichen Denken verankert hat und immer wieder, so auch in diesem für den interessierten Laien bestens verständlichen Buch der Korrektur zu bedürfen scheint.

Die Augen für die Komplementarität von Mythos und Logos zu öffnen, ist das eigentliche Programm von Armstrongs Arbeit. Sie verzichtet auf eine eindeutige Definition des Begriffs Mythos, was den wissenschaftlich erzogenen Leser zunächst irritiert, und trägt statt dessen Erkennungsmerkmale des Mythischen zusammen, die Ausgangspunkt für den immer transzendentalen Inhalt aller Mythen sind: Tod, Grenzerfahrung, das Unbekannte und Unaussprechliche.

Aus dieser kleinen Sammlung entwickelt Armstrong die These, dass der transzendentale Inhalt des Mythos Erklärungsmuster der Realität spiegelt, weil die Menschen sich als Mängelwesen erkannten und Zuflucht auf einer »anderen Ebene suchten, die neben unserer Welt existiert und sie in gewisser Weise trägt« (10), was sich darin zeigt, dass wenn »Männer und Frauen [in der Antike] vom Göttlichen sprachen, meinten sie damit meist einen Aspekt des Irdischen« (11). Diese »mächtigere Realität« (10; »mächtiger« auch deshalb, weil die Autorin Transzendenz immer mit dem Göttlichen verbindet, was in metaphysischer Hinsicht erst einmal nicht zwingend ist) bietet Schutz, Anleitung und Erklärungsmuster zuallererst in Form von Sinnstiftung. Und dem Sein Sinn zu verleihen ist etwas, das der Logos – als Synonym für wissenschaftliches, um Objektivität sich mühen müssendes Denken – per definitionem nicht zu schaffen vermag. Insofern ergänzen sich Mythos und Logos für Armstrong, wobei auch der Mythos imstande ist, in gewissem Sinne ›Wahrheiten‹ zu formulieren: »Ein Mythos ist also wahr, weil er wirkt, nicht weil er uns faktische Informationen liefert« (15). Er »dien[t] nicht informativen, sondern therapeutischen Zwecken« (67).

Der Rest des Buches liefert die Begründung und analytische Erklärung für diese im Eingangskapitel formulierte These. Dazu skizziert Armstrong die Entwicklung des mythischen Denkens als unablöslichen Bestandteil der menschlichen Geschichte von ihren steinzeitlichen Anfängen bis ins Heute. Die einander ergänzenden Funktionen von Logos und Mythos zeigten sich demnach schon in prähistorischer Zeit. Der Logos ist pragmatisch und hat die Funktion, Fakten zu bewerten und nutzbar zu machen, während der Mythos hilft, diese vom Logos erkannten Existenzbedingungen für die mit Freude, Verlust, Liebe und Tod konfrontierte menschliche Psyche aufzubereiten. Hilfreich war zudem das dialogische Element des Mythischen, denn Mythen werden erzählt und erzählend zurückgegeben. Es entsteht Generationen überspannendes ›Wissen‹, das metaphysische Deutungsmuster akkumuliert und konzentriert; als solches ist der Mythos ein »Diskurs, den wir in Extremsituationen brauchen« (36).

Extremsituationen umfassender Art kennzeichnen nach Armstrong allgemein die Entwicklung des mythischen Denkens. Als entscheidende Schritte in der Entwicklung von Inhalten und Struktur des Mythos wählt die Autorin 1) die Erfindung des Ackerbaus und das Sesshaftwerden in der Jungsteinzeit mit der Erfahrung der Epiphanie in den Feldfrüchten, 2) die ›Erfindung der Kultur‹ in den frühen Hochkulturen, 3) in Anlehnung an Karl Jaspers die »Achsenzeit« der Genese des Rationalismus und ›rationalisierender‹ Religiosität in den monotheistischen Glaubenssystemen wie auch in Konfuzianismus und Taoismus, 4) die Rückbesinnung auf den Mythos in Form der (Re-)Mystifizierung von Religion im Mittelalter und 5) den – gescheiterten – Versuch der Überwindung des Mythos durch den Logos in Neuzeit und Moderne.

Dieses Vorgehen gründet sich in der Erkenntnis: »[I]mmer wenn Menschen in eine neue historische Epoche eintreten, verändern sich ihre Vorstellungen von der Menschheit wie auch vom Göttlichen« (61). Das mythische Denken reagiert auf die menschlichen Erfahrungen. In dieser Reaktion bildet sich die intellektuelle wie die spirituelle Entwicklung der Menschheit ab (z.B. im Erwachen der Strukturen stiftenden Kultur in Mesopotamien; Kap. IV).

Analytisch gewonnenes Ergebnis dieses Vorgehens ist der Nachweis der in der Eingangsthese postulierten Komplementarität von Mythos und Logos, die die eigentliche Bedeutung des Mythos ausmacht. Und die Analyse überzeugt fast durchweg (der Rezensent empfindet allerdings die Besprechung der Bedeutung des Sesshaftwerdens als vergleichsweise ungenau und allzu feministisch inspiriert; Kap. III).

Geradezu richtungweisend wird die Analyse dann bei der Besprechung der Neuzeit, wenn das Scheitern der Überwindung des Mythos ausgerechnet an der Literatur festgemacht wird (Joseph Conrad, T.S. Eliot, Thomas Mann, in deren Werken sich nach Armstrong die Suche nach dem Mythos als unabtrennbare Bedingung des Menschseins widerspiegelt).

Welche Bedeutung hat der Mythos für die Fantasy, die ja von Armstrong gar nicht erwähnt wird? Fantasy ist in den meisten Fällen (auch) eine Inszenierung mythischen Denkens, sei es actionreich auf der Brücke von Khazad-dûm oder kontemplativ in der *Atrabeth Finrod ah Andreth*. Der Mythos vermag dabei innerhalb der Werke wie auch außerhalb in der Primärwelt zu funktionieren (»applicability« in Tolkiens Sinn).

So verstanden wehrt sich Fantasy auch gegen die ernüchterte Moderne und einen übermächtigen Logos. So verstanden berührt Fantasy die »mächtigere Realität« jenseits der Grenzen der Erfahrung und bietet sich auch an, Sinn zu verleihen. Und die Lektüre von *Eine kurze Geschichte des Mythos* hilft, das zu begreifen.

Frank Weinreich

Robert Eaglestone (Hg.): Reading *The Lord of the Rings*. New Writings on Tolkien's Classic

London/New York: Continuum, 2005, 214 Seiten, broschiert

Das Rezept für Eaglestones Aufsatzsammlung ist zwar nicht neu, aber deshalb auch nicht schlecht: Eaglestone, Senior Lecturer für Literatur des 20. Jahrhunderts an der Universität London, hat Kollegen und Bekannte gebeten, aus ihrer jeweils spezifischen Perspektive ein Kapitel zum *Herrn der Ringe* zu verfassen.

Michael Drout eröffnet den Band mit einem Aufruf, die Tolkienforschung über das Studium der Quellen, Einflüsse und biographischen Elemente hinaus zu erweitern und moderne, in der Literaturwissenschaft schon seit längerer Zeit etablierte Konzepte zu verwenden – eine Aufforderung, der bereits in *Tolkien Studies 2* nachgekommen wurde, und der sich auch die meisten der Beiträger zu Eaglestones Band nicht verschließen. Das Ergebnis ist ein Buch, das – mit wenigen Ausnahmen – nicht von Tolkienkennern für Tolkienkenner geschrieben wurde, sondern von Kultur- und Literaturwissenschaftlern, die ihre fachliche Expertise auf Tolkiens Werk anwenden.

Die Qualitäten – und Schwächen – des Buches sind dementsprechend: So werden Konzepte des Dienstes, der Männlichkeit und Weiblichkeit, der Homoerotik, der Unsichtbarkeit, der Heimat etc. mit mehr oder weniger Erfolg auf den *Herrn der Ringe* angewandt – meist mit dem Effekt, dass der Leser eher etwas über den Stellenwert dieser Konzepte in der aktuellen Literaturwissenschaft erfährt als dass grundlegend neue Erkenntnisse zum Werk selbst vermittelt werden. Kleine Fehler, etwa Crockers Kategorisierung von Hobbits, Elben und Zwergen als »inhabitants of Westernesse« (S. 111), zeigen, dass Tolkien eben doch nicht ›nur‹ ein Autor wie jeder andere ist und es für eine kompetente und neue Erkenntnisse bringende Forschung nicht ausreicht, den *Herrn der Ringe* einfach mit den Augen des Fachvertreters zu lesen.

Trotz dieser grundsätzlichen Kritik ist Eaglestones Buch zu empfehlen als eine der wenigen Publikationen, die Tolkien als Bestandteil des Mainstream der Literaturwissenschaft behandelt. Und auch der abgebrühte Tolkienkenner findet neue Ideen zu ›alten‹ Problemen – etwa in Adam Roberts Beitrag zur Frage, wieso Tolkien einen Ring gewählt und wieso dieser keine Wirkung auf Tom Bombadil hat.

Thomas Honegger

Wayne G. Hammond and Christina Scull: *The Lord of the Rings*: A Reader's Companion

London: HarperCollins, 2005, 976 pp., Paperback

For years, readers of LotR have been clamouring for a companion work to Douglas Anderson's *Annotated Hobbit*. It has now arrived, in the form of a trade paperback of 976 pages.

The book starts with an introductory part that covers: a brief history of LotR; chronologies, calendars, and moons; preliminaries; and the maps of LotR. These parts are well researched and demonstrate the major strengths of this work: the comprehensive knowledge its authors have of Tolkien lore, and their access to as yet unpublished manuscripts.

Of special importance are various texts held at American universities, chief among them Tolkien's unfinished index to LotR, his remarks on translation compiled for the Dutch translator, and the original manuscript of the article on the nomenclature of LotR. There is also some private correspondence with Christopher Tolkien, as well as excerpts from the HarperCollins correspondence files, that shed additional light on various topics. The wealth of details as revealed by these texts is sure to keep Tolkien scholars busy for quite a while.

Of special interest are the sections on the changes made by the authors to the revised editions of 2004 and 2005. All changes are not only listed, but also explained as to why they were made. The general principles of revising the book are also mentioned wherever appropriate in the individual annotations, sometimes rather exhaustively (the commentary on *elven-ships* on p. 78 consists of one-and-a-half pages of remarks about the capitalisation and hyphenisation of *elven-/Elven-*).

As an added bonus, Tolkien's article *Nomenclature of The Lord of the Rings*, last seen in the early editions of Jared Lobdall's *Tolkien Compass*, has been reprinted. These notes are an invaluable resource for any student of, as Mark T. Hooker would say, Tolkienymics, and of translation studies.

However, it is in this reprint that one of the most regrettable problems of the book is to be found. Since this article is so central, the authors refer to it often, as in the case of the etymology of *smial*. Unfortunately, it is exactly this entry that has inadvertently been omitted from the section on "Things" (p. 782).

Most of the book is taken up by annotations to the novel proper. The authors cover a lot of ground here and seamlessly integrate both the secondary literature and Tolkien's unpublished (and generally inaccessible) manuscripts. This leads to some important insights, for instance in regard to the fictitious etymologies behind Pincup (one of the more obscure place-names of the Shire) and Woodhall (thought to be a well-analysed one). Letters from Christopher Tolkien shed even more light on the literary genesis of the Shire than HoMe does.

Other, much disputed topics are also brought to a head, such as the debate on the size of the Shire (treated in much detail on pp. 22 and 655f, including some very interesting remarks on "Hobbit long measures" taken from an unpublished manuscript). Some confusion as to the movements of the Black Riders is also laid to rest, integrating material from unpublished sources with the text from *Unfinished Tales*.

Often, information from various sources has been collected in one place (elves and orcs are two prominent examples). The authors have generally done a good job in collating such information, but rarely go beyond what has already been published.

For instance, the entry on Tom Bombadil duly lists next to everything that is known about the character, including the original poem from 1934 and Tolkien's speculation on his being a "Bucklandish" name, but the text doesn't delve into the possible meanings behind such a "Celtic" name. It does, however, deal with the meanings of *Forn* and *Orald*.

Despite the level of research, this section suffers from two unfortunate types of problems. One of them, already duly noted by David Doughan in his (in all other aspects rather favourable) review in *Amon Hen 199* (p. 23), is that the book is written from a rather American perspective and sometimes gives explanations that are incorrect or incomplete from the point of view of British culture (Doughan cites Hammond's and Scull's treatment of *gaffer* as an example). The annotations could thus have profited from a British proof-reader since there are, to quote Doughan, "a few other instances where fuller details of cultural background might have been helpful."

An additional problem is that sometimes, when not finding something in either the secondary literature or in Tolkien's notes, Hammond and Scull move on somewhat shaky grounds in their explanations, or simply have not dug deep enough. Sometimes, they accept information on a topic too readily from one source alone; sometimes, they fail to draw necessary conclusions. I restrict myself to giving a few choice examples from my field of expertise, that of English (historical) linguistics and place-name studies.

On p. lviii, the authors discuss Needlehole, a Shire place-name not covered in Tolkien's notes: "Its elements *needle* + *hole* are simple, but 'hole' again suggests the Hobbit tendency to dig." Actually, English place-names in *needle* often do not go back to this word, but rather to the precursor of Present-day English *needless*, in the meaning of *prosperous*, as evidenced by place-names such as

Needles Hall in Northamptonshire, which is referred to in older documents as both Needless Hole and Needle's Hole (cf. Gover et al., *The Place-Names of Northamptonshire*, 1932, p. 60).

Thus, Needles Hall would be the "prosperous hall" in the same way that Needlehole in the Shire is "prosperous hole" – an apt re-interpretation for a Hobbit home. This relation is far from "simple", and the topic itself has not been fully resolved as of yet.

On p. 31, the authors deal with *The Prancing Pony*. They duly mention that there is no inn of that name in Great Britain (but that there is a *Prancing Horse* in Thatcham, Berkshire, as well as the *Welsh Pony* in Oxford), but somewhat inexplicably fail to note the similarity to the *White Horse* in Oxford, which has a clearly similar sign: The *White Horse* has a stately galloping white horse, while *The Prancing Pony* has a rearing, fat white pony; it is one of Tolkien's many small in-jokes that he incorporated one of his favourite haunts into his novel, complete with the more 'Hobbitish' version of the horse sign.

Already speculated upon by Alex Lewis and Elizabeth Curry in *The Unchartered Realms of Tolkien* in 2002, there is indeed a passage to be taken from volume VI of HoMe (p. 129), where it states in the very first draft of the chapter describing Bree: "It had an inn that could be trusted: the White Horse [*written above*: Prancing Pony]." In a footnote (p. 131), Christopher Tolkien explains that the name change must have happened right at the time of writing. Since the fact that the Inklings frequented the *White Horse* for a time is a fact known since Carpenter's Inklings biography from 1978 (p. 203), I am somewhat puzzled at how this escaped Hammond and Scull.

Page 66 starts with a comment on the phrase "a phalanx of flying swans". Hammond and Scull give an explanation of the origin of the word *phalanx* and add a quick note "by extension, any common mass". They do not, however, delve into the topic of English collective nouns for birds. Most interestingly, *phalanx* is not among the multitude of terms used for a group of swans (these include *bank, bevy, eyrar,* and *whiteness*), but is instead used with storks.

Page 137 gives the etymology of *barrow-wight*. It mentions Tolkien's notion of this being "an invented word", then briefly summarises what the *Oxford English Dictionary* has to say about its components. We then get to know: "But the *Oxford English Dictionary* attributes the first use of this word combination to Andrew Lang, in *Essays in Little* (1891): 'In the graves where treasures were hoarded the Barrowwights dwelt, ghosts that were sentinels over the gold.'"

It is left to Peter M. Gilliver (et al.) in *The Ring of Words* (2006) to shed some light on this entry: "This essay is a review of English translations of Norse sagas; the passage outlines the pagan beliefs that persisted after the conversion of the North to Christianity. It probably refers to an incident in *Grettis Saga: the Story of Grettir the Strong*, translated by Eiríkr Magnússon and William Morris and published in 1869." While this does not rule out the idea that Tolkien took the name from Lang, Gilliver et al. rather point to the fact that "the compound at this stage was an occasional formation, not the established name of a species of being as Tolkien has made it."

It is also curious that Hammond and Scull have missed Tolkien's use of *barrow-wight* in his alliterative poem *The Homecoming of Beorhtnoth Beorhthelm's Son*, where the character Tídwald says right at the beginning of the poem: "And your eyes fancied / barrow-wights and bogies." This is another instance of Tolkien trying to retro-actively 'root' his creations within English language and culture.

While the 'problems' mentioned above might look like trivial mistakes in view of the larger picture, they have aroused my suspicion that there may be others of similar value to be found in other areas of scientific study I am not familiar with (there are certainly more of similar magnitude in the field of language and linguistics). This will need to bear out scrutiny from specialists in these other areas, though.

Such quibbles aside, this is an important book. And yet, it is still a ways from being the "definitive annotated companion" as it is touted on the back-cover. The informed and critical Tolkien scholar will still find the book of immense value, though, if only for the sheer mass of material assembled. However, the specialist in certain aspects will notice that, sooner or later, he/she will have to take recourse to additional, more specialised works.

Rainer Nagel

Peter J. Kreeft: The Philosophy of Tolkien. The Worldview behind *The Lord of the Rings*.

San Francisco: Ignatius Press, 2005, 237 pp. Softcover

Der in den USA sehr bekannte christliche Philosoph Peter Kreeft hat seinen zahlreichen Büchern nun auch eines zu Tolkien hinzugefügt. Seine erklärte Absicht ist, aus philosophischer Perspektive nicht über Tolkiens Welt, sondern dessen Weltsicht zu schreiben.

Zu diesem Vorhaben behandelt er fünfzig (meist grundlegende) philosophische Fragen, die elf Oberthemen zugeordnet sind. Zuvor erläutert er in einer Einführung seine Vorgehensweise, diskutiert die Bedeutung des LotR, die von seiner Philosophie her stamme, sowie den Zusammenhang von Literatur und Philosophie.

Nach Kreeft kann dieses Buch auf vier verschiedene Arten verwendet werden: erstens als eine Untersuchung des philosophischen Kerns von Mittelerde; zweitens als Konkordanz zu LotR, indem zu jeder der fünfzig Fragen zahlreiche Belegstellen angegeben werden; drittens als eine Einführung in die Philosophie und viertens, um die enge Beziehung zwischen Tolkien und Lewis aufzuspüren.

Kreeft selbst setzt diese Vierteilung um: Jede Frage erklärt er kurz in ihrer Bedeutung, lässt ein Schlüsselzitat aus LotR zur Illustration der Tolkien'schen Antwort folgen, was er durch weitere Tolkien-Zitate stützt, um schließlich die jeweilige Position mit Zitaten aus Lewis' philosophischen bzw. theologischen Schriften zu belegen.

Schon dieses Vorgehen lässt den Leser misstrauisch werden, denn auch wenn die Nähe zwischen Lewis und Tolkien bekannt ist, scheint es mir nicht ohne nähere Begründung vertretbar zu sein, Tolkiens Ansichten mit Lewis' Aussagen auszudrücken und zu belegen.

Ebenfalls anzufragen ist, weshalb Kreeft ausschließlich die Briefe Tolkiens, seinen Essay *On Fairy-Stories* sowie den *Lord of the Rings* und das *Silmarillion* zitiert – gerade bei den sprachphilosophischen Fragen wäre *A Secret Vice* heranzuziehen gewesen, bei den anthropologischen Fragen hätte *Morgoth's Ring* nicht unerwähnt bleiben dürfen etc.

Abgesehen davon können Aussagen aus dem narrativen Werk eines Autors nicht ohne weiteres als Indiz seiner persönlichen Weltsicht interpretiert werden.

Indem Kreeft aber weitgehend so vorgeht, gewinnt der Leser den Eindruck, es gehe weniger um eine Analyse des Denkens und der Weltsicht Tolkiens, sondern vielmehr um eine Einführung in eine christlich-platonische Philosophie anhand Tolkiens und Lewis' Schriften. Dieser Eindruck verstärkt sich durch das recht predigthaft (und explizit christlich) gehaltene Abschlusskapitel.

Positiv fallen auf die gute Textkenntnis des Autors – sowohl Tolkien als auch Lewis betreffend – und die sehr verständliche Sprache. Aufgrund der genannten methodischen Anfragen scheint mir das Buch insgesamt aber eher als Einführung in einige philosophische Themen geeignet denn für eine tiefgründige philosophische Auseinandersetzung mit Tolkien.

Thomas Fornet-Ponse

Stuart D. Lee und Elizabeth Solopova:
The Keys of Middle-earth. Discovering Medieval Literature through the Fiction of J.R.R. Tolkien

Basingstoke/New York: Palgrave Macmillan, 2005, 284 Seiten, broschiert

Tom Shippey, in seinem Klassiker *The Road to Middle-earth*, nennt in Appendix A (Tolkien's Sources: The True Tradition) viele der Werke der mittelalterlichen Literatur, die auf Tolkien als Schriftsteller einen bedeutenden Einfluss hatten. Vermutlich machen sich jedoch mit dieser Liste nur wenige Leser auf die Suche nach den Primärtexten. Lee und Solopova, beides ausgewiesene Kenner der mittelalterlichen englischen Literatur, haben nun den Lesern die Sucharbeit größtenteils abgenommen und in einem handlichen Band die wichtigsten ›Inspirationstexte‹ zusammengestellt.

Nach einer kurzen Einleitung zur alt- und mittelenglischen Sprache, der mittelalterlichen Literatur, den metrischen Besonderheiten und zum Stil der mittelalterlichen Dichtung etc. präsentieren sie in 13 Kapiteln Passagen aus alt- und mittelenglischen (und vereinzelt altnordischen) Werken, die einen unmittelbaren Bezug zu *Der Hobbit* oder *Der Herr der Ringe* haben. Neben ›Klassikern‹ wie den bekannten Parallelen/analogen Stellen aus *Beowulf*, *Edda* und *The Wanderer* finden sich auch ›Neuentdeckungen‹ wie z.B. die Beschreibung der Kriegselefanten in Aelfrics *Homily on the Maccabees*. Ein Kommentar verortet die ausgewählten Passagen jeweils innerhalb der mittelalterlichen Literaturtradition und erörtert ihre spezifische ›Tolkienrelevanz‹. Die Texte selbst sind in Originalsprache und englischer Übersetzung abgedruckt. Erklärungen zu problematischen Wörtern oder Leseweisen sowie Hinweise auf weiterführende Literatur runden die Kapitel ab.

Alles in allem ist *The Keys to Middle-earth* ein gelungener Band. Er macht die wichtigsten mittelalterlichen Texte, die Tolkiens literarisches Schaffen inspirierten, einem breiten (nicht-mediävistisch gebildeten) Publikum in der Originalsprache bekannt. Damit gehen Lee und Solopova einen entscheidenden Schritt weiter als *The Tolkien Fan's Medieval Reader* (2004), der eine breite Auswahl von Texten nur in Übersetzung und ohne verortende Diskussion gibt. Da sich Tolkien oft gleichermaßen von der sprachlichen Form wie vom Inhalt inspirieren ließ, ist eine Präsentation der ›Quellen‹ in der Originalsprache, wie bei Lee und Solopova, unabdingbar. Logisch wäre deshalb, *The Keys to Middle-earth* um eine CD zu ergänzen, auf der die Texte vorgelesen werden – warten wir die zweite Auflage ab.

Thomas Honegger

Thomas Le Blanc, Bettina Twrsnick (Hrsg.): Das Dritte Zeitalter. J.R.R. Tolkiens *Herr der Ringe*

Tagungsband 2005, Schriftenreihe der Phantastischen Bibliothek Wetzlar, Band 92, 328 Seiten, Paperback

Auch die Phantastische Bibliothek Wetzlar konnte und wollte sich dem Jubiläumsjahr 2005 nicht verschließen und widmete ihr Symposion dem Hauptwerk Tolkiens 50 Jahre nach dessen komplettem Erscheinen. Der Tagungsband dokumentiert das Symposion auf bewährte Weise und versammelt 14 Beiträge, die den *Herrn der Ringe* in den Mittelpunkt stellen und nur bedarfsweise auf die übergreifende Historie und Kosmogonie Mittelerdes zurückgreifen. Dabei kommen (alt-)bekannte Autoren wie Helmut Pesch und Dieter Petzold ebenso zu Wort wie Beiträger, die eher aus anderen Zusammenhängen bekannt sind, sowie eine ganze Reihe Nachwuchsforscher – insgesamt eine stimmige Mischung.

Was in der Gesamtschau auch für die Beiträge gilt: Die großenteils stimmigen Artikel warten mit teilweise wertvollen neuen Perspektiven auf und eröffnen zusammen ein breites Spektrum der HdR-Forschung. Zur Sprache kommen die Entstehung des HdR (Thomas Gießl), die Entwürfe für das Vierte Zeitalter (Christian Weichmann), Tolkiens Lieder (Martin Wambsganß) sowie vermeintliche Nebenaspekte wie das ›Wirtschaftssystem‹ Mittelerde (Christian Kölzer/ Marcus Ruso), ihre Architektur (Rainer Zuch) und ihre Biologie (Friedhelm Schneidewind). Aber es werden auch zentrale Themen der Mittelerdeforschung wie die Sprache (Helmut Pesch), theologische Aspekte (Marco Frenschkowski, Thomas Fornet-Ponse) und ethische Fragen (Matthias Eitelmann) angesprochen sowie Folgen (Dieter Petzold), Kritik (Hartmut Kasper), Zugangsweisen (Heidi Krüger) und der Autor selbst (George Lilley) thematisiert. Ein wenig schade ist, dass das mehrheitlich hohe wissenschaftliche und analytische Niveau nicht von allen Beitragenden erreicht wird.

Es ist hier nicht genug Platz, auf alle Beiträge gebührend einzugehen. Exemplarisch seien deshalb hervorgehoben die exzellenten Arbeiten von Marco Frenschkowski und Heidi Krüger. Frenschkowski betitelt seine Arbeit »Leben wir in Mittelerde?« und beantwortet die Frage in Form einer Interpretation des HdR auf der Grundlage seiner mythologischen Ursprünge und Anklänge. Ohne die Spannung nehmen zu wollen, sei die Antwort benannt: Mittelerde ist »ganz entschieden« unsere Welt. Und sie ist es, weil Tolkien mit wichtigen mythologischen Motiven arbeitet, die dem Werk letztlich eine »narrative

Gleichrangigkeit« (249) zu den großen Mythen der Menschheit verschaffen, die Arda als Kulturschatz zu einem Teil der Primärwelt macht, so dass wir dergestalt in ihr leben. Bestechend ist dabei die Präzision der Argumente, die trennscharf die mythischen Elemente in HdR benennt und es dadurch vermeidet, in unbelegbare Übertreibungen zu verfallen, die das Lob der Bedeutung des Tolkien'schen Werkes sonst oftmals wenig nachvollziehbar und deshalb schal erscheinen lassen.

Krüger liefert einen »Beitrag zur Erzählstruktur im *Herrn der Ringe*«. Sie setzt das klassische literaturwissenschaftliche Mittel der strukturellen Analyse konsequent und methodensicher ein. Damit kommt sie zu neuen Erkenntnissen, die, aus der strukturellen Analyse stammend, überzeugende Hinweise auf die inhaltlich schon sehr oft beobachtete Tiefe und damit die Lebendigkeit und den Realismus des HdR geben. Krüger gelingt es in ihrer wertvollen, aber manchmal etwas zu pathetischen Arbeit aufzuzeigen, dass schon die Strukturgebung des HdR Tolkien als Autoren erweist, der in der Lage ist, Sagenstoff in all seinem Bedeutungsreichtum als moderne Erzählung zu benutzen und die Leser damit zu berühren (95f).

Anzusprechen ist allerdings auch, dass wenige Arbeiten nicht den wünschenswerten Gehalt aufweisen, den ihre Thematik verspricht. So ist es zwar schön und wichtig, mit Hartmut Kasper auch eine sehr kritische Stimme zu Wort kommen zu lassen. Was da jedoch im Gewand einer launig formulierten Provokation auftritt, sind willkürlich und unsystematisch vorgebrachte Kritikpunkte, die zudem nicht zu überzeugen vermögen. So ist es heute beispielsweise nicht mehr nötig, den alten Hut wieder hervorzuzaubern, dass der Eine Ring in Anlehnung an den Nibelungenring und dessen Wagner'sche Adaption entstanden sei. Ärgerlich wird es dann, wenn in einer tabellarischen Gegenüberstellung der angeblichen Ähnlichkeiten (284) diese zum einen nicht einmal vorhanden sind (Zeilen 2, 5, 6) und zum anderen auch noch Fehler enthalten: Mit welcher Berechtigung kann man sagen, der Eine Ring sei verflucht (Zeile 3)? Dass dann neben der Unsichtbarkeit nur noch die runde Form übrig bleibt, darauf wies schon Tolkien selbst hin ...

Unterschritten wird dieses Niveau aber durchaus noch, wenn etwa Topoi des HdR sexuell gedeutet werden (wenn Frodo den Ring aufzieht, penetriert sein Finger die vaginale Öffnung; Gollums Biss deutet Oralverkehr an; 286), oder wenn der Tolkienforschung Sinn und Ertrag abgesprochen werden (das ist zwar zunächst ein gültiges Argument, wird dann aber nicht mit Belegen untermauert – schade; 288).

Dass dies alles vielleicht nur aufgeschrieben wurde, um Personen wie den Rezensenten zu ärgern, ist zwar ein launiger Einfall, stellt aber für den Leser eher einen unerfreulichen Fall von Seitenverschwendung dar.

Weniger gelungen ist auch der stimmungsvoll gedachte Artikel George Lilleys, der aus dem Oxford der 50er Jahre berichtet und dabei erklärtermaßen das universitäre Umfeld hervorheben will und nicht die Person des Hochschullehrers Tolkien. Für das Thema Tolkien, um das es in dem Band wohl doch primär geht, ist aber zu wenig Tolkien enthalten, als dass dieser Beitrag das Verständnis des Professors und seines beruflichen Umfeldes nennenswert bereichern könnte.

Frank Weinreich

Henry Gee: The Science of Middle-earth: Explaining the Science Behind the Greatest Fantasy Epic Ever Told!

New York: Cold Spring Harbor, 2004, 256 Seiten, Softcover

Der promovierte Zoologe und ›Senior Editor for Biological Sciences‹ der Zeitschrift *Nature* Henry Gee hat sich einen Namen gemacht mit Veröffentlichungen vor allem zu Paläo- und Evolutionsbiologie. Er bringt aber auch erfolgreiche ›fiktionale Sachbücher‹ heraus – wie eben *The Science of Middle-earth*.

Das Vorwort von David Brin weist auf Gees aufklärerischen Ansatz hin. Brin selbst hält Mittelerde zwar für anti-aufklärerisch: Ämtervergabe aufgrund von Abstammung, geheime Pflege von Wissen statt dessen Verbreitung, rückwärts gewandte Lebensweise in der Erinnerung an ein ›Goldenes Zeitalter‹ – all dies sei nicht mit aufklärerischen Ideen vereinbar (10). Doch im Gegensatz zu vielen anderen Autoren sei Tolkien »deeply thoughtful, moral, decent and insightful« (11), was ihm nicht nur Brins höchsten Respekt einbringt, sondern für Henry Gee ein Hauptgrund ist, Tolkiens Welt wissenschaftlich zu untersuchen – trotz dessen gerne kolportierter Technik- und Wissenschaftsfeindlichkeit (22 f).

Denn, darauf weist Gee zu Recht hin, Tolkiens Einstellung zur Wissenschaft sei »not as simple as it first appears«. Ohne die Revolte der wissenschaftlich und technisch orientierten Noldor hätte es weder die Geschichte des *Silmarillion* noch den Ringkrieg gegeben. Tolkien wisse wohl zu unterscheiden: »... he prized science as the acquisition of knowledge. What he deplored was its use as an instrument of domination... Tolkien's point is not that knowledge is a bad thing of itself, but that it is perilous to acquire knowledge without either seeking to understand the context in which that knowledge must be placed or, recklessly, without counting the cost, and in these respects many scientists would agree. The interplay between discovery and responsibility – between creation and subcreation ... – is a major theme in Tolkien's fiction ... For this reason alone it is worth approaching *The Lord of the Rings* from a scientific viewpoint« (23). Und schließlich habe sich auch Tolkien selbst mit wissenschaftlichen Hintergründen seiner Welt beschäftigt, wie in der *History of Middle-earth* zu sehen.

Gee betont seinen aufklärerischen Anspruch mehrfach und will mit diesem Buch auch dazu bewegen, sich mit (Natur-)Wissenschaft auseinanderzusetzen. Denn eine Gesellschaft, in der die moderne Technologie von den meisten eher als eine Art Magie eingesetzt denn in ihrer Funktion verstanden werde, sei in ihrer Zukunftsfähigkeit gefährdet. Deshalb nutzt Gee immer wieder Objekte oder Ereignisse aus Tolkiens Werk, um daran anknüpfend wissenschaftliche Erkenntnisse zu vermitteln.

Zum Beispiel zeigt er Ähnlichkeiten und vergleichbare Probleme von Biologie/Genetik und Sprachwissenschaft auf anhand der Kladistik (phylogenetische Systematik, nach Abstammung), der Konvergenz (Parallelentwicklung) und der Taxonomie (Systematik nach Eigenschaften). Als Beispiele dienen Gee u.a. Namen bei Tolkien und der Vergleich von Tolkiens Stil mit dem der Bibel. Außerdem zeigt er Tolkiens Einfluss auf die Namensgebung in der Zoologie: So gibt es etwa die Haigattung *Gollum* oder die Wespengattung *Gwaihiria*.

Ausgehend von der bekannten Tatsache, dass Mittelerde unsere Welt zu einer anderen Zeit **ist** und daher in ihr die bekannten Naturgesetze und Regeln gelten, zeigt Gee in verschiedenen Kapiteln, wie manches in Mittelerde funktionieren könnte. Ausführlich widmet er sich den unterschiedlichsten Lebewesen.

Seine Thesen zu Entstehung und Biologie der Orks sind leider eher schwach und in Bezug auf Genetik, Evolution und Ethik teils an den Haaren herbeigezogen – bis hin zur lächerlichen Vermutung, »that all Orcs were biological females even if they appeared to be male« (72). Auch das Kapitel über Drachen überzeugt nicht: Es ist zu kurz und erklärt zu wenig. »The Gates of Minas Tirith« ist ein wunderschöner leicht melancholischer Essay über Evolution, Entwicklung und Verlusterfahrung – leider mit kleinen sachlichen Fehlern.

Hingegen erläutert Gee die Biologie von Ents und Balrogs (diese und die Reittiere der Nazgûl werden mit Pterodaktylen verglichen) interessant und schlüssig. Er beantwortet die Frage, wieso es in Mittelerde Tabak, Tomaten und Kartoffeln geben kann, und befasst sich auch mit Materialien und Technologie der Elben und der Zwerge. In »The Eyes of Legolas Greenleaf« erklärt Gee ausführlich, wie Sehen und das Auge funktionieren, kommt aber zu etwas seltsamen Schlüssen bzgl. der Elben. An anderer Stelle entwickelt er jedoch schöne Ideen zur Langlebigkeit der Elben und eine wirklich amüsante These: Die Langlebigkeit entstehe durch eine Art modernes »Anti-Aging« – Elrond werde zum Elben dank geänderter Ernährungsgewohnheiten und weniger Schlaf (168 f)!

Zu Hochform läuft Gee auf, wenn er die biologischen Probleme großer Tiere (Riesenspinnen, Oliphanten) erklärt oder sich zur elbischen Magie äußert.

Zum Ende des Buches hin spekuliert er über die Natur und Macht von »The One Ring«, um zuzugeben, dass hier unsere Wissenschaft versage – und dieses Verhältnis von »Science and Fantasy« wird abschließend erörtert.

Insgesamt ist dies ein wirklich unterhaltsames und lehrreiches Werk. Nicht alles ist gleich gelungen, einige Spekulationen sind eher gewagt – aber wer sich aus einem naturwissenschaftlichen Blickwinkel mit Tolkiens Werk beschäftigen will und offen ist für neue und unkonventionelle Ideen, sollte das Buch lesen.

Friedhelm Schneidewind

Eduardo Segura: El Viaje del Anillo

Barcelona: Ediciones Minotauro, 2004, 288 Seiten, broschiert

Mit der vorliegenden Arbeit (unter dem Titel *Análisis narratológico de* El Señor de los Anillos. *Introducción a la poética de J.R.R. Tolkien*) zur narrativen Struktur des LotR und zur Literaturtheorie Tolkiens wurde der Verfasser 2001 in Navarra promoviert. In vier Teilen widmet er sich einer narratologischen Untersuchung der literarischen Qualität und Eigenart des LotR, wobei er seine Arbeit auf die Basis der Methodologie des französischen Narratologen Gérard Genette stellt. Grundlegend hier ist die Unterscheidung zwischen narrativem Inhalt, narrativem Diskurs und dem Akt der Narration.

Der erste Teil (27-115) behandelt die literarische Genese des LotR. Dazu geht Segura auf die literarische Schöpfung Mittelerdes ein, darunter ausführlich auf den *Silmarillion*-Komplex als Metatext, dann auf die linguistischen Wurzeln der Genese der Erzählung sowie auf die Entwicklung privater Sprachen. Schließlich zeigt er chronologisch die Parallelen zwischen Tolkiens wissenschaftlichem und narrativem Werk bis 1937. Auch untersucht Segura stilistische Faktoren, d.h. den neuen narrativen Stil des LotR als Vermittlung zwischen *Hobbit* und *Silmarillion*, wobei er auch auf *Mythopoeia* eingeht. Auf dieser Grundlage sieht er den LotR als »Praxis des linguistischen Gedankenguts Tolkiens« (75, Übers. TFP) an, wozu er sich auch gründlich mit dem *Beowulf* auseinandersetzt. Weiter analysiert er die Struktur des LotR vom Prolog bis zu den Anhängen und setzt sich mit der Frage des literarischen Genres auseinander, wobei er die Polyphonie betont und die These vertritt, dieses Werk begründe ein neues literarisches Genre (vgl. 109).

Im zweiten Teil (115-150) widmet sich Segura der narrativen Stimme, worunter auf der Basis des Ansatzes Genettes zunächst die Zeit der Erzählung, d.h. wann sie geschrieben wurde, behandelt wird. Dann zeigt er, dass Tolkien oft mit einem intradiegetisch-homodiegetischen Erzähler arbeitet, z.B. mit

Gandalf in *The Shadow of the Past*. Ferner geht er auf die Perspektiven durch Bilbo, Frodo und Sam als Verfasser ein, auf Wechsel der narrativen Stimme sowie auf verschiedentlich vorkommende Verletzungen des Status des Erzählers (Metalepsen). Die Intertextualität des Werkes und der narrative Adressat sind weitere Themen.

Der dritte Teil (151-212) beschäftigt sich mit der Erzählzeit des LotR – hier wird zunächst auf die Ordnung, darunter auf die temporale Verzerrung des Werkes eingegangen. Deutlich zeigt Segura, wie Tolkien mit den Mitteln der Analepse, der Prolepse, mit Träumen und Visionen als proleptischen narrativen Formen, aber auch mit dem Kontrapunkt arbeitet. Weiter untersucht er die Beschreibung von Raum und Zeit und schließlich die Dauer der Erzählung, wie sie durch Zusammenfassungen, Ellipsen, Pausen, reflexive Digressionen oder die Frequenz (also Wiederholungen und Iterationen) beeinflusst wird. Weitere Stichworte sind die zentralen Motive der wiederholenden und anaphorischen Erzählung, die Zirkularität bzw. diegetischen Wiederholungen, das narrative Kontinuum sowie die iterative Erzählung.

Im vierten Teil (213-273) untersucht Segura den Erzählmodus des LotR. Im Kontext der Distanz unterscheidet er zwischen der Erzählung von Ereignissen und der Erzählung von Worten, was beides von Tolkien eingesetzt wird. Komplexer dabei ist letztere, weshalb Segura hier zunächst auf die direkte Sprache, ihre formalen Variationen sowie auf ihren theatralischen Charakter und anschließend auf die indirekte Sprache und andere Rekurse eingeht. Des Weiteren widmet er sich den verschiedenen – Gedanken und Wahrnehmung umfassenden – Perspektiven und Fokalisierungen des Werkes, d.h. ob aus der Sicht eines allwissenden Erzählers, aus der Binnensicht eines Protagonisten oder keines von beiden erzählt wird. Alle Varianten sind im LotR zu finden wie auch Änderungen der Fokalisierung durch ein Informationsdefizit oder einen Informationsüberschuss. Segura unterstreicht die Polyphonie des Werkes, die sich nicht nur in der Sprachvielfalt und kulturellen Diversität Mittelerdes niederschlägt, sondern auch in der Verwendung verschiedener Genres wie Brief, Tagebuch, Monumenten, historischen Dokumenten etc.

In einem Epilog fasst Segura seine Ergebnisse zusammen, die in der These gipfeln, Tolkien habe mit dem LotR ein so altes Genre wie das elegische Epos erneuert, gleichwohl es ein einzigartiges Werk darstelle.

Diese sprachlich wie inhaltlich lesenswerte Arbeit zeichnet sich durch eine gründliche Kenntnis nicht nur des LotR, sondern auch der anderen Werke Tolkiens aus, wodurch es Segura gelingt, den LotR in den literaturtheoretischen Ansichten Tolkiens sowie im *Silmarillion*-Korpus einleuchtend zu verorten. Auf der Basis der Methodologie Genettes sind seine Analysen und Ergebnisse plausibel und können als wichtiger Beitrag zur narratologischen Auseinandersetzung mit Tolkien angesehen werden.

Thomas Fornet-Ponse

Siglenverzeichnis

Die Schriften von J.R.R. Tolkien werden im Text jeweils ohne Angabe des Verfassernamens mit den folgenden Siglen zitiert. Die jeweils benutzte Ausgabe findet sich im Literaturverzeichnis.

ATB:	The Adventures of Tom Bombadil and other Verses from the Red Book / Die Abenteuer des Tom Bombadil und andere Gedichte aus dem Roten Buch
AW:	Ancrene Wisse and Hali Meiðhad
B:	Die Briefe von J.R.R. Tolkien
BA:	Bilbos Abschiedslied
BB:	Baum und Blatt
BGH:	Bauer Giles von Ham
BLS:	Bilbo's Last Song
BMC:	Beowulf: The Monster and the Critics
BT:	Blatt von Tüftler
BUK:	Beowulf: Die Monster und ihre Kritiker
BW:	Die Briefe vom Weihnachtsmann
CP:	Chaucer as a Philologist
EA:	The End of the Third Age (History of Middle-earth 9) Auszug
EW:	English and Welsh / Englisch und Walisisch
FC:	Letters from Father Christmas
FGH:	Farmer Giles of Ham
FH:	Finn and Hengest
FS:	On Fairy-Stories
GN:	Guide to the Names in the Lord of the Rings
GPO:	Sir Gawain and the Green Knight, Pearl, and Sir Orfeo
H:	The Hobbit / Der Hobbit / Der kleine Hobbit
HB:	The Homecoming of Beorhtnoth Beorhthelm's Son
HdR:	Der Herr der Ringe
HdR I:	Der Herr der Ringe. Bd. 1. Die Gefährten
HdR II:	Der Herr der Ringe. Bd. 2. Die Zwei Türme
HdR III:	Der Herr der Ringe. Bd. 3. Die Rückkehr des Königs / Die Wiederkehr des Königs
HdR A:	Der Herr der Ringe. Anhänge
HG:	Herr Glück
HL:	Ein heimliches Laster
HoMe:	History of Middle-earth
L:	The Letters of J.R.R. Tolkien
LB:	The Lays of Beleriand (History of Middle-earth 3)
LN:	Leaf by Niggle
LotR:	The Lord of the Rings
LotR I:	The Fellowhip of the Ring. Being the first part of The Lord of the Rings
LotR II:	The Two Towers. Being the second part of The Lord of the Rings
LotR III:	The Return of the King. Being the third part of The Lord of the Rings
LotR A:	The Lord of the Rings. Appendices
LR:	The Lost Road and other Writings (History of Middle-earth 5)

Siglenverzeichnis

LT 1:	The Book of Lost Tales 1 (History of Middle-earth 1)
LT 2:	The Book of Lost Tales 2 (History of Middle-earth 2)
MB:	Mr. Bliss
MC:	The Monsters and the Critics and Other Essays
ME:	A Middle English Vocabulary
MR:	Morgoth's Ring (History of Middle-earth 10)
My:	Mythopoeia
NM:	Nachrichten aus Mittelerde
OE:	The Old English Exodus
OK:	Ósanwe-kenta
P:	Pictures by J.R.R. Tolkien
PM:	The Peoples of Middle-earth (History of Middle-earth 12)
R:	Roverandom
RBG:	The Rivers and Beacon-hills of Gondor
RGEO:	The Road Goes Ever On (with Donald Swann)
S:	Silmarillion
SD:	Sauron Defeated (History of Middle-earth 9)
SG:	Der Schmied von Großholzingen
SGG:	Sir Gawain and the Green Knight / Sir Gawain und der Grüne Ritter (Essay)
SM:	The Shaping of Middle-earth (History of Middle-earth 4)
SP:	Songs for the Philologists
SV:	A Secret Vice
SWM:	Smith of Wootton Major
TB:	On Translating Beowulf
TI:	The Treason of Isengard (History of Middle-earth 7)
TL:	Tree and Leaf
TS:	The Return of the Shadow (History of Middle-earth 6)
ÜB:	Zur Übersetzung des Beowulf
ÜM:	Über Märchen
UK:	Die Ungeheuer und ihre Kritiker. Gesammelte Aufsätze
UT:	Unfinished Tales
VA:	Valedictory Address
VG 1:	Das Buch der Verschollenen Geschichten 1
VG 2:	Das Buch der Verschollenen Geschichten 2
WJ:	The War of the Jewels (History of Middle-earth 11)
WR:	The War of the Ring (History of Middle-earth 8)

Die Autorinnen und Autoren

Patrick Brückner studiert Germanistische Mediävistik und Soziologie. Er arbeitete als Tutor am Lehrstuhl für Germanistische Mediävistik und am Lehrstuhl für Literatur der Frühen Neuzeit der Universität Potsdam. Dort hielt er zusammen mit Dr. Judith Klinger Seminare über Tolkien und das Mittelalter. Schwerpunkt seiner Arbeit und Veröffentlichungen über Tolkien sind die Geschlechterverhältnisse in dessen Werken.
patricbrueckner@aol.com

Julian Tim Morton Eilmann studierte Geschichte, Germanistik und Kunstgeschichte in Aachen und Nottingham. Er arbeitet als Journalist und Autor von Film- und Fernsehproduktionen und entwickelt historische TV-Dokumentationen. Weiterhin ist er als Filmemacher, Galerist und Konservator einer Künstlerstiftung tätig.
julianeilmann@aol.com

Thomas Fornet-Ponse studierte Katholische Theologie, Philosophie und Alte Geschichte in Bonn und Jerusalem, und ist gegenwärtig Studienleiter beim Theologischen Studienjahr in Jerusalem. Er veröffentlichte zahlreiche Aufsätze zu Tolkien, Pratchett und Lewis und ist Beisitzer im Vorstand der Deutschen Tolkien Gesellschaft sowie inhaltlicher Koordinator des Tolkien Seminars und von *Hither Shore*.
fornet-aquin@gmx.de

Thomas Gießl, studiert Germanistik, Philosophie und Alte Geschichte an der Friedrich-Alexander-Universität Erlangen-Nürnberg.
calgmoth@web.de

Thomas Honegger, Prof. Dr. phil., hat 1996 in Zürich mit der Arbeit *From Phoenix to Chauntecleer: Medieval English Animal Poetry* promoviert und ist seit 2002 Lehrstuhlinhaber für Anglistische Mediävistik an der Friedrich-Schiller-Universität Jena. Er ist Co-Autor einer Studie über die moralische Dimension des narrativen Werks Tolkiens (*Eine Grammatik der Ethik*, 2005) und Herausgeber vieler Bände über Tolkien und mittelalterliche Sprache und Literatur. Darüber hinaus setzt er sich mit Chaucer, Shakespeare und mittelalterlichen Romanzen auseinander und ist aktuell an einem Projekt für eine internetbasierte interdisziplinäre Enzyklopädie über Tiere in der mittelalterlichen Literatur beteiligt.
tm.honegger@uni-jena.de

Autoren

Judith Klinger, Dr. phil., studierte Germanistik und Anglistik an der Universität Hamburg sowie Dokumentarfilm und Fernsehpublizistik an der Hochschule für Fernsehen und Film, München, und promovierte über Identitätskonzeptionen im Prosa-*Lancelot*. Nach einer Lehrtätigkeit an der Universität Bayreuth ist sie seit 1995 am Lehrstuhl für Germanistische Mediävistik der Universität Potsdam beschäftigt. Sie verfolgt ein Habilitationsprojekt im Bereich der Gender Studies.
jklinger@rz.uni-potsdam.de

Heidi Krüger hatte nach einem Studium der Germanistik und Philosophie in Tübingen und Zürich und einer anschließenden Dozententätigkeit an der Universität Växjö (Schweden) eine Zweitausbildung zur Regisseurin in Musik- und Sprechtheater absolviert. Sie hat Übersetzungen aus dem Schwedischen und Finnischen gemacht und zahlreiche Literatur- und Philosophieseminare gegeben.
kuenstlertheater@gmx.de

Rainer Nagel, Dr. phil., arbeitet am Lehr- und Forschungsbereich für Englische Sprachwissenschaft an der Johannes-Gutenberg-Universität Mainz mit den Forschungsschwerpunkten Sprachgeschichte, Übersetzungswissenschaft, Wortbildung und Fachsprachenforschung. Ferner betätigt er sich als Autor und Redakteur bei diversen Rollenspielen sowie als Übersetzer und Lektor bei verschiedenen Verlagen.
rnagel@uni-mainz.de

Friedhelm Schneidewind studierte Biologie und einige Semester Informatik. Aktuell ist er tätig als freier Dozent u.a. für Öffentlichkeitsarbeit und Mediengestaltung sowie als Leiter einer Mittelaltermusiktruppe, als Autor, Journalist, Herausgeber und Verleger. Bekannt ist er darüber hinaus als Autor u.a. mehrerer Lexika aus dem Fantasy-Bereich.
www.friedhelm-schneidewind.de

Christian Schröder ist Lehrer für Biologie und Erdkunde an einem Stuttgarter Gymnasium.
dreisam@web.de

Allan Turner, Ph.D., studierte Germanistik, Mediävistik und allgemeine Linguistik. Seine Dissertation im Fach Übersetzungswissenschaft untersucht die Probleme in der Übersetzung der philologischen Elemente im *Herrn der Ringe*. Er interessiert sich derzeit hauptsächlich für die Stilistik der Werke Tolkiens. Seit 2005 unterrichtet er englische Sprachpraxis und British Cultural Studies an der Universität Greifswald.
allangturner@aol.com

Alexandra Velten studierte Englische Sprachwissenschaft, Anglistik und Ägyptologie in Mainz, unterrichtete anschließend ein Jahr Germanistik in Wales. Momentan promoviert sie in Mainz in Englischer Sprachwissenschaft und unterrichtet dort auch. Zudem ist sie als Übersetzerin und Autorin in einer Reihe von Bereichen tätig, insbesondere der Spielebranche, Linguistik, Kunstgeschichte und Archäologie.
velten@uni-mainz.de

Christian Weichmann, Dr. rer. nat, promovierte in Physik an der Rheinischen Friedrich-Wilhelms-Universität Bonn und arbeitet derzeit in einem Ingenieurbüro. Er ist 2. Vorsitzender der Deutschen Tolkien Gesellschaft.
maksatan@gmx.de

Frank Weinreich, Dr. phil., studierte nach seiner Ausbildung zum Krankenpfleger Publizistik, Philosophie und Politikwissenschaften und promovierte in Bochum über Bioethik. Er arbeitet als Berater und freier Autor mit den Tätigkeitsschwerpunkten Ethik, Bioethik, Technologiefolgenabschätzung und neue Medien in Erziehung und Bildung.
fw@polyoinos.de

Alexandra Wolf studiert Psychologie an der TU Braunschweig.
alex_wolf3@hotmail.com

Michaela Zehetner hat Germanistik und Philosophie/Psychologie/Pädagogik in Salzburg studiert, davon ein Semester Deutsch als Fremdsprache in Liberec (CR) unterrichtet und im österreichischen Kulturinstitut Prag gearbeitet. Seit 2001 ist sie Texterin in einer Salzburger Medienagentur mit Social-Profit-Ausrichtung. 2004 publizierte sie einen Oral-History-Band über Agnes Primocic, eine Salzburger Widerstandskämpferin.
m.zehetner@akzente.net

Petra Zimmermann, Dr. phil, hat in Köln und Berlin Musikwissenschaft, Germanistik, Geschichte und Deutsch als Fremdsprache studiert und wurde 1995 an der TU Berlin promoviert. Von 1998 bis 2003 war sie als Dozentin des Deutschen Akademischen Austauschdienstes an Universitäten in Polen und der VR China tätig. Seit Ende 2003 ist sie Lehrbeauftragte am Sprachenzentrum der TU Braunschweig.
petra.zimmermann@gmx.net

Our Authors

Patrick Brückner is a student of German Medieval Literature and Sociology at Potsdam University, where he also worked as a tutor at the Department of German Medieval Literature and the Department for Early Modern Literature. With Dr Judith Klinger he taught seminars on Tolkien and the Middle Ages at Potsdam University. His work and publications focus on an in-depth analysis of gender relationships in Tolkien's oeuvre.
patricbrueckner@aol.com

Julian Tim Morton Eilmann studied History, German Philology, and History of Arts at Aachen and Nottingham. He is working as a journalist and author of films and TV productions, and as a developer of historical TV documentations. In addition, he is fulfilling the functions of film-maker, gallery owner, and conservator for an artists' foundation.
julianeilmann@aol.com

Thomas Fornet-Ponse studied Catholic Theology, Philosophy, and Ancient History in Bonn and Jerusalem. He is working as an inspector of studies at Theologisches Studienjahr Jerusalem. He is a committee member of the German Tolkien Society and has been charged with conceptually coordinating the Tolkien Seminars as well as *Hither Shore*.
fornet-aquin@gmx.de

Thomas Gießl studied German Philology, Philosophy, and Ancient History at Friedrich Alexander University Erlangen-Nuremberg.
calgmoth@web.de

Thomas Honegger holds a Ph.D. from the University of Zurich and is the author of *From Phoenix to Chauntecleer: Medieval English Animal Poetry* (1996). He has co-written a study on the moral dimension in Tolkien's narrative work (*Eine Grammatik der Ethik* 2005) and edited numerous volumes on Tolkien and medieval language and literature. He has furthermore written about Chaucer, Shakespeare, and mediaeval romance and is currently involved in a large-scale project for a web-based interdisciplinary encyclopaedia of animals in medieval literature. Since 2002, he has been teaching at Friedrich Schiller University Jena as full professor for Mediaeval Studies.
tm.honegger@uni-jena.de

Judith Klinger, Dr. phil., studied German Philology and English Philology at the university of Hamburg, then studied documentary filming and TV media studies at the university of TV and film at Munich. PhD thesis on concepts

of identity in the prose *Lancelot*. Taught at Bayreuth University and has been employed at the chair of German Mediaeval Studies at Potsdam University since 1995. She is currently working on a post-doctoral thesis in the field of gender studies.
jklinger@rz.uni-potsdam.de

Heidi Krüger is a director for musical theatre and drama. First she had studied German Philology and Philosophy in Tübingen and Zurich, and had been a lecturer at Växjö University (Sweden). She did translations from Swedish and Finnish and has given many seminars on literature as well as philosophy.
kuenstlertheater@gmx.de

Rainer Nagel, Dr. phil., is currently teaching English and Linguistics at Johannes Gutenberg University Mainz. His research specialities are the history of English, translation studies, word-formation, and special-language research. He has also written and edited numerous role-playing publications and has worked extensively as a translator.
rnagel@uni-mainz.de

Friedhelm Schneidewind studied Biology and, for a few terms, Computer Science. He is currently working as a teacher and adviser mainly for DTP/media presentation/multimedia and public relations. He is an author, journalist, publisher and musician. Furthermore, he is known as author of several books and encyclopaedias.
www.friedhelm-schneidewind.de

Christian Schröder teaches Biology und Geography at a secondary school in Stuttgart.
dreisam@web.de

Allan Turner, Ph.D., studied German Philology, Mediaeval Studies, and General Linguistics. His PhD thesis in translation studies examines the problems inherent in translating the philological elements in *The Lord of the Rings*. His main focus of interest is currently on the stylistics of Tolkien's works. He has been teaching English language skills and British Cultural Studies at the university of Greifswald since 2005.
allangturner@aol.com

Alexandra Velten studied English Linguistics, English Philology, and Egyptology at Johannes Gutenberg University Mainz; afterwards, she taught German in Wales for one year. She is currently writing her PhD thesis in English Linguistics at Mainz, where she also teaches. In addition, she is working as a translator

and author in a number of areas, especially gaming, linguistics, art history, and archaeology.
velten@uni-mainz.de

Christian Weichmann, Dr. rer. nat., PHD in Physics at Bonn University, is working at an engineering firm. He is vice chairman of the German Tolkien Society.
maksatan@gmx.de

Frank Weinreich, Dr. phil., was trained as a nurse before studying Media Science, Philosophy, and Science of Politics. He did his PhD on bio-ethics at Bochum University. He works as an advisor and independent author with the specialties of ethics, bio-ethics, assessment of the effects of technology, and new media in teaching and education.
fw@polyoinos.de

Alexandra Wolf studied Psychology at Brunswick Technical University.
alex_wolf3@hotmail.com

Michaela Zehetner studied German Philology as well as Philosophy/Psychology/Pedagogy in Salzburg; she has taught German as a foreign language at Liberec (CR) for one term and worked with the Austrian cultural institute at Prague. Since 2001, she has been working as a copywriter at a media agency specialising in social profit in Salzburg. In 2004, she published an oral-history volume on a Salzburg resistance fighter.
m.zehetner@akzente.net

Petra Zimmermann, Dr. phil., studied Science of Music, German Philology, History, and German in Cologne and Berlin and obtained her doctorate in 1995 at TU Berlin. From 1998 to 2003, she worked as a lecturer for the German Academic Exchange Service (Deutscher Akademischer Austauschdienst) at universities in Poland and the Peoples' Republic of China. Since late 2003, she has been working as a lecturer at the language centre of Brunswick Technical University.
petra.zimmermann@gmx.net

Index

Ainulindalë	37-41, 62, 124, 131
Ainur	37-41, 44, 124, 129, 133, 139-141, 148, 152-159, 161, 163-164
Alboin	21, 59, 184, 204
Alliteration	18, 30-31, 226
alliteration	19, 34
Althusser, L.	239-240, 243
Ancrene Wisse	23
Andreth	44, 47, 132, 138-141, 143
Anglo-Saxon Chronicle	17, 21, 225
Annals of Valinor and Beleriand	224
anthropologisch	42, 45-46, 48-49, 236
An Experiment with Time	201
Aragorn/Strider/Trotter	15, 32, 35, 53, 94-101, 103-104, 106, 122-124, 134, 212, 224, 239, 242, 244, 247, 249, 256
Arda	38, 41-45, 47-49, 124, 131-133, 138-143, 146, 148-149, 156, 160, 163, 180-181, 187, 190
Arthur(ian Legend)	14-15, 35
Arwen	96, 122-123, 125-126, 131, 135
Atalanta in Calydon	28, 31
Atlantis	15, 20, 56-57, 181-182, 191, 194-195
Athrabeth Finrod ah Andreth	44, 131-133, 135, 137, 149
Audoin	59, 204
Aufnahme Mariens in den Himmel	44
Aussage (eines Werkes)	166, 178
A Voyage to Arcturus	200
Bachmann, D.	23
Barfield, O.	182-184, 186-187, 190-193, 218
Barthes, R.	182-184, 186, 190
Basney, L.	189
Beleg	34, 134
Beleriand	55, 58-59, 66-69
Beowulf	27-28, 30-31, 35-36, 190, 224
Beowulf: The Monsters and the Critics	188
Beren	35-36, 39, 53, 63-64, 96, 102, 130, 135
Bijl, S.	109
Bilbo	24, 53, 62, 66, 90-91, 95, 99, 108, 124, 170-171, 177, 191, 223, 233, 254-256
Birzer, B.	137-138
Bodel, J.	13, 16
Boeves of Hamtoun or Guy of Warwick	16
Bombadil	54, 75-76, 82, 84-85, 94, 113, 192
Boromir	15, 32, 96, 99, 103, 256
Böse	140-142, 144-146, 149
Bratman, D.	81, 92, 104

Brittany	13-14, 16
Buckland	54, 73, 109-112, 118-119
Burns	19
Butler, J.	239-241, 243
Byron	31
Cædmon's Hymn	222
Carpenter, H.	144
Chambers	35, 70
Chrétien de Troyes	14
Crankshaw, E.	64-65
Crystal, D.	223
Currie, E.	17, 108
Dernhelm	239, 242-244
Dickerson, M.	145
Dunne, J.W.	201, 206
Durin	126, 133-134
Ea	42, 131, 139, 146, 149, 151, 159, 161-163
Edda	14
Eilmann, J.	96
Ellison, J.A.	108
Elrond	55, 69-70, 96, 99, 103, 123, 125, 131, 134
Elros	123-124
Engel	38
England	13-22, 24-25, 28, 68-69, 108-109, 112, 117-118, 231
Éomer	103-104, 189, 239-241, 252-253, 256
Éowyn	226, 239-245
Epic	27
Erbgedächtnis	206, 235-236
Eriol/Ælfwine	17, 19-22, 24, 41, 68, 156-157, 169, 177, 204
Errantry	52-53
Eru	38, 42-43, 45, 47-48, 131, 138-141, 148, 151, 154, 157, 160, 164
Erzählstruktur/-ebenen	172-174, 177
eschatologisch	43-46, 48-49
Fall	143, 145-146, 157
Farmer Giles of Ham	63-64, 72, 108, 110, 165, 176
Father Christmas Letters	63
fëa	41-46, 48-49, 131, 133, 138-143, 148
Finduilas	34
Finrod	44-45, 47, 131-132, 135, 138-141, 143
Finwe	41, 43, 48, 132
Flieger,V.	19, 22, 82-83, 96-97, 105, 188
Fonstad, K.W.	115-116, 232
Fornet-Ponse, T.	139, 148
Forster, E.M.	13
Foster, R.	114
Foucault, M.	188

France	13-15
Frankley	199-200
Frenschkowski, M.	144
Frodo	24, 52, 73, 82-88, 91-92, 94, 96-98, 100, 103-104, 119, 125, 134, 145, 171, 189, 191-193, 233, 248, 254-256
Funktionalität	166
Galadriel	60, 131, 134-135, 191
Gandalf	85, 104, 126, 134
Garth, J.	118
Gebrauchslyrik	254-255
Geschichte/Geschichtsschreibung	247, 249, 253
Gil-galad	61, 69
Gildor	73-74
Glorfindel	49, 126, 133-134
Goethe	31, 128
Gollum	90-92, 145, 264
Gordon, E.V.	15, 54, 70, 76
Gott/Götter	37-39, 41, 124, 168-169, 225
Great Smials	113
Greenfields	114, 118
Guildford	197-200, 205
Gut	145-146
Habituation	148
Hague, A.	101, 103
Hammond, W.G.	101, 113, 115
Hardbottle	115-116
Heorrenda	18-20, 154
Hexenkönig	87-88, 242-243
Hiawatha	29
Hiley	181, 183, 186
Historia Regum Britanniae	14
history	14-16, 18, 21-22, 24-25, 27, 33, 35, 109, 111, 115-116, 119-120, 157, 180-182, 184-191, 193-194
Honegger, T.	23, 139
Hostetter, C.F.	23
Houghton, J.W.	41
hröa	41-46, 48-49, 138-139, 141-143, 148
Ilúvatar	39-41, 44, 125, 143-144, 151, 153-155, 157-164, 225
Ing(wë)	20
Intention	79-80, 82, 86, 88, 166, 169, 172
Jeremy, W.	22, 180-182, 184, 186-187, 190, 192-194, 204
Johnston, A.J.	88
Kalevala	19, 28-29
Ker, W.P.	27, 30
Klopstock	28
Kokot, J.	246, 248

Kommunikation	246-247, 250-251
Konzeption	167
Körperlichkeit	37
kosmogonisch	46
kosmologisch	46, 60, 151, 153
Krüger, H.	171, 176
Kultur	128, 169, 206, 246-247, 257
Lang, A.	52, 72
Last Men in London	201
Laws and Customs among the Eldar	41, 131, 142
Layamon	14
Lays of Ancient Rome	28
Lay of the Children of Húrin	29-31, 33-35, 53
Lay of the Fall of Gondolin	33, 55
Leaf by Niggle	105, 165, 176-177
Legolas	32, 131
Leiblichkeit	40
Lewis, A.	17, 108
Lewis, C.S.	31, 35, 57-58, 65, 74, 167, 198, 200, 205
Lhammas	70
Lied	52, 70, 106, 246-249, 251-257
Light(s) as Leaf on Lindentree	52, 53
Lindsay, D.	200
literary intention	218
Longbottom	116
Lowdham	22, 185-186, 190-191, 193, 204
Luthany	19-21
Lúthien	35, 39, 53, 63-64, 96, 102, 122-123, 125, 130, 135, 249
Mandos	42, 129-134, 142, 225
Mann, U.	38
Manning, R.	14
Maringer, T.	111
Marmor, P.	112
Melkor	39, 41, 43-45, 47-48, 66-67, 124, 132-133, 135, 138-141, 143-144, 146, 148, 151, 153, 156-157, 159-164
Menschenbild	137, 142, 144-147, 149
Mercisch	220-222
Merry	82-84, 99, 116, 242-244, 255
Michel Delving	109-111, 117-118
Middle English Reader	29
Milton	28, 30
Míriel	41, 43, 48-49, 132
Mister Bliss	62-64
Mordor	61, 69, 86, 95
Morgoth's Ring	40-41, 142, 153
Morris, W.	29, 33, 52

Myth	14-15, 17, 22, 180-191, 193-194
Mythologie	14, 37, 40-41, 46, 49, 57, 68, 88, 95, 106, 122, 129, 135-138, 141-143, 145, 151
mythology	13-16, 21-22, 25, 27, 29-30, 33, 60, 69, 130, 181-182, 188, 193
Myths Transformed	37, 46, 48, 160
Nagel, R.	40, 119
national identity	13-14
Nazgûl	242-244
Nibelungenlied	28
Nobottle	113, 118-119
Númenor/Atlantis	21-22, 149, 166, 170-175, 180-181, 185-186, 188-190, 204
Odo	83
Old Walking Song	52-53, 55, 105-106, 256
On Fairy-Stories	72, 110, 147, 168-169, 174, 182, 197, 206
Ósanwe-kenta	40
Ott, L.	39, 44
Out of the silent Planet	58, 200, 205
Overhill	110, 119-120
Oxford	24, 51, 53, 63, 70, 109, 118, 172-175, 177, 196
Oxford English Dictionary	29, 99, 117, 243
Paradise Lost	28, 30
Pearce, J.	140
Pengolodh	157
Pesch, H.	220
Pippin	82-83, 99, 113, 116, 248, 254-255
Poesie/Gedichte	52, 57, 70, 176, 196, 246-249, 251-252, 254, 256-257
polytheistisch	37, 39
Primärwelt	122, 128-129, 137, 146, 172-173
Quenta Noldorinwa	52, 55-56, 67-68, 210
Quenta Silmarillion	37, 41, 43, 52, 56, 61, 151, 155-157
racial memory	22-23
Rahner, K.	38
Ramer	187-188, 194, 197-198, 201-205
Rateliff, J.D.	165
Ratzinger, J.	43
Raumreise	198-199
Raumschiffe	196, 198-199
Reinkarnation	42, 45-46, 49, 127-128
Rohirrisch	220
Romance	18, 23, 27, 30
Rome	13-16, 29
Rosebury, B.	89
Roverandom	62
Rúmil	40, 154, 157
Sam	24, 53, 82-83, 97, 109, 172-173, 191, 193, 249, 256

Sauron	47, 60-61, 69-70, 73-74, 76, 124, 132, 134, 145, 163
Schneidewind, F.	42, 96, 138
Schröder, C.	122, 152, 154, 156
Scull, C.	113, 115
Sekundärwelt	128, 149, 172-174
Shelley	31
Shippey. T.	19, 28, 81-82, 92, 108, 118, 243, 274
Shire	24, 73, 100, 102, 108-120
Silmarillion	13, 17, 24-25, 29, 35, 37, 41, 43, 46-47, 52, 56, 61, 63-65, 72, 89, 95, 101, 106, 122, 129, 131-132, 134-135, 137-138, 140, 143-144, 147, 151, 153, 156-157, 165, 177, 186
Silmarillion-Korpus	143
Sir Gawain and the Green Knight	15-16
Sir Orfeo	29
Sketch of the Mythology	21, 67-68
Smalley, I.	109
Smith, A.R.	23, 233
Smith of Wootton Major	165, 176
Song of Beren and Lúthien	53
Song of Durin	55
Song of Eärendil	53
Song of Nimrodel	55
Stapledon, O.	201, 203-204, 206
Story of Sigurd the Volsung	33
Strachey, B.	115
Swinburne	28, 31-32
Théoden	116, 241, 247, 250-253
The Adventures/The History of Tom Bombadil	54, 75, 85, 165, 176, 233
The Ambarkanta	62, 66-68, 70
The Book of Lost Tales I + II	17, 20-21, 27, 29, 33, 152, 165, 168-169, 171, 177
The Cat and the Fiddle	52
The Fall of Arthur	15, 35
The Fall of Númenor	17, 59-63, 68-70
The Hobbit	25, 52, 62, 108-110, 114, 165, 233
The Homecoming of Beorhtnoth	35, 272
The Horns of Ylmir	33
The Lays of Beleriand	27, 29, 35
The Lay of Leithian	19, 29, 31, 34, 36, 55, 62-65
The Lord of the Rings	13, 17, 24-25, 35, 51, 61, 66, 76, 81, 94, 102-103, 105, 108, 110-111, 113-116, 118, 120, 165, 176-177, 186, 189, 191, 193-194, 233, 241, 263
The Lost Road and other Writings	22, 39, 40, 58-60, 63-64, 72, 152, 165, 167,-170, 180, 184, 186, 193, 199, 201, 203-204
The Mabinogion	14
The Man in the Moon	52, 54
The Music of the Ainur	129, 152-155
The New Shadow	146-147

The Nursery Rhyme Book	52
The Peoples of Middle-earth	106
The Return of the Shadow	94-95, 104, 112
The Root of the Boot	52-54
The Shaping of Middle-earth	37
The Tale of Tinúviel	118, 130
The Treason of Isengard	95
The War of the Jewels	117
Tod	41-44, 46, 49, 55, 61, 127-128, 130-133, 135, 138-139, 141-144, 147-148, 163, 226, 250, 252
Tolkien, C.	17, 33-34, 37, 41, 43, 45, 48, 74, 82, 90-91, 95-97, 104, 111-113, 116-119, 133-134, 137, 151,-153, 155, 157, 160, 165, 172, 224
Tol Eressëa	17-22, 169-171
Transzendenz	39, 246
Traum	82-87, 171, 197, 202-203, 206
Traumreise	58-60, 198, 201, 203, 206
Trojan/Troy	12-15, 20
Túrin	33-34
Turner, A.	110
Turville-Petre, T.	16, 18-19
Überlieferung	49, 58, 68, 132-133, 153-154, 246-248, 251, 254, 257
Unsterblichkeit	42-44, 46, 122-125, 132, 135, 138, 141, 143-144
Unwin, R.	74, 76
Unwin, S.	33, 51, 62-65, 70-71, 196
Ursprache/Heimatsprache	235, 237
Vink, R.	45
Volkslieder	253-255
Wace	14
West	19
Whitfurrows	111, 120
Wiedergeburt	42-43, 45-46, 48-49, 122, 126-135, 142
Wordsworth	31
Zeitreise	58, 165-168, 170, 174-178, 196-206